기호논리학

ELEMENTARY LOGIC

벤슨 메이츠
김영정 · 선우환 옮김

기호논리학

문예출판사

일러두기

· 옮긴이의 주석은 (옮긴이 주)로 표시했으며, 그 외의 주석은 원주다.

· 원문에서 이탤릭체로 강조된 단어는 한글의 가독성을 고려해 볼드체와 고딕체로
  표기했다.

초판 옮긴이의 말

기호논리학 과목을 가르치면서 항상 느끼는 아쉬움은 교재로 쓰기에 좀 더 알맞은 우리말로 된 기호논리학 책이 있었으면 하는 것이었다. 기호논리학 강의에서 나는 이 번역본의 영어 원서를 교재로 써 왔는데, 언어적인 문제에서 발생하는 손실보다는 보다 좋은 논리학 교재를 채택함으로써 얻는 이득이 더 크다고 판단하였기 때문이었다. 그러나 기호논리학을 접한 적이 없는 학생들로서는 논리학의 내용 이해와 더불어 영어 해독이라는 이중 부담을 안게 되어 기대했던 만큼의 효과를 얻지 못했고, 이에 따라 가르치는 사람으로서 항상 안타까움을 금치 못하였다. 따라서 이 번역서의 출간은 이러한 안타까움을 다소라도 해소해 줄 수 있지 않을까 하는 기대를 갖게 하여 준다.

그렇지만 사실상 이 책의 번역은 단순히 영어 원서를 강의 교재로 사용함으로써 발생하는 어려움 때문에 착수된 것은 아니다. 메이츠 교수의 이 책은 미국에서 교재로 널리 사용되고 있음은 물론 독일에서까지 교재로 채택되고 있는 표준적인 논리학 교과서로, 표준적인 기호논리학 교과서를 아직 갖추지 못한 우리 학계에 한 샘플로서 그 모습을 우리말로 소개하고 싶었던 데에 더 근본적인 이유가 있다. 이 책의 한 특징은 우리의 일상적인 논리 전개 방식과 가장 유사한 자연적 연역 방식을 중심으로 논의가 전개되고 있어, 기본적인 논리학의 모습을 그려 보는 데 보다 용이하리라는 것이다. 이 책의 다른 특징은 기호논리학에 입문한 사람이면 섭렵해야 할 **기본적**인, 따라서 핵심적인, 내용들을 거의 대부분 포괄하고 있다는 것이다. 자연적 연역 방식을 중심으로 하면서도 전통적인 공리적 방식의 소개에도 인색하지 않으며, 메타논리학을 전개하기에 편리한 기계적 절차의 간접증명 방식(8장 4절)도 소개하고 있다. 또 기본적인 메타논리학, 확장된 술어논리, 술어논리를 사용하여 개진된 형식 이론들, 그리고 간추린 철학사까지도 소개하고 있다. 그러나 이 책의 가장 주된 특징은 아마도 이 책이 철학함의 표준적인 태도와 방식을 아주 잘 드러내 보여 주고 있다는 점일 것이다. 이 책은 사람들이 품고 있는 생각을 어떻게 체계적으로 엄밀하게 개진할 수 있는가 하는 것에 대한 한 모범을 보여 주고 있다.

이러한 특징들을 갖춘 책을 누군가가 제대로 번역 소개하는 것이 좋겠다는 생각을 가지고 있던 차에 내 강의를 들은 선우환 군이 이 책의 일부를 번역해 놓았다는 얘기를 듣고, 수업 시간에 진도를 나가지 못한 부분을 내가 추가로 번역하여, 공역을 하기에 이르렀다. 그러나 번역이 착수되어 이 책이 처음 나오는 데까지는 꼬박 4년이 걸렸으며, 이와 같이 깔끔한 형태로 출판되기까지에는 7년이 걸렸다. 우선 선우환 군과 내가 각자 맡은 초역을 완성해야 했고, 그다음에 선우환 군이 번역한 부분을 내가 1차로 검토 수정했고, 그 후에 선우환 군과 더불어 김종완, 최훈 군이 번역된 원고의 각 장을 읽은 후 매번 나와 함께 만나 잘못된 부분의 수정은 물론 보다 나은 번역어와 번역 문구를 찾기 위해 노력하였다. 그리고 최종적으로 내가 책 전체에 걸쳐 내용상, 식자상의 오류를 다시 한번 검토 및 수정하였다.

번역 과정에서 세심한 주의를 기울였음에도 불구하고, 이 책에서 여러 오류가 발견될 수 있으리라 생각한다. 이 책의 출간은 어떤 완성을 뜻하는 것이 아니라 앞으로의 발전을 위한 출발에 불과하다. 독자 여러분의 많은 지적과 충고를 기대하여 본다. 아울러 이 책에 못지않은, 번역서가 아닌 저서가 우리 학계에 빠른 시일 내에 선보이기를 바라며, 이 책이 그것에 조그만 일조라도 할 수 있었으면 하는 기대를 가져 본다.

끝으로 이 책이 보다 나은 번역서가 될 수 있도록 꼼꼼히 읽고 조언을 아끼지 않으신 부산대학교 이영철 교수님, 한양대학교 정인교 교수님 두 분께 감사드리며, 이와 같이 깔끔한 책을 선보일 수 있도록 애써 주신 문예출판사 전병석 사장님과 여러 직원 분들에게 감사드린다.

1991~1992년 겨울, 관악산에서

김영정

개정판 옮긴이의 말

벤슨 메이츠 교수의 이 책은 기호논리학의 표준적인 교재로서, 특히 그 엄밀성에서 모범적이다. 논리학에 대한 책이면서도 동시에 논리학의 엄밀성을 모범적으로 실천하고 있는 책이기도 해서, 현대 논리학의 기초적인 핵심 내용에 대해 공부하면서 동시에 그 과정에서 엄밀한 논리적 사고와 글쓰기 방식을 체득할 수 있게 해 주기도 한다. 또한 이 책에서 채택하고 있는 자연적 연역체계는 엄밀한 형식적 도출체계이면서도 우리의 일상적인 도출 방식과도 유사해서 실제의 도출을 할 때에도 유익하다.

현재는 안타깝게도 유명을 달리하신 고 김영정 교수님과 함께 이 책의 번역을 마치고 번역서 초판을 출판했던 시점으로부터 어느덧 30년의 시간이 지났다. 당시 내가 학부 시절에 이 책의 1장부터 7장까지를 번역했던 것이 시초가 되어 김영정 교수님이 이어서 8장에서 10장까지를 번역하셨고, 다시 내가 11장과 12장을 번역한 후 전체적으로 함께 번역을 검토하며, 이 책의 번역의 완성에 이르렀다.

그 후 이 책이 오랫동안 꾸준히 여러 대학교에서 논리학 또는 기호논리학 과목의 교재로 사용되었다. 그동안 초판 번역에 대한 개정을 할 필요를 느껴오던 차에, 문예출판사에서 이 책 원저의 저작권 계약을 하면서 이에 맞추어 내게 개정판을 내자는 제안을 해 왔고, 이에 응하여 개역 작업에 착수하게 되었다. 개역하는 과정에서 특히 다음의 측면들과 관련해서 주된 작업을 했다.

첫째, 용어와 서술 방식 등에서 통일성과 일관성을 높이는 일을 했다. 초판에서는 두 공역자가 각각 번역한 부분들 사이에 용어와 스타일에서 일치하지 않는 부분들이 있었다. 개정판에서는 예를 들어, '식'과 '논리식'을 '식'으로, '영역'과 '논의 영역'을 '논의 영역'으로, '진리치'와 '진리값'을 '진리치'로, '논변'과 '논증'을 '논증'으로 통일했다. 또한 쌍조건문을 사용해서 새로운 개념을 정의할 때에 피정의항을 '경우에 오직 그 경우에만'의 뒤쪽에 나오게 하는 방식을 (몇몇 예외적인 경우만 제외하고) 일반적으로 적용함으로써 통일성을 기했다.

둘째, 잘못된 부분이나 불명료한 부분이 있는지 찾고자 했고, 찾았을 경우에는 이를 더 올바르게 또는 더 명료하게 바로잡았다. 초판의 원본 파일을 이용할 수 없게 된 상태에서 출판사로부터 개역 작업을 위해 제공받은 작업용 파일이 변환 과정에서 문제가 생긴 듯했다. 그로 인해 초판 인쇄본에는 없던 무수히 많은 오자 등의 잘못들이 새로이 발견되어서 이것들을 찾아서 바로잡는 일도 상당한 작업이 필요했다.

셋째, 가능한 한 원문의 내용이 더 잘 이해되게끔 그리고 한국어로 자연스러운 표현이 되게끔 번역문의 표현들을 수정했다. 그러나 번역의 정확성과 자연스러움 사이에서 하나를 선택해야 할 경우에는 정확성을 선택했으며, 정확성을 희생하지 않는 한에서만 번역이 더 자연스럽도록 수정하고자 했다.

넷째, 초판 번역 이후에 논리적 표현들 등의 언어에 대해서 새로 가지게 된 의견들을 번역에 반영하였다. 가령, 조건문을 번역할 때에 '-라면' 보다는 '-이면'이라는 어미를 주로 많이 사용하는 방식으로 수정했는데, 이런 수정은 한국어의 '-라면'과 '-이면'이라는 표현들이 각각 가정법 조건문과 직설법 조건문에 적절히 사용되는 구문 표현들이라는 생각에 의거한다. 즉, 이 책에서 등장하는 조건문들이 대부분 직설법 조건문들이므로 그 조건문들을 번역하는 데에 '-이면'이라는 표현이 일반적으로 보다 적절하다고 보았다. 그러나 '-이면'으로 바꾸었을 때에 문장 구조가 불명료해지는 경우에는 굳이 수정하지 않았다.

다섯째, 몇 가지 논리학 용어 번역어들을 보다 적합하거나 편리하다고 여기는 번역어로 대체했다. 예를 들어 '일련의 양화사들(string of quantifiers)'을 '양화사들의 나열'로, '닫힌 식(closure)'을 '폐쇄식'으로 바꾸었다. 전자의 경우 나열 자체에 대해서 언급해야 하는 경우들이 있어서, 후자의 경우 하나의 단어로 된 명사 표현이 사용하는 데에 더 편리해서, 그러한 선택을 했다.

여섯째, 연습문제 등에서 등장하는 사례들을 한국 독자의 배경지식에 부합하게 번안해야 하는 경우들이 있어서 번역 초판에서 여러 번안 사례들을 사용했었다. 개정판에서는 이런 번안 사례들을 원문의 취지에 보다 부합하게 변경했고, 또 번안이 꼭 필요하지 않은 경우에는 원문의 사례에 보다 충실하게 번역하고자 했다. 또한 번안이 필요하다고 새로이 판단하여 추가한 번안 사례도 있다.

일곱째, 원문의 논리학사 서술 등에서 라틴어 용어 등 다른 언어의 용어들을 영어로 번역하지 않은 채 원어 그대로 사용하는 경우에, 번역 초판에서도 그 용어들을 한국어로 번역하지 않고 원어 그대로 사용했었다. 개정판에서는 그런 용어들에 대한 한국어 번역어를 대신 사용하거나 병기했다. 이를 위해서 그 용어들에 대한 국내 학계의 번역 관행과 전례를 참고했다.

이 책의 초판 번역에 도움을 주신 모든 분들과 그 번역본을 사용해서 논리학을 가르치거나 배운 모든 분들께 감사를 드린다. 그리고 이 책의 개역 작업을 제안해주시고 그 작업을 도와주신 문예출판사 관계자 분들, 특히 전준배 대표님과 이효미 편집자님께 감사를 전한다. 무엇보다도 논리학 연구에 열정을 불태우시다가 너무 일찍 작고하신 고 김영정 교수님을 기리면서 이 개정판을 그분의 기억에 바친다.

2022년 12월, 신촌에서

선우환

초판 서문

기초논리학은 그 전문적 의미에서 '모든'과 '어떤'의 개념을 오직 개체들에게만 적용하고 개체들의 집합들이나 속성들에는 적용하지 않는, 기호논리학 혹은 수리논리학의 부분이다. 이 부분은 기호논리학의 가장 핵심적인 부분이며, 다양한 영역들에 실질적으로 적용할 수 있는 가장 단순한 부분이다. 따라서 초보자들이 공부하기에 특히 적합한 것 같다.

이 교재는 기초논리학의 입문서로 의도되었다. 이 교재의 내용, 구조, 방식은 어떤 희망 사항들에 의거해서 주로 결정되었는데, 이 희망 사항들에 대해선 독자들도 이 책을 읽기 시작할 때부터 알아야 할 것이다. 기본적인 생각은 논리학에 대한 입문적 고찰까지도 엄격한 형식으로 꾸미는 것이 적합할 수 있다는 것이다. 학생들은 그 어떠한 주제보다도 논리학에 명료성과 엄밀성이 존재할 것이라는 정당한 기대를 가지고 이 주제에 입문한다. 그들이 결정적으로 중요한 지점에서 조잡함이나 모호함에 맞부딪힐 때, 낙망하는 것은 당연하다. 물론 나는 내가 엄밀성을 소중히 여기는 최초의 논리학 교재 저자라고는 생각지 않으며, 또한 방금 언급한 종류의 실망을 할 기회를 전혀 허용하지 않는 데 성공했다고도 생각지 않는다. 그러나 어떻든 이 방향으로 기울인 나의 노력이 이 책의 많은 두드러진 면모들을 설명해 줄 것이다.

요구되는 수준의 명료성을 성취하기 위한 첫 단계로서, 나는 형식적 전개에서 기본적 개념들—**문장, 해석,** (해석에 상대적인) **참, 귀결, 타당성, 일관성, 동어반복, 도출** 등의 개념들을 포함하여—의 각각에 대해 합당하게 엄밀한 정의를 부여하고자 노력했다. 이 정의들의 존재가 이 책의 스타일을 특징 지운다. 대개 주어진 화제에 대한 논의는 짧은 서론, 정의들, 다수의 예들과 설명들의 순서로 이루어져 있다. 처음 읽어서는 정의들 중 어떤 것들은 이해가 잘 안 될 것이다. 그러나 보충적인 설명들과 예들이 그 정의들을 이해할 수 있게 만들 것이라 희망한다. 어떻든 그 정의들은 참조하기 위해 이용할 수 있고 최소한 그 정의되는 용어들이 무엇을 의미하는지에 대해 교수자로 하여금 대답해 줄 수 있게 할 것이다.

이 책이 독학자에게 충분한 책인 것은 아니다. 이 책은 단지 다양하게 전개될 수 있는 입문 과정의 어떠한 강좌에서든 유능한 교수자가 사용하기에 적합한 핵심적인 기초 자료를 제시하고자 마련되었다. 기본적 개념들에 대한 부가적인 설명이 분명 필요할 것이다; 형식 이론들에 대한 더 많은 예들이 제시되어야 하되, 그것들에 대한 선택은 학생들의 관심과 배경에 따라야 할 것이다; 이 주제에 관한 입문 강좌에서는 논리학적 방법에 대한 일반적 논의를 빠뜨려서는 안 될 것이다. 모든 교수자들은 부가할 항목들에 대해 생각할 것이다; 만일 그가 이것과 동시에 제거하여야만 할 부분들을 너무 많이 찾아내지만 않는다면, 이 책은 그 목적을 다할 것이다.

1장과 2장은 그 이후에 나올 형식적 전개들을 위해 필요한 예비적 논의와, 이들 전개에 대한 '직관적 배경'을 구성하는 것으로 생각할 수 있는 어떤 철학적 논점들을 다루고 있다. 3장과 4장은 다소 간단한 인공언어의 문법과 의미론을 서술하며, 그 언어의 문장들에 대한 **논리적 귀결**의 정의로 인도한다. 이와 연계된, 이 문장들에 대한 참의 정의가 다음과 같은 경우에 발생하는 기본적인 혼란을 피할 수 있게 해 준다; 학생들에게 오직 문장들(폐쇄식들)만이 참이거나 거짓일 수 있다고 강조하면서, 우리가 진리표에 의해 소위 문장 연결사들을 '정의'하고 나서 ('$(x)(Fx \lor Gx)$'에서와 같이) 열린 식들 사이에 이 연결사들을 사용하는 경우.

5장은 이 책에서 아마도 가장 만족스럽지 못한 부분인데, (한국어나) 영어와 같은 자연언어 문장을 인공언어에 의해 '기호화' 하는 것과 관련된 문제들에 대해 어떤 빛을 던져 주려고 시도하고 있다. 우리가 내용을 오도(誤導)하거나 명확히 거짓인 것을 말하는 것을 피하려고 한다면, 여기에 특별한 주의를 기울이는 것이 필수적이다. 나는 형식체계의 연결사와 양화사를 그것들에 대응하는 자연언어의 단어와 어구에 대한 축약으로 간주하는 접근을 거부하지 않을 수 없다. 이 접근의 특징은, '만약…이면, 그러면', '또는', '아니다' 같은 논리적 단어들이 일상언어에서 사용될 때에는 애매모호해서, 논리학자가 할 일은 각각의 경우에 단일한 의미를 선택하여 그 의미에 대응하는 형식언어 부호에 부여하는 것이라고 주장한다는 점에 있다. 그런 주장은 거의 입증될 수 없고, 나의 의견으로는 아마도 거짓이다. 나는 우리가 자연언어 문장을 어느 정도까지는 우리의 형식적 표기로 번역할 수 있지만 이 과정에서 자주 심각한 문제가 발생한다는 점을 분명하게 지적하고자 했다. 원래의 논증이 직관적으로 타당한 데 반해 번역된 논증은 형식적으로 부당한 경우가 가능할 뿐만 아니라, 원래의 논증이 직관적으로 부당한데 번역된 논증은 형식적으로 타당한 경우도 있다. 이 사실에 명시적으로 주의를 기울임으로써 치르는 대가는, 논리학자들이 자연언어의 논증들의 타당성을 검사하는 자신들만의 비밀스러운 장치를 소유하고 있다는 기분 좋으면서도 교육적으로도 유용할지 모를 인상을 포기하는 일일 것이다.

6장은 형식적인 동어반복적 문장들을 다룬다. 이 장은 학생들에게 술어논리학의 임의의 문장이 동어반복적인지를 결정하는 분명한 절차를 제공해 줄 것이다. 또한 학생들이 많은 수의 동어반복적 문장들을 익히고 연역 추론을 연습할 수 있게 할 매우 단순한 연역체계를 도입한다.

7장은 비슷하지만 더 복잡한 자연 연역체계를 제시하는데, 이것은 술어논리 전체를 다루는 체계이다. 이 체계를 세우면서 나는 여러 고려 사항들 중 특히 다음의 것들을 염두에 두었다:

(a) 논리학은 논리외적 주제에도 적용되는 추론규칙들의 체계로 간주되는 것이, 예를 들어, 논리적 참들의 공리체계로 간주되는 것보다 자연스러운 듯하다. 쉽게 볼 수 있듯이, 정치학으로부터 수학에 이르기까지 어떠한 주제에 관한 실제적 논증에 있어서도, 논리학의 사용은 논증 속에 논리적 참들을 실제로 삽입하는 일을 거의 포함하지 않는다. 이 이유와 그 밖의 이유로 해서 나는 공리적 접근에 대조되는 것으로서 자연 연역체계를 일차적으로 강조하기로 결정했다.

(b) 논증은 그 기본적 의미에서, 서술문들의 체계이며 조건들이나 열린 식들의 체계인 것은 아니다. 오직 문장들만이 진리치를 가질 수 있고 오직 문장들만이 서로 논리적 귀결관계 속에 있을 수 있다. 이것과 어떤 기술적 편리함에 대한 덜 중요한 고려가 자유변항을 지닌 식들을 도출의 행에 나타나도록 하지 않겠다는 결정을 한 이유이다.

(c) 전통적으로 논리학 체계의 주목적은 복잡한 추론들을 더 단순한 추론들의 연쇄들로 환원하는 방식을 제공하므로, 참인 전제들에 적용되었을 때 오직 참인 결론들만을 산출한다는 의미에서 기본적 추론규칙들이 건전해야 한다는 것이 요구되는 것 같다. 이 요구가 그렇지 않았더라

면 도입되었을지도 모를 여러 편리한 규칙들을 배제하게 했다.

(d) 앞의 내용과 밀접히 연관해서, 타당한 논증은 임의의 지점에서 중단되더라도 주장된 마지막 문장이 그 문장을 얻기 위해 사용된 전제들로부터 논리적으로 따라 나오게끔 구성되어야 한다. 다른 말로 해서, 타당한 논증에서 맨 처음부터 시작되는 모든 부분은 그 자체로 타당한 논증이어야 한다. 이 요구는 (c)가 만족될 경우 자동적으로 만족된다. 실제로 이 요구의 만족은 수많은 이점들을 낳는다. 예를 들어, 각 단계에서 거기서 쓴 문장이 그 전제들의 귀결인지를 살펴봄으로써 초보자는 자신이 추론규칙들을 올바르게 적용했는지 항상 검사할 수 있다. 또한, 이런 유형의 체계의 건전성은 매우 쉽게 보일 수 있다: 어떠한 규칙도 참인 전제들로부터 거짓 결론을 이끌어내는 일이 없으므로, 그 규칙들이 연속해서 적용되었을 때도 그와 같은 것이 성립하리라는 것은 명백하다.

8장은 7장에서 제시된 추론규칙들이 지닌 일반적 속성들을 살핀다. 이 부분은 연속성을 잃지 않고도 생략될 수 있다. 그러나 대응쌍과 표준형식에 대한 내용들은 학생들이 양화사들을 조작하는 연습을 할 수 있게 해 줄 것이다.

9장에서는 그 지점에 이르기까지 본질적인 부분에 주의를 집중할 수 있도록 가능한 한 단순하게 제한되었던 인공언어가 동일성과 연산기호들을 포함하도록 확장된다.

10장에서는 (동일성을 포함한) 기초논리학이 공리적으로 제시된다. 이 부분을 포함시킨 것은 논리학의 원리들이 그 자체로 연역체계로 형식화될 수 있다는 사실에 대한 논리학자들의 역사적 관심을 반영하고자 한 것이다.

11장에서는 형식 이론의 예들을 제시한다. 나는 여기에 아리스토텔레스의 삼단논법 이론의 한 형태를, 가능한 한 아리스토텔레스 자신이 제시한 바와 가까운 모습으로 포함시켰다.

12장은 역사적인 부분이다; 이 부분에는, 특히 11장에서 형식화의 기초가 된 아리스토텔레스의 원전을 문자 그대로 번역한 내용이 들어 있다. 이 역사적 자료가 학생들로 하여금 현대 기호논리학이 소위 '전통논리학'의 올바른 위치를 빼앗아 시류를 타고 있는 유행 정도라고 생각하는 오해를 불식시킬 수 있게 해 주기 바란다. 이상하게 들리겠지만, 소위 '전통논리학'은 상대적으로 짧은 '전통'을 지니고 있다. 그 반면 현대논리학의 특징적 방법들과 착상들(예를 들어, 변항들의 사용, 논리적 참의 공리화, 완전한 추론규칙 체계의 구축 등)은 2,300년 전 아리스토텔레스와 스토아 학파의 시대로까지 거슬러 올라가는 것이다.

* * *

나는 내 친구들과 동료들 특히 다음의 사람들이 나에게 관대하게 베풀어 준 격려와 협조에 사의를 표한다: 데이비드 라이닌, 어니스트 애덤스, 윌리엄 크레이그, 존 마이힐, 데이비드 쉐에이더, 레온 헨킨, 리차드 몬태규, 도날드 캘리쉬, 루돌프 그레위, 레온 밀러, 그리고 특히 게브하르트 푸르켄과 다나 스코트. 나는 상당한 정도로 다른 교재들 특히, W. V. 콰인, 앨론조 처치, 패트릭 주페, 어빙 코피의 책들에서 도움을 받고 있는데, 이 사실은 이 저작들에 익숙한 사람들 누구에게나 분명할 것이다. 논리학사에 대한 장에서, 나는 윌리엄 니일과 마사 니일, 필로테우스 보에너, 어니스트 A. 무디, 앨론조 처치, I. M. 보헨스키의 저작들에 크게 힘입고 있다. 446~447쪽에서의 아리스토텔레스에 대한 내 번역은 브리태니커 백과사전의 허락을 받고 인용했다.

무엇보다도, 나는 내가 알프레드 타르스키에 진 빚을 기록하고 싶다.

논리학에 대한 타르스키 저작의 깊이와 폭과 명료함이 이 주제를 공부하는 진지한 학생들 모두에 대해 영감의 원천이 될 것이다. 타르스키의 아이디어들은 어떻게 변조된 형태로건, 이 책 전체에서 발견될 것이다.

1964년 10월, 캘리포니아 버클리
벤슨 메이츠

개정판 서문

　이 개정판에서 나는 초판의 출간 후에 명백해진 여러 오류들과 부적절한 것들을 수정하려고 했다. 나는 이 수정이 흔히 그러하듯이 새로운 어려움을 낳지 않기 바란다.

　초판에서 가장 심각한 혼란들 중의 하나는 '직접적으로 나타남'과 '문장형식'의 개념에 관한 것인데, 이를 나의 동료인 조지 마이로 교수가 지적하였다. '필연적으로, $x < 7$이다'가 문장형식인지 묻는다면, 우리는 이 문장형식이 '4'가 직접적으로 나타나지 않는 문장 '필연적으로, $4 < 7$ 이다'로부터 뿐만 아니라, (나의 기준에 의해) '8'이 직접적으로 나타나는 문장 '필연적으로, $8 < 7$이다'로부터도 얻어진다는 것을 발견하게 된다. 따라서 '필연적으로, $x < 7$이다'는 집합들을 규정하는 데 사용되는 것을 우리가 막고자 하는 전형적인 종류의 식임에도 불구하고, 문장형식인 것으로 된다. 여기서 요구되는 수정, 즉 문장형식은 문장으로부터 직접적으로 나타나는 것들을 대치해서 얻어질 수 있되, 간접적으로 나타나는 것들을 대치함으로써는 어떠한 다른 문장으로부터도 얻어질 수 없다는 등의 수정은,

학생들이 가능한 문장형식들 중에서 '제대로 작동하지 않는 것들'을 실제적으로 분류해낼 수 있도록 해 준다는 그 개념이 지녔던 가치를 모두 제거하는 것일 터이다; 그래서 나는, 우리의 목적이 단지 프레게식의 접근에 의해 더 잘 성취될 수 있다고 결론지었다. 즉, 이름들은 '…하다는 것을 안다', '…하다는 것을 믿는다', '…인지 궁금히 여긴다' 등등과 같은 표현들의 범위 안에 있으면 간접적으로 나타난다고 말하기로 결정하였다.

수정된 대부분의 다른 오류들은 기술적인 성격의 오류들이다. 많은 요구들에 부응해, 연습문제의 수와 종류를 늘렸다. 또한 일차 술어논리를 위한 증명 절차를 개진한 절이 첨가되었다.

초판에 익숙한 독자들은 내가 왜 책 전체에 걸쳐 '분석 문장'이라는 말을 '필연적 문장'이란 말로 바꾸는 게 좋겠다고 생각했는지 — 두 말이 완전히 동의적이라면 — 의아하게 생각할지도 모르겠다. 내가 그렇게 한 이유는 철학의 전문 용어로서의 '분석적'이란 말의 역사적 관점에서 볼 때 '필연적으로 참인'의 동의어로서 그 말을 사용하는 최근의 용례는 부적당하고 불운한 일이라고 여겼기 때문이다. 이와 관련된 사유에 명백히 라이프니츠의 영향을 받은 칸트에 따르면, 판단 'A는 B이다'는 술어 B가 개념 A 속에 들어 있을(그가 말하듯, '대체로 암묵적으로') 경우 분석적이다. 그렇지 않을 경우 종합적이다. 다른 말로 해서, 그의 생각은 '주어 A의 개념의 분석이 술어 B를 드러낼' 경우 'A는 B이다'는 분석적이라는 것이다. 사용-언급 구분을 하지 않은 것이나 다른 혼란은 젖혀 두고라도, 이런 의미의 '분석적'이 '아리스토텔레스가 알렉산더를 가르쳤거나 또는 아리스토텔레스가 알렉산더를 가르치지 않았다'나 '모든 사람이 죽고 모든 그리스인이 사람이면, 모든 그리스인은 죽는다'와 같은 필연적 참들에 적용되지 않는다는 것은 분명하다. 분석성과 필연적 참의 구분을 유지할 필요는 어떤 분석명제는 거짓이라는 라이프니츠의 관점을 살펴볼 때 더 분명해진다. 그에 따르면, '존재하지 않는 것은 속성을 가지지 않는다(non entis nullae proprietates sunt)'. 따라서 'A는 B이다'는, B에 의해 표현되는 개념이 A에 의해 표현되는 개념 속에 들어 있든 들어 있지 않든 만일 A가 어떤 것을 지칭하지 않는다면, 거짓이다. 그러한 관점이 오늘날에도 전례 없지 않다. 예를 들어 '최대의 양의 정수는 다른 어떤 정수보다도 크다'는 '술어가 주어 속에 들어 있음'에도, 거짓이라는 것은 적어도 주장해봄직한 철학적 입장이다. 또 이 입장은 우리가 '분석적'을 '필연적으로 참인'과 같은 의미로 계속 사용하면 곤혹스러운 입장이 될 것이다.

명제들, 진술들, 사고들, 판단들은, 그것들을 논리학의 대상으로 간주하는 한, 존재하지 않는다고 나는 언명했는데, 이렇게 함으로써 나는 많은 독자들의 심기를 불편하게 할 것 같다. 혹자가 주장하기를, 이 언명은 입문적 논리학 교재에서 다룰 내용이 아니고, 이 책의 일반적으로 절제된 어조와 부합하지 않으며, 옹호 논증을 제시하지 않고 있고, 사려 깊은 독자와 교수자를 분노하게 만든다고 했다. 사실 이 언명에 대해 말할 수 있는 거의 유일한 것이 참이라는 것뿐이라고 나는 생각한다. 어떻든, 그 언명이 독자들을 이 책을 저술한 관점에 익숙하게 하려는 의도의 절 속에 들어 있음을 주목하자. 그 목적에 관련되는 한, 이 언급을 포함시킨 것은 정당화됨을 의심치 않는다.

내게 비판과 제안을 친절히 제공한 학자들의 명단이 전보다 더 길어졌다. 특히 도움이 된 것은 윌리엄 크레이그, 다그핀 펠레스달, 베로니카 카르프, 데이비드 케이트, 도널드 몬크, 조지 마이로, 아이안 뮤엘러의 논평들이었고, 이들에게 그것에 상응해 심심한 감사를 드린다.

1971년 5월, 캘리포니아 버클리
벤슨 메이츠

차례

1
서장

이 장에서는 논리학에 관련된 기본적 문제들에 대한 비형식적이고 직관적인 설명을 제공하고자 한다. 이러한 예비적 설명은 분명히 필요하다. 이러한 예비적 설명이 없을 경우 초보자는 나중에 도입될 형식적 전개의 요점을 이해하지 못하게 되기 쉽다. 그러나 이와 동시에, 여기서 다루어지는 근본적인 것처럼 보이는 문제들에 어떻게 대답해야 할 것인가에 관해서는 논리학자들 사이에서 완전한 합의가 이루어지지 않고 있다는 사실도 알아 둘 필요가 있다. 형식적 전개에 관한 한 대단히 잘 합의되어 있으나, '그것이 무엇에 관한 것인가?' 하는 질문과 관련된 문제들에 대해서는 다양한 설명이 주어지고 있다.

예를 들어 다음과 같은 설명들이 가능하다: 논리학은 사람들이 생각하는 방식에 관한 것인가, 아니면 사람들이 생각해야 하는 방식에 관한 것인가, 아니면 또 다른 어떤 것인가? 논리학은 일차적으로 언어에 관한 것인가, 아니면 초언어적 세계에 관한 것인가? 논리학자의 인공언어들은 자연언어들의 단순화된 그러나 본질적으로 자연언어들에 충실한 **모형들**

로 여겨질 것인가, 아니면 자연언어들의 **대안들**을 제안한 것으로 여겨질 것인가, 아니면 그것들의 용도가 또 다른 어떤 방식으로 설명될 것인가?

의심할 여지없이, 이와 같은 논의거리들은 그것들의 모호성에도 불구하고 어떻든 탐구되어야만 한다. 그러나 초보자는 그 문제들이 생각했던 것보다 실천적으로는 덜 중요하다는 것을 깨달아야 한다. 초심자가 '수학은 무엇인가?' 혹은 '물리학은 무엇인가?'를 물을 때, 그에게 줄 수 있는 가장 좋은 대답은 '당신이 수학자들과 물리학자들이 무엇을 하는지 알게 된 후에 당신은 그것에 관한 답변을 얻을 수 있을 것이다'라는 것이다. 논리학에 있어서도 마찬가지이다. 비록 여기서 주어지는 우리의 비형식적 논의가 뒤에 나오는 기술적인 사항들을 이해하기 위한 무난한 방법이 되어 주기를 우리가 희망하기는 하지만, 뒷부분을 익히고 난 후에는 학생들이—자신의 철학적 빛의 안내를 받아—지금 주어지는 서론적 설명들 중 어떤 부분은 거짓이거나 순환적인 것으로서, 혹은 심지어는 말도 안 되는 것으로서 부정하게 될 수도 있음을 알게 될 것이다.

1. 논리학은 무엇에 관한 학문인가

논리학은 타당한 논증의 전제들과 결론 사이에 성립하는 **귀결**(consequence) 관계를 탐구한다. 한 논증은 그 논증의 결론이 그 전제들로부터 **따라 나오거나** 전제들의 **귀결**일 경우 **타당하다**라고 말해진다.[1] 그렇지 않을 경우 그 논증은 **부당하다**. 어떤 경우—특히 전통적 논리학 책들에 나오는 표준적 예들의 경우—에는 타당한지 부당한지가 직접적으로 명백하다. 아무도 다음 논증의 결론이 그 전제로부터 따라 나온다는 것을 아는 데 어려움을 느끼지 않을 것이다.

모든 사람은 죽는다;

모든 그리스인은 사람이다;

그러므로, 모든 그리스인은 죽는다.

어떤 경우에는 다음에서와 같이 이러한 것을 아는 데에 약간의 사고가 요구된다.

그 창고에는 정확히 136개의 귤 상자가 있다;

각 상자에는 최소한 140개의 귤이 들어 있다;

어떤 상자에도 166개 이상의 귤이 들어 있지는 않다;

그러므로, 그 창고에는 같은 개수의 귤이 들어 있는 상자들이 최소한 6개 있다.

그리고 또 어떤 경우에는 문제가 참으로 어려울 수 있다. 예를 들어 다음과 같은 (전제가 하나인) 논증이 타당한지의 여부를 결정할 수 있도록 해 주는 발견은 아직 아무도 하지 못하고 있다.

---

1   (옮긴이 주) '타당하다'는 여기서 원문의 'sound'를 번역한 것이다. 보통 논증이 'sound' 하다고 하면, (1) 전제들이 모두 참이며, 동시에 (2) 결론이 전제들로부터 올바르게 귀결된다(즉, 만일 전제들이 모두 참이라면, 결론이 거짓일 수 없다)는 두 조건이 모두 갖추어졌음을 뜻한다. 그러나 이 책에서는 'sound' 하다는 것이 두 번째 조건이 갖추어진 것, 즉 'valid' 하다는 것과 같은 의미로 사용되었다. (실제로 기호논리학에서 첫 번째 조건은 무의미하므로, 'validity'와 'soundness'의 구분은 기호논리학 내에서는 별다른 의미가 없다.) 그래서 'valid'에 대한 일반적인 번역어인 '타당하다'라는 말로 'sound'를 번역했다.

별들의 개수는 짝수이고 4보다 크다;

그러므로, 별들의 개수는 두 소수(素數)의 합이다.

이 예들 중 마지막 것은—본질적 측면에서—다른 많은 사례들과 함께 전형적인 예로, 그 난점이 전제나 결론에 존재할 수 있는 모호성에 기인하는 것이 아니라는 것에 주목해야 한다. 4보다 크고 짝수인 모든 정수가 두 소수의 합이라는 중심 문장은 충분히 잘 **이해된다**. 우리의 유일한 문제는 그것이 참인지에 대한 발견이다. 물론 우리는 애매성이나 모호성 때문에 그 타당성을 평가할 수 없는 논증을 자주 접하게 된다. 의미의 명료화는 때때로 유용한 지적 활동이다. 그리고 간접적으로 논리학이 이와 관련하여 상당히 도움을 줄 수 있다. 그러나 그럼에도 불구하고, 주어진 논증이 타당한가의 문제는 전제들과 결론이 의미하는 바를 명료하게 이해하자마자 자동적으로 대답되어질 수 있는 것이 아님을 강조할 필요가 있다.

2. 타당성과 참

논증이란, **결론**이라 불리는 하나의 서술문과 **전제들**이라 불리는 다른 서술문들로 구성된 (단일 언어에 속한) 서술문들의 한 체계이다. 이를테면 앞에서 주어진 첫 번째 예는, 마지막 문장은 결론이고 다른 둘은 전제인, 세 서술문의 체계이다. 두 번째 예는 마지막 문장이 결론인 네 서술문의 체계이다. 세 번째 경우는 단일한 전제와 단일한 결론으로 이루어진 논증이다. 전제들의 수가 무한한 경우—비록 아마도 그 경우에는 더 이상 '논증'이란 말이 적절하지 않겠지만—를 고려하지 않아야 할 이유는

없다. 예를 들어, 우리는

모든 양의 정수는 별들의 개수보다 작다.

라는 문장이 (무한히 많은) 문장들인

1은 별들의 개수보다 작다,
2는 별들의 개수보다 작다,
3은 별들의 개수보다 작다,
⋮

로부터—즉, 'x는 별들의 개수보다 작다'라는 표현 속의 'x'에 양의 정수를 지칭하는 아라비아 숫자를 대치함으로써 얻어낼 수 있는 모든 문장들의 집합으로부터—따라 나오는지 물어볼 수 있다. 뒤에서 보겠지만, 전제들의 수가 0인 경우를 고려하는 것 역시 유용하다.

문장은 전통적 문법학자들에 의하면 완결된 생각을 서술하는 언어적 표현이라고 정의된다. 이 정의의 명백한 결점에도 불구하고 학생들에게 단지 논리학의 주요 문제에 관해 예비적이고 직관적인 지식을 주려는 현재의 목적을 위해서는 이 정도의 정의로 만족할 수 있을 것이다. 문장들은 흔히 서술문, 의문문, 명령문 등으로 분류된다. 서술문들의 특징은 그것들이 참이거나 거짓이라는 점이다. 그리고 그러한 특징을 지닌 서술문들이 바로 논리학자의 일차적 관심 대상인 것이다.

논증의 타당성 기준은 다음과 같은 방식으로 참과 가능성의 개념들—이 두 개념에 관해서는 뒤에서 다시 살펴볼 것이다—에 의해 정식화된다: 논증은 그것의 전제들이 참이면서 그것의 결론이 거짓인 것이 가능하지 않을 경우에 오직 그 경우에만 타당하다. 물론 여기서 '가능한'이라는 단어는 핵심적인 단어이다. 우리는 전제들이나 결론이 실제로 참**인지**를 문제 삼지 않는다. 타당성을 위해 요구되는 것은, 전제들이 참이면 결론이 참이어야 한다는 것뿐이다. 같은 기준을 서술하는 또 다른 방식은 다음과 같다: 논증은 그 논증의 전제들이 참인 상상가능한 모든 상황하에서 결론이 참일 경우에 오직 그 경우에만 타당하다.

1절에서 주어진 첫 번째 예와 같이 전제들과 결론이 모두 참인 타당한 논증들이 물론 존재하지만, 하나 혹은 그 이상의 거짓 전제들과/이나 (and/or) 거짓 결론을 가진 타당한 논증들 또한 존재한다. 이를테면, 다음의 타당한 논증의 구성 문장들 모두가 거짓이다.

> 모든 인간은 영리하다;
> 모든 영장류는 인간이다;
> 그러므로, 모든 영장류는 영리하다.

타당한 논증이 항상 거짓 전제들을 거짓 결론으로 이끄는 것은 아니다. 예를 들어,

> 모든 상원의원은 늙었다;
> 모든 80대는 상원의원이다;
> 그러므로, 모든 80대는 늙었다.

는 비록 거짓 전제들과 참인 결론으로 구성되었지만 타당하다. 이들 각각의 경우를 살펴봄으로써, 구성 문장들의 진리치가 실제적으로 무엇이냐에 관계없이, 만일 한 논증의 전제들이 참일 경우, 그 결론이 참이 된다는

것을 보여 주는 것만으로 그 논증이 타당하다는 것을 보장하기에 충분하다는 것을 보았다. 타당한 논증에서 일어날 수 없는 진리치의 유일한 조합은 전제들이 참이고 결론이 거짓인 경우뿐이다. 왜냐하면 실제적으로 논증의 전제들이 참이고 결론이 거짓이면, (최소한) 전제들이 참이고 결론이 거짓인 경우가 가능하다는 것이 되고, 그 경우에 그 논증은 부당한 것이기 때문이다.

반면에 부당성은 진리치의 모든 조합에서 발생할 수 있다. 다음에 주어지는 예들이 그 가능성을 설명해 준다:

어떤 상원의원은 늙었다;
어떤 장군은 상원의원이다;
그러므로, 어떤 장군은 늙었다.

(이것은 참인 전제들과 참인 결론을 가진 부당한 논증이다);

어떤 교수는 스웨덴인이다;
어떤 노르웨이인은 교수이다;
그러므로, 어떤 노르웨이인은 스웨덴인이다.

(참인 전제들과 거짓인 결론을 가진 부당한 논증);

그 분야를 이해하는 사람은 누구나 높은 학점을 받는다;
그러므로, 높은 학점을 받는 사람은 누구나 그 분야를 이해한다.
(거짓인 전제와 거짓인 결론을 가진 부당한 논증);

유럽의 가장 오래된 민주체제 안에 사는 사람은 누구나 취리히에
산다;

그러므로, 취리히에 사는 사람은 누구나 유럽의 가장 오래된 민주
체제 안에 산다.

(거짓인 전제와 참인 결론을 가진 부당한 논증).

이것들 모두가 논증의 타당성은 단순히 전제들과 결론의 진리치가 무
엇이냐에 의존하는 것이 아니라는 점을 보여 준다. 타당성은 오직 **만일**
전제들이 참이면 결론도 역시 참이라는 것을 보장할 뿐이다. 타당성은 어
떠한 전제에 대해서도 그것이 실제적으로 참이라는 것을 보장하지는 않
으며, 전제들 중의 하나 혹은 그 이상이 거짓인 경우에 결론의 진리치에
대해 어떠한 정보도 제공하지 않는다.

3. 타당성과 필연적 참

타당한 논증의 개념과 밀접한 관련을 가진 것이 **필연적 참**(necessary
truth)의 개념이다. 문장은 (이제부터 '문장'이라는 단어를 '쓰인 형태의
서술문장'의 준말로 사용하겠다) 그것이 거짓인 상황을 상상할 수 없을
경우에 오직 그 경우에만 필연적으로 참이다. 문장

소크라테스는 기원전 399년에 죽었거나 혹은 소크라테스는 기원
전 399년에 죽지 않았다.

는, 그것이 소크라테스에 관한 사실 또는 그 밖의 어떤 다른 사실로부터도 독립적으로 참이기 때문에, 필연적 참이다. 그에 반해, 문장

소크라테스는 기원전 399년에 죽었다.

는 참이지만 필연적으로 참인 것은 아니다. 그것이 거짓인 상황을 우리는 쉽게 기술할 수 있다.

우리는 곧 필연적으로 참인 문장의 개념으로 되돌아갈 것이다. 그러나 먼저 필연적 참과 타당성 사이의 관계를 검토해 보자. 이 관계를 서술하기 위해 약간의 특별한 용어 도입이 필요하다.

만약 ...이면, 그러면 …이다(If..., then…).

라는 형식의 문장은 **조건문**(conditional)이라 불린다(이때 빈칸들은 각각 문장으로 채워진다). '만약(if)'의 바로 뒤에 나오는 문장은 **전건**(antecedent)이라 불리고 '그러면(then)'의 뒤에 나오는 문장은 **후건**(consequent)이라 불린다. 유한한 수의 전제들을 가진 논증이 주어졌을 때 우리는 그 논증의 모든 전제들을 '그리고(and)'로 연결해서 만든 문장을 전건으로 하고 결론을 후건으로 하는 소위 그 논증에 **상응하는 조건문**(corresponding conditional)을 구성할 수 있다. 그 경우에 타당성과 필연적 참 사이의 관계는 다음과 같다: 유한한 수의 전제들을 가진 논증은 그 논증에 상응하는 조건문이 필연적으로 참일 경우에 오직 그 경우에만 타당하다.

예를 들어 1절에서 주어진 첫 번째 논증은 조건문

만약 모든 사람이 죽고 모든 그리스인이 사람이면, 모든 그리스인
은 죽는다.

가 필연적 참일 경우에 오직 그 경우에만 타당하다.

위에서 언급된 관계는 타당성과 필연성 사이에 존재하는 **유일한** 관계
가 아니라 여러 관계들 중 하나라고 해야 할 것이다. 왜냐하면 다음과 같
은 또 다른 흥미로운 관계가 존재하기 때문이다: 문장은 그 자신을 결론
으로 갖는 부당한 논증이 존재하지 않을 경우에 오직 그 경우에만 필연적
으로 참이다. 다시 말해서, 필연적으로 참인 문장은 모든 전제 집합의 귀
결이며, **모든** 전제 집합의 귀결인 어떠한 문장도 필연적으로 참이다. 그
이유를 살펴보기 위해, 문장 S가 필연적 참이라고 상정하고, 그 S를 결론
으로 가지는 논증을 고려해 보자. 그 논증은 전제들이 참이고 결론이, 즉
S가, 거짓인 것이 불가능할 경우에 오직 그 경우에만 타당하다. 그러나 S
는 필연적 참이므로 S가 거짓이 되는 것은 불가능하다. 따라서 전제가 참
이면서 동시에 S가 거짓이 되는 것도 불가능하다는 것은 명백하다. (소가
달 위로 뛰어오르는 것이 불가능하다면 작은 개가 그것을 보며 웃는 동안
소가 달 위로 뛰어오르는 것도 역시 불가능하다.) 그러므로 그 논증은 타
당하다. 다른 한편으로, S가 **모든** 전제 집합의 귀결이면 그것은 필연적 참
인 것으로만 이루어진 전제 집합의 귀결이기도 하다. 따라서 이 전제들이
참인 모든 상황하에서 S는 참이다. 그런데 필연적으로 참인 전제들이 참
이 되는 모든 상황이란 바로 우리가 상상할 수 있는 모든 상황을 다 망라
하고 있는 것이므로 S는 필연적 참이다. 따라서, S는 필연적 참일 경우에
오직 그 경우에만 모든 전제 집합의 귀결이다.

예: 앞에서 주어진 필연적 조건문은

잔디는 녹색이다.

의 귀결이다. 왜냐하면 그 조건문이 거짓인 상황은 존재하지 않으므로 이 문장이 참이면서 그 조건문이 거짓인 상황도 존재할 수 없기 때문이다.

수학적 참들(mathematical truths)이 필연적 참들의 적절한 본보기들이라고 여겨지므로, 수학적 참인 문장을 결론으로 가지면서 부당한 논증이 존재하지 않는다는 것을 우리는 알게 된다. 이는 '타당한 논증'과 '증명(proof)'이 서로 동일시될 수 없다는 것을 보여 준다. 수학적 문장의 증명을 찾는 일은 단순히 수학적으로 참인 문장들만을 전제로 하고 주어진 문장을 결론으로 갖는 타당한 논증을 만들어 내는 일보다 훨씬 더 많은 일을 포함한다.

필연적 참의 특성에 대한 위의 논의는 비록 철학자 라이프니츠(G. W. Leibniz, 1646~1716)에 의해 처음 시작된 것은 아니라 할지라도 그와 가장 자주 연관지어진다. 라이프니츠의 학설에 따르면, 우리 자신이 존재하는 현실세계는 무한히 많은 가능세계들 중의 하나일 뿐이다. 우리 세계는 모든 가능세계들 중 **최선**의 것이다. 그리고 이것이 바로 신이 다른 가능세계가 아닌 이 세계를 존재하도록 만든 이유이다. 현실세계와 여러 다른 가능세계들 사이의 구분이 문장들 사이의 구분으로 이어진다. 문장이 참이라고 말하는 것은 현실세계에서 참이라고 말하는 것이다. 그러나 어떤 참인 문장들은 현실세계에서 뿐만 아니라 다른 모든 가능세계에서도 참이다. 이런 문장들이 (때때로 '이성의 진리들' 혹은 '영원한 진리들'이라고 불리는) 필연적 참들이다. 현실세계에서는 참이지만 모든 가능세계에서 참인 것은 아닌 문장들은 '우연적 참들'('사실의 진리들')이라 불린다. 과학 법칙들은 후자의 종류에 속하는 것으로 여겨진다. 비록 과학 법칙들이 상당한 일반성을 가지고 현실세계를 기술하지만 그것들이 성립하지 않는 많은 가능세계들이 있기 때문이다. 반면에 수학이나 논리학에서의 참은 현실세계를 포함한 모든 가능세계에서 참인 것으로 이야기된다. 예를 들어 문장 '소크라테스는 기원전 399년에 죽었거나 또는 기원전 399년에 죽지 않았다'가 거짓인 가능세계는 존재하지 않는다. (이것이 과연 그러한지의 여부를 결정하는 데 있어 문제가 되는 것은, 이 문장의 의미가 일단 주어진 후에, 그 주어진 의미를 지닌 그 문장이 거짓인 가능세계가 존재하는지의 여부라는 것을 기억하는 게 좋을 것이다. 그리고, 예를 들어, '또는'이란 단어가 '그리고'가 의미하는 바를 의미하기 때문에 그 문장이 거짓이 되는 상황은 고려할 필요가 없다.)

라이프니츠는 때때로 '상상가능성(conceivability)'의 개념을 가지고 가능성과 필연성을 설명한다: 문장이 주장하는 바의 정반대 상황이 상상되어질 수 없다면 그 문장은 필연적으로 참이다. 그러나 그는 '상상불가능성'이라는 단어를 '비심리적(non-psychological)' 의미로 사용하기를 원한다. 그는 어떤 사람이 다른 사람의 상상불가능한 바를 상상할 수 있다고 일상적으로 말할 때의 그 상상가능성에 대해 이야기하는 것이 아니다. 그러므로 그는 다음과 같이 상상가능성을 설명한다: 한 사태는 그 사태가 존재한다는 가정으로부터 어떠한 모순도 따라 나오지 않는다면 상상가능하다. 우리는 여기서 하나의 순환에 빠지게 된다. 논리적 귀결로부터 출발하여 필연성, 가능성, 상상가능성을 거쳐 다시금 논리적 귀결로 되돌아왔기 때문이다. 그러나 비형식적 설명에서 그러한 순환이 결코 심각한 문젯거리는 아니다. 설명의 순환적 체계가 설명하고자 하는 바에 대한 이해를 도모하는 데 성공적일 수도 있기 때문이다. 그리고 최소한 그것은 연계된 용어들 간의 어떤 상호관계들을 보여 줄 수 있다.

4. 부가적인 논의

이 시점에서 우리가 지금까지 이야기해 온 것들이 의미하는 바와 의미하지 않는 바에 관해 약간의 주석을 덧붙이는 것이 유용할 것이다. 우리가 모든 서술문이 참이거나 거짓이라고 말할 때 우리는 '참'과 '참임이 알려진 것(known to be true)' 사이를 예리하게 구분한다. 한 문장이 참임이 알려진 것이라면, 그것은 참이다. 그러나 참이면서 참임이 알려지지 않은 많은 문장들이 있다. 따라서 우리가 어떤 주어진 문장이 참인지 거짓인지 알지 못한다는 사실로부터 그 문장이 참도 거짓도 아니라는 것이 따라나오지는 않는다. 마찬가지로 우리는 거짓과 기이함(oddity)을 구분할 필요가 있다. 한 문장이 참이냐 거짓이냐 하는 것은 어떤 상황에서 그 문장을 발언하는 것이 기이하다거나 오도적(misleading)이냐 아니냐 하는 것과 별 상관이 없다. 예를 들어, 오직 한 사람이 어떤 시험을 치러 그가 떨어졌다면 '그 시험을 치른 모든 사람이 떨어졌다'라고 말하는 것은 아마도 오도적이지만 참이다. 참은 '논리적 기이함(logical oddity)'이라고 불리는 것과 양립할 수 없는 것이 아니다. 스미스가

그는 죽었다. 그러나 나는 그것을 믿지 않는다.

라고 말한다면 그것은 '논리적으로 기이하게' 들릴 것이다. 그러나 어떤 다른 사람이

그는 죽었다. 그러나 스미스는 그것을 믿지 않는다.

라고 참되게 말할 수 있다는 것을, 또한 스미스 자신이 나중에

그는 죽었다. 그러나 나는 그것을 믿지 않았다.

라고 참되게 말할 수 있다는 것을 어느 누구도 부정하지 않을 것처럼 보인다. 이로써 이들 세 문장 중 첫 번째 문장에 대해서도 스미스가 참되게 발언할 수 있어야 한다는 것은 명백하다. 물론 대부분의 경우에 사람은 자신이 말한 것을 믿는다. 만일 믿지 않을 경우 자신이 믿지 않는다는 사실을 숨기려 한다. 따라서 합리적 인간이 위와 같은 '논리적으로 기이한' 문장을 발언하는 상황들을 생각해 보는 것은 (불가능하지는 않지만) 어렵다. 그러나 그것은 주어진 문장이 참인 상황들이 있는지 없는지 여부와는 무관하다.

'가능한'이라는 용어에 관해서 주목해야 할 바는, 우선 불가능한 것이란 미국인 사업가들이 성취해내는 데 다소 시간이 오래 걸리는 것이라는 의미 정도로, 여기서 '가능한'이란 말을 사용하고 있지 않다는 점이다. 그 대신에 우리는 기술적(technological), 물리적(physical), 논리적(logical) 가능성들의 구별을 시도한다. 현재의 기술 상태에서 어떤 것을 해내는 방법이 있을 때 그것을 기술적으로 가능하다고 한다. 어떤 것이 일어난다고 가정하는 것이 자연법칙과 양립할 수 있을 때 그것을 물리적으로 가능하다고 한다. 기술이 발전할수록 더욱더 많은 것들이 기술적으로 가능해진다. 그러나 이 발전은 물리적 가능성의 영역 내에서만 이루어진다. 물리적으로 가능한 많은 것들이 지금 기술적으로 불가능하다. 논리적 가능성은 물리적 가능성보다도 넓다. 한 사건이 일어난다고 가정하는 것이 논리법칙과 양립할 수 있을 때 그 사건을 논리적으로 가능하다고 한다. 어떤 것이 기술적으로 불가능하지만 물리적으로 가능하다고 하면, 우리는 어떤 영리한 사람이 그것을 해낼 수 있는 방법을 찾아내기를 희망할 수 있다. 그러나 어떤 것이 물리적으로 불가능하다면 아무리 영리한 어떠한 사업가, 기술자, 과학자도 그것을 결코 해낼 수 없다. 어떤 것이 논리적으로 불가능하다면 신도 그것을 해낼 수 없다. 적어도 이것이 가능성에 대한 설명이 제시되는 보통의 방식이다.

설명할 필요가 있는 또 하나의 문제는 논리학이 다루는 대상으로서 문장을 선택한 일이다. 어떤 사람에게는 문장이 참이거나 거짓이라고 말하는 것이 이상하게 들릴 것이다. 이 주제에 대한 역사를 살펴보면 문장 대신에 진술(statement), 명제(proposition), 사고(thought), 판단(judgment) 등에 관해 이야기하자는 제안들이 있어 왔다. 그러나 그것들을 변호하는 이들에 의해 기술되었던 방식으로 볼 때, 이러한 대상들은 (제대로 고려된다면) 하나의 심각한 결점을 공유하고 있는 것 같다. 그 결점이란, 가혹한 표현을 사용하자면, 다음의 한마디로 표현된다: 그것들은 존재하지 않는다.

설령 그것들이 존재한다고 할지라도 **문장**들을 사용하는 것을 정당화해 주는 수많은 고려들이 있다. 문장은—최소한 쓰인 형태의 문장은—감각적 지각이 접근할 수 있는 형태를 가진 대상이거나 아무리 못해도 그러한 대상들의 집합이다. 따라서

> 비가 온다.

와

> Es regnet.

는 비록 그것들이 동의적이기는 하지만 그럼에도 불구하고 쉽게 구별될 수 있는 두 문장이다. 일반적으로 우리가 문장들을 다루는 한, 논리학자

가 관심을 가지는 많은 속성들은 단순한 검사에 의해 확인이 가능하다. 한 문장이 요소문장인지, 복합문장인지, 혹은 긍정문장인지, 부정문장인지, 또 혹은 한 문장이 다른 문장을 부분으로 포함하는지 등등을 결정하기 위해 요구되는 것은 형이상학적 통찰력이 아니라 단지 어느 정도 좋은 시각일 뿐이다. 타당한 논증의 결론은 항상 어느 정도 전제들 속에 포함되어 있다는 주장에 대한 오래되고 이상한 논쟁은 우리가 문장들을 지칭하는 것으로서 전제들과 결론을 취급한다면 해결하기 어렵지 않다.

그러나 명제, 진술, 사고, 판단에 대한 유사한 종류의 물음들에 대답하려고 한다면, 상황은 전혀 달라진다. 명제는 문장의 의미라고 말해진다. 그것은 소위 추상적 존재자이다. 그리고 그 자체로는 어떠한 공간도 점유하지 않고, 어떠한 빛도 반사하지 않으며 어떠한 시작과 끝도 가지지 않는다. 대신에 각 명제는 **구조**(structure)를 가지는 것으로 여겨진다. 그리고 명제의 논리적 속성들은 본질적으로 그 구조에 의존한다. 그러므로 우리가 이러한 관점에서 논리학을 공부하고자 한다면, 주어진 경우에 그 구조가 무엇인지 찾아내는 방식을 가지고 있어야 할 것이다. 불행하게도 그러한 단순한 방식은 우리에게 주어진 적이 없다. 완전히 다른 형태와 구조를 가진 문장들이 서로 같은 의미를 가질 수 있다는 것에 모든 사람이 동의하는 이상, 명제의 구조는 그것에 대응하는 문장의 구조와 혼동되어서는 안 된다. 그러나 문헌들을 읽어 보면 의심할 여지없이 이러한 혼동들이 있어 왔다. 감각적 지각에 의존하는 대신 '마음의 눈'을 가지고 명제를 직접 봐야 한다는 충고까지도 있었다. 자신이 마음의 눈을 가지고 명제를 볼 수 없음을 인정하는 사람은 누구나 그런 경우에 전통적으로 사용되어 온 진단에 따라 왔다. 그러나 모든 수사법이 제거되었을 때에, 주어진 문장에 의해 표현되는 명제의 구조를 실제로 어떻게 알아낼 수 있는가의 문제에 우리는 다시 봉착한다.

같은 어려움들이 진술에 관한 논의에서 다시 제기된다. 진술이 비록 명제와 다른 것으로 알려져 있지만 그것들은 명백히 같은 종류에 속한다. 진술을 내세우는 이들은 우리가 어떤 특정한 상황에서 한 문장을 발언했을 때 우리는 하나의 진술을 하는 데 성공했다고 이야기한다. 문장이 아니라 진술이 참이거나 거짓이다. 같은 의미를 가진 같은 문장이 다른 진술을 만드는 데 사용될 수 있다. 예를 들어

그는 당선되었다.

라고 내가 말할 때 '그'가 케네디를 지칭하는 것이면, 나는 하나의 진술을 한 것이다. 내가 닉슨을 지칭하는 '그'를 가지고 같은 문장을 발언한다면 나는 또 다른 진술을 한 것이다. 또한 다른 의미를 가진 다른 문장이 같은 진술을 하는 데 사용될 수 있다. 예를 들어

케네디는 당선되었다.

라고 내가 말한다면 내가 케네디를 지칭하는 '그'를 가지고 앞에서 했던 것과 같은 진술을 한 것이 된다. 따라서 명제와 마찬가지로 진술의 구조 역시 진술하는 데 사용된 문장을 보는 것만으로 단순하게 결정되지 않는다. 그러나 진술을 지지하는 사람들은 그것을 단칭 진술, 전칭 진술, 특칭 진술, 연언 진술, 가언 진술, 긍정 진술, 부정 진술, 필연 진술, 우연 진술 등으로 분류하는 것을 주저하지 않는다. 또한 진술들을 '주어-술어 형식' 이라고 말하거나 그것들 중 어떤 것이 다른 것과 '같은 형식을 가진다'고 말하거나 또는 그것들이 '기술구들(descriptions)을 포함한다'고 말하는 것 등에도 주저하지 않는다.

유사한 논의가 사고나 판단에도 **동일한 방식으로** 적용된다. 사고는, 명제와 진술의 앞과 같은 결함들 중 어떤 것을 공유할 뿐 아니라, 논리학의 대상으로서 또 다른 결점을 가지고 있다. 만약 논리학이 사고에 대한 학문이라면 논리학의 법칙은 '사고의 법칙'이 될 것이고 논리학의 주제는 시대에 뒤떨어진 심리학 분야가 되어 버릴 것이다. 논리법칙들은 사람들이 어떻게 사고하는지를 기술한 것으로서 제시된 것이거나 사람들이 어떻게 사고해야 하는지를 기술하도록 제안된 것일 터이다(양쪽 경우 모두에 있어서 논리법칙들은 거짓이다). 한편, 판단은 모든 후보자들 중 가장 불명료한 것이다. 어느 저자에 의하면 (그리고 그 저자에 동의하는 다른 사람을 찾는 것은 어렵다) 판단은 '마음의 작용이며 또한 단순 파악으로부터 유래한 대상들의 두 개념 혹은 관념을 비교하여 그것들이 서로 같은지 다른지 가려내는 작용에 놓여 있다'. 이런 관점에서는 논리학은 '실재 대상들을 새로이 참조함이 없이 우리로 하여금 어떤 판단들로부터 새 판단을 형성토록 하는, 추리라 불리는 마음의 작용'에 대한 학문이 된다.[2] 그러나 어떤 정신적 행위를 수행한 후에 그 기반 위에서 다른 정신적 행위를 수행할 수 있는지의 문제는 명백히 (그것이 어떤 의미를 가진다면) 심리적 사실의 문제이다. 그리고 일단 논증의 타당성과 부당성에 대한 모든 문제들이 이와 같이 심리적 사실의 문제가 된다면 그 문제들은 인간 존재의 정신 과정을 탐구하는 것에 의해 해결될 문제가 된다. 논리학을 그러한 방식으로 이해하는 것은 판단논리학자들 자신을 포함해 논리학자들의 실제 작업과 조화될 수 없다.

이 맥락에서 이와 관련된 전체 문제를 더 이상 추구해 들어갈 가치는

---

2   Jevons, W. S., *Elementary Lessons in Logic* (London, 1909), 12쪽, 14쪽.

없을 것이다. 왜냐하면 우리가 문장의 논리적 속성에 대해 이야기하는 것들이 꽤 규칙적인 방식으로 명제, 진술, 사고, 판단에 대한 이야기로 옮겨질 수 있기 때문이다. 우리는

지금 비가 온다.

와

그는 여기 있다.

와 같이, '여기', '지금', '이것', '그', '너' 등의 '자기중심적(egocentric)' 단어를 가지며, 따라서 문장들의 진리가 그것들이 언명되는 때, 장소, 발언자에 의존하는 그런 문장들을 피할 것이다. 우리는 사람, 시간, 공간을 구체적으로 명시한 문장을 사용함으로써 흔히 이런 종류의 의존을 피할 수 있다. 예를 들어

1961년 12월 28일 오후 4시에 캘리포니아주 버클리에 비가 왔다.

혹은

케네디 대통령은 1961년 7월 24일 비엔나에 있었다.

등으로 바꿀 수 있다. 일반적으로 우리가 자기중심적 단어들을 포함하지 않는 비교적 애매하지 않은 문장들만을 사용한다면 다음의 동치문(equivalence)들은 받아들여질 수 있을 것이다: 문장은 그것에 의해 표현

되는 명제가 참일 경우에 오직 그 경우에만 참이다; 문장은 그것을 사용해 일상적으로 만들어진 진술이 참일 경우에 오직 그 경우에만 참이다. 사고와 판단도 유사하게 다루어질 수 있다. 그러므로 학생들이 문장들이 참이거나 거짓이라고 말하는 것에 철학적 의심을 가지게 되었다면 학생들은 주어진 동치문들을 활용할 수 있을 것이다. 그렇지 않다면, 학생들은 모든 것을 편안히 잊어버릴 수도 있다.

5. 논리적 형식

필연적 참에 대한 가장 분명하고 중요한 사실들 중의 하나는 논리학사의 시초에 아리스토텔레스에 의해 이미 주목되었다. 그것은 다음과 같다. 많은 경우에 있어서, 한 문장이 필연적 참이면 그것과 '같은 논리적 형식(the same logical form)'을 지닌 모든 문장이 마찬가지로 필연적 참이다. 이 점은 예들을 통해 더욱 명확해진다. 필연적 참인

> 소크라테스는 기원전 399년에 죽었거나 또는 소크라테스는 기원전 399년에 죽지 않았다.

를 고려해 보자. 이 문장의 구성요소인 '소크라테스는 기원전 399년에 죽었다'가 어떤 다른 문장에 의해 (그것이 나타나는 양쪽 모두에) 대치되더라도 이 문장은 여전히 참일 뿐 아니라 필연적 참이다. 따라서 문장들

> 아리스토텔레스는 기원전 399년에 죽었거나 또는 아리스토텔레스는 기원전 399년에 죽지 않았다,

아리스토텔레스는 알렉산더의 스승이거나 또는 아리스토텔레스는 알렉산더의 스승이 아니다,

플라톤은 알렉산더의 스승이거나 또는 플라톤은 알렉산더의 스승이 아니다,

케네디는 당선되었거나 또는 케네디는 당선되지 않았다.

는 모두 필연적 참들이다. 그리고 형식

S이거나 또는 S가 아니다.

의 모든 문장이 필연적 참이다. 또한 문장들

만약 잔디가 녹색이고 눈이 하얗다면, 눈이 하얗다,

만약 장미가 빨갛고 눈이 하얗다면, 눈이 하얗다,

만약 아리스토텔레스가 알렉산더의 스승이고 알렉산더가 우둔하다면, 알렉산더는 우둔하다.

는 모두 필연적 참이며, 형식

만약 S이고 T이면, T이다.

의 모든 다른 문장 역시 필연적 참이다. 1절에서 첫 번째로 언급된 논증에 상응하는 조건문과 그러한 형식

만약 모든 B가 C이고 모든 A가 B이면, 모든 A가 C이다.

를 가진 모든 다른 조건문도 필연적 참이다. 이들 각 경우에서 보듯이 필연적 참 중에서 같은 형식의 모든 다른 문장도 역시 필연적이라는 속성을 가지는 필연적 참을 우리는 **논리적 형식에 의한 필연적 참**(necessary truth by virtue of its logical form) 혹은 **논리적 참**(logical truth)이라 부른다.

모든 필연적 참은 논리적 형식에 의해 필연적이라고 생각하는 사람이 있을는지도 모르므로, 오래된 예

모든 총각은 결혼하지 않았다.

를 살펴보자. 이 문장은 필연적 참이지만 같은 형식의 다른 많은 문장들, 이를테면

모든 상원의원은 결혼하지 않았다.

는 필연적 참이 아니다.

비록 모든 필연적 참이 그것의 논리적 형식에 의해 필연적인 것은 아니지만, 모든 필연적 참은 그 자체로 논리적 형식에 의해 필연적인 문장이거나 동의어를 동의어로 대체함으로써 그러한 문장으로부터 얻어낼 수 있는 문장이라는 다소 약한 그럴듯한 주장이 옹호되기도 했다. 예를 들어, 문장

모든 총각은 결혼하지 않았다.

는 문장

모든 결혼하지 않은 남자는 결혼하지 않았다.

로부터 '결혼하지 않은 남자'에 그 동의어 '총각'을 대체하여 얻어낸 것이다. 그리고 뒤의 문장은 그 형식에 의해 필연적 참이다. 형식

모든 B하지 않은 A는 B하지 않다.

의 모든 문장이 필연적 참이기 때문이다.

타당성과 필연성의 상호 의존관계에 비추어 본다면, 타당한 논증에 대해서도 그 논리적 형식에 의해 타당한 논증과 그러한 논증으로부터 동의어에 동의어를 넣어 얻어지는 논증으로 구분할 수 있음에 주목할 수 있다. 따라서 형식

모든 B는 C다;
모든 A는 B다;
그러므로, 모든 A는 C다.

의 모든 논증은 타당하고, 위 구분에서 첫 번째 종류에 속할 것이다. 논증

스미스는 총각이다;
그러므로, 스미스는 결혼하지 않았다.

는 타당하고, 두 번째 종류에 속한다. 이 논증은 형식

x는 C하지 않은 B이다;

그러므로, x는 C하지 않았다.

의 논증으로부터 '결혼하지 않은 남자'에 '총각'을 넣어 얻은 것이기 때문이다.

따라서, 논리적 형식의 개념은 우리 주제를 위해 핵심적인 중요성을 가진다는 것이 명백하다. 그것이 많은 명료화를 요구하는 개념이라는 것 역시 명백하다. 우리는 주어진 문장의 논리적 형식이 무엇인지 결정할 수 있는 실제적 기준을 필요로 한다. 그리고 그 대입예로 오직 필연적 참만을 가지는 논리적 형식이 어떤 것인지도 결정할 수 있어야 한다. 불행하게도 자연언어의 불규칙성은 그런 기준을 완전히 불가능하게 하지는 않는다 할지라도 성취하기 어렵게 만든다. 오직 인공언어의 경우에만 성공할 진정한 전망이 있다.

잠시, 우리가 문장형식을 기술하는 데 사용한 표현들을 보도록 하자:

S이거나 또는 S가 아니다.
만약 S이고 T이면, T이다.
만약 모든 B가 C이고 모든 A가 B이면, 모든 A는 C이다.
모든 B하지 않은 A는 B하지 않다.
x는 C하지 않은 B이다.

이들 중 처음의 둘에서 우리는 문자 'S'와 'T'를 각각 문장으로 대치함으로써 특정한 문장을 얻는다. 이들 문자들은, 그리고 같은 의도를 가지고 사용되는 모든 문자들은, **문장문자**(sentential letter)라 불린다. 그다음 두 경우에서 우리는 특정한 문장을 얻기 위해 문장이 아닌 보편명사를 (예를 들어 '사람', '죽는 존재', '교수', '스웨덴인'을) 대입해야 한다. 문자 'A',

'B', 'C'는 그리고 보편명사로 대치되는 모든 것은 **집합문자**(class letter)이다. 마지막 경우에 우리는 문자 'x'를 '소크라테스', '아리스토텔레스', '알렉산더'와 같이 개체의 이름이거나 '알렉산더의 스승', '플라톤의 제자'와 같은 개체의 기술구가 대입되어지는 것으로서 사용하였다. 개체를 지칭하는 표현들이 대입되는 문자들을 **개체문자**(individual letter)라 부른다. 한편 형식적 표현들 자체를 가리키기 위해 **문장틀**(matrix)이란 말을 도입하자: 문장틀은 소위 논리어들('그리고', '또는', '만약 …그러면', '아니다', '모든', '어떤' 등)과, 문장문자들, 집합문자들, 개체문자들이 모여 이루어진 표현이다. 문장틀의 문자들에 적당한 종류의 표현들을 대치하여 얻은 결과는 문장이다.

따라서 문장은, 모든 대입예가 필연적 참인 그러한 문장틀의 한 대입예(substitution-instance)일 경우에 오직 그 경우에만 논리적 참이다. 여기서 결정적 역할을 하는 문장틀의 개념은 어떤 논리어들의 목록을 선택하느냐에 따라 달라진다는 것을 주목하라. 불행하게도 어떤 단어가 논리어로 간주되고 어떤 것이 그렇지 않은가의 문제는 어느 정도 임의성을 포함하고 있다.

때때로 우리는 논리적 참을 모든 대입예가 참인 문장틀의 대입예로서 정의한다. 이 접근의 장점은 그것이 비교적 명료한 개념인 참에 의해 논리적 참을 설명한다는 점이다. 이 접근의 근본적 단점은 언어가 모든 대상에 대한 이름 혹은 기술구를, 그리고 모든 속성에 대한 술어를 포함하고 있다고 가정한다는 점이다(그렇지 않을 경우, 이름 없는 대상이나 속성은 주어진 문장틀을 거짓이 되게 하는 대상이나 속성일지도 모른다). 그러나 여러 이유들로 해서 이 가정은 그럴듯하지 않다.

그러나 위의 생각은 이 어려움을 피할 수 있는 중요한 변형을 가지고 있다. 우리는 문장이 문장틀 속에 나타나는 다양한 개체문자들, 집합문자들, 문장문자들에 어떤 해석을 주건 간에 '참이 되는' 문장틀의 대입예일 경우 그 문장이 논리적 참이다, 라고 정의할 수 있다. 여기서 문자를 해석한다는 것은 문자의 지시체로서 적당한 대상(개체, 집합, 진리치)을 할당하는 것이다. 따라서 문장틀

$$x는 A이거나 또는 x는 A가 아니다$$

는, 'x'에 무슨 개체를 할당하든지 'A'에 무슨 개체들의 집합을 할당하든지, 참으로 된다. 따라서 이 문장틀의 모든 대입예는 논리적 참이다. '해석하에서 참임'의 개념을 통해 논리적 참을 설명하려는 이 접근은 나중에 우리의 체계를 전개하는 데 사용될 것이다.

6. 인공언어

근래의 논리학에 대한 거의 모든 진지한 탐구는 '인공(artificial)'언어 혹은 '형식(formalized)'언어를 채택한다. 그러한 언어를 구성하는 일에 대한 착안은 최소한 라이프니츠에까지 거슬러 올라간다. 그러나 최초의 성공적인 시도는 독일의 논리학자 고틀로프 프레게(Gottlob Frege, 1848~1925)에 의해 그의 『개념기호법(*Begriffsschrift*)』(1879)에서 이루어졌다.

논리학의 연구가 추구되자면 어느 정도의 형식화가 불가피하다는 것은 명백하다. 아리스토텔레스도 자기 탐구를 수행하기 위해 언어의 어떤 형식화를 도입해야 했다. '형식논리학의 법칙들'이라 불리는 가장 단순한 것들도 그것들을 자연언어에 적용하는 데에는 항상 어떤 조정들을 요구

하기 때문이다. 예를 들어, 비록 문장

>All men are mortal or not all men are mortal
>(모든 사람이 죽거나 또는 모든 사람이 죽는 것은 아니다).

는 문장틀

>S or not S
>(S이거나 또는 S는 아니다).

의 거의 엄격한 대입예이지만, 즉 문자 S에 'all men are mortal(모든 사람이 죽는다)'를 넣어 얻어질 수 있는 것이지만(비록 한쪽 머리글자 'a'는 대문자로 하면서 다른 쪽에 대해서는 그렇지 않게 하는 약간의 조정이 필요하더라도), 문장

>Socrates is mortal or Socrates is not mortal
>(소크라테스는 죽거나 또는 소크라테스는 안 죽는다).

는 그처럼 엄격한 대입예는 아니다. 이 특정한 문장틀에 관련된 어려움은, 영어 문장의 부정이 'not'을 부가함으로써 형성되지만 그 부가어가 어디에 위치해야 할지를 결정하는 단순한 규칙이 존재하지 않기 때문에 생겨난 것이다. 우리는 'Socrates is mortal'의 부정을 동사 오른쪽에 'not'을 삽입함으로써 만들었다(한국어의 경우, 우리는 '소크라테스는 죽는다'의 부정을 동사 '죽는다' 앞에 '안'을 삽입함으로써 만들었다). 그러나 'all men are mortal(모든 사람이 죽는다)'의 부정을 같은 방식으로 만든다면 그 결

과는

> All men are not mortal
> (모든 사람이 안 죽는다).

인데, 반면 요구되는 것은 더 약한 문장인

> Not all men are mortal
> (모든 사람이 죽는 것은 아니다).

이다. 문장

> Smith cracked the safe and Jones drove the getaway car
> (스미스는 금고를 부수었고 존스는 도주 차량을 운전했다).

를 부정하기 위해, 우리는 그 앞에 'it is not the case that...(...한 것은 아니다)'를 붙이든지, 다음과 같이 바꾸어야 할 것이다.

> Either Smith did not crack the safe or Jones did not drive the getaway car
> (스미스가 금고를 부수지 않았거나 존스가 도주 차량을 운전하지 않았다).

(이 예는 또한 'Smith cracked the safe'와 같이 단순한 문장도 'not'을 덧붙여서 부정되지 않는다는 것을 보여 준다. 다른 두 변화가 함께 이루어

져야 한다.)

따라서, 비록 우리가 형식

> S or not S
> (S 이거나 또는 S는 아니다).

의 모든 문장이 논리적 참이라고 말할 때

> All men are mortal or not all men are mortal
> (모든 사람이 죽거나 또는 모든 사람이 죽는 것은 아니다),
> Socrates is mortal or Socrates is not mortal
> (소크라테스는 죽거나 또는 소크라테스는 안 죽는다),
> Smith cracked the safe or Smith did not crack the safe
> (스미스는 금고를 부수었거나 또는 스미스는 금고를 부수지 않
> 았다),
> Either Smith cracked the safe and Jones drove the getaway car, or it is
> not the case that Smith cracked the safe and Jones drove the getaway car
> (스미스가 금고를 부수었고 존스가 도주 차량을 운전했거나, 또
> 는 스미스가 금고를 부수었고 존스가 도주 차량을 운전했던 것은 아
> 니다).

와 같은 경우들을 포함시키지만, 엄격히 말해서 우리는 이들 중 비교적
일부만 이 언급된 형식을 가지고 있음을 본다. 이와 비슷하게, 문장

> If all men are mortal and all Greeks are men, then all Greeks are

mortal

   (만약 모든 사람이 죽고 모든 그리스인이 사람이면, 모든 그리스
인은 죽는다)

는 엄격하게 형식

   If all B is C and all A is B, then all A is C
   (만약 모든 B가 C이고 모든 A가 B이면, 모든 A가 C이다).

를 지니지 않는다. 'is'가 모든 곳에서 'are'로 조정되어야 하기 때문이다. 이
런 종류의 조정은 예외라기보다는 규칙이다. 일반적으로 자연언어에 있
어서는 대입예로서 **말 그대로**(literally) 필연적 참만을 가지는 문장들은,
있다 하더라도, 매우 적다는 것이 분명하다.

   그러므로 우리가 자연언어의 형식논리학을 발전시키고자 한다면, 가
장 단순한 경우에서도 엄밀한 방식의 전개가 불가능하다는 것을 발견하
게 된다. 이러한 어려움들에 대한 명백한 해결책은—이 해결책은 거의
모든 현대 논리학자에 의해 사용된 해결책인데—자연언어보다 문법적
으로 더 쉽고 더 규칙적인 인공언어를 만들어내는 일이다. 그러한 언어에
대해서라면 우리는 만족스러울 만큼 정확한 방식으로 논리적 참의 개념
을 규정할 수 있으리라 기대할 수 있다. 예비사항을 위한 또 하나의 장이
끝난 후에 우리는 이러한 접근을 해 나갈 것이다.

• 연습문제 •

1. 다음 문장들을 필연적 참, 우연적 참, 혹은 거짓으로 분류하시오. 필연적 참들 중에서 어떤 것들이 논리적 참이고 어떤 것들이 논리적 참이 아닌지 지적하시오. 애매성 혹은 모호성이 결정적인 것처럼 보이는 모든 경우들을 논의하시오.

   (a) 서울시의 인구는 10만 명이 넘는다.
   (b) 어떤 콘서트 피아노 연주자들은 프랑스인이다.
   (c) 모든 검은 개는 개이다.
   (d) 모든 범죄 혐의자는 범죄자이다.
   (e) 모든 범죄 혐의자는 혐의를 받고 있다.
   (f) 모든 까마귀는 검다.
   (g) 만일 두 사람이 형제간이면 그들은 형제간이거나 자매간이다.
   (h) 만일 한 사람이 다른 사람보다 키가 크면 후자는 전자보다 키가 작다.
   (i) 올라가는 것은 무엇이든지 내려가야 한다.
   (j) 두 물체는 동시에 동일한 장소에 있을 수 없다.
   (k) 한국어로 '영국'은 영국을 지칭한다.
   (l) 모든 양의 정수 x, y, z에 대해서, 만일 $x < y$이면 $x + z < y + z$이다.

2. 다음 논증은 중세에 **모든** 문장이 모순으로부터 따라 나온다는 것과 진정으로 **형식적으로** 따라 나온다는 것을 보여주는 예로서 제시되었다.

(a) 소크라테스는 존재하며 소크라테스는 존재하지 않는다.　전제

(b) 소크라테스는 존재한다.　　　　　　　　　　　(a)로부터

(c) 소크라테스는존재하거나막대는구석에세워져있다.　(b)로부터

(d) 소크라테스는 존재하지 않는다.　　　　　　　　(a)로부터

(e) 막대는 구석에 세워져 있다.　　　　　　　(c)과 (d)로부터

이 논증은 직관적으로 타당한 것처럼 보이는가? 만일 그렇게 보이지 않는다면 어떤 곳에 문제가 있는 것처럼 보이는가? 당신은 '막대가 구석에 세워져 있지 않다'로부터 '소크라테스는 존재하거나 소크라테스는 존재하지 않는다'를 도출하는 유사한 논증을 구성할 수 있는가?

3. (만일 가능하다면) 다음 조건을 만족하는 예를 하나 드시오:

(a) 모든 대입예가 필연적 참인 문장틀;

(b) 약간의 대입예들은 필연적 참이고 약간의 대입예들은 그렇지 않은 문장틀;

(c) 어떠한 대입예도 필연적 참이 아닌 문장틀;

(d) 첫 번째 문장틀의 모든 대입예가 두 번째 문장틀의 대입예이지만 그 역은 성립하지 않는 한 쌍의 문장틀;

(e) 참인 전제들과 거짓인 결론을 갖는 타당한 논증;

(f) '2+2=4'를 결론으로 가지는 부당한 논증;

(g) '2+2=4'를 결론으로 가지는 형식적으로 타당하지 않은 논증;

(h) 전제와 결론이 그것들 각각의 부정문에 의해 대치되어도 역시 타당한 채로 남으며 또 전제가 하나인 타당한 논증;

(i) 하나의 거짓 전제, 하나의 참 전제, 그리고 참인 결론을 갖는

타당한 논증과 부당한 논증.

4. 다음의 일반화들 중에서 어느 것이 옳은가?

(a) 모든 임의의 세 문장 R, S, T에 대해, 만일 R이 S로부터 따라 나오고 S가 T로부터 따라 나오면 그러면 R은 T로부터 따라 나온다.

(b) 모든 임의의 두 문장 R, S에 대해, 만일 R이 S로부터 따라 나오면 그러면 S는 R로부터 따라 나온다.

(c) 모든 임의의 두 문장 R, S에 대해, 만일 R이 S로부터 따라 나오면 *not* S는 *not* R로부터 따라나온다.

(d) 모든 임의의 세 문장 R, S, T에 대해, 만일 R이 S와 T로부터 따라 나오면 *not* T는 S와 *not* R로부터 따라나온다.

(e) 모든 임의의 세 문장 R, S, T에 대해, 만일 R이 S와 T로부터 따라 나오면 그러면 *If S then R*이 T만으로부터 따라 나온다.

(f) 모든 임의의 세 문장 R, S, T에 대해, 만일 R이 S로부터 따라 나오고 또한 *not* S로부터도 따라 나오면 R은 T로부터 따라 나온다.

2
추가적인 예비사항들

이 장은 우리가 형식언어의 탐구를 시작하기 전에 주의를 기울일 필요가 있는 몇 가지 주제들에 관해 다룬다. 이들 중 첫 번째 주제는 소위 **사용-언급** 구분(use-mention distinction), 즉 언어적 표현을 다른 어떤 것을 가리키기 위해 **사용하는 것**(using)과 그 언어적 표현을 **언급하는 것** (mentioning 즉, 그 언어적 표현 자체에 관해 말하는 것) 사이의 구분이다. 두 번째로 언어적 표현의 뜻(sense)과 지시체(denotation)에 대한 프레게의 구분을 살펴보고, 특히 특정한 문맥에서는 표현이 일상적으로 그 표현의 뜻이라고 간주되는 것을 지칭한다는 그의 견해에 주목할 것이다. 세 번째 주제는 **변항**(variable)에 대한 것이다. 변항은 우리의 다음 논의에서 중요한 역할을 하므로 변항에 대한 사용법을 철저히 이해하는 것이 특히 중요하다. 변항들은 단지 알파벳 문자들이다. 그것들에 대한 **대입어** (substituend)들은 이름들이거나 무언가 의미 있게 대입될 수 있는 다른 표현들이다. 그리고 변항의 **값**(value)은 대입어에 의해 지칭되는 모든 대상을 포함한다. 네 번째 절에서 우리는 **문장형식**(sentence-form)의 개념을 설명할 것이다. 개략적으로 말해, 문장형식은 문장이거나 문장으로부터 문장 속에 나타난 이름들 전부 혹은 일부를 변항으로 대치해서 얻어질 수 있는 표현이다. 문장형식의 개념은 다섯 번째 주제인 **집합**(set)과 관련해 유용하다. 인공언어의 술어는 집합이나 관계를 지칭하는 것으로 해석되기 때문에, 이 대목에서 이 존재자에 관해 간결하고 직관적으로 성격 규정을 하는 것이 필요하다. 마지막으로 **대상언어**(object-language)와 **메타언어**(metalanguage) 사이의 구별, 즉 우리 논의의 대상이 되는 언어와 우리의 논의를 위해 사용되는 언어 사이의 구별에 주목할 것이다.

1. 사용과 언급

사용-언급 구분은 현대논리학을 이해하기 위해서 절대적으로 필요하다. 우리는 주어진 언어적 표현이 **언급되는** (그것 자체에 관해 말해지는) 경우와 그것이 (다른 어떤 것을 언급하기 위해) **사용되는** 경우를 예리하게 구분할 수 있어야 한다. 이 구분은 이름과 이름을 지니는 대상 사이의 구분과 연계된다.

한 대상에 관해 말하거나 언급하기 위해 우리는 그 대상의 이름이나 그 대상을 지칭하는 어떤 다른 방식의 언어적 표현을 흔히 사용한다. 대개 사용되는 이름이나 기타 표현은 그 이름을 사용하여 언급하는 대상과 같지 않다. 예를 들어 에펠탑에 관해 말할 때 우리는 '에펠탑'이란 단어를 사용하지 에펠탑 자체를 사용하지는 않는다.

대부분의 상황에서 이름과 그 이름을 지닌 대상을 혼동할 위험은 없지만, 이름을 지닌 대상이 감각기관들에 의해 지각되지 않는 추상적 존재자일 때 구별상의 어려움이 자주 발생한다. 아무도 에펠탑을 '에펠탑'이란 단어와 구별하는 데 어려움을 느끼지 않지만, (널리 받아들여지는 학설에 따르면) 감각적으로 경험될 수 없는 수(number)를 숫자(numeral) 또는 수를 지칭하는 다른 언어적 표현과 혼동하는 경향이 있어 왔다. 이를테면 12와 7+5가 서로 밀접하게 관계를 맺고 있으나(예를 들어, 등가 (equal) 관계를 가지나) 동일하지 않은(not identical) 두 수라고 믿기도 한다.

언급되는 것 자체가 언어적 표현일 때에도 역시 조심성이 요구된다. 한 단어 혹은 다른 언어적 표현에 관해 말할 경우, 우리는 언어 외적인 어떤 것에 관해 말할 때 적용하는 것과 같은 규칙을 그대로 따른다: 그 대상 자체를 사용하지 말고 그 대상의 이름이나 기술구를 사용하라. 주어진 언어적 표현의 이름을 만드는 가장 편리한 방법들 중의 하나는 그 언어적 표현을 인용부호 안에 넣는 것이다. 예를 들어

'일리아드'

는 제목

일리아드

를 지칭하며, 뒤의 것은 다시 호메로스의 위대한 서사시를 지칭한다. 우리가 이 제목에 관해 말하고자 한다면 우리는 그 제목의 이름을 사용해야지 그 제목 자체를 사용해서는 안 된다. 따라서 우리는

'일리아드'는 짧은 제목이다.

라고 말할 수 있다. 위에서 서술된 규칙에 따르면 인용부호를 제거할 경우 일리아드의 이름에 관해서가 아니라 일리아드 자체에 관해서 우리가 말하는 것이 된다.

언어적 표현들에 이름을 붙이는 또 하나의 유용한 방법은 앞 단락의 세 가지 예가 보여 주는 바와 같이 행을 바꾼 다음, 한 줄을 떼고 약간 안쪽에서부터 시작하는 것이다. 이미 잘 알고 있겠지만 이 방법은 이 책에서 자주 사용되고 있다.

일상적 담화에서는 한 표현이 사용되는지 언급되는지의 여부는 문맥과 상식에 의존하는 것이 자연스럽다. 우리가

　　　셰익스피어의 진짜 이름은 베이컨이다.

라는 문장을 접하게 되면 그것을

　　　셰익스피어의 진짜 이름은 '베이컨'이다.

의 의미로 이해해야 한다. 왜냐하면 다른 해석은 불합리하기 때문이다. 그러나 논리학을 공부하는 데 있어서는 대상을 언급하기 위해 그 대상의 이름 혹은 기술구를 사용해야지 그 대상 자체를 사용해서는 안 된다는 관습을 엄격히 따르는 것이 이롭다. (그러나 '버트런드 러셀의 이름'이란 표현처럼 대상의 이름이나 기술구 안에 대상이 일부분으로 포함될 수는 있다.)

2. 뜻과 지시체

우리는 언어적 표현과 그것이 지칭하는 대상 사이의 구분에 주목했다. 철학적으로는 더 문제가 있지만 매우 유용한 또 다른 구분은 언어적 표현의 뜻(Sinn)과 지시체(Bedeutung)에 관한 고틀로프 프레게의 구분이다. 그는 언어적 표현 속에 이름, 기술구, 술어적 표현, 문장을 포함시킨다. 프레게에 따르면 그러한 표현의 뜻(sense)은 그것의 의미(meaning)이다. 언어적 표현이 사용될 때 그 표현을 이해하려면 그것의 뜻을 '파악해야' 한다. (같은 맥락에서 고대 스토아학파 철학자들은 그리스어의 뜻을 '그리스어가 얘기될 때 그리스인은 파악하나 야만인들은 파악하지 못하는 것'으로 기술했다.) 다른 한편, 지시체는 (존재한다면) 그 표현이 지칭하는 대상 혹은 대상들이다. 따라서 '샛별'과 '개밥바라기'는 같은 지시체를, 즉 금성을, 지칭하지만 그것들은 서로 다른 뜻을 가진다. 프레게에 의하면, 전자의 표현은 '아침에 동쪽 하늘에서 밝게 빛나는 것'이란 뜻을 갖고, 후자는 이것과 다른 뜻('저녁에 서쪽 하늘에서 밝게 빛나는 것'이라는 뜻)을 갖는다. 한 표현의 뜻이 주어지면 지시체는 단일하게 결정된다. 그러나, 위의 예에서처럼, 다른 뜻이 같은 지시체에 대응하거나 같은 지시체를 결정할 수 있다.

프레게에 의하면, 뜻과 지시체는 다음의 또 다른 두 조건을 만족시켜야 한다:

a) 복합 표현의 지시체는 그 표현의 부분들의 지시체들의 함수이다. 다시 말해서 복합 표현의 한 부분이 그 부분과 같은 지시체를 갖는 다른 표현으로 대치될 경우 전체의 지시체는 바뀌지 않는다.

b) 마찬가지로, 복합 표현의 뜻은 그 표현의 부분들의 뜻들의 함수이다.

개별적 표현의 의미에 관한 다소 명백한 약간의 사실들과 함께, 이들 두 원리는 뜻 혹은 의미가 지시체와 동일시될 수 없다는 점을 보여 준다. 두 문장

    (1) 샛별은 개밥바라기와 같다,

    (2) 샛별은 샛별과 같다.

는 명백히 같은 뜻을 갖지 않는다. 후자가 당연한 것으로 받아들여질 수 있는 사소한 진리를 표현하는 데 반해 전자는 그렇지 않기 때문이다. 그러나 위에서 보았듯이, '샛별'이란 표현과 '개밥바라기'란 표현은 같은 지시체를 갖는다. 뜻이 지시체와 같은 것이라면 그것들은 같은 뜻을 가지고 있어야 한다. 따라서 원리 b)에 의해 그것들은 (1) 안에서 뜻이 바뀜이 없이 교환 가능해야 하며, 그리하여 (1)은 (2)와 같은 뜻을 가져야 할 것이다. 아니면, 같은 근거에서 (1)과 (2)가 같은 지시체를 갖는다는 결과를 얻기 위해 원리 a)를 적용할 수 있을 것이고, 그 결과 다시금 지시체는 뜻과 동일시될 수 없게 된다.

이 마지막 고려는 문장의 지시체에 대한 생각과 연관된다. 프레게에 따르면, 문장이 홀로 있거나 더 큰 문장 속의 등위절(co-ordinate clause)로서 있을 때 그 문장은 진리치를 지시체로서 갖고, 소위 명제 혹은 사고를 뜻으로서 갖는다. 따라서 (1)과 (2)는 같은 지시체를 가지면서 다른 뜻을 가지는 것이다.

(명제와 같은 것들의 존재에 대한 앞에서의 의심을 고려할 때—그리고 진리치에 대해서도 역시 거의 마찬가지의 의심이 적용된다—독자는 지금의 맥락에서 우리가 다시금 그 존재자들을 끌어들이는 것에 의아해 할지도 모르겠다. 그것에 대한 답변은 프레게 견해의 핵심들은 명제와 같

은 것들이 존재한다는 형이상학적 가정 없이도 진술될 수 있다는 것이다. 이를테면, 원리 b)를 다음과 같이 바꿀 수 있다: 만약 표현 S와 T가 동의어이고, 표현 U와 V가 모든 점에서 동일하되 U가 S를 가지고 있는 곳마다에 V가 T를 가지고 있다는 점만이 다르다면, U는 V와 동의어이다. 명제와 여러 다른 상정된 존재자들이 실제로 존재하지 않는다는 사실이 동의적 표현들이 있음을 부정하도록 요구하지는 않으므로, 우리는 프레게의 형이상학에 동의하지 않고도 그의 의미론 중 많은 것을 받아들일 수 있다. 이와 같은 관용적 태도가 다른 저자들의 '명제' 사용에 대해서까지 확대될 수 있다.)

프레게의 이론은 다음과 같은 반례에 부딪힌다고 여겨질 수 있다. 다음 문장들을 고려하여 보자:

　　(3) 샛별이 개밥바라기와 같은지 어떤 사람이 궁금해 한다,
　　(4) 샛별이 샛별과 같은지 어떤 사람이 궁금해 한다.

(3)이 참이고 (4)가 거짓이라고 가정하는 것은, 즉 (3)과 (4)가 다른 지시체를 가진다고 가정하는 것은, 비록 그것이 원리 a)와 상충하지만, 조리에 맞는다. 프레게는 주어진 표현이 어떠한 맥락 속에 있건 간에 관계없이 같은 뜻을 가진다는 생각을 부정함으로써 이러한 어려움을 극복한다. 그의 말에 의하면, '…라고 믿는다(believes that)', '…라는 것을 안다(knows that)', '…인지 궁금해 한다(wonders whether)' 등의 어구들에 의해 지배되는 문맥들에서는 언어적 표현이 그 표현의 일상적 뜻인 것을 지칭한다. 그 표현은 대신 어떤 다른 것을 뜻으로 갖는다. 따라서 문장 (1)은 혼자 독립적으로 있을 때 그 문장의 진리치를 지칭하고(즉, 지시체로 갖고) 어떤 명제를 표현하나(즉, 의미로서 가지나), 그것이 (3) 속에 일부로서 들

어 있을 때는 그 명제를 지칭한다. 이에 상응하여, 표현 '샛별'은 (1) 속에 홀로 있을 때는 행성인 금성을 지칭하나, (3) 속에 들어 있을 때는 그 표현은 (1)에서 그것이 가졌던 뜻을 지칭한다. (3)에서의 '샛별'의 지시체와 (1)에서의 그것의 지시체가 다르고, 뜻이 단일하게 지시체를 결정하므로, (3)에서의 '샛별'의 뜻과 (1)에서의 그것의 뜻이 다르다는 점에도 역시 주의해야 한다.

따라서 프레게는 **일상적**(ordinary) 혹은 **직접적**(direct) 뜻과 지시체, 그리고 **비뚤어진**(oblique) 혹은 **간접적**(indirect) 뜻과 지시체를 구별하면서, 비뚤어진 지시체는 일상적 뜻과 같은 것이라고 상술한다. 앞으로의 논의를 위해 우리는 주어진 표현 속에 나타난 이름 혹은 기술구가 그 문맥에서 일상적 뜻(그리고 일상적 지시체)을 가진다면 그것의 **나타남**(occurrence)을 **직접적**(direct)이라고 정의하고; 그렇지 않을 때 그것을 **간접적**(indirect)이라고 정의한다. 우리는 4절에서 이 주제로 되돌아올 것이다.

3. 변항

변항들의 사용은 아리스토텔레스 시대까지 거슬러 올라간다. 오늘날 변항들은 수학에서부터 길버트와 설리반의 오페레타에 이르기까지 모든 종류의 전문적, 비전문적 담화들 속에서 발견된다.

운명의 여신들이 어떻게 그들의 선물을 나눠 주는지 보라,
A는 행복한데 B는 그렇지 않다.
그러나 감히 말하건대, B야말로 A보다 더 많은 행운을 가질 자격

이 있다.

변항은 단지 알파벳의 문자로서 여겨져야 하며, 변하는(vary) 것으로서 (혹은 변하는 것의 이름으로서) 여겨져서는 안 된다. 변항은 수많은 목적들을 위해 사용되지만, 그것들 중 가장 중요한 목적은 일반화의 표현을 용이하게 하는 일이다. 법률가가 어떤 유형의 모든 경우에 관해 논의하고자 한다면, 그는 특정한 사람들의 이름들 대신에 문자들을 사용할 수 있을 것이다. 이를테면 그는 다음과 같이 말할 수 있다:

> A는 B와 계약을 했는데, B는 그의 유일한 상속자로서 C를 남겨놓고 나중에 죽었다. C는 A가 그 계약상의 의무를 수행하기를 1년 동안 기다린 후에, C는 A를 고소하기로 결정했다. 그동안 A는 파산 청원을 했다. 그리고…

위 인용문이, 여기서 논의되고 있는 그리고 그 정체가 나중에 드러나게 될 세 명의 알려지지 않은 사람 A, B, C가 있음을 의미하는 것은 물론 아니다. 또한 복잡한 거래에 관련된 세 명의 **일정치 않은**(variable) 사람이 있음을 의미하는 것도 아니다. 그것은 오직, **어떠한**(any) 세 명의 사람이라도, 알려진 사람이건 알려지지 않은 사람이건, 일정한 사람이건 일정치 않은 사람이건, 기술된 것과 같이 관계를 맺고 있다면, 위 인용문 다음에 계속해서 진술될 어떤 다른 관계를 그들이 만족시키게 된다는 것을 의미할 뿐이다.

수학자들은

$$6 \cdot (4+3) = 6 \cdot 4 + 6 \cdot 3$$

와

$$8 \cdot (1+9) = 8 \cdot 1 + 8 \cdot 9$$

가 그 대입예들인 일반 원리를 진술하고자 할 때,

$$x \cdot (y+z) = x \cdot y + x \cdot z$$

이라고 쓸 수 있다. 여기서 변항들이나 그와 유사한 것들의 도움 없이 위와 같은 법칙을 표현하고자 한다면, 그 결과는 다음과 같이 성가시고 불명료한 것이 될 것이다:

> 반드시 서로 다를 필요가 없는 어떤 세 수가 주어졌을 때, 두 번째 수와 세 번째 수의 합을 첫 번째 수와 곱한 것은 첫 번째 수와 두 번째 수의 곱과 첫 번째 수와 세 번째 수의 곱을 합한 것과 같다.

앞에서 지적되었듯이 변항은 일반성의 표현 이외의 다른 용도들도 가진다. 그러나 현재의 목적을 위해서는 여기서 그것들을 논의할 필요는 없다. 그렇지만 변항이 사용될 때마다 대답할 준비가 되어 있어야 할 두 가지 질문이 있다. 그것들은 그 변항의 **대입어들**(substituends)과 **값들**(values)이 무엇이냐는 것이다. (대입어들은 변항에 의미 있게 대입될 수 있는 모든 언어적 표현들이고, 값들은 대입어들에 의해 지칭되는 모든 대상들을 포함한다.)

만약 x가 대통령으로 당선된다면, x는 4년 동안 재임한다.

에서 변항 'x'의 대입어들 속에는 사람들의 이름들(이를테면 '골드워터', '스티븐슨', '케네디', '록펠러')이 가장 자연스럽게 포함될 것이다. 그리고 수들의 이름들(이를테면 '6', '3+4')을 포함하는 것으로는 생각되지 않을 것이다. 그 변항의 값들은 수들이 아니라 사람들일 것이다. 한편

$$x+y = y+x$$

에서 'x'와 'y'의 대입어들은 숫자들이거나 다른 숫자 표현들일 것이다. 그리고 'x'와 'y'의 값들은 수들일 것이다. 이러한 것은 물론 관습의 문제이다. 그리고 그 관습은 저자에 따라 그리고 문맥에 따라 변화한다.

앞으로 인공언어를 기술함에 있어 우리는 특정한 기호들(symbols)뿐만 아니라 그러한 기호들로 이루어진 식들(formulas)이나 그 밖의 표현들을 지칭할 필요가 있을 것이다. 특정한 기호나 표현을 언급할 때 보통 그 기호나 표현에 인용부호를 붙여 만든 이름(quotation-name)이 그 역할을 충분히 잘 해낼 것이다. 이를테면

'∨'는 논리상항이다.

라고 말할 수 있다. 그러나 때때로 어떤 형식의 모든 표현에 대해 일반화시켜 말해야 할 필요가 있다. 그런 경우에 변항을 사용하는 것이 편리하다. 예를 들어 우리가 다음의 사실을 간결하게 표현하기를 원한다고 해보자:

반드시 서로 다를 필요가 없는 어떠한 두 식에 대해서도, 왼쪽 괄
호를 쓰고 그다음에 첫 번째 식을 쓰고, 그다음에 기호 '∨'를 쓰고,
그다음에 두 번째 식을 쓰고, 그다음에 오른쪽 괄호를 쓴 결과도 역
시 식이다.

변항들을 사용하여 이것을 다음과 같이 진술할 수 있다:

(1) 만일 ϕ와 ψ가 식이면, $(\phi \lor \psi)$는 식이다.

(여기서 'ϕ'와 'ψ'의 대입어들은 논의되는 인공언어 표현들의 이름들이고,
따라서 값들은 표현들 그 자체이다.)
  따라서, (1)의 특정한 예로서

(2) 만일 'F^1a'와 'G^1b'가 식이면, '$(F^1a \lor G^1b)$'는 식이다.

를 들 수 있다. 그러나, 이 특정한 예는 (1)에서 'ϕ'에 "F^1a"를 대입하고
'ψ'에 "G^1b"를 대입하여 엄밀하게 얻어질 수 있는 것이 아니라는 점에 주
목할 필요가 있다. 그러한 대입은 오직

(3) 만일 'F^1a'와 'G^1b'가 식이면, $(F^1a \lor G^1b)$는 식이다.

를 얻게 할 뿐인데 이것은 당치 않다. 원하는 결과를 얻기 위해 우리는
(뒤의 논의를 위해) 부가적인 두 관습을 채택할 것이다: (i) 우리의 인공
언어의 논리상항들(예를 들어 '∨'나 괄호 같은 기호들)이 그 언어의 표현
들을 지칭하는 이름들 혹은 변항들과 결합해 나타날 때 그 논리상항들은

그 자신의 이름들로 간주된다; (ii) 복합 표현을 지칭하기 위해 우리는 그 표현의 부분들을 지칭하는 이름들 혹은 변항들을 옆으로 차례로 늘어놓는다. 이에 기초해, (1)은

(1′) 만일 ϕ와 ψ가 식이면, '('를 쓰고, 그다음에 ϕ를 쓰고, 그다음에 '∨'를 쓰고, 그다음에 ψ를 쓰고, 그다음에 ')'를 쓴 결과도 역시 식이다.

를 줄여 쓴 것이다. (1′)에서 'ϕ'에 ''F^1a''를, 'ψ'에 ''G^1b''를 그대로 대입하면

(2′) 만일 'F^1a'와 'G^1b'가 식이면, '('를 쓰고, 그다음에 'F^1a'를 쓰고, 그다음에 '∨'를 쓰고, 그다음에 'G^1b'를 쓰고, 그다음에 ')'를 쓴 결과도 역시 식이다.

가 나오는데, 이것은 (2)와 같이 고쳐 쓸 수 있다.

뒤에서 우리가 인공언어와 그 인공언어를 기술하기 위해 변항들을 사용하는 방식을 익힌 후에야, 학생은 이 관습들의 취지를 충분히 파악하게 될 것이다; 그때에 가서 이 절을 다시 읽어도 좋을 것이다.

4. 문장형식

덜 기술적인 문제로 되돌아가, 문장 혹은 다른 언어적 표현에서 이름 혹은 기술구가 직접적으로 나타나는 경우와 간접적으로 나타나는 경우 (direct and indirect occurrences)의 구별에 다시 주목하자. 다음 논증을

보라:

> 그 범행을 저지른 남자는 총을 가지고 있었다.
>
> 스미스는 그 범행을 저지른 남자이다.
>
> 그러므로, 스미스는 총을 가지고 있었다.

이 논증은 타당하다. 왜냐하면 두 번째 전제가 참이면 이름 '스미스'와 기술구 '그 범행을 저지른 남자'는 같은 사람을 지칭하고, 따라서 결론과 첫 번째 전제는 정확히 같은 사람에 대해 같은 것을 말하기 때문이다. 그러나 다음 논증을 보라:

> 그 범행을 저지른 남자가 총을 가지고 있었다는 것을 존스는 안다.
>
> 스미스는 그 범행을 저지른 남자이다.
>
> 그러므로, 스미스가 총을 가지고 있었다는 것을 존스는 안다.

앞의 논증과 달리 이 논증이 타당하지 않음을 아는 것은 쉽다. 전제들이 참이라 하더라도 스미스가 그 범행을 저지른 남자라는 것을 존스가 **알지** 못할 수 있다. 그러므로 스미스가 총을 가지고 있었다는 것을 존스가 안다고 결론지을 근거는 없다.

　이들 두 경우의 차이는 '…라는 것을 안다(knows that)', '…라고 믿는다(believes that)', '…인지 궁금해 한다(wonders whether)', '필연적으로 (necessarily) …이다'와 같은 표현들 속의 '…' 위치에 들어가는 말들은 일반적으로 그러한 표현들의 지배 범위 바깥에 있을 때와 같은 논리법칙을 지키지 않는다는 사실에 의한 것이다.

　이름 혹은 기술구가 문장에서 직접적으로 나타날 때 그것과 같은 일상적 지시체를 갖는 다른 이름 혹은 기술구로 그것을 대치해도, 문장의 진리치가 바뀌지 않는다. 이것은 문장의 지시체가 진리치이며, 그리고 복합 표현의 지시체는 그 부분들의 지시체들의 함수라는 프레게의 원리가 이와 같은 종류의 대치에 의해 진리치가 바뀌지 않게끔 보장하기 때문이다. 다른 한편, 이름 혹은 기술구가 간접적으로 나타날 때엔, 같은 일상적 지시체를 가진 다른 표현으로 대치하는 것은 진리치를 바뀌게 할 수 있다. 왜냐하면 간접적으로 나타나는 경우(indirect occurrence)에, 이름 혹은 기술구가 **비뚤어진** 지시체, 즉 일상적 뜻을 지칭하기 때문이다. 그런 경우에 문장의 진리치는 대치되는 표현의 일상적 지시체가 아닌 일상적 뜻에 의존한다. 문장

> 그 범행을 저지른 남자는 총을 가지고 있었다.

에서 기술구 '그 범행을 저지른 남자'는 직접적으로 나타난다. 따라서 같은 사람의 다른 이름이나 기술구에 의해, 즉 '스미스'에 의해, 이 기술구가 대치되더라도 진리치가 바뀌지 않는다. 그러나

> 그 범행을 저지른 남자가 총을 가지고 있었다는 것을 존스는 안다.

에서 '그 범행을 저지른 남자'라는 기술구는 직접적이지 않다. 따라서 우리는 그 기술구가 같은 사람의 다른 이름 혹은 기술구로 대치되었을 경우 문장의 진리치가 항상 유지되리라고 기대할 수 없다.

> '마크 트웨인'은 가명이다.

와 같은 문장은 약간 다른 문제를 제기한다. 우리는 단순히 단어들 '마크 트웨인'이 여기서 **직접적으로** 나타나지 않는다고 말해야 할 뿐 아니라 아예 그것들이 전혀 나타나지 않는다고 말해야 한다. 일반적으로 하나의 표현을 인용부호로 둘러싼 표현은 단일한 전체로 생각된다. 그러므로

마크 트웨인

이

'마크 트웨인'

안에서 나타나지 않는 것은 'Art'가 'General MacArthur' 안에서 나타나지 않는 것이나 'men'이 'Samuel Clemens' 안에서 나타나지 않는 것과 같다. 한편 인용된 이름

'마크 트웨인'

은 위의 문장에서 물론 직접적으로 나타난다. 그것을 같은 이름의 다른 이름 혹은 기술구로 대치하더라도 진리치는 바뀌지 않기 때문이다. 따라서 그 이름의 이름 "마크 트웨인"에다 기술구 '사무엘 클레멘스가 자기 책을 출판할 때 사용한 이름'을 대치하면

사무엘 클레멘스가 자기 책을 출판할 때 사용한 이름은 가명이다.

를 얻게 되는데, 이것은 앞의 문장과 같은 진리치를 갖는다.

이름이 직접적으로 나타나는 경우와 간접적으로 나타나는 경우 사이의 구분은 집합에 대한 논의에서 사용될 개념인 문장형식의 개념을 정의하는 데에 필요하다. **문장형식**(sentence form)은 문장이거나 문장으로부터 그 문장 속에 직접적으로 나타난 이름들 일부 혹은 모두를 변항들로 대치해서 얻어낼 수 있는 표현이다. 즉

> x는 총을 가지고 있었다,
> 스미스는 총을 가지고 있었다,
> x는 y다,
> 스미스는 y다,
> 그 범행을 저지른 남자가 총을 가지고 있었다는 것을 x는 안다.

는 각각 모두 문장형식이다. 반면에

> x는 y가 총을 가지고 있었다는 것을 안다,
> x는 y가 z라고 믿는다,
> 스미스가 z라는 것을 존스는 안다,
> x가 y라는 것은 불가능하다.

는 어떠한 것도 문장형식이 아니다.

> $x + 6 < 8$

과 같은 문장형식을 살펴보자. 이 표현으로부터 문장을 얻어내는 방식에는 두 가지가 있다. 우선 수의 이름 혹은 기술구로 'x'를 대치하여,

$$1+6 < 8, \quad (4+10)+6 < 8,$$
$$2+6 < 8, \quad 2^{10}+6 < 8.$$
$$3+6 < 8,$$

과 같은 문장들을 얻어낼 수 있다. 또 하나의 방식으로서 우리는 소위 **양화사**(quantifier)를 앞에 (단, 한국어에서 존재양화사의 경우는 뒤에) 놓을 수 있다. 양화사는

모든 x에 대해... (For every x...)

와

... 한 x가 있다(There is an x such that...)

같은 어구들이다. 전자는 **보편양화사**(universal quantifier)라 불리고 후자는 **존재양화사**(existential quantifier)라 불린다. 이 방법을 사용해 우리는 거짓인 문장

모든 x에 대해, $x+6 < 8$

과 참인 문장

$x+6 < 8$ 인 x가 있다.

를 얻을 수 있다. 우리는 양화사의 사용을 수학적 담화뿐 아니라 모든 종

류의 담화에 확장할 수 있다. 이를테면

> x가 지금 미국 대통령인 그런 x가 있다.
> (혹은 간략히, 미국 대통령인 x가 있다.)

가 최소한 한 사람이 지금 미국 대통령이라는 것을 말하는 참인 문장으로 이해될 수 있는 데 반해, 문장

> 모든 x에 대해, x는 지금 미국 대통령이다.

는 모든 사람과 모든 것이 미국 대통령이라고 진술하는 것이므로 거짓이다. 앞에서 주어졌던 '문장형식'의 정의 속에 나오는 '문장'이란 말은, 변항들과 더불어 그 변항들에 적용되는 양화사들을 가지는 지금 나온 것과 같은 문장들까지 포괄하는 것으로 이해된다는 점에 주의하라.

때때로 양화사들의 결합이 사용된다. 이를테면

> 각각의 모든 x에 대해, $x \neq y$인 y가 있다.
> (For every x there is a y such that $x \neq y$.)

는 참이고,

> 전체의 모든 x에 대해 $x \neq y$인, 그런 y가 있다.
> (There is a y such that for every x, $x \neq y$.)

는 거짓이다. 전자는 무슨 대상이건 간에 그것과 다른 무언가가 존재한

다는 것이다; 후자는 어떤 것이 모든 것(그 자신까지 포함해)과 다르다는 것이다.

엄격히 말해서, 문장이 아닌 문장형식은 진리치를 가지지 않는다. 그럼에도 불구하고 그러한 표현들이 종종 사용된다. 많은 경우에 주어진 표현은 변항들을 속박하는 보편양화사들이 묵시적으로 선행하는 것으로 여겨진다. 그리하여

$$x \cdot (y + z) = x \cdot y + x \cdot z$$

는

$$\text{모든 수 } x, y, z \text{에 대해: } x \cdot (y + z) = x \cdot y + x \cdot z$$

를 나타내는 것이다. 그러나 이것은 항상 그렇지는 않다. 예를 들어 문장형식

$$x^2 - 4 = 0$$

은 거짓인 문장

$$\text{모든 수 } x \text{에 대해, } x^2 - 4 = 0$$

을 줄여 쓴 것으로서 사용되지는 않는다. 그러나 이 점에 대한 보다 깊은 설명은 우리 논의를 다른 방향으로 벗어나게 할 것이다.

문장형식

$$x < 6$$

으로부터 문장을 얻기 위해서는 'x'에 어떤 것을 대입하든지 혹은 '모든 x에 대해 …'이나 '…한 x가 있다'와 같은 것을 앞 혹은 뒤에 덧붙여야 한다. 문장형식

$$x < y\text{인 } x\text{가 있다.}$$

로부터도 문장을 얻으려면 마찬가지로 'y'를 대치시키거나 혹은 양화시켜야 한다. 그러나 두 개의 'x'는 바뀌지 않은 채 남겨 둘 수 있음에 주의하라. 따라서

$$x < 6\text{인 } x\text{가 있다.}$$

는 문장이고,

$$\text{각각의 모든 } y\text{에 대해, } x < y\text{인 } x\text{가 있다.}$$

도 문장이다. 이 예들에서 우리는 문장형식 속의 변항들의 나타남은 두 종류로 나뉜다는 것을 알 수 있다: (1) 문장을 얻기 위해 대입이나 양화를 필요로 하는 것과 (2) 그렇지 않은 것. 전자를 변항이 **자유롭게**(free) 나타났다고 하고 후자를 변항이 **속박되어**(bound) 나타났다고 한다.

예를 들어 문장형식

$$x < y\text{인 } x\text{가 있다.}$$

에서, 'x'의 두 나타남은 속박되어 있고 'y'의 유일한 나타남은 자유롭다.

모든 x, y에 대해, $x+y=y+x$이다.

는 문장이므로 그 안에 있는 변항들의 모든 나타남이 속박되어 있다.

$x < 6$이고, 모든 x에 대해, $x < y$이다.

에서 'x'의 첫 번째 나타남과 'y'의 유일한 나타남은 자유롭다; 'x'의 나머지 두 나타남은 속박되어 있다. 변항이 자유롭게 나타난 자리에 숫자를 넣음으로써 우리는, 예를 들어, 문장

$5 < 6$이고, 모든 x에 대해, $x < 1$이다.

를 얻기 때문이다. '나타난다'라는 용어의 우리들의 사용법에 따르면, 문장형식 "x'는 알파벳의 한 문자이다' 속의 'x'는 아예 나타나는 것이 아니며, 따라서 자유롭게 나타나지도 속박되어 나타나지도 않는다.

　단지 한 가지의 변항—이를테면 'x'—만이 주어진 문장형식에서 나타난다고 해 보자. 그때 그 자유변항에 어떤 대상을 할당한 결과가 참이면, 그 대상은 그 문장형식을 **만족시킨다**(satisfy)고 말해진다. 따라서 문장형식

$4 < x$이고 $x < 9$이다.

는 수들 5, 6, 7, 8에 의해 만족되고 3이나 10에 의해서는 만족되지 않는

다. 마찬가지로 상원의원 모스와 더글라스는 형식

x는 1962년에 미국상원이었다.

를 만족하는 데 반해 스티븐슨과 닉슨은 그렇지 않다. 정확히 두 가지의 변항이 나타나는 (각 변항이 여러 번 나타나더라도) 형식의 경우에, 우리는 대상의 **순서쌍**(ordered pair)이 그 형식을 만족시킨다거나 만족시키지 않는다고 말해야 한다. 이와 연관해 변항들은 알파벳 순서로 다루어진다. 이를테면, 정수들 3과 6으로 이루어진 쌍은 그 순서로 형식

$x < y$

를 만족시키는 반면, 6과 3으로 이루어진 순서가 뒤바뀐 쌍은 그렇지 않다. 뒤의 쌍은 대신 형식

$y < x$

를 만족시킨다. 세 변항이 자유롭게 나타날 때엔 대상들의 **순서 삼중체**(ordered triple)를 고려해야 한다. 3, 5, 7로 이루어진 삼중체는 형식

$x < y$이고 $y < z$

를 만족시킨다.

$3 < 5$이고 $5 < 7$

이 참이기 때문이다; 그러나 3, 5, 3으로 이루어진 삼중체는 그렇지 않다.

$$3 < 5 이고 5 < 3$$

이 거짓이기 때문이다.

또 하나의 유용한 개념은 **기술구형식**(description-form)의 개념이다. 기술구형식의 기술구에 대한 관계는 문장형식의 문장에 대한 관계와 같다. 따라서 기술구형식

$$x의 스승$$

은 'x'에 이름 '알렉산더 대왕'을 대치하면 기술구

$$알렉산더 대왕의 스승$$

이 된다. 문장의 경우에서처럼 기술구에 있어서도 그것의 구성요소인 이름들 혹은 기술구들이 직접적으로 나타나는 경우와 간접적으로 나타나는 경우를 구분하는 것이 중요하다. 구성요소가 직접적으로 나타날 경우에만 그 구성요소를 그것과 일상적 지시체가 같은 다른 표현으로 대치하더라도 대치하여 얻어진 기술구의 지시체가 바뀌지 않는다는 보장을 받을 수 있기 때문이다. 따라서, 우리가 그 구성요소 '알렉산더 대왕'을 같은 사람의 다른 이름 혹은 기술구로, 예를 들어 '필립의 아들이자 후계자'로 대치하면, 기술구

$$필립의 아들이자 후계자의 스승$$

을 얻고, 대치하여 얻어진 이 기술구는 여전히 아리스토텔레스를 지칭한다. 한편, 기술구

스코트가 『웨이벌리』의 저자인지 알기 원했던 영국 군주

는 조지 4세를 지칭하는데, '『웨이벌리』의 저자'를 같은 사람을 지칭하는 다른 표현으로, 이를테면 '스코트'로 대치하면

스코트가 스코트인지 알기 원했던 영국 군주

로 바뀌고, 이 기술구는 더 이상 조지 4세를 지칭하지 않는다. 그러므로 문장의 경우에서 우리가 주의했듯이 '…라는 것을 안다', '…라고 믿는다', '…한지 궁금해 한다' 등의 어구들 앞에 오는 단어들은 직접적으로 나타나는 단어들과 다르게 작동한다. 이 점을 염두에 두면서, 기술구형식 (description-form)을 기술구이거나 혹은 기술구로부터 그 기술구 속에 직접적으로 나타난 이름들 일부 혹은 모두를 변항들로 대치해서 얻어낼 수 있는 표현이라고 정의한다.

기술구형식의 예들:

x의 유일한 아들
x의 유일한 여왕
$x + y$
x^2
x와 y의 유일한 자녀

기술구형식이 아닌 예들:

> x를 보았다고 믿는 사람
>
> x가 있었다고 증언한 증인
>
> x의 공범자로 알려진 사람
>
> x가 증명했다고 믿어지는 중요한 정리

5. 집합

집합(set 혹은 class)의 개념은 너무나 기본적이기 때문에 그것을 정의해 달라는 요구를 받았을 때 동의어를 제시하거나 예들을 보여 주는 것 이상의 일을 할 수가 없다. 동의어 중엔 '모음체(collection)', '군집체(aggregate)', '총체(totality)' (프랑스어로는 'ensemble', 독일어로는 'Menge') 등이 있다. 따라서 우리는 대상들의 어떠한 모음체(collection)도 집합(set)을 구성한다고 말할 수 있다. 그러나 이렇게 말하는 것은 우리가 대상들의 어떤 집합도 모음체를 구성한다고 말하는 것과 마찬가지로 아무런 정보도 제공하지 않는다. 이 동의어들 중 어떤 것도 정확히 같지는 않다. 이를테면 '모음체(collection)'는 '모으다(collect)'(혹은, '함께 놓다')를 내포하지만, 집합의 구성원들이 공간적으로 서로 근처에 위치해야 한다는 것은 전혀 본질적인 것이 아니다. 집합을 설명하는 유일하게 만족스러운 방법은 아마도 공리(axiom)들에 의한 것일 터이다. 그러나 지금으로서는 개략적이고 직관적인 설명으로 만족해야 할 것이다. 집합을 구성하는 대상들은 **원소들**(elements) 혹은 **구성원들**(members)이라 불린다. 각 집합은 그 원소들에 의해 단일하게 결정된다. 즉, 같은 원소들을 가지는 집합은 동일하다. 어구 '…의 원소이다(is a member of)'에 대해 기호 '∈'를 쓰는 것이 관례적이다. 예를 들어 문자 'P'가 소수들(prime numbers)의 집합을 지칭한다면 문장

$$7 \in P$$

는 7이 소수들의 집합의 원소라는 것을, 다른 말로, 7이 소수라는 것을 의미한다. 집합은 자유변항이 하나인 문장형식과 밀접한 관련을 가지고 있다. 아주 특수한 경우를 제외하고는, 자유변항이 하나인 각 문장형식에 대해 그 형식을 만족시키는 대상들을 원소들로 갖는 집합이 존재한다고 말할 수 있다. 따라서, 문장형식

x는 남자이다.

에 대응하여 남자들의 집합이 있다. 형식

x는 짝수이고 3으로 나누어 떨어진다.

에 대응하여 3으로 나누어 떨어지는 모든 짝수들의 집합이 있다. 그러나 모든 집합이 이와 같이 문장형식과 연관되는 것은 아니다. 문장형식보다 더 많은 수의 집합이 있다는 것이 보여질 수 있기 때문이다.

집합에 대한 예를 더 살펴보자. 문장형식

x는 x와 다르다.

를 만족시키는 모든 대상들을 원소로 갖는 집합이 있다. 명백히 이 집합은 원소를 갖지 않는다. 이 집합은 **공집합**(the empty set)이라 불리고 'Λ'에 의해 지칭될 것이다. 집합은 그 원소들에 의해 단일하게 결정되므로 그러한 집합은 오직 하나밖에 없다. (따라서 영어에서는 그 앞에 정관사를 붙일 수 있다.) 'V'라는 기호로 표시되는 **전체집합**(the universal set)은 문장형식

> x는 x와 같다.

를 만족시키는 모든 대상의 집합이다. 더 나아가 대상의 이름 N이 주어졌을 때 우리는 표현

> x는 ___와 같다;

의 빈자리에 N을 써넣어서 대응하는 문장형식을 구성할 수 있다. 이 형식을 만족하는 모든 대상의 집합은 단 하나의 원소만을, 즉 N에 의해 지칭되는 대상만을 가질 것이다. 따라서 문장형식

> x는 소크라테스와 같다.

에 대응하는, 소크라테스 하나만을 원소로 갖는 집합이 있다. 이 집합은

> {소크라테스}

에 의해 지칭된다. 마찬가지로, N과 N'이 대상들의 이름들이면, 표현

x는 ___와 같거나 x는 ___와 같다.

의 첫 번째 빈자리와 두 번째 빈자리에 각각 N과 N'을 넣어 만들어진 문장형식을 만족하는 모든 대상의 집합은 원소로서 기껏해야 두 대상을 가지는 집합이며, 이 집합은 쌍(pair 혹은 couple)이라 불린다. 주어진 이름이 '소크라테스'와 '플라톤'이면 그 쌍은

{소크라테스, 플라톤}

에 의해 지칭되며

{플라톤, 소크라테스}

에 의해서도 똑같이 잘 지칭될 수 있다. 일반적으로, 표기

$\{x\}$

는 기술구형식 '원소가 오직 x인 집합'을 나타낸다; 마찬가지로 표기

$\{x, y\}$

는 기술구형식 '원소가 오직 x와 y인 집합'을 나타낸다. 변항들, 이름들, 기술구들이 나타나는 수효가 유한할 때는 이와 같이 해 나갈 수 있다. 따라서

$$\{6, 8\}$$

은 그 원소들이 오직 수들 육과 팔인 집합을 지칭한다. 그리고

$$\{6, 8, 2, 6\}$$

은 그 원소들이 오직 수들 육, 팔, 이, 육인 집합을 지칭한다. 물론 이 집합은 원소들이 오직 수들 육, 팔, 이인 집합과 같다. 따라서

$$\{6, 8, 2, 6\} = \{6, 8, 2\}$$

라고 말할 수 있다.

이번엔 집합들 사이의 관계를 살펴보자. 집합 A의 모든 원소가 집합 B의 원소이면 — 즉, A의 어떠한 원소도 B의 원소가 아닌 것이 없다면 — 집합 A는 집합 B에 **포함된다**(be included in), 혹은 집합 A는 집합 B의 **부분집합**(a subset of)이라고 말해진다. 이를 기호로 표현하면 다음과 같이 쓸 수 있다.[1]

$$A \subset B$$

'포함된다'의 의미로부터 다음이 따라 나온다: 만일 A, B, C 가 각각 어떤 집합이면,

---

1   여기서 도입되는 기호 'c'가 빈번히 '…에 포함되나 똑같지는 않다'의 뜻으로도 쓰인다는 것에 주의하라.

(1) $\Lambda \subset A$

(2) $A \subset A$

(3) $A \subset V$

(4) 만일 $A \subset B$ 이고 $B \subset A$ 이면, $A = B$ 이다.

(5) 만일 $A \subset B$ 이고 $B \subset C$ 이면, $A \subset C$ 이다.

집합들은 어떤 방식으로 새 집합들을 형성할 수 있다. 만일 A 와 B 가 집합들이면, A 와 B 의 **합집합**(union)은 기호로

$$A \cup B$$

라고 나타내는데, 이것은 A 에 속하거나 B 에 속하거나 양쪽에 다 속하는 모든 대상을 원소로 가지는 집합이다. 이와 비슷하게, A 와 B 의 **교집합**(intersection)은 기호로

$$A \cap B$$

라고 나타내는데, A 와 B 양쪽 모두에 속하는 모든 대상을 원소로 가지는 집합이다. 그리고 A 의 **여집합**(complement)은 기호로

$$A'$$

라고 나타내는데, A 에 속하지 않는 모든 대상의 집합이다. 이들 연산들을 통해 우리는 집합에 대해 더 많은 규칙들을 정식화할 수 있다. A, B, C 가 어떤 집합이면:

(6) $A \cup B = B \cup A$ (7) $A \cap B = B \cap A$

(8) $A \subset A \cup B$ (9) $A \cap B \subset A$

(10) $V' = \Lambda$ (11) $\Lambda' = V$

(12) $A \cup \Lambda = A$ (13) $A \cup V = V$

(14) $A \cap \Lambda = \Lambda$ (15) $A \cap V = A$

(16) $A \cup A = A$ (17) $A \cap A = A$

(18) $A \cup A' = V$ (19) $A \cap A' = \Lambda$

(20) $A'' = A$

(21) $A \cup (B \cup C) = (A \cup B) \cup C$.

(22) $A \cap (B \cap C) = (A \cap B) \cap C$

(23) $A \cup (B \cap C) = (A \cup B) \cap (A \cup C)$

(24) $A \cap (B \cup C) = (A \cap B) \cup (A \cap C)$

(25) $A \cup (A \cap B) = A$

(26) $A \cap (A \cup B) = A$

(27) $(A \cup B)' = A' \cap B'$

(28) $(A \cap B)' = A' \cup B'$

(29) $A \subset B$일 경우에 오직 그 경우에만 $A \cup B = B$이다.

(30) 만일 $A = B'$이면, $B = A'$이다.

(31) 만일 $A \subset C$이고 $B \subset C$이면, $A \cup B \subset C$이다.

(32) 만일 $C \subset A$이고 $C \subset B$이면, $C \subset A \cap B$이다.

(33) 만일 $B \subset C$이면, $A \cup B \subset A \cup C$이다.

(34) 만일 $B \subset C$이면, $A \cap B \subset A \cap C$이다.

(35) $A \subset A'$일 경우에 오직 그 경우에만 $A = \Lambda$이다.

(36) $A \cup B \neq \Lambda$일 경우에 오직 그 경우에만 $A \neq \Lambda$ 혹은 $B \neq \Lambda$이다.

(37) 만일 $A \cap B \neq \Lambda$이면, $A \neq \Lambda$이고 $B \neq \Lambda$이다.

(38) $A \subset B$일 경우에 오직 그 경우에만 $B' \subset A'$이다.

(39) $A = B$일 경우에 오직 그 경우에만 $A \cup B \subset A \cap B$이다.

앞의 논의에서 '대상'이란 말이 모호함에도 불구하고 그것이 중요하게 사용되고 있었음을 주의 깊은 독자는 아마 눈치챘을 것이다. 사실상 우리는 어느 정도 그 모호성을 이용해 왔다. 우리는 '대상'이란 말을 물리적 사물, 수, 기하학적 도형, 생각, 감각, 마음, 영혼, 신, 그 밖에 존재가 의심스러운 다른 존재자들을 가리키는 데 쓰는 것을 반대하지 않지만, **모든 것**(everything)이 대상이라는 뜻으로 '대상'이라는 말을 쓰고 있지는 않다는 것이 바로 요점이다. 그러나 대상들의 모든 집합이 다시 대상인지의 문제에 대해 이 시점에서 똑바른 대답을 줄 수는 없다. 그 이유는 이렇다. 우리는 앞에서, 아주 특수한 경우를 제외하고는, 자유변항이 하나인 각 문장형식에 대해 그 형식을 만족시키는 대상들을 원소들로 갖는 집합이 존재한다고 말했었다. 이제, K가

A는 A의 원소가 아니다.

를 만족시키는 대상들의 집합이라고 해 보자. 이때, K는 자기 자신의 원소가 아닌 모든 대상들로 (그리고 오직 그런 대상들로) 이루어져 있다. K 자체가 대상이면, K가 K의 원소일 경우에 오직 그 경우에만 K는 K의 원소가 아니라는 용납하지 못할 결과가 나오게 된다. 이 결과를 (영국의 철학자이자 논리학자인 버트런드 러셀의 이름을 따서) **러셀의 역설**(Russell's Antinomy)이라 부른다. 이 역설과 이 역설의 변형된 형태들을 피하기 위해 우리는 의심할 나위 없이 가장 자연스러운 접근으로부터 다

소 벗어나지 않으면 안 된다. 가능한 대안들 중에서 우리는 모든 집합이 다른 집합의 원소일 수 있다는 가정을, 즉 모든 집합이 우리가 '대상'이라 부르는 것이라는 가정을, 포기하는 것을 선택했다.

관계(relation)의 개념은 집합의 개념과 유사하게 다루어진다. 사실, 관계는 특수한 종류의 집합으로 여겨진다. 대상들의 순서쌍들의 집합은 모두 **이항**(binary) 관계이다; 대상들의 순서 삼중체들의 집합은 모두 **삼항**(ternary) 관계이다; 대상들의 순서 사중체들(ordered quadruples)의 집합은 모두 **사항**(quaternary) 관계이다; 일반적으로 대상들의 순서 n중체들(ordered n-tuples)의 집합은 모두 **n항**(n-ary) 관계이다. 주어진 순서쌍이 이항 관계 R에 속할 경우에 오직 그 경우에만 그 쌍의 첫째 항은 둘째 항과 R의 관계에 있다; 다른 경우들에 대해서도 마찬가지이다.

표기

$$\langle x, y \rangle$$

를 '첫째 항이 x이고 둘째 항이 y인 순서쌍'에 대해 사용하자. 마찬가지로,

$$\langle x, y, z \rangle$$

를 '첫째 항이 x, 둘째 항이 y, 셋째 항이 z인 순서 삼중체'에 대해 사용하자. 변항들, 이름들, 기술구들이 유한하게 나타나는 어떠한 경우에 대해서도 마찬가지이다.

$$\{x, y\} = \{y, x\}$$

가 모든 대상 x, y에 대해 참인데 반해,

$$\langle x, y \rangle = \langle y, x \rangle$$

는, x와 y가 우연히 똑같지 않는 한, 거짓이다. 따라서 순서쌍은 비순서쌍과 같지 않다. 그러나 순서쌍은 다음과 같이 비순서쌍들의 쌍으로 정의될수 있다:

$$\langle x, y \rangle = \{\{x, x\}, \{x, y\}\}$$

따라서, 우리가 대상들의 모든 쌍들도 역시 대상들이라 가정한다면, 우리는 대상들의 순서쌍들의 집합들에 관해 말할 자격을 가진다. 마찬가지로, 순서 삼중체도 순서쌍에 의해 정의될 수 있다.

$$\langle x, y, z \rangle = \langle x, \langle y, z \rangle \rangle$$

순서 사중체도 순서쌍과 순서 삼중체에 의해 정의될 수 있다.

$$\langle x, y, z, u \rangle = \langle x, \langle y, z, u \rangle \rangle$$

다른 것들도 이와 같다. 모든 대상의 쌍들이 역시 대상이라는 우리의 가정은 모든 n항 관계를 나타낼 수 있게 한다.

이제 자유변항이 둘인 문장형식, 이를테면

x와 y는 정수이고 $x < y$이다.

를 살펴보자. 이 형식을 만족시키는 모든 순서쌍은 하나의 이항 관계를, 즉 흔히 정수들 사이의 '보다-작음(less-than)' 관계라 불리는 이항 관계를, 구성한다. 임의의 모든 대상 x, y에 대해 순서쌍 $\langle x, y \rangle$가 이 '보다-작음' 관계의 원소일 경우에 오직 그 경우에만 x와 y는 정수이고 $x < y$ 이다. 순서쌍들

$$\langle 1, 2 \rangle, \langle 2, 10 \rangle, \langle 5, 8329 \rangle, \langle 6+4, 11 \rangle$$

은 모두 이 보다-작음 관계에 속한다(즉, 이 보다-작음 관계의 원소이다). 반면 순서쌍들

$$\langle 2, 1 \rangle, \langle 2, 2 \rangle, \langle 2^{10}, 1000 \rangle, \langle \text{로렐}, \text{하디} \rangle$$

는 속하지 않는다.

자유변항이 셋인 다음 문장형식을 살펴보자:

$$x, y, z \text{는 정수이고 } x < y \text{이고 } y < z \text{이다.}$$

이 형식에 대응하는 정수들의 순서 삼중체들의 집합이, 즉 정수들 사이의 삼항 관계가, 존재한다. 그것은 $x < y$이고 $y < z$인 정수들의 삼중체들 $\langle x, y, z \rangle$으로 이루어져 있다. 따라서 삼중체들

$$\langle 1, 2, 3 \rangle, \langle 1, 26, 10^2 \rangle$$

은 거기에 속하지만, 삼중체들

$$\langle 2, 1, 3 \rangle, \langle 2, 26, 26 \rangle, \langle 바이런, 키츠, 셸리 \rangle$$

는 속하지 않는다.

관계는 집합이므로 그 원소들에 의해 단일하게 결정된다. 우리가 관계를 집합과 **동일시한다**는 것에 주목하라. 따라서 정확히 같은 대상들을 관련시키는 관계들은 동일하다. 이것은 의심할 나위 없이 '관계'라는 용어의 일상적 용법과 다소 상치된다. 기억해야 할 또 다른 점은 관계의 존재가 그 관계를 지칭하는 단어나 혹은 짧은 어구가 존재하느냐의 여부에 의존하지 않는다는 것이다. '보다 작은(less than)', '의 아버지(father of)', '의 남자형제(brother of)', '의 사이(between)', '의 왼쪽(to the left of)' 등에 대응하는 관계들이 물론 존재할 뿐 아니라

의 장모의 혹은 시어머니의 누이동생

과

의 양인 세제곱근의 4배보다 큰 최소 정수의 제곱

에 대응하는 관계들 역시 존재한다. 그렇지만 우리는 모든 경우에 이런 종류의 표현들을 얻을 수 있다고 기대할 수는 없다. 순서쌍들의 집합은 모두 이항 관계이다. 예를 들어, 세 순서쌍

$$\langle 1, 2 \rangle, \langle 2, 1 \rangle, \langle 2, 2 \rangle$$

로 이루어진 집합은 이항 관계이다. 순서쌍들

⟨아이젠하워, 록펠러⟩, ⟨케네디, 존슨⟩, ⟨골드워터, 스티븐슨⟩

으로 이루어진 집합도 역시 그렇다. 마찬가지로 순서 삼중체들의 집합은, 그것이 그럴듯한 짧은 이름을 한국어나 다른 언어 속에 가지고 있건 가지고 있지 않건 간에, 삼항 관계이다. 일반적으로, 순서 n중체들의 집합은 모두 n항 관계이다.

이항 관계의 경우에 특별한 표기법이 이용된다. 우리는

$$xRy$$

를

$$\langle x, y \rangle \in R$$

대신에 쓴다. 다른 변항들, 이름들, 기술구들에 대해서도 이와 유사하다. 따라서 우리는

$$1 < 2$$

를

$$\langle 1, 2 \rangle \in <$$

대신에 쓴다.

이항 관계 R의 **정의역**(domain)은 어떤 y에 대해 xRy인 모든 대상 x의

집합이다. 이항 관계 R의 **치역**(converse domain)은 어떤 x에 대해 xRy인 모든 대상 y의 집합이다. 이항 관계 R의 **전체역**(field)은 그 정의역과 치역의 합집합이다.

관계가 집합이므로, n항 관계들의 합집합과 교집합은(그러나 여집합은 아님) 역시 n항 관계이다. 이항 관계의 경우에 또 하나의 연산이 중요하다. 이항 관계 S는 이항 관계 R의 역(기호로는 'S=R̆'이라 쓰자)일 경우에 오직 그 경우에만, 모든 대상 x, y에 대해

xRy일 경우에 오직 그 경우에만 ySx이다.

따라서 S가 R의 역이면, 순서쌍 $\langle x, y \rangle$가 R에 속할 경우에 오직 그 경우에만 순서가 뒤바뀐 순서쌍 $\langle x, y \rangle$는 S에 속한다.

함수(function)인 이항 관계가 특히 중요하다. 이항 관계 R은 모든 대상 x, y, z에 대해

xRy이고 xRz이면, $y=z$

일 경우에 오직 그 경우에만 함수이다. 이항 관계 R과 그 역이 모두 함수이면, R은 **1-1 관계**(1-1 relation 혹은 biunique function)라 불린다. 이런 종류의 관계들은 개수의 같음을 정의하는 데 유용하다: 집합 A가 집합 B와 같은 개수의 원소들을 가질 경우에 오직 그 경우에만 A가 R의 정의역이고 B가 R의 치역인 1-1 관계가 존재한다.

n항 연산(n-ary operation)의 개념은 함수 개념의 자연스러운 확장이다. (n+1)항 관계 R이 집합 D에 관해서 **n항 연산**일 경우에 오직 그 경우에만, D의 대상들의 각 n중체 $\langle x_1, x_2, \cdots, x_n \rangle$에 대해, $\langle x_1, x_2, \cdots, x_n, y \rangle \in$

R인 D의 대상 y가 정확히 하나 존재한다.

　이것으로 집합에 대한 우리의 비형식적 논의는 완결되었다. 인공언어의 문법과 여러 가능한 해석들을 기술하기 위해, 우리는 집합론의 주제가 되는 개념들 중 일부를 사용할 필요가 있을 것이다. 그리고 나중에는 더 엄밀한 방식으로 이 개념들을 설명하기 위해 인공언어를 사용할 수 있다. 이것은 자기 자신의 신발끈을 잡아당겨 자신을 들어올리려는 경우처럼 보일 수도 있을 것이다. 그러나 이것은 더 나은 일을 할 수 있는 새 기계를 만드는 데 불완전한 기계를 사용하고, 그다음에 그 불완전한 낡은 기계를 정비하는 데 새 기계를 사용하는 경우와 더 유사하다.

6. 대상언어와 메타언어

　우리는 한 언어에 관해서 다른 언어를 사용해 이야기할 때마다, 전자를 **대상 언어**(object-language)라 하고 후자를 **메타언어**(metalanguage)라고 부를 것이다. 따라서 영어로 쓰여진 그리스어 문법책의 경우에 그리스어는 대상언어이고 영어는 메타언어이다. 영어로 쓰여진 영어 문법책의 경우에는 영어가 대상언어이면서 동시에 메타언어이다. 이 예들에서 볼 수 있듯이, 그 구별은 절대적이지 않고 상대적이다. 우리 논의에서 메타언어였던 것이 다른 논의에서는 대상언어가 될 수 있고, 같은 언어가 동시에 둘 다일 수도 있다. 다음 장부터는 인공언어가 대상언어이고 한국어(어떤 전문적 용어들도 보충해 사용할 것이긴 하지만)가 메타언어일 것이다. 5장에서는 인공언어와 한국어가 둘 모두 대상언어들이면서, 한국어가 메타언어가 될 것이다.

　메타언어의 변항들을 **메타언어적 변항들**(metalinguistic variables)이라 부른다. 메타언어적 변항들로 우리는 자주 그리스 문자들과 프락투어 (Fraktur) 문자들을 사용할 것이다. 이 메타언어적 변항들은 논의되는 인공언어들의 변항들과 혼동되어서는 안 된다.

$$(\phi \vee \psi)$$

와 같은 표현은 메타언어의 기술구형식이다. 그 기술구형식의 변항들이 대상언어 표현의 이름들로 대치되면 그 결과는 대상언어 표현에 관한 기술구가 된다. 따라서, 위의 기술구형식에서 'ϕ'를 "F^1a"로, 'ψ'를 "G^1b"로 대치하면, 다음 기술구의 축약 형태인 메타언어적 표현 "$(F^1a \vee G^1b)$"를 얻는다:

'('를 쓰고, 그다음에 'F^1a'를, 그다음에 '$\vee$'를, 그다음에 'G^1b'를, 그다음에 ')'를 쓴 결과.

그리고 이것은 대상언어 표현

$$(F^1a \vee G^1b)$$

를 기술한다.

• 연습문제 •

1. 만일 인용부호들이 이 장의 1절에서 제시된 바와 같이 사용되었다면 아래 문장들 중 어느 것이 참일까?

    (a) '일리아드'는 한국어로 쓰였다.

    (b) '일리아드'는 서사시이다.

    (c) '샛별'과 '개밥바라기'는 동일한 행성을 지칭한다.

    (d) 샛별과 개밥바라기는 동일하다.

    (e) '7 + 5' = '12'

    (f) "총각"이라는 표현은 하나의 인용부호로 시작된다.

    (g) "der Haifisch"라는 표현은 한국어 문장의 주어로서 적합하다.

2. 우리의 관례에 따라 인용부호들을 사용하여 다음 문장들이 참이 되도록 인용부호들을 붙이시오.

    (a) 사울은 바울의 또 다른 이름이다.

    (b) 마크 트웨인은 사무엘 클레멘스의 가명이다.

    (c) 2 + 2 = 4는 분석적이다.

    (d) 2 + 2 = 4의 이름은 2 + 2 = 4이며, 후자의 이름은 다시금 2 + 2 = 4이다.

    (e) 비록 x는 영어 알파벳의 24번째 문자이지만, 어떤 저자들은 x란 알려지지 않은 것이라고 말하였다.

    (f) 노래 A-sitting On a Gate는 Ways and Means라고 불리지만, 그것의 원래 이름은 The Aged Aged Man이며, 이 노래는 또한

Haddock's Eyes라고도 불린다.

(g) 인용부호가 붙여진 이름 헨리는 인용부호가 붙여진 이름의 인용부호가 붙여진 이름이다. 따라서 두 개의 왼쪽 인용부호로 시작된다.

3. 다음 문장 각각은 문장형식인가 혹은 기술구형식인가? 아니면 이 둘 중 어느 것도 아닌가?

(a) x는 현명하다.

(b) 'x'는 알파벳 문자이다.

(c) x의 막내 남동생.

(d) x에게 다이아몬드를 준 사람.

(e) x는 y의 형보다 나이가 많다.

(f) x가 y를 손실한 것에 대해 책임이 있다고 믿어진다.

(g) 대부분의 사람들은 x를 승인한다.

(h) $x = 5 + 7$은 불가능하다.

(i) 만일 $x < 6$이면, $x = 5 + 7$은 불가능하다.

(j) 2보다 작은 유일한 양의 정수.

(k) x의 제곱보다 작은 유일한 양의 정수.

(l) x는 y를 구입할 작정이다.

(m) 진시황은 x를 찾고자 했다.

(n) x는 z보다 y를 선호한다.

(o) x는 식료품 목록에 들어 있다.

4. 다음 각 문장형식 속에는 자유변항들이 몇 개 나타나는가?

   (a) $x < 6$

   (b) $x < y$

   (c) $x + y = x + z$일 경우에 오직 그 경우에만 $y = z$이다.

   (d) 전체의 모든 y에 대해 $x + y = z$인, 그러한 x가 하나 존재한다.

   (e) $y + 1 = x$이고, 모든 z에 대해, $x < z$이다.

   (f) 만일 모든 x에 대해, $x + 1 = 1 + x$이면, 어떤 y에 대해, $y + 1 = 1 + y$이다.

5. 다음 각 문장형식에 대해 그것을 만족시키는 대상의 이름을 대시오 (혹은 어떤 다른 방식으로 그 대상을 지칭하시오).

   (a) x는 미국 상원의원이다.

   (b) $x + 1 = 4$

   (c) x는 그리스어 알파벳 문자이다.

   (d) x는 영어 알파벳의 24번째 문자이다.

   (e) 영국의 현재 여왕은 x명의 자녀를 가지고 있다.

   (f) x번 찍어 안 넘어가는 나무 없다.

   (g) x는 『허클베리 핀의 모험』을 썼다.

   (h) $x \cdot x = x$

6. 다음의 각각에 대해 그것을 만족시키는 순서쌍 $\langle x, y \rangle$의 이름을 쓰시오.

(a) x와 y는 도시이며 x는 y의 북쪽에 있다.

(b) x와 y는 도시이며 y는 x의 북쪽에 있다.

(c) y는 x의 대통령의 부인이다.

(d) $x+y < x+6$

(e) x와 y는 도시이며 y가 샌프란시스코로부터 떨어진 것보다 x가 y로부터 더 멀리 떨어져 있다.

7. 다음과 같다고 하자:

$A = \{4, 6\}$

$B = \{1, 3, 5, 7, 9\}$

$C =$ 소수인 양의 정수들의 집합

$D = \{1, 2+2, 2+1, 7\}$

$E = \{2, 8\}$

$F = $ 'x는 양의 정수이며 $x < 10$'를 만족시키는 모든 대상의 집합

$G = \{4\}$

$H = \{1\}$

$K = \{8\}$

(a) 아래의 것들 중에서 어느 것이 참인가?

(1) $G \subset A$ (5) $B \subset C$

(2) $G \cup H \subset D$ (6) $A \cap D \subset G \cup H$

(3) $(A \cup B) \cup E = F$ (7) $B \subset F$

(4) $(F \cap C) \cap K = B$ (8) $A \cap B = \Lambda$

(b) 다음을 만족시키는 집합은 무엇인가?

(1) $A \cup B$ (3) $A \cap C$ (5) $A \cap (B \cup C)$ (7) $D \cap \Lambda$

(2) $A \cap B$ (4) $B \cap C$ (6) $H \cap (B \cup C)$ (8) $D \cap E$

8. 집합들 A, B 간의 차($\not\equiv$)(기호로 '$A \sim B$'로 표시)를 다음과 같이 정의하면:

$$A \sim B = A \cap B'$$

(a) 다음 중 어느 것이 임의의 모든 집합 A, B, C에 대해서 성립하는가?

(1) $A \sim B = B \sim A$

(2) $(A \sim B) \sim C = A \sim (B \sim C)$

(3) $A \sim \Lambda = A$

(4) $A \sim V = \Lambda$

(5) $A \sim (B \cup C) = (A \sim B) \cup C$

(6) $A \sim (B \cap C) = (A \sim B) \cup (A \sim C)$

(7) $B \sim (B \sim A) = A$

(b) 다음 중 어느 것이 연습문제 7번의 집합들에 대해서 성립하는가?

(1) $B \sim A = B \sim A$

(2) $(G \cup H) \sim H \subset B$

(3) $D \sim A \subset B$

(4) $A \sim C = A$

9. R의 전체역이 {1, 2} 속에 포함되는 그러한 모든 이항 관계 R을 찾으시오. 이 중 어느 것이 '보다 – 작음' 관계인가?

일반적으로, 만일 집합 K가 n개의 원소를 가지고 있다면, K의 원소들로 구성될 수 있는 (즉, 관계들의 전체역들이 K 속에 포함되는) 얼마나 많은 서로 다른 이항 관계들이 존재하는가?

10. 다음의 예를 각각 들어보시오.

  (a) 단어 '소크라테스'가 "소크라테스"라는 표현을 사용하지 않고 지칭되고 있는 문장;

  (b) '보스턴'이 사용되면서 동시에 언급되고 있는 문장;

  (c) 수들이 언급되고 있는 문장;

  (d) 변항의 값들 중 도시가 포함된 변항을 포함하는 문장;

  (e) 기술구 형식 속에 언급된 표현을 대입어로서 가지는 변항을 포함하는 기술구 형식;

  (f) '또는'을 포함하지 않으면서 정확히 두 대상에 의해 만족되는 문장 형식;

  (g) '또는'을 포함하지 않으면서 수가 아닌 정확히 세 개의 대상에 의해 만족되는 문장형식;

  (h) 완전히 똑같은 대상들에 의해 만족되는 두 개의 서로 다른 문장형식.

11. 『포르루아얄 논리학(*Port Royal Logic*)』에 나오는 다음 논증을 살펴보시오:

신은 왕들이 존경을 받아야만 한다고 명령한다.

루이 14세는 왕이다.

그러므로 신은 루이 14세가 존경을 받아야만 한다고 명령한다.

이 논증은 타당한가?

두 번째 전제를 "신은 루이 14세가 왕이라는 것을 알고 있다"로 대치한 결과는 타당한가?

3
형식언어 ℒ

우리는 이제 언어 ℒ(the language ℒ)이라 부를 형식언어(formalized language)를 기술할 것이다. 그리고 그 언어 ℒ을 가지고 우리는 기초논리학(elementary logic) 혹은 1차 술어논리(the predicate calculus of first order)라 불리는 논리학을 공부할 것이다. 앞으로 고찰할 내용처럼, 이 언어는 매우 다양한 이론들을 정식화하기에 적절하지만, 그 문법적 구조는 어떤 자연언어보다도 훨씬 단순하다. 사실 ℒ의 문법은 이 장의 첫 번째 절에서 볼 수 있듯이 두 쪽 정도만으로도 그 내용을 모두 요약할 수 있다. 두 번째 절에서 우리는 첫 번째 절에서 제시되었던 여러 정의들이 의도하는 바를 명료하게 해 줄 예들과 설명적 서술들을 제공할 것이다. 세 번째 절에서는 식들과 다른 표현들에 대한 구문론적 기술을 용이하게 할 수 있도록 마련된 더 많은 메타언어적 용어들이 제시된다. 마지막으로, 우리는 아래첨자(subscript), 위첨자(superscript), 그리고 괄호를 경제적으로 쓸 수 있도록 해 줄 표기법상의 관례들을 채택할 것이다.

1. £의 문법

언어 £의 **표현들**(expressions)은 다음과 같이 분류되는 기호(symbol)들의 (유한한 길이의) 나열이다.

A. **변항**(variable): 변항은 'u'에서 'z'까지의 소문자 이탤릭 글자이다. 이 글자는(양의 정수를 나타내는 아라비아 숫자인) 아래첨자를 가지고 있거나 가지고 있지 않다.

B. **상항**(constant)

(i) **논리상항**(logical constant)은 다음 여덟 가지 기호이다:

$$- \vee (\quad) \& \rightarrow \leftrightarrow \boxminus$$

(ii) **비논리상항**(non-logical constant)은 두 종류로 나뉜다:

(a) **술어**(predicate)는 대문자 이탤릭 글자로서, 아래첨자 그리고/또는 위첨자를 가지고 있거나 가지고 있지 않다.

(b) **개체상항**(individual constant)은 'a'에서 't'까지의 소문자 이탤릭 글자로서, 아래첨자를 가지고 있거나 가지고 있지 않다.

n항 술어(n-ary predicate 혹은 predicate of degree n)는 양의 정수 n을 나타내는 숫자를 위첨자로 가진 술어이다.

문장문자(sentential letter)는 위첨자가 없는 술어이다.

개체기호(individual symbol)는 변항이거나 개체상항이다.

원자식(atomic formula)은 문장문자 하나로 이루어졌거나, n항 술어 뒤에 (길이 n의) 개체기호들의 배열이 붙어 이루어진 표현이다.

식(formula)은 원자식이거나, 혹은 다음 규칙들을 유한 번 적용해 하나 혹은 그 이상의 원자식으로부터 만들어진 표현이다:

(i) ϕ가 식이면, $-\phi$도 식이다.

(ii) ϕ와 ψ가 식이면, $(\phi \lor \psi)$, $(\phi \& \psi)$, $(\phi \to \psi)$, 그리고 $(\phi \leftrightarrow \psi)$도 식이다.

(iii) ϕ가 식이고 α가 변항이면, $(\alpha)\phi$와 $(\exists\alpha)\phi$도 식이다.

더 나아가, 변항 α가 $(\alpha)\psi$ 혹은 $(\exists\alpha)\psi$ 꼴의 식 속에 나타날 경우에 오직 그 경우에만 ϕ 속의 α는 **속박되어**(bound) 나타난다; 그리고 그 밖의 경우에는 **자유롭게**(free) 나타난다.

마지막으로, **문장**(sentence)은 어떠한 변항도 자유롭게 나타나지 않은 식이다.

2. 설명들과 예들

앞에서의 다소 압축된 서술에 대해 설명들과 예들을 더해 보자. 우선, 우리가 아직 $\mathfrak{L}$의 여러 기호들과 식들에 의미를 부여하지 않았지만(어떤 저자들은 이 단계에서 $\mathfrak{L}$을 '언어'라 부르는 대신 '해석되지 않은 논리체계' 라 부르고 싶어할 것이다), $\mathfrak{L}$의 구조는 분명히 자연언어의 구조를 본떴다 는 것에 주목하라. 자연언어의 '아니다(not)', '또는(or)', '그리고(and)', '만 약 ...이면, 그러면(if... then)', '일 경우에 오직 그 경우에만(if and only if)' 에 대응하여 우리는 인공언어에서 '$-$', '$\lor$', '$\&$', '$\to$', '$\leftrightarrow$'를 사용한다. 자 연언어에서의 이름들과 다른 주어−표현들(이를테면 '소크라테스')은 $\mathfrak{L}$ 의 개체상항들에 의해 대변된다; 그리고 자연언어 술어(이를테면 '아리스 토텔레스의 스승의 스승이다')들은 $\mathfrak{L}$의 술어들에 의해 대변된다. 문장 형 식에 대응하여, 우리는 $\mathfrak{L}$의 식을 가진다. (한편, $\mathfrak{L}$은 기술구형식에 대응 하는 것을 가지고 있지 않다는 점에 주의하라; 뒤에 도입될 더 복잡한 언어 ℓ'가 ℓ과 다른 것은 바로 이 점에서다.) α가 변항일 때 (α)와 $(\exists\alpha)$ 꼴의 형식언어 표현들은 각각 보편양화사와 존재양화사를 대변한다. ℓ의 문장들은 자연언어의 문장들에 상응하도록 의도되었다.

우리는 여기서 모호한 방식으로 '상응'이라는 말을 써 왔다. 이 개념을 엄밀하게 하는 것은 어렵다. 현 단계에서는 하나의 경고를 하는 것으로 만족해야 할 것 같다: 상응하는 것(counterparts)을 자연언어 표현의 '축약(abbreviation)' 혹은 '줄여 쓴 방식(short ways of writing)'으로 여기지는 말라. 확실히 우리는 '&'를 '그리고'로, 'ᐯ'를 '또는'으로, (심지어는) '→'를 '만약… 그러면'으로 읽을 수 있다. 그러나 이렇게 읽는 것이 어떤 종류의 동의성(synonymy)을 나타내는 것이라고 생각한다면 심각한 혼란이 야기될 것이다. 적절한 시점에 ℓ의 문장의 진리 조건에 대한 전반적인 내용이 설명될 것이다; 그런 후에야 ℓ의 이 문장이나 저 문장이 (그 안에 나타나는 기호들의 주어진 해석에 상대적으로) 자연언어의 주어진 문장과 같은 진리 조건을 가지는지의 문제가 의미를 가질 수 있을 것이다.

두 형식언어 문장 ϕ와 ψ가 주어진 해석하에서 두 한국어 문장 S와 S'와 각각 같은 진리 조건을 가질 때, 형식언어 문장

$$(\phi\,\&\,\psi)$$

는 한국어 문장

$$S \text{ 그리고 } S'$$

와 같은 진리 조건을 갖는다. 이러한 범위 내에서 '&'와 '그리고'는 같은 의미를 가진다고 말할 수 있다. 같은 종류의 결과가 보다 많은 유보 조건

들과 제한 조건들을 첨가함으로써 𝕃의 다른 기호들과 표현들에 대해서도 성립할 것이다. 그러나 강조되어야 할 점은 중심적 개념들이 순수하게 형식적 방식으로 정의되었다는 것이다. 다시 말해, 중심적 개념들은 𝕃의 문장, 식, 변항, 기타 표현 등이 '완결된 사고를 표현하는지', '개체를 대변하는지' 하는 등등에 무관하게 오직 **그 모양에 의해서만**(by its shape) 단순히 분별될 수 있는 방식으로 정의되었다는 것이다.

이해를 돕기 위해 다음 예들을 살펴보는 것이 유용할 것이다.

𝕃의 변항들의 예:

$$x \quad y \quad z_1 \quad u_{26} \quad v_{398}$$

𝕃의 변항이 아닌 부호들의 예:

$$x_0 \quad x_{\text{IV}} \quad x' \quad \phi \quad \psi \quad \alpha \quad \beta \quad \Gamma \quad \Delta \quad F$$

𝕃의 개체상항들의 예:

$$a \quad a_1 \quad b_{16} \quad c_4 \quad t_{28}$$

𝕃의 개체상항이 아닌 부호들의 예:

$$3 \quad \text{'}a\text{'} \quad 스코트 \quad a_0$$

𝕃의 술어들의 예:

$$F \quad G_1 \quad G_1^2 \quad G^4 \quad H_{22}^{16} \quad M_{321}^{16}$$

위에 나온 술어들 중에서, 처음 둘은 문장문자이다. 세 번째 것은 2항 술어이고, 네 번째 것은 4항 술어이며, 다섯 번째와 여섯 번째 것은 16항 술어이다. 변항과 개체상항에 대해 주어진 예들은 물론 동시에 개체기호의 예들이기도 하다.

𝕷의 원자식들의 예:

$$F \quad G_1 \quad G_1^2 ab \quad G^4 x_1 y a_2 a_2 \quad H_{16}^1 x$$

𝕷의 원자식이 아닌 부호들의 예:

$$x \quad y \quad Fx_1 \quad x \text{는 푸르다} \quad \phi \quad (F \vee G)$$

'식'의 정의는 다음과 같이 다른 방식으로도 서술될 수 있음에 주목하도록 하자:

(1) 모든 원자식은 식이다.

(2) 식 앞에 부정부호('−')를 놓은 결과도 역시 식이다.

(3) 두 식 (혹은 두 번 나타난 같은 식) 사이에 쐐기 ('∨')나 앰퍼샌드 ('&')나 화살표('→')나 쌍화살표('↔')를 끼워 넣고 그 전체를 괄호로 둘러싼 결과도 역시 식이다.

(4) α가 변항일 때, 식 앞에 (α)나 $(\exists\alpha)$ 중 하나를 놓은 결과도 역시 식이다.

(5) 위의 네 규칙에 의한 것 외에는 어떠한 것도 식이 아니다.

예를 들어 보자. 다음의 예들은 원자식이므로,

$$F \quad G_1 \quad H^1x \quad G_1^2xy \quad G_1^2aa$$

정의에 의해 식이다. (i)을 적용해 얻어진 표현들

$$-F \quad -G_1^2xy$$

도 역시 식이다. (ii)를 적용해

$$(-F \rightarrow G_1^2aa) \quad (G_1^2xy \leftrightarrow G_1^2aa)$$

와 같은 식들을 얻을 수 있다. (iii)을 적용해 다음 세 식을 얻는다.

$$(x)H^1x \quad (\exists x)(G_1^2xy \leftrightarrow G_1^2aa) \quad (y)(-F \rightarrow G_1^2aa)$$

(i)을 더 적용하면,

$$-(\exists x)(G_1^2xy \leftrightarrow G_1^2aa) \quad --G_1^2xy$$

를 얻는다. 이 방식을 계속해 나가면 식

$$-(x)(\exists y)(-(\exists x)(G_1^2xy \leftrightarrow G_1^2aa) \,\&$$
$$(-G_1^2xy \rightarrow (y)(-F \rightarrow G_1^2aa)))$$

를 얻으며 그 밖에 더욱 복잡한 다른 식들도 얻을 수 있다.

반면, 아래에 주어진 것들은 식으로 보기 쉽지만 식이 아닌 예들이다.

$$Fx \quad F \vee G \quad (\phi \vee \psi) \quad F_1^2 xyz \quad F_1^2 x_0$$

£의 식들은 **유일한 독해가능성**(unique readability)이라는 (매우 바람직한) 속성을 가지고 있다는 것이 증명될 수 있다. 즉, 식 $(\phi \rightarrow \psi)$가 식 $(\chi \rightarrow \theta)$와 같다면, ϕ와 χ가 같은 식이고 ψ와 θ도 같은 식이다. 연언(conjunction), 선언(disjunction), 쌍조건문(biconditional), 부정(negation), 양화(generalization)(이 용어들에 대해서는 3절을 보라)에 대해서도 마찬가지의 것이 성립한다.

변항이 자유롭게 나타나는 예와 속박되어 나타나는 예를 보여 주기 위해 식

(1) $((x)(F_1^2 xa \rightarrow (\exists y)(F_1^2 xy \ \& \ G_1^2 zy)) \vee F_1^2 xa)$

를 살펴보자. 이 식에는 변항 'x'가 네 번 나타난다. 이것들 중 처음 셋은 속박되어 있고 네 번째 것은 자유롭다. (1)에서 'x'의 첫 번째 나타남이 속박된 이유는 그것이 (1) 속의 식인

(2) $(x)(F_1^2 xa \rightarrow (\exists y)(F_1^2 xy \ \& \ G_1^2 zy))$

안에 있고, 식 (2)는 α가 'x'이고 ψ가 '$(F_1^2 xa \rightarrow (\exists y)(F_1^2 xy \ \& \ G_1^2 zy))$'라 할 때 $(\alpha)\psi$ 꼴이기 때문이다. (1)에서 'x'의 두 번째와 세 번째 나타남이 속박된 이유도 같다. 반면 네 번째 나타남은 속박되어 있지 않다. 그것

은 그 'x'가 '(x)'나 '$(\exists x)$'로 시작하는 어떠한 식 안에도 있지 않기 때문이다. 변항 'y'는 세 번 나타나고 모두 속박되어 있다. 'z'는 한 번 나타나고 그 나타남은 자유롭다. 왜냐하면 비록 그것이 (2) 안에 있으면서 동시에

(3) $(\exists y)(F_1^2 xy \ \& \ G_1^2 zy)$

안에 있지만, '(z)'나 '$(\exists z)$'로 시작하는 어떠한 식 안에도 있지 않기 때문이다. 개체상항 'a'는 두 번 나타나지만 이 나타남들은 자유롭지도 속박되어 있지도 않다. 마찬가지로 'x', 'y', 'z'를 제외한 어떠한 변항도 식 (1)에서 속박되어 나타나지도 자유롭게 나타나지도 않는다. 그러나 식 (1)은 최소한 하나의 자유변항을 가지고 있으므로 문장이 아니다.

학생들은 때때로 다음과 같은 경우에 당황할 것이다. 비록 '$(x)F^1 x$'에서 'x'가 모두 속박되어 나타나고, '$F^1 x$'는 '$(x)F^1 x$'의 부분이지만, 그럼에도 불구하고 '$F^1 x$'에서 'x'는 자유롭게 나타난다. 여기서 핵심적으로 고려할 사항은 속박과 자유의 개념이 상대적이며, 절대적이지는 않다는 것이다: 한 변항의 나타남은 **주어진 식에 상대적으로** 속박되어 있거나 자유롭다. 한 식에 있어서는 속박되어 있는 것이 다른 식에 있어서는 자유로울 수 있다. 아마 이 혼란은 나타남(occurrence)의 개념을 둘러싼 불명료성 때문에 더 커졌을 것이다. 여기에서 복잡한 것을 더 도입하는 게 마음에 내키지 않기 때문에, 이 불명료한 개념을 포기하고 대신 3항 관계인 α는 ϕ안의 n번째 자리에서 속박되어 있다'를(단, 'α'는 값으로 변항들을 가지고, 'ϕ'는 식들을, 'n'은 양의 정수들을 가진다) 정의하는 일은 하지 않겠다. 이러한 정의는 '나타남'에 관한 말들을 전혀 필요로 하지 않을 것이나, 그것은 너무나 복잡하다. 결과적으로 우리는 이미 주어진 정의를 가지고 계속하기를 희망한다.

오직 (α)와 $(\exists \alpha)$만이 변항 α의 나타남을 속박할 수 있다는 사실에 대한 주의가 필요하다. 따라서 식 '$(x)F^1y$'안에서 'y'는 자유롭게 나타난다.

3. 부가적인 구문론적 용어법

식들이나 다른 표현들을 구문론적으로 기술하는 일은 약간의 용어법을 더 도입하면 크게 용이해질 수 있다. 용어들에 대한 우리의 선택은 나중에 $\mathfrak{L}$의 식들을 해석하게 될 방식에 의해 영향을 받고 있다. 그러나 이 용어들의 적용가능성은 앞에서 도입되었던 용어들처럼 오직 관련된 식들의 모양에 의해서만 결정된다는 것에 주의하라. 정의를 제시하고 나서 다시 예들을 살펴보자.

임의의 식 ϕ와 ψ에 대해 그리고 임의의 변항 α에 대해서,

1) $-\phi$는 ϕ의 **부정**(negation)이라 불린다;

2) $(\phi \& \psi)$는 **연언**(conjunction)이라 불리며, 이 식 속의 ϕ와 ψ는 **연언지**(conjunct)라 불린다;

3) $(\phi \vee \psi)$는 **선언**(disjunction)이라 불리며, 이 식 속의 ϕ와 ψ는 **선언지**(disjunct)라 불린다;

4) $(\phi \rightarrow \psi)$는 **조건문**(conditional)이라 불리며, 이 식 속의 ϕ는 **전건**(antecedent)이라 불리고, ψ는 **후건**(consequent)이라 불린다;

5) $(\phi \leftrightarrow \psi)$는 **쌍조건문**(biconditional)이라 불린다;

6) $(\alpha)\phi$는 α에 관한 ϕ의 **보편양화**(universal generalization)라 불린다;

7) $(\exists \alpha)\phi$는 α에 관한 ϕ의 **존재양화**(existential generalization)라 불린다. 기호 '$\&$', '$\vee$', '$\rightarrow$', '$\leftrightarrow$', '$-$'는 **연결사**(connective)라 불린다.

보편양화사(universal quantifier)는, α가 변항일 때, (α)와 같은 꼴의

표현이다.

존재양화사(existential quantifier)는, α가 변항일 때, $(\exists\alpha)$와 같은 꼴의 표현이다.

원자식이 아닌 식은, 보편양화사나 존재양화사로 시작하면 **양화식**(general formula)이라 하고, 그렇지 않으면 **분자식**(molecular formula)이라 한다.

문장은 개체기호를 하나도 가지고 있지 않으면 **문장논리**(sentential calculus)의 **문장**(혹은 SC 문장 혹은 SC 식)이다.

식 ϕ 속에서 식 ψ의 나타남은, ψ가 $(\alpha)\theta$나 $(\exists\alpha)\theta$꼴의 식 ϕ 안에 진부분으로서 속해 있으면 (즉, 속해 있지만 똑같지는 않으면), **속박되어** 나타난 것이다. 그렇지 않으면 **자유롭게** 나타난 것이다. 이 정의를 변항들에 적용되는 '속박되어 나타남'과 '자유롭게 나타남'의 정의와 혼동해서는 안 된다. (α)나 $(\exists\alpha)$의 나타남은 그것들 뒤에 나오는 식 속에 변항 α가 나타나지 않을 때에도 그것들 뒤에 나오는 식을 속박할 수 있음에 주의하라.

뒤의 증명들과 관련해, 식의 **위계**(位階, order)를 다음과 같이 정의하는 것이 유용할 것이다:

(i) 원자식은 위계 1이다

(ii) 식 ϕ가 위계 n이면, α가 변항일 때, $-\phi$, $(\alpha)\phi$ 그리고 $(\exists\alpha)\phi$는 위계 n+1이다.

(iii) 식 ϕ와 ψ의 위계 중 최대치가 n이면, $(\phi\,\&\,\psi)$, $(\phi\vee\psi)$, $(\phi\rightarrow\psi)$, $(\phi\leftrightarrow\psi)$는 위계 n+1이다.

마지막으로, 모든 식 ϕ, 변항 α, 그리고 개체기호 β에 대해, $\phi\alpha/\beta$는 ϕ 속의 모든 자유변항 α를 β로 치환(혹은, 대치)한 결과이다.

위의 용어들의 사용법을 설명하기 위해, 앞에서 변항의 자유롭게 나타남 및 속박되어 나타남과 관련해 고려하였던 긴 식 (1)을 다시금 끌어들이자. 그 식은 선언인데, 그 선언지들 중 하나는 원자식 'F_1^2xa'이고 다른 하나는 한 조건문을 'x'에 관해 보편양화시킨 것이다. 그 조건문의 전건은 식 'F_1^2xa'이고 후건은 한 연언을 'y'에 관해 존재양화시킨 것으로서, 그 연언의 한 연언지는 'F_1^2xy'이고 다른 연언지는 'G_1^2zy'이다. 그 식에서 'F_1^2xa'의 첫 번째 나타남은 속박되어 있고(선행하는 양화사가 '(x)' 대신 '(y)'라 하더라도 여전히 속박된다는 것에 주의하라), 두 번째 것은 자유롭다. 식 (1)에서

$$(\exists y) \ (F_1^2xy \ \& \ G_1^2zy)$$

는 속박되어 나타난다. 그러나

$$(x) \ (F_1^2xa \rightarrow (\exists y) \ (F_1^2xy \ \& \ G_1^2zy))$$

는 자유롭게 나타난다. 그리고 전체식 (1)도 자유롭게 나타난다. 이 정의에서 '진부분으로서 속한다(properly contained within)'는 '속하지만 똑같지는 않다'를 뜻한다. 주어진 식에 단순히 속한 식들 중에는 주어진 식 자체가 포함되나, 주어진 식에 진부분으로서(properly) 속한 식들 중에는 주어진 식 자체는 포함되지 않는다.

원자문장의 예들:

$$F^1a \quad G_2^4abab \quad H_1^6abc_2c_2ba$$

양화문장의 예들:

$$(x)\,F^1x \qquad\qquad (x)\,(\exists y)\,(F_1^2xy \;\&\; G_2^3yxb)$$

분자문장의 예들:

$$(F \vee G) \qquad\qquad ((x)F^1x \;\&\; (\exists y)G^1y) \qquad --P$$

바로 위의 두 예시된 줄에서 보여진 다섯 식은 각각 위계가 2, 4, 2, 3, 그리고 3이다.

마지막으로, ϕ가 'F^1x'이고, α가 'x', 그리고 β가 'a'이면, $\phi\alpha/\beta$는 'F^1a'이다. 그리고 ϕ가 'F^2xa'이고, α가 'x', 그리고 β가 'a'이면, $\phi\alpha/\beta$는 'F^2aa'이다. 만일 ϕ가 '$(F^1x \vee (x)F^1x)$'이고 α가 'x' 그리고 β가 'b'이면, $\phi\alpha/\beta$는 '$(F^1b \vee (x)F^1x)$'이다. 만일 ϕ가 '$(x)F^1x$'이고 α가 'x', 그리고 β가 'a'이면, $\phi\alpha/\beta$는 '$(x)F^1x$'이다. 만일 ϕ가 'F^1a'이고 α가 'x', 그리고 β가 'y'이면, $\phi\alpha/\beta$는 'F^1a'이다.

4. 표기상의 관례들

식들을 쓰는 데 있어 '어떠한 혼동의 여지도 없을 때에는' 가장 바깥쪽 괄호를 생략한다. 이와 함께, 같은 단서하에서, 술어로부터 위첨자 그리고/또는 아래첨자를 생략하고 쓰는 것이 비형식적으로 편리하다. 예를 들어, 우리는

$$(x)Fx \rightarrow Fa$$

를

$$((x)F_1^1x \rightarrow F_2^1a)$$

대신에는 쓰지 않지만,

$$((x)F^1x \rightarrow F^1a)$$

대신에는 쓴다. 그러나 우리의 형식적 규칙들과 정의들은 생략 없이 쓰인 식에만 적용된다는 것을 항상 기억해야 한다. 따라서 위에서 인용된 첫 번째 식이 양화사 '(x)'로 시작한다고 하더라도 생략되기 전의 원래 문장은 양화사로 시작하지 **않으므로** 양화식이 아니다.

• 연습문제 •

1. 식의 정의를 문자 그대로 사용하여 (즉, 괄호, 위첨자, 그리고 아래 첨자를 생략하는 관례를 받아들이지 않고), 다음 경우들에 대해 답 변하시오: (a) 주어진 표현은 식인가, 문장인가, 혹은 이 둘 중 어느 것도 아닌가? 만약 문장이라면, 원자문장인가, 양화문장인가, 혹은 분자문장인가? (b) 주어진 표현 속에 나타난 'x'는 자유로운가, 혹은 속박되어 있는가?

    (1) F^1x

    (2) $(x)F^1x$

    (3) F^1a

    (4) $(x)F^1a$

    (5) $-(x)F^1x \vee F^1a$

    (6) $((x)F_1^1x \rightarrow F_1^1a)$

    (7) $(x)(y)(F^1xy \rightarrow F^1yx)$

    (8) $((\exists x)(y)G_1^2xy \rightarrow (y)(\exists x)G_1^2xy)$

    (9) $((x)F^1x \vee - F^1x)$

    (10) $(x)(F_1^1x \vee - F_1^1x)$

    (11) $(F^1a \rightarrow (-F^1a \rightarrow F^1a))$

    (12) $(P \rightarrow (x)P)$

    (13) $(((F^1a \leftrightarrow F^1x) \leftrightarrow F^1a) \leftrightarrow F^1x)$

    (14) $(-F^1a) \,\&\, (-F^1b)$

2. α가 'x'이고, β가 'b', 그리고 ϕ가 위의 식 (1)일 때, $\phi\alpha/\beta$를 쓰시오.

$\phi = (6), \phi = (9), \phi = (12), \phi = (13)$에 대해서도 같은 것을 쓰시오.

3. 다음의 예를 하나 드시오:

   (a) 'x'와 'y'가 자유롭게 나타나는 식;
   (b) 보편양화사로 시작하는 문장;
   (c) 연언으로 된 문장으로서, 그 두 연언지 모두가 선언으로 되어 있으며, 바로 그 선언들의 선언지 모두가 문장문자나 문장문자의 부정으로 되어 있는 그러한 문장;
   (d) 어떠한 개체기호도 나타나지 않은 식;
   (e) 조건문을 존재양화한 것을 다시금 보편양화한 식;
   (f) 문장은 아니나 문장을 부분으로서 가지는 식;
   (g) 문장을 자신의 진부분으로서 갖지 않은 문장.

4. 다음 문장이 참이 되도록 인용부호들을 붙이시오:

   비록 α가 $\mathfrak{L}$의 변항이 아니고, β가 $\mathfrak{L}$의 개체기호가 아니라 할지라도, α가 $\mathfrak{L}$의 변항이고, β가 $\mathfrak{L}$의 개체상항이고, ϕ가 $\mathfrak{L}$의 식이고, 그리고 $\phi\alpha/\beta$가 ϕ와 같은 그러한 α, β, 그리고 ϕ가 존재한다.

5. 다음의 조건들 각각에 대해, 그것을 만족시키는 한 쌍의 서로 다른 (즉, 동일하지 않은) 식 ϕ와 ψ를 드시오.

   (a) ϕ는 ψ 속의 모든 자유변항 'x'를 'a'로 대치한 결과이고, 그리고 ψ는 ϕ 속의 모든 'a'를 'x'로 대치한 결과이다.

(b) ϕ는 ψ 속의 모든 자유변항 'x'를 'a'로 대치한 결과이나, ψ는 ϕ의 모든 'a'를 'x'로 대치한 결과가 아니다.

(c) ψ가 자유변항 'x'를 포함한 곳 모두에 ϕ가 자유변항 'y'를 포함하고 있으나, ϕ가 자유변항 'y'를 포함한 곳 모두에 ψ가 자유변항 'x'를 포함하고 있지는 않다는 점을 제외하고는 ϕ는 ψ와 같다.

6. 모든 식 ϕ 속에는 '('가 나타난 똑같은 개수만큼 ')'가 나타난다는 것을 보이시오. 수학적 귀납법의 (강한) 원리를 사용하시오(366쪽 참조); 즉, 모든 양의 정수에 대해, 만일 그 주장이 위계가 k보다 작은 식들에 대해 성립한다면, 위계 k인 식들에 대해서도 역시 성립한다는 것을 보이시오.

7. 임의의 식에 있어, 그 식 전체와 같지는 않은 그 식의 어떠한 첫 부분(initial segment)도 식이 아니라는 것을 식의 위계에 대한 수학적 귀납법을 이용해 보이시오. 연습문제 6번의 결과를 이용할 수도 있다. 임의의 식에 있어, 그 식 전체와 같지는 않은 그 식의 끝 부분에 대해서도 마찬가지의 것이 성립하는가?

8. 다음 두 조건이 모든 식 ϕ와 ψ에 대해 동치라는 것을 수학적 귀납법을 이용해 보이시오.

(1) ϕ는 ψ가 자유변항 'x'를 포함한 곳에 그리고 오직 그곳에만 자유변항 'y'를 포함하고 있다는 점을 제외하고는 ψ와 같다.

(2) ϕ는 ψ가 자유변항 'x'를 포함한 곳마다에 자유변항 'y'를 포함

하고 있다는 점을 제외하고는 ψ와 같으며, 그리고 ψ는 어떠한 자유변항 'y'도 포함하고 있지 않다.

4
해석과 타당성

기호와 그 기호를 읽는 법을 선택함에 있어서 그리고 '술어', '문장' 등의 단어를 사용함으로써 우리는 이미 ℒ의 표현들에 의미를 할당하는 일의 가능성을 예견해 왔었다. 이 장에서는 그러한 할당(혹은 '해석')과 그것의 도움을 받아 정의되는 어떤 중요한 개념들을 다룰 것이다. 그것들 중 가장 중요한 것은 귀결과 타당성이라는 개념이다. ℒ의 문장은, 그것의 비논리상항들에 무슨 의미(더 정확히는, 지시체)를 부여하든지 간에 참이 될 경우, 타당하다고 한다. 다른 말로, 그 문장의 참임이 오직 그 논리적 틀(framework)의 의미론적 속성들에만 의존할 경우, 타당하다고 한다. 그리고 한 문장이 다른 문장들의 귀결일 경우에 오직 그 경우에만 그 상응 조건문이 타당하다.

이 문제들이 다루어지는 순서는 다음과 같다. 처음에 우리는 언어 ℒ의 해석 개념을 정의할 것이다. 그다음에는, ℒ의 한 문장이 주어진 해석하에서 참이라고 말하는 것이 무엇을 의미하는지 설명할 것이다. 그런 후에 타당한 문장은 모든 해석하에서 참인 문장으로 정의되고, '귀결'과 '일관성'에 대해서도 이와 관련된 정의들이 주어진다. 마지막으로 우리는 정의된 개념들의 가장 중요한 속성들 중 몇몇을 열거할 것이다.

1. ℓ의 해석

우리는 먼저 개략적으로 상황을 특징지은 다음에 더 엄밀하게 상황을 규정하도록 시도할 것이다. ℓ의 한 문장 φ가 주어졌을 때, 해석은 φ에 나타나는 각각의 비논리상항에 지시체를 할당한다. 개체상항에 대해서는 (어떤 논의 세계에 속한) 개체를 할당한다; 1항 술어에 대해서는 개체들의 속성 (더 정확히는, 개체들의 집합)을 할당한다; 2항 술어에 대해서는 개체들의 2항 관계를 할당한다; 3항 술어에 대해서는 개체들의 3항 관계를 할당한다; 일반적으로, n항 술어에 대해서는 개체들의 n항 관계를 할당한다. 문장문자에 대해서는 해석은 진리치를 할당한다. 그러한 해석하에서 원자식은 그 원자식 속의 개체상항들에 할당된 개체들이 그 원자식 속의 술어에 할당된 관계를 지니고 있다는 것을 진술하는 것으로 (혹은, 원자식이 문장문자이면, 그것의 할당된 진리치를 나타내는 것으로) 간주된다. φ에 나타나는 논리상항들이 논리학자들 사이에서 흔히 통용되는 방식으로 (예를 들어 'V'는 '또는'을, '−'는 '아니다'를, 보편양화사는 '모든'을 나타내는 등) 이해될 때, 우리는 φ가 참이거나, 거짓이라는 것을 알고, 따라서 그것이 적어도 그 정도만큼은 의미 있다는 것을 안다.

몇몇의 예들이 여기서 의도되는 바를 보여 줄 것이다. 문장 'D^1s'를 고려해 살펴보자. 논의 세계(즉, 논의 대상이 되는 세계)(universe of discourse)는 인간들의 집합이고, 개체상항 's'는 소크라테스를 지칭하고 술어 'D^1'은 기원전 399년에 죽은 모든 사람들의 집합을 지칭한다는 해석

ℑ를 주면, 이 해석하에서 문장 'D^1s'는 소크라테스가 기원전 399년에 죽은 모든 사람들의 집합에 속한다는 것, 즉 소크라테스가 기원전 399년에 죽었다는 것을 진술하며 따라서 그것은 참이다. 나아가, 문장 '$-D^1s$'는 이 해석하에서 소크라테스가 기원전 399년에 죽지 않았다는 것을 진술하며, 따라서 그것은 거짓이다. 같은 해석하에서 문장 '$(D^1s \lor -D^1s)$'는 소크라테스가 기원전 399년에 죽었거나 또는 그가 기원전 399년에 죽지 않았다는 것을 말하고 있으며, 따라서 그것은 참이다. 마찬가지로, 같은 해석하에서 문장 '$(\exists x)D^1x$'는 기원전 399년에 누군가가 죽었다는 것을 말하며, 따라서 참이다. 반면 '$(x)D^1x$'는 기원전 399년에 모든 사람이 죽었다는 것이며, 따라서 거짓이다.

이번에는 다른 해석 ℑ′를 살펴보자. 그 해석은 's'에 개체 월터 스코트 경을 할당하고 'D^1'에는 「수선화들」을 쓴 모든 사람들의 집합을 할당하는 것이다. 이 해석하에서 'D^1s'는 거짓이고 '$-D^1s$'는 참이다; '$(D^1s \lor -D^1s)$'는 참이다; '$(\exists x)D^1x$'는 참이다; '$(x)D^1x$'는 거짓이다. 이로써 우리는 문장의 진리치가 한 해석에서 다른 해석으로 옮겨감에 따라 바뀔 수 있음을 알게 된다. 대부분의 경우에 그것은 확실히 그렇다.

그러나 한 해석에서 다른 해석으로 옮겨가도 그 진리치가 바뀌지 않는 문장들이 있다. 예를 들어, ℑ와 ℑ′하에서 모두 참임이 드러났었던 문장 '$(D^1s \lor -D^1s)$'는 모든 해석하에서 참이다. 어떤 개체가 's'에 할당되고 무슨 집합이 'D^1'에 할당되든지 간에, 주어진 문장은 그 개체가 그 집합에 속하거나 속하지 않는다는 것을 말하는 것이고, 따라서 이것은 항상 참이다. 모든 해석하에서 참인 문장들은 ℑ의 '타당한(valid)' 문장이라 불린다. 그것들은 일상적인 것이라기보다 예외적인 것이다. 하지만 그것들은 논리학에서 결정적으로 중요하다.

우리는 이제 이 문제들에 대해 더 주의 깊은 고찰을 하겠다. 각 해석은 언어 $\mathcal{L}$의 **모든** 비논리상항에 지시체를 할당하는 것이며, 단지 고려되는 문장에 우연히 나타난 것에만 할당하는 것이 아니라고 '해석'을 정의하는 것이 편리하다. 인공언어의 해석을 주는 것은 (1) 논의 세계로서 공집합이 아닌 논의 영역(domain) $\mathcal{D}$(즉, 공집합이 아닌 집합)를 명시하는 것; (2) 각 개체상항에 $\mathcal{D}$의 한 원소를 할당하는 것; (3) 각 n항 술어에 $\mathcal{D}$의 원소들 사이의 n항 관계를 할당하는 것; 그리고 (4) 각 문장문자에 진리치 T(참)와 F(거짓) 중 하나를 할당하는 것이다.

이리하여, $\mathcal{L}$의 **해석**(interpretation)은 공집합이 아닌 논의 영역 $\mathcal{D}$와 함께, $\mathcal{L}$의 각 개체상항에 대한 $\mathcal{D}$의 원소의 할당, $\mathcal{L}$의 각 n항 술어에 대한 $\mathcal{D}$의 원소들의 관계의 할당, $\mathcal{L}$의 각 문장문자에 대한 진리치 T와 F 중 하나의 할당으로 이루어져 있다. (이 정의에서 우리는 $\mathcal{D}$의 원소들 간의 일항 관계를 $\mathcal{D}$의 원소들의 단순한 집합으로, $\mathcal{D}$의 원소들 간의 이항 관계를 $\mathcal{D}$의 원소들의 순서쌍들의 집합으로, $\mathcal{D}$의 원소들 간의 삼항 관계를 순서삼중체들의 집합으로, 그리고 기타 등등으로 여긴다.)

나중에 주어질 '타당성'과 '참'의 정의에서 어떤 유형의 **모든** 해석들에 대한 언급을 하게 될 것이다. 이 언급의 효과를 충분히 이해하기 위해, 학생은 해석의 논의 영역으로서 공집합이 아닌 어떠한 집합도 선택될 수 있다는 것과 그 논의 영역의 원소들 사이의 모든 n항 관계가 어떠한 n항 술어에 대해서도 할당될 수 있는 후보라는 것을 염두에 두어야만 한다. 논의 영역이 인간들의 집합, 짝수들의 집합처럼 자연스럽게 들리는 이름의 집합이어야 할 필요는 없다. 논의 영역은 {0, 4, 327}과 같은 집합이나 윌리엄 셰익스피어와 알베르트 아인슈타인만으로 이루어진 집합일 수도 있다. 술어에 할당되는 집합이나 관계도 '보다 작음', '의 아버지임'처럼 자연스럽게 들리는 이름을 가질 필요가 없다. 예를 들어 논의 영역이 {0, 4, 327}이면 우리는 이항 술어 'F^2'에, 이항 관계

$$\{\langle 0, 4 \rangle, \langle 4, 0 \rangle, \langle 327, 327 \rangle\}$$

혹은 이항 관계

$$\{\langle 0, 4 \rangle\}$$

혹은 이항 관계 Λ, 혹은 논의 영역의 원소들로부터 형성될 수 있는 모든 순서쌍들로 구성된 이항 관계를 할당할 수 있다. 한 해석이 같은 관계를 하나 이상의 술어에 동시에 할당할 수 있음(물론 다른 관계를 같은 술어에 할당할 수는 없지만)을 또한 주의하라. 이와 유사한 서술이 개체상항과 문장문자에 대해서도 성립한다. 여기서 이 문제를 명시적으로 언급한 이유는 초보자들 사이에서는 일상언어에서 쓰이는 간결하고 흔한 표현이 존재하는 집합과 관계에 대해서만 생각하는 자연스러운 경향이 있기 때문이다.

2. 참

그다음으로 우리는 $\mathfrak{L}$의 문장이 $\mathfrak{L}$의 주어진 해석과 관련하여 참 혹은 거짓이라고 말하는 것이 무엇을 의미하는지를 명료하게 이야기하려고 한다. 다른 말로 우리는, 'ϕ'의 값이 $\mathfrak{L}$의 문장이고 '$\mathfrak{I}$'의 값이 $\mathfrak{L}$의 해석일 때, 어구

ϕ가 $\mathfrak{I}$하에서 참이다.

의 엄밀한 정의를 보여 주려 한다.

완성된 정의는 매우 길며, 양화사를 다루는 조항들은 복잡하다. 그것을 완전한 형태로 제시하기 전에 양화사를 포함하지 않는 문장만으로 제한된 **경우**의 정의를 우선 고려해 볼 것이다.

'문장'과 '식'의 정의로부터 명백하듯이, 양화사를 포함하지 않는 $\mathcal{Q}$의 어떠한 문장도 원자문장이거나 연결사에 의해 원자문장들로부터 이루어진 것이다. (그에 반해, 양화사를 포함하는 문장은 이 속성을 결여할 수 있다; 예를 들어 문장 '$(\exists x)(Fx \,\&\, Gx)$'은 원자문장도 아니고 부분으로 원자문장을 포함하지도 않는다.) 따라서, 주어진 해석 $\mathfrak{I}$ 하에서 우리가 원자문장이 참인 조건을 말하고, 분자문장의 진리치가 그 부분들의 진리치에 의해 어떻게 결정되는지 보여 준다면, 우리는 양화사가 없는 모든 문장에 대해 참을 정의하는 것이 된다.

그러한 정의가 다음에 나온다. $\mathfrak{I}$ 를 $\mathcal{Q}$의 해석이라 하고, ϕ를 $\mathcal{Q}$의 양화사 없는 문장이라 하자. 그러면

1) ϕ가 문장문자이면, ϕ가 $\mathfrak{I}$ 하에서 참일 경우에 오직 그 경우에만 $\mathfrak{I}$ 가 ϕ에 T를 할당한다;

2) ϕ가 문장문자가 아닌 원자문장이면, ϕ가 $\mathfrak{I}$ 하에서 참일 경우에 오직 그 경우에만 $\mathfrak{I}$ 가 ϕ의 개체상항에 할당하는 대상들이 $\mathfrak{I}$ 가 ϕ의 술어에 할당한 관계를 서로 맺고 있다;

3) $\phi = -\psi$이면, ϕ가 $\mathfrak{I}$ 하에서 참일 경우에 오직 그 경우에만 ψ가 $\mathfrak{I}$ 하에서 참이 아니다;

4) ψ, χ가 문장이고 $\phi = (\psi \lor \chi)$이면, ϕ가 $\mathfrak{I}$ 하에서 참일 경우에 오직 그 경우에만 ψ가 $\mathfrak{I}$ 하에서 참이거나 χ가 $\mathfrak{I}$ 하에서 참이거나 혹은 양쪽 다이다;

5) ψ, χ가 문장이고 $\phi = (\psi \,\&\, \chi)$이면, ϕ가 $\mathfrak{I}$ 하에서 참일 경우에 오직

그 경우에만 ψ가 $\Im$하에서 참이고 χ가 $\Im$하에서 참이다;

6) ψ, χ가 문장이고 $\phi = (\psi \rightarrow \chi)$이면, ϕ가 $\Im$하에서 참일 경우에 오직 그 경우에만 ψ가 $\Im$하에서 참이 아니거나 χ가 $\Im$하에서 참이거나 혹은 양쪽 다이다;

7) ψ, χ가 문장이고 $\phi = (\psi \leftrightarrow \chi)$이면, ϕ가 $\Im$하에서 참일 경우에 오직 그 경우에만 ψ와 χ가 $\Im$하에서 둘 다 참이거나 둘 다 참이 아니다.

한편, ϕ가 $\Im$하에서 **거짓**(false)일 경우에 오직 그 경우에만 ϕ는 $\Im$하에서 참이 아니다.

특정한 예들을 보기 전에 표기법에 의해 야기될 수 있는 어려움을 최소화하기 위해 위의 정의를 풀어 써 보자.

조항 1에 따르면, 문장문자인 원자문장은 한 해석이 그 문자에 값 T를 할당할 경우에 오직 그 경우에만 그 해석하에서 참인 것으로 간주된다. 이 경우에는 굳이 정의하는 것이 사소해 보인다. 조항 2는 나머지 원자문장, 즉 n항 술어와 그 뒤에 n개의 개체상항들로 이루어진 문장에 적용된다(명백히 어떠한 원자문장도 변항을 포함하지 않는다). 그것은 이러한 형태의 원자문장은 개체상항들에 의해 지칭되는 대상들이 술어에 의해 지칭되는 관계를 맺고 있을 때 주어진 해석하에서 참이라는 것을 말해 준다. 조항 3은 한 문장의 부정은 그 문장이 주어진 해석하에서 참이 아닐 경우(즉, 거짓일 경우)에 오직 그 경우에만 그 해석하에서 참이라는 것을 덧붙인다; 조항 4는 두 문장의 선언은 선언지 중 하나 혹은 둘 다가 참일 경우에 오직 그 경우에만 참이라는 것을 말한다; 조항 5는 연언은 연언지 둘 다가 참일 경우에 오직 그 경우에만 참이라는 것을 말한다; 조항 6은 조건문은 전건이 거짓이거나 후건이 참이거나 혹은 양쪽 다일 경우에 오직 그 경우에만 참이다(즉, 전건이 참이고 후건이 거짓일 경우에 오직 그 경우에만 조건문은 거짓이다)라고 말하고 있다; 그리고 조항 7은 쌍조건문은 쌍화살표 양쪽에 있는 두 부분(즉, 좌변과 우변)이 같은 진리치를 가질 경우에 오직 그 경우에만 참이라고 말한다.

모든 양화사 없는 문장은 원자문장이거나 문장들의 분자결합이므로 그것은 일곱 조항 중, 어느 하나의 부류에 든다. 문장이 조항 1 혹은 2의 부류에 든다면, 주어진 해석하에서 그 문장의 참은 그것 자체로 자명하게 다루어진다. 한편, 문장이 조항 3에서 7 사이의 어느 한 부류에 든다면, 주어진 해석하에서 그 문장의 참은 더 단순한 문장들의 그 해석하에서의 참 혹은 거짓으로 환원된다. 이러한 더 단순한 문장들도 다시 조항 1에서 7 사이의 한 부류에 들 것이고, 결국 어떠한 문장에도 연결사가 무한 번 나타나지는 않으므로, 주어진 해석하에서의 원래 문장의 참 거짓의 문제는 그 해석하에서의 원자문장들의 참 거짓의 문제로 환원될 것이다; 그리고 후자의 문제는 조항 1과 2에 의해 자명하게 해결된다.

지금까지 비교적 자세하게 풀어서 일반적인 설명을 많이 했으므로, 이제부터는 이 정의가 어떻게 특정한 예에 적용되는지 살펴보도록 하자. 이를 위해 우리는 어떤 $\mathfrak{L}$의 해석을 주고서 몇몇 문장들을 살펴봐야 한다. 따라서 $\mathfrak{I}$가 논의 영역으로 모든 양의 정수들의 집합을 가지고 비논리상항들에 다음과 같이 지시체들을 할당한다고 하자:

E^1 : 모든 짝수의 집합

O^1 : 모든 홀수의 집합

P^1 : 모든 소수의 집합

L^2 : 양의 정수 $\mathfrak{m}$, $\mathfrak{n}$에 대하여 $\mathfrak{m} < \mathfrak{n}$일 때 성립하는 이항 관계;
     즉, '보다 – 작다(less – than)' 관계

I^2 : 양의 정수들 간의 동일성의 이항 관계

S^3 : 양의 정수 $\mathfrak{m}$, $\mathfrak{n}$, $\mathfrak{p}$에 대하여 $\mathfrak{m} + \mathfrak{n} = \mathfrak{p}$일 때 성립하는 삼항

관계

M^3 : 양의 정수 $\mathfrak{m}, \mathfrak{n}, \mathfrak{p}$에 대하여 $\mathfrak{m} \cdot \mathfrak{n} = \mathfrak{p}$일 때 성립하는 삼항
관계

$a_1 : 1$ $P : T$

$a_2 : 2$ $Q : F$

$a_3 : 3$ $R : T$

$a_4 : 4$

$\vdots$ $\vdots$

(위의 것은 엄격하게 $\mathfrak{L}$의 해석을 '부여하는' 것이 아니다. 왜냐하면 $\mathfrak{L}$
의 대부분의 비논리상항에 대한 할당은 부여되지 않은 채로 남아 있기 때
문이다. 그러나 나중에 보게 될 내용과 같이, 주어진 해석하에서의 문장
의 참 거짓은 오직 그 문장에서 실제로 나타나는 상항에 그 해석이 무엇
을 할당하느냐에만 의존한다는 사실이 드러나게 된다.)

이제 문장

(1) La_1a_2

를 살펴보자. 이것은 원자문장이며, 문장문자는 아니다. 따라서 조항 2가
적용될 수 있다. 2를 적용하면, 'La_1a_2'는 $\mathfrak{I}$가 'a_1'과 'a_2'에 할당하는 대상
들(즉, 양의 정수 1과 2)이 $\mathfrak{I}$가 'L'에 할당하는 관계 (즉, '보다 – 작다' 관
계)를 맺고 있을 경우에 오직 그 경우에만 $\mathfrak{I}$하에서 참이라는 것을 알 수
있다. 다시 말해서, 'La_1a_2'는 1 < 2일 경우에 오직 그 경우에만 $\mathfrak{I}$하에서
참이다.

다음에는 문장

(2) $La_1a_2 \lor La_2a_1$

을 살펴보자. 이 문장은 선언이므로 조항 4가 적용된다. '$La_1a_2 \lor La_2a_1$'은 'La_1a_2'가 $\mathfrak{I}$ 하에서 참이거나 'La_2a_1'이 $\mathfrak{I}$ 하에서 참이거나 혹은 양쪽 다일 경우에 오직 그 경우에만 참이다. 이 원자문장들에 대한 위에서 얻어진 조건들을 사용하면, '$La_1a_2 \lor La_2a_1$'는 1 < 2 혹은 2 < 1 혹은 양쪽 다일 경우에 오직 그 경우에만 $\mathfrak{I}$ 하에서 참이라는 것을 알 수 있다.

같은 방식으로, 조항 6, 3, 2를 적용하면,

(3) $La_1a_2 \rightarrow -La_2a_1$

은 1 < 2이 아니거나 혹은 2 < 1이 아닐 경우에 오직 그 경우에만 $\mathfrak{I}$ 하에서 참이라는 것을 알게 된다. ('만약 …이면, …이다'가 소위 '실질적' 의미로 이해된다면, 우리는 이것을 '만약 1 < 2이면, 2 < 1이 아니다'와 같은 조건으로 이야기할 수 있다.)

문장

(4) $(Sa_2a_2a_5 \ \& \ Sa_2a_2a_4) \rightarrow Ia_4a_5$

는 조항 6, 5, 2에 적용되어 다음이 성립한다: (4)는 2 + 2 = 5이고 2 + 2 = 4이면 4 = 5일 경우에 오직 그 경우에만 참이다.

이제 이 절의 기본 임무에 되돌아가자. 그것은 양화사를 가진 것들을 포함한 $\mathfrak{L}$의 모든 문장에 대해 '$\mathfrak{I}$ 하에서 참'을 정의하는 일이다. 양화사를 다루기 위해서는 다음과 같이 정의되는 보조개념이 필요하다.

$\mathfrak{I}$와 $\mathfrak{I}'$를 $\mathfrak{L}$의 해석이라 하고 β를 개체상항이라 하자. $\mathfrak{I}$와 $\mathfrak{I}'$가 β에 무엇을 할당하는가 하는 점만 제외하고는 나머지는 서로 똑같을 경우에 오직 그 경우에만 $\mathfrak{I}$는 $\mathfrak{I}'$의 β-변형(β-variant)이다. (이는 $\mathfrak{I}$가 $\mathfrak{I}'$의 β-변형일 경우에는 $\mathfrak{I}$와 $\mathfrak{I}'$는 같은 논의 영역을 가진다는 것을 함축한다.)

어구 '$\mathfrak{I}$ 하에서 참'의 정의가 이제 정식화될 수 있다. 제한된 경우에 대한 앞서의 정의와 마찬가지로 그것은 회귀적으로 정의된다: 그 정의는 가장 단순한 문장이 참인 조건을 진술한다. 그리고 복합문장의 진리치가 그것보다 단순한 문장(이번엔 반드시 복합문장의 부분인 것은 아니다)의 진리치에 어떻게 의존하는가를 보여 준다. ϕ를 $\mathfrak{L}$의 문장이라 하고, α를 변항, β를 ϕ에 나타나지 않는 첫[1] 개체상항이라 하자. 그러면

1) ϕ가 문장문자이면, ϕ가 $\mathfrak{I}$ 하에서 참일 경우에 오직 그 경우에만 $\mathfrak{I}$가 ϕ에 T를 할당한다;

2) ϕ가 문장문자가 아닌 원자문장이면, ϕ가 $\mathfrak{I}$ 하에서 참일 경우에 오직 그 경우에만 $\mathfrak{I}$가 ϕ의 개체상항에 할당하는 대상들이 $\mathfrak{I}$가 ϕ의 술어에 할당한 관계를 맺고 있다;

3) $\phi = -\psi$이면, ϕ가 $\mathfrak{I}$ 하에서 참일 경우에 오직 그 경우에만 ψ가 $\mathfrak{I}$ 하에서 참이 아니다;

4) ψ, χ가 문장이고 $\phi = (\psi \vee \chi)$이면, ϕ가 $\mathfrak{I}$ 하에서 참일 경우에 오직

---

1 우리는 개체상항들을 다음 순서로 배열하는 것으로 가정한다:
    a, b, ⋯, t, a_1, b_1 ⋯, t_1, a_2, b_2 ⋯

그 경우에만 ψ가 $\Im$하에서 참이거나 χ가 $\Im$하에서 참이거나 혹은 양쪽 다이다;

5) ψ, χ가 문장이고 $\phi = (\psi \& \chi)$이면, ϕ가 $\Im$하에서 참일 경우에 오직 그 경우에만 ψ가 $\Im$하에서 참이고 χ가 $\Im$하에서 참이다;

6) ψ, χ가 문장이고 $\phi = (\psi \rightarrow \chi)$이면, ϕ가 $\Im$하에서 참일 경우에 오직 그 경우에만 ψ가 $\Im$하에서 참이 아니거나 χ가 $\Im$하에서 참이거나 혹은 양쪽 다이다;

7) ψ, χ가 문장이고 $\phi = (\psi \leftrightarrow \chi)$이면, ϕ가 $\Im$하에서 참일 경우에 오직 그 경우에만 ψ와 χ가 $\Im$하에서 둘 다 참이거나 둘 다 참이 아니다;

8) $\phi = (\alpha)\psi$이면, ϕ가 $\Im$하에서 참일 경우에 오직 그 경우에만 $\psi\alpha/\beta$가 $\Im$의 모든 β-변형하에서 참이다;

9) $\phi = (\boxminus\alpha)\psi$이면, ϕ가 $\Im$하에서 참일 경우에 오직 그 경우에만 $\psi\alpha/\beta$는 $\Im$의 최소한 하나의 β-변형하에서 참이다.

ϕ가 $\Im$하에서 **거짓**일 경우에 오직 그 경우에만 ϕ는 $\Im$하에서 참이 아니다.

(ϕ가 $\Im$하에서 참 혹은 거짓이라고 말하는 대신에 $\Im$가 ϕ에 진리치 **T 혹은 F를 할당한다**고 말하기도 한다. ϕ가 $\Im$하에서 참이라고 말하는 다른 방식은 $\Im$가 ϕ의 모형이다($\Im$ is a model of ϕ)라고 하거나 $\Im$가 ϕ를 **만족시킨다**($\Im$ satisfies ϕ)고 하는 것이다. 이 용어법은 문장집합 Γ에도 확장된다; 즉, $\Im$가 Γ를 만족시킨다고 말하는 것은 Γ의 모든 문장이 $\Im$하에서 참이라고 말하는 것이다.)

서둘러 이에 관한 설명과 예를 보여 주어야겠다. 지금 주어진 정의와 앞에서 살펴보았던 제한적 정의 사이의 유일한 차이는 양화문장들에 적용되는 조항인 8과 9가 새 정의에 첨가되었다는 점이다. 모든 양화문장은 양화사 (α) 혹은 $(\boxminus\alpha)$가 α 이외의 어떠한 변항도 자유롭지 않은 식 ψ의 앞에 붙어 이루어진다. (α 이외의 어떤 변항이 ψ에서 자유롭다면 $(\alpha)\psi$도 $(\exists\alpha)\psi$도 문장이 아니다. α를 제외하고는 ψ에서의 자유로운 변항들은 (α)나 $(\exists\alpha)$가 ψ의 앞에 놓여진 후에도 여전히 자유로운 변항으로 남기 때문이다.) 따라서 우리가 자유롭게 나타난 모든 α들을 어떤 개체상항 β로 대치한다면—β는 ψ에 이미 나타나 있지 않은 첫 개체상항으로 한다—그 결과는 문장 ψ'(즉, $\psi\alpha/\beta$)일 것이다. 이때 식 ψ와는 대조적으로 문장 ψ'는 임의로 선택된 모든 해석하에서 진리치를 가질 것이다. 뿐만 아니라, 당연하겠지만 식의 복잡성의 정도에 대한 기준을 연결사와 양화사가 나타나는 횟수로 잡는다면, ψ'는 $(\alpha)\psi$와 $(\exists\alpha)\psi$보다 단순하다고 할 수 있다. 이리하여 $(\alpha)\psi$와 $(\exists\alpha)\psi$의 참, 거짓의 문제를 ψ'의 참, 거짓의 문제로 환원시킴으로써 무언가를 얻을 수 있다. 이것이 바로 조항 8과 9가 행하는 것이다. 8에 따르면, $(\alpha)\psi$는 ψ'가 ℑ 자체하에서 참일 뿐 아니라 ℑ의 모든 다른 β-변형하에서도 참인 경우에 오직 그 경우에만 ℑ 하에서 참이다. 이와 유사하게 조항 9에 의하여, $(\exists\alpha)\psi$는 ψ'가 ℑ하에서 참이거나 ℑ의 어떤 다른 β-변형하에서 참일 경우에 오직 그 경우에만 ℑ하에서 참이다.

이 조항들이 구체적인 경우에 적용될 때 어떻게 작용하는지 살펴보자. ℑ를 앞서 제한된 경우의 정의에 대한 우리의 논의와 관련해 주어진 해석이라 하고, 문장

(5) $(\exists y)La_2y$

를 살펴보자. 조항 9에 의해 (5)가 참일 경우에 오직 그 경우에만 'La_2a' ('La_2y'에 나타나는 모든 자유로운 'y'를 'La_2y'에 나타나지 않는 첫 개체 상항, 즉 'a'로 대치한 결과)가 ℑ의 어떤 'a'-변형하에서 참이다. 정의에

따르면 $\Im$의 'a'-변형은 개체상항 'a'에 할당하는 것에 있어서만 $\Im$와 다를 수 있는 임의의 해석이다. 따라서 $\Im$의 한 'a'-변형은 'a'에 정수 2를 할당하는 것(물론 'a_2'에도 2를 할당할 뿐 아니라)만 제외하고는 $\Im$와 똑같은 것이다; $\Im$의 또 다른 'a'-변형은 'a'에 3을 할당하는 것만 제외하고 $\Im$와 똑같은 것이다; 기타 내용도 이와 같다. 어떤 정수 n이 선택되건 간에 'a'에 그 정수를 할당하는 $\Im$의 'a'-변형이 있을 것이다. 그리하여 La_2a는 $2 < n$일 경우에 오직 그 경우에만 'a'-변형하에서 참일 것이다. $\Im_2$가 'a'에 2를 할당하는 $\Im$의 'a'-변형이라 하자. 그러면 'La_2a'는 $2 < 2$일 경우에 오직 그 경우에만 $\Im_2$하에서 참일 것이다. $\Im_6$가 'a'에 6을 할당하는 $\Im$의 'a'-변형이라 하자. 그러면 'La_2a'는 $2 < 6$일 경우에 오직 그 경우에만 $\Im_6$하에서 참일 것이다. 일반적으로, 임의의 양의 정수 n에 대해서 $\Im_n$이 'a'에 n을 할당하는 $\Im$의 'a'-변형이면, 'La_2a'는 $2 < n$일 경우에 오직 그 경우에만 $\Im_n$하에서 참이다.

이로부터, 'La_2a'는 $2 < n$인 양의 정수 n이 존재할 경우에 오직 그 경우에만 $\Im$의 어떤 'a'-변형하에서 참이라는 것을 알 수 있다. 다시 말해서, (5)는 $2 < n$인 양의 정수 n이 존재할 경우에 오직 그 경우에만 $\Im$하에서 참이다. 이는 물론 존재양화사에 대해 우리가 이해한 바와 일치한다.

조항 8과 관련해서는,

(6) $(x)(\exists y)Lxy$

를 살펴보자. $\alpha =$ 'x'이고 $\psi =$ '$(\exists y)Lxy$'라 할 때, (6)은 $(\alpha)\psi$ 꼴이다. 그러므로 조항 8이 적용된다. '$(\exists y)Lay$'가 $\Im$의 모든 'a'-변형하에서 참일 경우에 오직 그 경우에만 (6)이 $\Im$하에서 참이라는 것이 그 조항을 통해

우리가 아는 내용이다. (5)의 경우에 했었던 것과 같은 고찰에 의해, 양의 정수 m이 어떤 정수보다 작은 경우—즉, 양의 정수 m보다 큰 어떤 정수가 있을 경우—에 오직 그 경우에만 '$(\exists y)Lay$'가 $\mathfrak{I}$의 'a'-변형 $\mathfrak{I}_m$하에서 참임을 쉽게 알 수 있다. 그러므로, '$(\exists y)Lay$'는 **각각의 모든** 양의 정수 m에 대해, $m < n$인 양의 정수 n이 있을 경우에 오직 그 경우에만 $\mathfrak{I}$의 모든 'a'-변형하에서 참이다. 우리는 결국, (6)은 각각의 모든 양의 정수 m에 대해 $m < n$인 양의 정수 n이 존재할 경우에 오직 그 경우에만 $\mathfrak{I}$하에서 참이라는 결론을 얻는다.

앞의 논의가 여러분이 '$\mathfrak{I}$ 하에서 참'의 정의를 이해하는 데 도움이 되기를 희망한다. 그리고 여러분이 이 정의에 담긴 생각을 곧 파악하여, 위에서 설명한 과정을 밟으려고 일일이 정의를 적용할 필요가 없게 되기를 희망하며 또한 이를 기대하기도 한다. 복합문장에 대해 매번 정의를 하나씩 하나씩 적용하기에는 인생이 너무나 짧다.

사실상 이 정의는 이 정의에 기초해 자주 적용되는 다른 일반적이고 기본적인 원리를 세울 수 있는 참고 원칙으로서 그 주된 정당성을 가진다. 여기서 말한 그 자주 적용되는 원리는 다음과 같다. (우리는 잠정적으로 문장들에 대해서만 이야기하는 것으로 제한하고 '$\mathfrak{I}$ 하에서 참'과 '$\mathfrak{I}$ 하에서 거짓'을 '참'과 '거짓'으로 줄여 쓴다):

1) 부정이 참일 경우에 오직 그 경우에만 부정된 것이 거짓이다.

2) 선언이 참일 경우에 오직 그 경우에만 선언지 중 최소한 하나가 참이다.

3) 연언이 참일 경우에 오직 그 경우에만 연언지가 둘 다 참이다.

4) 조건문이 참일 경우에 오직 그 경우에만 전건이 거짓이거나 후건이 참이거나 양쪽 다이다.

5) 쌍조건문이 참일 경우에 오직 그 경우에만 쌍조건문의 양쪽 부분

(즉, 좌변과 우변)이 같은 진리치를 가진다.

6) 보편양화 $(\alpha)\phi$가 참이면, 모든 상항 β에 대해 $\phi\alpha/\beta$가 참이다. (역은 성립하지 않는다.)

7) 어떤 상항 β에 대해 $\phi\alpha/\beta$가 참이면, $(\exists\alpha)\phi$는 참이다. (역시, 역은 성립하지 않는다.)

β-변형의 개념에 연관된 복잡함에 빠져들지 않고 양화문장의 참을 정의하는 방법이 있다는 것을 잠시 언급하는 것은 가치 있는 일일 것이다. 이 방법은 예를 들어

$$(x)\,Fx$$

를, 모든 문장

$$Fa, Fb, \cdots, Ft, Fa_1, Fb_1 \cdots, Ft_1, Fa_2, \cdots, \cdots$$

이 참일 경우에 오직 그 경우에만 참이라고 정의하는 것이다. 아마 이 대안을 간단히 살펴보는 일은 우리가 사용했던 방법을 다시 조명할 수 있게 해 줄 것이다.

직관적인 견지에서, 이 새로운 접근은 오직 논의 세계에 있는 각각의 대상이 모두

$$a, b, \cdots, t, a_1, b_1, \cdots, t_1, a_2, b_2, \cdots, t_2, a_3, \cdots$$

의 상항들 중 최소한 하나에 의해 이름 붙은 경우에만 그럴듯하다. 그렇지 않으면 위에서 언급된 모든 'F-문장'들이 참이면서 그럼에도 불구하

고 논의 영역 안의 어떤 대상이 'F'와 연결되지 않는 일이 일어날 수 있는데, 그 경우에 우리는 더 이상

$$(x)\,Fx$$

가 참이라고 말하기를 원치 않는다. 이 점을 명심하면서, $\mathfrak{I}$의 논의 영역의 각 원소에 대해 $\mathfrak{I}$가 그 원소를 지시체로 할당하는 개체상항이 존재하는(다시 말해서, $\mathfrak{I}$의 논의 영역의 모든 원소가 $\mathfrak{I}$에 의해 이름을 할당받는) 그러한 해석 $\mathfrak{I}$를 해석들 전체로부터 골라내도록 하자. 그리고 이 해석을 **완전해석**(complete interpretation)이라 부르자. 그러면 '$\mathfrak{I}$ 하에서 참'의 정의에서 조항 8과 9는 다음과 같이 대치될 수 있다.

8′) $\phi = (\alpha)\psi$이면, ϕ가 $\mathfrak{I}$ 하에서 참일 경우에 오직 그 경우에만 모든 문장 $\psi\alpha/\beta$가 $\mathfrak{I}$ 하에서 참이다(단, β는 개체상항);

9′) $\phi = (\exists\alpha)\psi$이면, ϕ가 $\mathfrak{I}$ 하에서 참일 경우에 오직 그 경우에만 어떤 문장 $\psi\alpha/\beta$가 $\mathfrak{I}$ 하에서 참이다(단, β는 개체상항).

임의의 문장 ϕ에 대해서, ϕ가 모든 완전해석하에서 참일 경우에 오직 그 경우에만 ϕ가 모든 해석하에서 참이라는 것이 보여질 수 있다. (아래의 '타당성' 정의와 비교하라.)[2] 그렇지만, $\mathfrak{L}$을 해석함에 있어 논의 영역의 모든 원소들에 이름을 부여할 수 있을 만큼 충분히 $\mathfrak{L}$에 개체상항들이 있는 그러한 논의 영역으로 제한되기를 원치 않기 때문에, 우리는 논의 세

---

2   그러나, 벨납과 던(*Nous* 2 (1968), pp. 177 ff.)이 지적했듯이, 임의의 문장 ϕ와 임의의 문장집합 Γ에 대해, Γ를 참이게 하는 모든 완전해석하에서 ϕ가 참일 경우 오직 그 경우에만 Γ를 참이게 하는 모든 해석하에서 ϕ가 참이라는 것은 사실이 아니다('귀결'의 정의와 비교하라).

계에 있는 모든 원소들이 이름을 가졌다는 것을 전제하지 않는 정의를 계속 고집할 것이다. 이를테면, 칸토르의 유명한 증명에 의해 실수의 집합은 ℒ의 개체상항들의 집합과 1-1 대응될 수 있는 방법이 없다는 것이 알려졌음에도 불구하고 여전히 우리는 ℒ에서 실수의 이론을 정식화하기를 원할 수 있기 때문이다.

3. 타당성, 귀결, 일관성

'해석하에서 참'의 개념을 써서, 논리학에서 가장 중요한 개념들 중 세 가지를 정의하는 것이 가능하다.

문장 ϕ는 모든 해석하에서 참일 경우에 오직 그 경우에만 **타당**(valid)하다 (혹은, **논리적으로 참이다**(logically true)).

문장 ϕ와 문장집합 Γ에 대해, Γ의 모든 문장들을 참이게 하면서 ϕ를 거짓이게 하는 해석이 존재하지 않을 경우에 오직 그 경우에만 ϕ는 Γ의 **귀결**(consequence)이다.

문장집합 Γ는 Γ의 모든 문장들을 참이게 하는 해석이 존재할 경우에 오직 그 경우에만 **일관적**(consistent)이다(혹은, **만족가능**(satisfiable)하다).

(문장 ϕ가 {ψ}의 즉, 원소가 ψ 하나뿐인 집합의 귀결이라고 말하는 대신 간단히 ϕ는 ψ의 귀결이라고 말하는 것이 허용된다. 마찬가지로, {ϕ}가 일관적이라거나 {ϕ, ψ}가 일관적이라고 말하는 대신 흔히 ϕ는 일관적이라거나 ϕ는 ψ와 일관적이라고 말하는 것이 허용된다.)

이 정의들은 비록 '타당성', '귀결', '일관성'이 (인공언어 ℒ에 상대적으로) 무엇을 **의미**하는지를 알려주긴 하지만, 어느 문장이 타당한지 안 한지, 어느 문장이 어느 문장집합의 귀결인지 아닌지, 어느 문장집합이 일관적인지 않은지를 직접적으로 결정할 수 있게 해 주지는 않는다. 이 정의들은 오직, 방금 언급된 종류의 것들을 어떻게 결정해야 할지의 문제를 탐구하는 데 참고할 수 있는 기초만을 줄 뿐이다.

'타당성'의 정의는 개략적으로 다음과 같이 말할 수 있을 것 같다: 문장 ϕ가 타당할 경우에 오직 그 경우에만 어떠한 비공집합(non-empty set), 즉 공집합 아닌 집합이 논의 세계로서 선택되든 $\mathfrak{L}$의 비논리상항들에 적절한 존재자들을 어떻게 할당하든 ϕ는 참이 된다. (개체상항에 대해서 '적절한 존재자'는 논의 세계로 선택된 집합의 원소이고, n항 술어에 대해서 그것은 그 집합의 원소들의 n항 관계이며, 문장문자에 대해서 그것은 진리치이다.) 따라서, 주어진 문장이 타당하지 않다는 것을 보이기 위해서는 비공집합(즉, 공집합이 아닌 집합) $\mathfrak{D}$를 제시하고, $\mathfrak{L}$의 비논리상항들에 ϕ가 거짓이 되게끔 적당한 존재자들을 할당하는 것으로 충분하다. 결과적으로 이것은 $\mathfrak{I}$ 하에서 ϕ가 거짓인 그러한 해석 $\mathfrak{I}$를 필요한 만큼 세부적으로 부여하는 것과 같다. 여기에 타당한 문장들의 예가 있다:

$$(x)Fx \rightarrow Fa$$
$$Fa \rightarrow ((x)Fx \rightarrow Fa)$$
$$(x)(Fx \vee (Gx \,\&\, Hx)) \leftrightarrow ((x)(Fx \vee Gx) \,\&\, (x)(Fx \vee Hx))$$
$$(P \rightarrow (\exists y)(x)(Fxy \vee -Fxy))$$

더 많은 예들로서 7장 5절에 있는 논리학 정리들의 목록을 참조하라.

타당하지 않은 문장들의 예:

$$Fa$$
$$(\exists x)Fx$$

$$(Fa \rightarrow Ga) \rightarrow (-Fa \rightarrow -Ga)$$
$$(x)Fx \vee (x) - Fx$$
$$(x)(\exists y)Fxy \rightarrow (\exists y)(x)Fxy$$

이 문장들 각각에 대해 주어진·문장을 거짓이게끔 만드는 해석을 부여하는 일은 쉽다.

귀결의 예(아래의 각 경우에, 마지막 문장이 나머지 문장들로 이루어진 집합의 귀결이다):

(1) $(x)(Fx \rightarrow Gx)$
$(x)(Gx \rightarrow Hx)$
$(x)(Fx \rightarrow Hx)$

(2) $(x)(Fx \rightarrow Gx)$
Fa
Ga

(3) $(x)Fx$
$(\exists x)Fx$

(4) $(x)(Fx \rightarrow (\exists y)(Gy \,\&\, Hxy))$
$(y)(Gy \rightarrow -Hay)$
$-Fa$

(5) $Fa \,\&\, -Fa$

Hb

일관성의 예(다음 각각의 경우가 일관적인 문장집합을 이룬다):

(1) $(x)(Fx \rightarrow Gx)$
   $-(\exists x)Gx$

(2) $(x)(Fx \rightarrow (\exists y)(Gy \ \& \ Hxy))$
   $(x)(y)(Gy \rightarrow -Hxy)$

(3) $(x)(Fx \lor Gx)$

(4) $(\exists x)Fx$

우리의 여러 정의들에 기초해 입증될 수 있는 다음의 일반화들은 우리가 논의해 온 개념들을 명확히 이해하는 데 도움이 될 것이다. 또한 정의된 형식적 개념들이 그 개념들에 대응하는 직관적 개념들이 지니는 속성들과 유사한 속성들을 가진다는 것에 대한 약간의 증거를 제공할 것이다.

1) 임의의 문장 ϕ에 대해, 만약 ϕ가 문장집합 Γ의 귀결이고, Γ 속의 각 문장이 문장집합 Δ의 귀결이라면, ϕ는 Δ의 귀결이다.

2) 임의의 문장 ϕ에 대해, ϕ가 공집합의 귀결인 경우에 오직 그 경우에만 ϕ는 타당하다.

3) 임의의 문장 ϕ, ψ_1, ψ_2, $\cdots$, ψ_n에 대해, ϕ가 $\{\psi_1, \psi_2, \cdots, \psi_n\}$의 귀결인 경우에 오직 그 경우에만 $(((\cdots(\psi_1 \ \& \ \psi_2) \ \& \ \cdots) \ \& \ \psi_n) \rightarrow \phi)$가 타당하다.

4) 임의의 문장 ϕ에 대해, 만일 ϕ가 문장집합 Γ의 원소이면, ϕ는 Γ의 귀결이다.

5) 임의의 문장 ϕ에 대해, 만일 ϕ가 문장집합 Γ의 귀결이면, ϕ는 Γ를 부분집합으로 포함하는 모든 문장집합의 귀결이다.

6) 임의의 문장 ϕ에 대해, ϕ가 문장집합 Γ와 문장 ψ의 결합의 귀결일 경우에 오직 그 경우에만 $(\psi \rightarrow \phi)$는 Γ의 귀결이다.

7) 만일 두 해석 $\Im$와 $\Im'$가 같은 논의 영역을 갖고, 또 주어진 문장 ϕ에 나타나는 모든 비논리상항들에 할당하는 바가 똑같다면, ϕ는 $\Im$ 하에서 참일 경우에 오직 그 경우에만 $\Im'$하에서 참이다.

8) 만일 문장 ϕ가 문장 ϕ'와 모든 점에서 같으면서 단지 ϕ'가 서로 다른 개체상항 $\beta_1, \beta_2, \cdots, \beta_n$ 을 가진 곳에 ϕ는 개체상항 $\gamma_1, \gamma_2, \cdots, \gamma_n$을 각각 가졌다는 점만이 다르면, 그리고 만일 해석 $\Im'$가 해석 $\Im$ 와 모든 점에서 같으면서 단지 $\Im$ 가 $\gamma_1, \gamma_2, \cdots, \gamma_n$에 할당하는 것을 $\Im'$는 $\beta_1, \beta_2, \cdots, \beta_n$에 각각 할당한다는 점만이 다르면, ϕ가 $\Im$ 하에서 참일 경우에 오직 그 경우에만 ϕ'가 $\Im'$ 하에서 참이다.

9) 임의의 식 ϕ, 변항 α, 개체상항 β에 대해, $\phi\alpha/\beta$가 문장이면, 그것은 $(\alpha)\phi$의 귀결이다.

10) 임의의 식 ϕ, 변항 α, 개체상항 β에 대해, 만일 $\phi\alpha/\beta$가 문장집합 Γ의 귀결이고 β가 ϕ에도 Γ에 속하는 어떠한 문장에도 나타나지 않는다면, $(\alpha)\phi$는 Γ의 귀결이다.

11) 임의의 식 ϕ, 변항 α에 대해, 만일 $(\exists\alpha)\phi$가 문장이면, 그것은 $-(\alpha)-\phi$의 귀결이다. 그리고 역도 성립한다.

12) 임의의 식 ϕ, 변항 α, 개체상항 β에 대해, 만일 $(\exists\alpha)\phi$가 문장이면, 그것은 $\phi\alpha/\beta$의 귀결이다.

13) 임의의 문장 ϕ, 식 ψ, 변항 α, 개체상항 β에 대해, 만일 $(\psi\alpha/\beta \rightarrow$

ϕ)가 문장집합 Γ의 귀결이고 또 만일 β가 ϕ에도 ψ에도 Γ의 어떠한 원소에도 나타나지 않는다면, $((\exists\alpha)\psi \to \phi)$는 Γ의 귀결이다.

14) 임의의 문장 ϕ에 대해, 만일 ϕ가 문장집합 Γ의 귀결이고 또 Γ의 각 문장이 타당하다면, ϕ는 타당하다.

15) 임의의 식 ϕ, 변항 α, 그리고 ϕ에 나타나지 않는 개체상항 β에 대해, $\phi\alpha/\beta$가 타당할 경우에 오직 그 경우에만 $(\alpha)\phi$가 타당하다.

16) 임의의 문장 ϕ에 대해, ϕ가 타당할 경우에 오직 그 경우에만 $-\phi$가 만족가능하지 않다.

17) 임의의 문장 ϕ, 문장집합 Γ(무한집합이어도 좋음)에 대해, ϕ가 Γ의 귀결일 경우에 오직 그 경우에만 ϕ가 Γ'의 귀결인 그러한 Γ의 유한 부분집합 Γ'가 존재한다.

18) 문장 $(\alpha)\psi$가 문장 $(\alpha')\psi'$와 모든 점에서 같으면서 다만 $(\alpha')\psi'$가 변항 α'를 가진 곳 그리고 오직 그곳에서만 $(\alpha)\psi$가 변항 α를 가진다는 점만이 다르다면, $(\alpha)\psi$는 $(\alpha')\psi'$의 귀결이고 또 그 역도 성립한다.

19) $\mathfrak{I}$를 한 해석이라고 하고 $\mathfrak{D}$를 그 논의 영역, Δ를 개체상항들의 집합이라 하자. 만일 $\mathfrak{D}$의 각 원소가 $\mathfrak{I}$에 의해 Δ의 최소한 한 상항에 할당되고, 또 만일 Δ의 모든 상항 β에 대해, $\phi\alpha/\beta$가 $\mathfrak{I}$ 하에서 참이라면, $(\alpha)\phi$는 $\mathfrak{I}$ 하에서 참이다.

이 단계에서, 물론 여러분이 위의 정리들 모두를 증명할 수 있으리라고 기대하지는 않는다. 그러나 여러분은 정리들을 이해할 수 있어야 한다. 그리고 이러한 이해가 여러분으로 하여금 이 장에서 정의된 개념들을 직관적으로 더 잘 파악할 수 있도록 해 줄 것이다. 그것들 중 어떤 것의 증명—이를테면 1~6, 11, 14, 16, 18의 증명—은 쉽다. 예를 들어 2는 다음 논증에 의해 증명된다:

ϕ를 어떤 임의의 문장이라 하자. 그리고 ϕ가 Λ(공집합)의 귀결이라고

하자. 또 ℑ를 임의의 해석이라고 하자. 명확하고 당연하게, Λ가 원소를 갖지 않으므로 Λ의 모든 원소는 ℑ하에서 참이다. φ가 Λ의 귀결이므로 φ는 ℑ하에서 참이다. 따라서 ℑ는 임의의 해석이므로 φ는 모든 해석하에서 참이다. 즉, φ는 타당하다. 역으로 φ가 타당하다고 가정하자. 그러면 φ는 모든 해석하에서 참이다; 그리하여 φ에는 참을 할당하지 않으면서 Λ의 모든 원소에는 참을 할당하는 해석은 존재하지 않는다. 그러므로 φ는 Λ의 귀결이다.

또 다른 예로, 소위 연역정리(deduction theorem)라 불리는 항목 6을 살펴보자. φ와 ψ를 문장이라 하고 Γ를 문장집합이라고 하자. 이제 φ가 Γ와 ψ의 결합의 귀결일 경우에 오직 그 경우에만 Γ의 모든 문장과 ψ에 참을 할당하면서 φ에 거짓을 할당하는 해석이 존재하지 않는다. 또한 이 동치문의 우변이 성립할 경우에 오직 그 경우에만 Γ의 모든 문장에 참을 할당하면서 $(\psi \to \phi)$에 거짓을 할당하는 해석이 존재하지 않는다. 이 동치문의 우변은 $(\psi \to \phi)$가 Γ의 귀결이라고 말하는 것이다. 따라서 φ가 Γ와 ψ의 결합의 귀결일 경우 오직 그 경우에만 $(\psi \to \phi)$는 Γ만의 귀결이다.

항목 7은 비록 직관적으로 명백하지만, 나중에야 논의될 방법에 의해 비로소 증명된다. 근본적으로 중요한 정리 8에 대해서도 마찬가지이다. 8로부터 9, 10, 15, 19를 얻는 것은 어렵지 않다. 항목 12와 13은 7장에서의 파생적 규칙 EG와 ES에 대한 증명에 의해 입증된다. 항목 17은 만일 φ가 Γ의 귀결이면 7장에서 주어지는 규칙들에 의해 φ가 Γ로부터 도출 가능하다는 사실의 따름정리(corollary)로서 뒤따른다.

해석과 참에 관해 논의하였기 때문에, 우리는 인공언어 ℒ과 일상생활에서 사용되는 자연언어 사이의 의미론적 관계를 탐구하기에 유리한 위치에 서게 되었다. 이것이 다음 장의 주제이다.

• 연습문제 •

1. $-\phi$가 타당한 문장이면 모든 문장이 ϕ의 귀결임을 보이시오.

2. 유사하게, $\{\phi, \psi\}$가 비일관적 문장집합이면, 모든 문장이 그 집합의 귀결임을 보이시오.

3. ϕ가 타당한 문장이면 ϕ가 모든 문장집합의 귀결임을 보이시오.

4. ϕ와 ψ가 문장이면, ψ가 ϕ의 귀결일 경우에 오직 그 경우에만 $(\phi \rightarrow \psi)$가 타당함을 보이시오.

5. $-\phi$가 타당한 문장이면 ϕ가 자기 자신과 비일관적임을 보이시오.

6. 'Fa'가 $\mathfrak{I}$의 모든 'a'-변형에서 참인 해석 $\mathfrak{I}$를 제시하시오.

7. 3장 연습문제 1번에서,

  (a) (3)이 참인 해석을 제시하시오.
  (b) (3)이 거짓인 해석을 제시하시오.
  (c) (6)이 참인 해석을 제시하시오.
  (d) (10)이 참인 해석을 제시하시오.

8. 같은 연습문제에서, 왜 (6)이 거짓인 해석이 존재할 수 없는지 설명하시오. (10)에 대해서도 같은 과제를 수행하시오.

9. 다음을 증명하거나 반증하시오: 임의의 문장 ϕ, ψ, χ에 대해, 만일 ϕ가 ψ의 귀결 혹은 χ의 귀결이면, ϕ는 $(\psi \vee \chi)$의 귀결이다.

10. 다음 경우들 각각에 대해, 마지막 문장이 거짓이고 나머지 문장들이 참인 해석을 제시하시오(즉, 마지막 문장이 나머지 문장들의 귀결이 아님을 보이시오).

   (a) $Ga \rightarrow Fa$ (e) $(x)(Fx \vee Gx)$

      $- Ga$ $(x)Fx \vee (x)Gx$

      $- Fa$ (f) $Ga \rightarrow Fa$

   (b) $(x)(Hx \rightarrow Gx)$ Fa

      $(x)(Fx \rightarrow Gx)$ Ga

      $(\exists x)(Fx \mathbin{\&} Hx)$ (g) $(x)Fx \rightarrow Ga$

   (c) $(\exists x)Fx$ $(x)(Fx \rightarrow Ga)$

      $(\exists x)Gx$ (h) $(P \rightarrow (Q \rightarrow R))$

      $(\exists x)(Fx \mathbin{\&} Gx)$ (i) $(P \rightarrow (R \rightarrow Q))$

   (d) $(x)(\exists y)Fxy$

      $(\exists y)(x)Fxy$

11. 다음 문장들의 각 집합이 일관적임을 보이시오.

   (a) $(x)(\exists y)Fxy$

      $(x)(Gx \rightarrow (\exists y)Fyx)$

      $(\exists x)Gx$

      $(x) - Fxx$

   (b) $(x)(Px \vee Qx) \rightarrow (\exists x)Rx$

$$(x)(Rx \rightarrow Qx)$$

$$(\exists x)(Px \& - Qx)$$

(c) $(x) - Fxx$

$$(x)(y)(z)((Fxy \& Fyz) \rightarrow Fxz)$$

$$(x)(\exists y)Fxy$$

12. 정확히 다섯 문장으로 이루어져 있고, 그 임의의 모든 진부분집합은 일관적이나 그 집합 자체는 비일관적인 집합을 제시하시오.

13. 다음 문장에 참인 해석을 줄 수 있기 위해서는, 그 해석의 논의 영역에는 최소한 얼마나 많은 원소가 있어야 하는가?

$$Fa \& - Fb$$

만족가능하면서 그 논의 영역의 원소가 적어도 셋 이상인 해석하에서만 참인 문장을 제시하시오.
만족가능하면서 그 논의 영역의 원소가 무한히 많은 해석하에서만 참인 문장을 제시하시오. (힌트: 연습문제 11번의 (c)를 참조)

14. 다음 문장이 거짓인 해석이 왜 존재할 수 없는지 설명하시오:

$$(P \rightarrow Q) \lor (Q \rightarrow R)$$

5
자연언어를 Ω로 번역하기

우리가 주의를 기울일 다음 문제는 자연언어의 문장들을 인공언어 𝔏의 문장들로 번역하는 일이다. 𝔏의 문장들은 절대적으로 참 혹은 거짓인 것이 아니라 주어진 해석에 상대적으로 참 혹은 거짓이기 때문에, 자연언어의 특정한 문장들의 번역을 찾는 일은 해석에 대해 상대화되어야 함이 분명하다. 앞으로 많은 예들을 살펴보는 과정에서, 해석을 명시하는 것조차도 번역의 문제를 확정적인 것으로 만들기에는 불충분하다는 점이 분명히 드러날 것이다; 같은 해석을 부여하더라도 그 해석을 부여하는 방식이 서로 다르면 같은 자연언어 문장도 다르게 번역되게 한다. 결국 번역 목적을 위해 우리는 해석을 하는 표준적 방식을 세워야 한다; 이것은 '한국어 술어'의 개념을 통해 가능하다. 그럼에도 불구하고 자연언어를 인공언어로 번역하는 일에 있어서 체계적 규칙들을 찾는 것은 사실상 불가능하다. 언어 𝔏과 달리 자연언어는 단순하고 규칙적인 문법을 가지고 있지 않기 때문이다; 대체적으로 우리는 그것을 연습을 통해 배울 수 있을 뿐이지 법칙의 습득만으로 배울 수 있는 것은 아니다. 𝔏의 각 표현이 주어진 해석에 상대적으로 언제 어디서나 정확히 같은 것을 지칭하는 데 반해, 자연언어 표현들의 의미는 상당히 맥락에 의존한다.

사실상, 다음의 조언은 불충분하기는 하지만 유용하다: 자연언어 문장을 인공언어 $\mathcal{L}$로 번역하기 위해서는 자연언어 문장이 의미하는 것이 무엇인지를 스스로에게 물어보라. 그러고 나서 표준적 해석 방식에 상대적으로 가능한 한 가장 가까운 의미를 가진 $\mathcal{L}$의 문장을 찾도록 노력하라.

1. 서론

4장에서 보았듯이, $\mathcal{L}$의 각 해석은 $\mathcal{L}$의 모든 문장들의 진리조건들을 결정한다. 그리하여, '$\mathfrak{I}$ 하에서 참'의 정의를 적용하여 다음과 같은 진술들을 확립할 수 있다: 임의의 해석 $\mathfrak{I}$에 대해,

(1) 'Ds'가 $\mathfrak{I}$ 하에서 참일 경우에 오직 그 경우에만 $\mathfrak{I}$가 's'에 할당하는 대상이 $\mathfrak{I}$가 'D'에 할당하는 집합에 속한다;

(2) '$-Ds$'가 $\mathfrak{I}$ 하에서 참일 경우에 오직 그 경우에만 $\mathfrak{I}$가 's'에 할당하는 대상이 $\mathfrak{I}$가 'D'에 할당하는 집합에 속하지 않는다;

(3) '$(\exists x)Dx$'가 $\mathfrak{I}$ 하에서 참일 경우에 오직 그 경우에만 $\mathfrak{I}$의 논의 영역 속의 어떤 원소가 $\mathfrak{I}$가 'D'에 할당하는 집합에 속한다;

(4) '$Ds \rightarrow (\exists x)Dx$'가 $\mathfrak{I}$ 하에서 참일 경우에 오직 그 경우에만 $\mathfrak{I}$가 's'에 할당하는 대상이 $\mathfrak{I}$가 'D'에 할당하는 집합에 속하지 않거나 $\mathfrak{I}$의 논의 영역 속의 어떤 원소가 $\mathfrak{I}$가 'D'에 할당하는 집합에 속하거나 혹은 양쪽 모두이다.

등등이다. 특정한 해석 $\Im$가 다음과 같이 주어진다면:

인간들의 집합이 $\Im$의 논의 영역이다,
소크라테스는 $\Im$가 's'에 할당하는 대상이다,
기원전 399년에 죽은 모든 사람들의 집합이 $\Im$가 'D'에 할당하는
집합이다.

우리는 정의에 의해 다음을 얻을 수 있다:

(1′) 'Ds'가 $\Im$하에서 참일 경우에 오직 그 경우에만 소크라테스
　　가 기원전 399년에 죽었다;
(2′) '$-Ds$'가 $\Im$하에서 참일 경우에 오직 그 경우에만 소크라테
　　스가 기원전 399년에 죽지 않았다;
(3′) '$(\exists x)Dx$'가 $\Im$하에서 참일 경우에 오직 그 경우에만 누군가
　　가 기원전 399년에 죽었다;
(4′) '$Ds \rightarrow (\exists x)Dx$'가 $\Im$하에서 참일 경우에 오직 그 경우에만,
　　만일 소크라테스가 기원전 399년에 죽었다면, 누군가가 기원
　　전 399년에 죽었다('만일 …이면, …이다'가 '…아니거나, 또는
　　…이다'의 뜻으로 이해될 경우).

사실, 해석 $\Im$가 이런 식으로 완전히 주어진다면, 우리는 원리적으로 $\mathfrak{L}$
의 어떠한 문장 φ에 대해서도 도식

(T)　X가 $\Im$하에서 참일 경우에 오직 그 경우에만 p이다.

의 적절한 대입예를 얻을 수 있다(단, 'X'는 φ의 이름에 의해 대치되고 'p'는 자연언어의 어떤 문장 S로 대치된다). 문장 S는 주어진 해석 ℑ에 상대적으로 φ가 참이 되는 조건들을 한국어로 진술한다. 그리고 그러한 만큼 S와 φ는 같은 의미를 가진다.

이 장에서 우리의 과제는 한국어 문장을 형식언어 𝔏로 번역하는 방법을 찾는 것이라고 개략적으로 특징지워질 수 있다. 우리는 한국어 문장이 주어졌을 때, 가능한 한 그것과 가장 가까운 의미를 가진 형식문장을 얻는 방법을 찾고자 한다.

명백히, 이 요구는 언어 𝔏이 해석되지 않는 한에는 아무런 의미도 없다. 번역에서 기대할 수 있는 최소한의 조건은, 참인 문장은 참인 문장으로, 거짓인 문장은 거짓인 문장으로 번역되어야 한다는 것이다. 그러나 𝔏의 어떠한 문장도 해석에 상대적으로만 진리치를 갖는다. 그러나 일단 해석 ℑ가 주어지면, 개별적인 한국어 문장 S에 대해, S를 언어 𝔏로 번역한 것이라고 적어도 부분적으로나마 말해질 수 있는 형식문장 φ를 찾는 것이 가능해진다.

앞의 설명에서는 물론 많은 모호성이 용인되어 왔다. 그러나 계속 분석해 나가기 전에 실제로 접할 것으로 기대되는 번역의 몇몇 예들을 살펴보는 것이 유익할 것이다. 해석 ℑ를 4장 2절(142~143쪽)에서 주어졌던 해석이라 하자. 그리고 문장들 '2는 짝수이다', '2 < 3', '2+3=5', '2는 홀수가 아니다'를 살펴보자. 이 문장들을 번역하면 각각 '$E^1 a_2$', '$L^2 a_2 a_3$', '$S^3 a_2 a_3 a_5$'와 '$-O^1 a_2$'이다. 이것들에 대응하는 도식 (T)의 대입예들은, 즉

'$E^1 a_2$'가 ℑ하에서 참일 경우에 오직 그 경우에만 2는 짝수이다,

'$L^2 a_2 a_3$'이 ℑ하에서 참일 경우에 오직 그 경우에만 2 < 3,

'$S^3 a_2 a_3 a_5$'가 ℑ하에서 참일 경우에 오직 그 경우에만 2 + 3 = 5,

'$-O^1a_2$'가 $\Im$ 하에서 참일 경우에 오직 그 경우에만 2는 홀수가
아니다.

는 주어진 해석과 함께 '$\Im$ 하에서 참'의 정의 중 조항 2 및 조항 3에 기초
해 확립될 수 있다.

이보다 더 복잡한 경우는 더 다루기가 어렵다. 몇몇 예들을 더 살펴
보자:

(1) 모든 소수는 홀수이다(Every prime is odd).
$$(x)(Px \rightarrow Ox)$$

여기서 우리가 양의 정수에 대해 이야기하고 있다는 것이 배경적 가정
으로서 이해되어져야 한다. 명백히 주어진 형식문장은 '소수들은 전부 홀
수들이다(all primes are odd)'와 '소수는 항상 홀수이다(a prime is always
odd)'에 대해서도 똑같이 좋은 번역이다. 위의 배경적 가정에 의존하지
않는다면, 우리는 주어진 형식문장을 '모든 소수인 양의 정수는 홀수이다
(every prime positive integer is odd)', '소수인 양의 정수들은 전부 홀수들
이다(all prime positive integers are odd)', '양의 정수는 그것이 소수이면 홀
수이다(a positive integer is odd if it is a prime)', '당신이 어떤 양의 정수를
택하건, 그것은 소수가 아니거나 홀수이거나 혹은 양쪽 다이다(whatever
positive integer you take, either it is not prime, or it is odd, or both)' 등등으
로 번역할 수 있다. 일반적으로 형식

모든 A는 B이다.

의 문장은 그에 대응하는 형식

$$(\alpha)(\phi \rightarrow \psi)$$

의 문장으로 번역된다. 후자는 $(\alpha)-\phi$나 $(\alpha)\psi$가 $\Im$ 하에서 참이면 $\Im$ 하에서 참인데 반해, 전자는 A에 대응되는 집합이 공집합이거나 B에 대응되는 집합이 논의 세계 전체일 때마다 항상 참인 것으로 여겨질지가 의심스럽다는 점을 물론 기억해야 한다.

다음과 비교해 보자:

(2) 모든 양의 정수는 홀수이다.
$$(x)Ox$$

따라서, 집합 A가 논의 세계 전체라면, 문장

모든 A는 B이다.

는 더 간단하게 번역될 수 있다.

(3) 어떤 소수는 홀수이다.
$$(\exists x)(Px \ \& \ Ox)$$

일반적으로, 형식

어떤 A는 B이다.

의 문장은 그에 대응하는 형식

$$(\exists\alpha)(\phi \,\&\, \psi)$$

의 문장으로 번역된다. 여기서

$$(\exists\alpha)(\phi \rightarrow \psi)$$

형식의 문장을 쓰지 않는다는 것에 주의하라. 이것은 너무나 약하다. 왜냐하면 이것은

$$(\exists\alpha)\,(-\phi \lor \psi)$$

와 동치이고 다시

$$(\exists\alpha)\,-\phi \lor (\exists\alpha)\psi$$

로 바뀔 수 있기 때문이다.

(4) 어떤 양의 정수들은 홀수이다.
$$(\exists x)Ox$$

(5) 어떠한 소수도 홀수가 아니다. (혹은, 모든 소수는 홀수가 아니다.)
$$(x)\,(Px \rightarrow -Ox) \ \text{혹은} \ -(\exists x)\,(Px \,\&\, Ox)$$

다음에서 '정수'는 '양의 정수'의 의미로 사용된다.

(6) 어떠한 정수도 홀수이면서 동시에 짝수이지는 않다.
$-(\exists x)(Ex \ \& \ Ox)$

(7) 1은 모든 정수보다 작다.
$(x)\,La_1x$

(8) 1은 모든 다른 정수보다 작다.
$(x)(-Ia_1x \rightarrow La_1x)$

(9) 각각의 모든 정수에 대해, 그것보다 큰 정수가 있다.
$(x)(\exists y)Lxy$

'보다 작은'을 번역하는 술어를 사용해서 '보다 큰'을 표현함으로써 우리는 번역이 어떻게 이용가능한 어휘에 의존하는지의 예를 살펴보았다. 물론 우리가 $\mathfrak{F}$ 하에서 '보다 큰'을 나타내는 이항 술어 'G'를 가진다면 우리는 위의 문장을

$(x)(\exists y)Gyx$

로 번역할 수 있다. 그러나 주어진 술어를 가지고는

$(x)(\exists y)Lxy$

보다 더 좋은 번역을 할 수 없다. 이 차이는 매우 작아 보인다. 그러나 오직 술어만 가지고 "어떠한 두 양의 정수에 대해서도, 첫 번째 수가 두 번째 수보다 크다면, 두 번째 수는 첫 번째 수보다 작다"를 번역하려 할 경우 우리는 그 차이를 절감하게 된다.

(10) 모든 정수보다 큰 정수가 있다.

$(\exists y)(x)Lxy$

(11) 그 자신 이외의 모든 정수보다 큰 정수가 있다.

$(\exists y)(x)(-Ixy \rightarrow Lxy)$

(12) 두 정수의 곱이 짝수이면, 그 두 수 중 최소한 하나는 짝수이다.

$(x)(y)(z)((Mxyz \ \& \ Ez) \rightarrow (Ex \vee Ey))$

(13) 짝수인 두 정수의 곱은 항상 4의 배수이다.

$(x)(y)(z)(((Ex \ \& \ Ey) \ \& \ Mxyz) \rightarrow (\exists w) \ Mwa_4z)$

(14) 4보다 큰 짝수인 모든 정수는 두 소수의 합이다.

$(x)((Ex \ \& \ La_4x) \rightarrow (\exists y)(\exists z)(Syzx \ \& \ (Py \ \& \ Pz)))$

(15) 1보다 큰 모든 정수는 어떤 소수에 의해 나뉘어 떨어진다.

$(x)(La_1x \rightarrow (\exists y)(\exists z)(Py \ \& \ Myzx))$

(16) 가장 큰 소수는 없다.

$(x)(Px \rightarrow (\exists y)(Py \ \& \ Lxy))$

(17) 서로 2만큼씩 다른 모든 소수들의 각 쌍에 대해, 그 쌍보다
는 크며 서로 2만큼씩 다른 소수들의 쌍이 있다.

$(x)(y)(((Px \ \& \ Py) \ \& \ (Sxa_2y \lor Sya_2x)) \rightarrow$

$(\exists z)(\exists w)(((Lxz \ \& \ Lyw) \ \& \ (Pz \ \& \ Pw)) \ \& \ (Sza_2w \lor$

$Swa_2z)))$

(18) P^2+l 꼴의 모든 소수에 대해, 그것보다 큰 같은 꼴의 소수가
있다.

$(x)((Px \ \& \ (\exists y)(\exists z)(Myyz \ \& \ Sa_1zx)) \rightarrow$

$(\exists w)((Pw \ \& \ Lxw) \ \& \ (\exists y)(\exists z)(Myyz \ \& \ Sa_1zw)))$

비록 지루한 일이 되겠지만 우리는 이 경우들 각각에 대해 그것에 대
응하는 위의 도식 (T)의 대입예를 제시할 수 있다.

다른 부류의 예들을 들어보자. $\Im'$가 그 논의 영역으로서 (당연히 공집
합이 아닌) 『데이비드 코퍼필드』의 모든 등장인물들의 집합을 가지고, 비
논리상항들에 다음과 같은 지시체들을 할당하는 해석이라 하자:

I^1 : 방해하는 사람들의 집합

W^1 : 소망하는 사람들의 집합

P^1 : 금전상의 압박으로부터 벗어날 사람들의 집합

M^2 : m이 n과 결혼할 경우 등장인물 m과 n 사이에 성립하는 이
 항 관계

F^2 : m이 n의 친구일 경우 등장인물 m과 n 사이에 성립하는 이
 항 관계

L^2 : m이 n에게 돈을 빌려 줄 경우 등장인물 m과 n 사이에 성립

하는 이항 관계

a : 아그네스 m : 미코버

b : 바키스 p : 페고티

h : 힙

이에 기초해 다음을 얻는다.

(19) 힙은 소망하지만 아그네스는 그렇지 않다.

$$Wh\& - Wa$$

(20) 바키스가 소망한다면, 페고티는 그와 결혼할 것이다.

$$Wb \to Mpb$$

이 예는 특히 비수학적 문장들과 관련해 흔히 일어나는 문제를 예시해 준다. 위 한국어 문장 (20)의 두 절은 시간에 대한 묵시적 언급을 하고 있다. 그 언급은 한 특정한 시간에 대한 것이 아니고 두 시간 사이의 **연관**에 대한 것이다. 적어도 그 뜻은 바키스가 어떤 시간 t(아마 현재)에 소망한다면 페고티가 t보다 늦은 어떤 시간 t'에 그와 결혼하리라는 것이다. 위의 한국어 문장 (20)을 번역한 우리의 식이 이것을 정당하게 반영하지 못한다는 것은 다음의 사실로부터 보여질 수 있다: 즉 비록

$$- Mpb \to - Wb$$

는 '$Wb \to Mpb$'의 귀결이지만, 한국어 문장

페고티가 바키스와 결혼할 것이라는 것이 사실이 아니라면, 바키
스는 소망하지 않는다.

는 (20)으로부터 따라 나온다고 생각되지 않는다.

여러분이 여기서 느끼게 될 교훈은, 해석을 통해 시간에 대한 적당한
언급을 할 수 없다면 이런 종류의 일상언어 문장은 번역하려고 시도하지
말아야 한다는 것이다. 그러나 약간의 반성을 통해, 그러한 언급이 가능
하더라도 본질적인 어려움이 여전히 남는다는 것을 알게 된다. 즉, 문장
(20)에 담겨 있는 생각은 단순히 어떠한 시간에 대해서든 바키스가 그 시
간에 소망하지 않거나 페고티가 그 시간보다 후에 그와 결혼하리라는 것
만이 아니라, 두 절이 인과관계로 연결되어 있다는 것이다. 양화사들과
진리함수적 연결사들만을 사용해서 이런 종류의 관계를 적절하고 완전
하게 표현할 수 있는가의 문제는 곧바로 우리를 깊은 철학적 논쟁으로 이
끈다. 현재로선, 실제적 작업으로서의 번역이란 이용가능한 수단을 가지
고 가능한 한 최선을 다하는 작업이라고 변명을 해야겠다.

(21) 바키스가 소망한다면, 페고티는 누군가가 방해하지 않는 한
     그와 결혼할 것이다.
     $Wb \rightarrow (-(\exists x)Ix \rightarrow Mpb)$

(22) 아무도 방해하지 않는다면, 아그네스가 힙과 결혼하거나 힙
     이 바키스에게 돈을 빌려주지 않을 것이다.
     $-(\exists x)Ix \rightarrow (Mah \lor -Lhb)$

(23) 미코버는 오직 그의 어떤 친구가 그에게 돈을 빌려줄 경우에

만 그의 금전상의 압박으로부터 벗어날 것이다.

$Pm \rightarrow (\exists x)(Fxm \;\&\; Lxm)$

(24) 힙은 미코버의 친구인 누구에게도 돈을 안 빌려줄 것이다.

$(x)(Fxm \rightarrow -Lhx)$

(25) 비록 모든 사람이 소망하지만, 미코버가 그의 금전상의 압박
으로부터 벗어나지 않는다면 아무도 누구와도 결혼하지 않
을 것이다.

$(x)Wx \;\&\; (-Pm \rightarrow (x)(y) -Mxy)$

(26) 힙이 방해하지 않는다면 바키스는 미코버에게 돈을 빌려줄
것이다. 그리고 방해하는 사람이 누구건 그는 미코버의 친구
가 아니다.

$(-Ih \rightarrow Lbm) \;\&\; (x)(Ix \rightarrow -Fxm)$

(27) 각각의 모든 사람이, 미코버의 방해가 없는 한 미코버의 친
구에게서 돈을 빌리게 될, 어떤 친구를 가지고 있다.

$(x)(\exists y)(Fyx \;\&\; (\exists z)(Fzm \;\&\; (-Im \rightarrow Lzy)))$

이것들 각각에 대해서도 그것에 대응하는 도식 (T)의 대입예가 제시
될 수 있다.

2. 해석과 번역

ℒ의 해석이 ℒ의 문장에 의미를 부여하는 범위는 언어적 표현들의 뜻과 지시체에 관한 프레게의 구분을 기억한다면 명확해질 것이다. 뜻이 주어지면 지시체는 (존재한다면) 곧바로 고정된다. 그러나 그 역은 성립하지 않는다. 그러므로 해석이 ℒ의 각 술어, 개체상항, 문장에 항상 지시체를 할당한다고 하더라도, 그것이 곧바로 뜻을 결정하지는 않는다. 물론 언어표현에 지시체를 할당함으로써 그 언어표현이 가질 수 있는 가능한 뜻의 범위에 한계가 주어진다. 해석 $\Im$ 하에서 개체상항 'a_2'가 2를 지칭한다면 그것은 '유일한 짝수인 소수'나 '4의 양인 제곱근'이라는 뜻을 가질 수는 있어도 '9의 양인 제곱근'이라는 뜻은 가질 수 없다. 그러나 이것만으로는 우리의 목적을 충족시키지 못한다. 형식문장 ϕ가 한국어 문장 S의 만족스러운 번역인지 여부를 결정하기 위해 우리는 ϕ를 단지 지시체뿐만 아니라 뜻과도 어떤 방식으로 연관시켜야 한다.

사실상 우리는 이것을 이미 암묵적으로 해 왔다는 것이 명백하다. 형식문장 ϕ가 해석 $\Im$에 상대적으로 문장 S의 번역이기 위해서는 자연언어의 여러 동의어들과 더불어 '$\Im$하에서 참'의 정의의 기반 위에서 그것에 대응하는 도식 (T)의 대입예를 제시할 수 있어야 한다는 것을 우리는 이미 앞에서 이야기했었다. (T)의 예들을 얻는 데 있어 우리는 $\Im$가 기술되는 방식을 활용하고 있다는 점에 주의할 필요가 있다. 다시 말해서 같은 해석 $\Im$가 다른 여러 방식으로 '부여된다'면, 우리는 인공언어의 같은 문장에 대응하는 매우 다른 여러 한국어 문장들을 얻을 수 있다. 예를 들어, 4장 2절(142~143쪽)에 기술된 해석이 단지 다음과 같은 점만을 제외하고는 모든 점에서 같은 방식으로 '부여되었다'고 가정하자:

$$a_2 : 2$$

대신에

$$a_2 : \text{유일한 짝수인 소수}$$

로 주어짐. 그렇게 되면, 원래의 $\mathfrak{I}$ 의 기술들을 기반으로 '$\mathfrak{I}$ 하에서 참'의 정의로부터 얻었던

> '$L^2 a_2 a_3$'이 $\mathfrak{I}$ 하에서 참일 경우에 오직 그 경우에만 2는 3보다 작다.

대신에

> '$L^2 a_2 a_3$'이 $\mathfrak{I}$ 하에서 참일 경우에 오직 그 경우에만 유일한 짝수인 소수는 3보다 작다.

를 얻게 된다. 따라서 우리는 같은 해석 $\mathfrak{I}$ 를 명시하는 방식에 상대적으로 앞에서는 '$L^2 a_2 a_3$'을 한국어 문장 '2는 3보다 작다'의 번역으로 여겼으나 이번에는 그것을 한국어 문장 '유일한 짝수인 소수는 3보다 작다'의 번역으로 여기게 되었다. 결국 형식문장 φ 가 한국어 문장 S 의 적절한 번역인가의 문제는 단지 해석 $\mathfrak{I}$ 뿐만 아니라 해석 $\mathfrak{I}$ 를 '부여하는' 방식에 대해서도 상대화되어야 함을 우리는 알게 된다.

  해석을 **부여하는** 데 있어서 우리는 어떤 대상이 어떤 상황에 할당되는가를 밝혀야 하며, 이것을 하는 자연스러운 방식은 고려되는 각 상황에

대해 그 상항에 할당되는 대상을 지칭하는 한국어 표현을 주는 것이라는 점이 명백하다. 따라서, 위에서 논의된 수 해석 $\mathfrak{I}$ 를 부여할 때, 우리는 'a_2'에 어떤 대상이 할당되는지 표시하기 위해 수 2의 이름 혹은 기술구를 사용하며, 그리고 '보다 작다'와 같은 어떤 어구를 사용해서 'L^2'에 할당되는 관계를 표시한다. 그러나 이 어구들은 단지 지시체들만을 갖는 것이 아니라 뜻들도 가진다. 한 해석을 부여하는 데 사용된 한국어 표현들이 비논리상항들의 지시체들만을 표시하는 것이 아니라 그것들의 뜻들까지도 표시한다는 것을 암묵적으로 가정함으로써 우리는 이 사실을 이용해 왔다. 그리하여 우리는

$$L^2 a_2 a_3$$

이 **참**일 경우에 오직 그 경우에만 유일한 짝수인 소수가 3보다 작다는 것뿐 아니라, 그 문장이 유일한 짝수인 소수가 3보다 작다는 것을 **의미**한다는 것까지도 가정해 왔다.

그러므로, 번역의 문제는 우리가 관련된 해석을 표준적 방식으로 기술할 경우에만 더욱 확정적인 성격을 띠게 된다. 그 표준적 방식을 다음과 같이 결정하자: 논의 영역은 비공집합(즉, 공집합이 아닌 집합)의 이름 혹은 기술구를 부여함으로써 표시된다; 고려 중인 비논리상항들에 대한 지시체들은 (a) 문장문자에 대해 한국어 문장을, (b) 개체상항에 대해 한국어 이름 혹은 기술구를, (c) 술어상항에 대해 한국어 술어를 부여함으로써 표시된다. 우리는 콰인으로부터 영어나 한국어 같은 자연언어의 '술어' 개념을 빌려 왔다: 한국어 술어는 한국어 문장에서 이름 혹은 기술구가 직접적으로 나타나는 하나 혹은 그 이상의 자리들에 순번부호 (counter) '①'을, 또는 순번부호들 '①'과 '②'를, 또는 순번부호들 '①'과 '②'

와 '③'을, 등등을 가지고 있다는 점만을 제외하고는 한국어 문장과 같은 것이다. 따라서, 다음은 한국어 술어들이다:

①<②

②<① 또는 ①<③

②가 ①의 가장 좋은 친구의 형제이면, 프랭크와 ②는 서로 친척이다.

그러나 다음은 술어가 아니다:

②가 만찬에 오는지에 대해 ①이 궁금해 한다.

다음도 술어가 아니다:

①<③

한국어 술어 속에 나타나는 순번부호들 중에서, 가장 높은 숫자를 가진 순번부호가 그 술어의 **등급**(degree)을 결정한다. 해석을 부여하는 데 있어서 물론 한국어 술어는 그것이 해석하는 형식언어의 술어와 같은 등급을 가진다는 것이 필수적이다.

이런 관습들을 예시하기 위해 4장 2절(142~143쪽)의 해석 $\mathfrak{I}$ 를 우리의 표준적 방식으로 부여하겠다:

$\mathfrak{D}$: 양의 정수들의 집합

E^1 : ①은 짝수이다

O^1 : ①은 홀수이다

P^1 : ①은 소수이다

L^2 : ① < ②

I^2 : ① = ②

S^3 : ① + ② = ③

M^3 : ① · ② = ③

a_1 : 1 　　　 P : 1 = 1

a_2 : 2 　　　 Q : 1 ≠ 1

a_3 : 3 　　　 R : 1 = 1

　　　 ⋮

ℑ에 상대적으로 한국어 문장을 번역하고자 하는 목적을 위해 이 도표에 기입된 항목들은 이중적 의미를 지닌다. 예를 들어, 기입된 항목

$$S^3 : ① + ② = ③$$

은 (a) 해석 ℑ가 'S^3'을 한국어 술어 (이 술어는 물론 실제로 문장 형식이다) '① + ② = ③'을 만족시키는 양의 정수들의 모든 삼중체들의 집합과 연계시킨다는 것과, (b) 'S^3'의 뜻이 한국어 술어의 뜻이라는 것을 표시한다.

3. 연결사들과 양화사들의 번역

여기에 이르기까지 우리는 일차적으로 𝔏의 비논리상항들의 해석을 어

떻게 해야 할지 논의해 왔다. 이제 연결사들과 양화사들을 살펴보도록 하자. 앞으로 제시될 '$\Im$ 하에서 참'의 정의에서 보이듯이 연결사와 양화사는 이에 대응하는 자연언어 단어나 어구와 완전히 똑같은 방식으로 작동하지는 않는다. 이것은 부분적으로, 그러나 오직 부분적으로만, 대응되는 자연언어 단어나 어구의 애매모호함에 기인한다. 아마 가장 중요한 차이들은 우리가 $\mathfrak{L}$의 연결사들을 진리함수적으로 해석한다는 사실에서 발생할 것이다. '진리함수적'이란, $\mathfrak{L}$의 어떤 문장이 연결사에 의해 다른 문장들로부터 만들어졌을 경우 그 문장의 진리치는 어떠한 해석하에서도 해석이 그 문장을 구성하는 요소문장들에 부여하는 진리치에만 오로지 의존한다(즉, 그 진리치의 함수이다)는 것을 의미한다. '또는', '그리고', '만약 …이면, 그러면' 같은 말들이 일상언어에서 진리함수적으로 사용되는 경우들이 있다 할지라도 항상 진리함수적으로 사용되지는 않기 때문에 $\mathfrak{L}$의 연결사들을 그러한 일상언어 용어들을 가지고 설명하는 것은 항상 얼마간 문제성을 지닌다.

그 차이는 '&'와 '그리고'의 경우에 아마 가장 작을 것이다. 해석 $\Im$ 와 문장들 ϕ, ψ가 주어졌을 때, 문장 $(\phi \, \& \, \psi)$는 단지 양쪽 연언지가 $\Im$ 하에서 참일 경우에 오직 그 경우에만 $\Im$ 하에서 참이다; 그 밖의 경우들에는 그것은 거짓이다. 이것은 자연언어의 '그리고'의 용법과 꽤 적절하게 들어맞는다. 다만 자연언어의 '그리고'는 때때로 '그러고 나서'의 뜻으로 쓰인다. 이로 인해 일상언어에서 '그는 이를 닦았다, 그리고 자러 갔다'와 '그는 자러 갔다, 그리고 이를 닦았다'는 전혀 다르게 쓰이기도 한다. 또한 '그리고/와(and)'는 때로 '2와 4는 짝수이다(2 and 4 are even numbers)'라는 문장에서처럼 이름들 사이에 쓰이기도 한다; 그런 경우에 우리는 둘 혹은 그 이상의 $\mathfrak{L}$의 문장들의 연언으로 그 문장을 번역한다. 이 경우에는

$$Ea_2 \ \& \ Ea_4$$

로 번역한다. (그러나, '데이비드와 아그네스는 결혼했다'와 같은 경우에 이런 종류의 변형은 뜻을 완전히 바꿔 버린다.)

연결사 '∨'는 또 다른 문제를 야기한다. 선언은, 선언지 중 하나 혹은 둘 다가 주어진 해석 ℑ 하에서 참일 경우에 오직 그 경우에만, ℑ 하에서 참이다. 따라서 '∨'의 뜻에 관계되는 한, 양쪽 선언지가 다 참인 선언이 참인 경우는 얼마든지 가능하다. 우리의 수 해석 ℑ 하에서 다음이 바로 그런 경우이다:

$$La_1a_2 \lor La_1a_2$$

물론 양쪽 선언지가 다 참인 것이 **불가능**하면서 참인 선언도 있을 수 있다; 예를 들어,

$$La_1a_2 \lor -La_1a_2$$

가 그러한 것이다. 그러나 이와 같은 경우에 참들끼리 결합될 가능성이 배제되는 것은 '∨'의 뜻에 의해서가 아니라 'La_1a_2'와 '$-La_1a_2$'의 뜻에 의해서이다. 한국어 단어 '또는'(영어 단어 'or')은, 거의 항상 선언지들의 내용에 근거하거나 혹은 어떤 배경적 가정들에 근거해서, 참인 문장들끼리 결합하는 일이 배제되도록 문장들을 연결한다. 그 때문에 이 단어가 어떤 논리학자들이 주장하듯 때때로 '배타적(exclusive)' 의미를 가지는 것인지, 혹은 '∨'의 뜻에 유사하게 항상 '포괄적(inclusive)' 의미를 가지는 것인지 결정하기가 어렵다.

연결사 '→'를 어구 '만약 …이면, 그러면'에 대응되는 것으로 간주할 경우 명심해야 할 여러 중요한 차이들이 있다. 우리는 소위 실질적 (material) 뜻으로 이 연결사를 사용한다: 전건이 ℑ 하에서 거짓이거나 후건이 ℑ 하에서 참이거나 혹은 양쪽 다일 경우에 조건문은 주어진 해석 ℑ 하에서 참이다. 그리하여 우리의 수 해석에 따르면,

$$Oa_2 \rightarrow Ea_2,$$
$$Oa_2 \rightarrow -Ea_2,$$
$$-Oa_2 \rightarrow Ea_2$$

는 모두 다 참이다. 또한

$$(x)((Ex \,\&\, Ox) \rightarrow Ex),$$
$$(x)((Ex \,\&\, Ox) \rightarrow -Ex),$$
$$(x)(Ex \rightarrow (Ex \lor Ox)),$$
$$(x)(-Ex \rightarrow (Ex \lor Ox))$$

도 역시 모두 참이다. 반면

$$Ea_2 \rightarrow Oa_2$$

는 거짓이다. 이제 일상언어 '만약 …이면, 그러면'은 사실상 거의 실질적 의미로 쓰이지 않는다는 것을 말해 두는 것이 안전할 것이다. 그러나 그 말의 일상적 의미가 (혹은, 의미들이) 무엇인가를 이해하는 것은 쉽지 않다. 실질적 의미는 일종의 '최소한의 공통분모'라는 것이 때때로 주장되어

왔다. '만약 ...이면, 그러면' 문장이 '만약'의 어떤 일상적 의미에서 참이면 그 문장을 '→'를 사용하여 번역하는 것은 적절한 해석하에서 참일 것이기 때문이다. 그러나 이것이 '만약 ...이면, 그러면'을 '→'으로 번역하면 반드시 그 주장하는 바가 약해진다는 것을 의미하는 것은 아니다. 이를테면 문장 '$-(P \to Q)$'는 '만약 우리가 굳게 지킨다면 러시아인들은 물러설 것이라는 것은 사실이 아니다'의 번역으로서 너무 강하다. 전자로부터는 'P'가 귀결되지만 후자로부터 '우리는 굳게 지킬 것이다'가 따라 나온다고 는 아무도 생각지 않을 것이라는 사실로부터도 이를 잘 알 수 있다. 아무튼 간에 '만약 ...이면, 그러면' 문장의 참 거짓이 보통 부분적으로 구성요소들의 (단지 참 거짓만이 아닌) 뜻들 사이의 상호관계들에 의존한다는 것은 명백하다; 반면에 연결사 '→'에 의해 형성된 문장은 구성요소들의 참 거짓에만 의존하므로, 우리는 이 둘 사이에 오직 개략적으로 들어맞는 것만을 기대할 수 있다.

'아니다(not)'에 관해서는 일상언어의 문장에서 그것의 위치가 자주 그것의 논리적 역할을 불분명하게 한다는 것에 주의해야 한다고 말하고자 한다. 'All that glisters is not gold'의 의미는 분명히 'Not all that glisters is gold(반짝이는 것이 모두 금인 것은 아니다)'라는 것이다. 그러므로 그것의 번역은

$$- (x)(G_1 x \to G_2 x)$$

와 같은 것이 될 것이며

$$(x)(G_1 x \to - G_2 x)$$

는 아니다. 또한, '존스가 이기리라는 것은 분명하다'를 'Wj'로 번역한다면, '존스가 이기지 못하리라는 것은 분명하다'를 '$- Wj$'로 번역하지 않도록 주의해야 한다. 왜냐하면 '$- Wj$'는 오직 존스가 이기리라는 것이 (혹은 이기지 못하리라는 것이) 분명치 않다는 것을 의미할 뿐이기 때문이다. 마찬가지로 두 문장 '나는 그가 오기를 원치 않는다(I don't want him to come)'와 '나는 그가 오기를 원한다(I do want him to come)'도 둘 다 참이 아닐 수 있다(그가 올지 안 올지를 내가 신경 쓰지도 않는 경우). 그러므로 𝒬의 어떠한 형식문장과 그 형식문장의 부정도 이 두 문장의 적당한 번역이 될 수 없다.

연결사 혹은 양화사에 대응하는 어구가 자연언어 문장에 나타나지 않을 경우에도 연결사 혹은 양화사가 그 자연언어 문장을 기호화한 형식문장에 자주 나타난다는 사실은 주목할 만한 가치가 있다. 그리하여 '→'와 '&'는 '모든 사람은 죽는다'와 '어떤 사람은 죽는다'의 통상적인 번역에 나타난다; '−'는 'We have no bananas(우리는 아무런 바나나도 가지지 않았다)', 'Nothing is colder than ice(어떠한 것도 얼음보다 차갑지 않다)', 'I will go unless he comes(그가 오지 않는다면 내가 갈 것이다)' 등을 기호화할 경우 나타난다; 보편양화사는 (콰인이 언급했듯이, 'A lady is present(한 숙녀가 참석해 있다)'에 대해서는 아니면서) 'A scout is reverent(소년단원은 경건하다)' 같은 문장을 기호화할 때에는 사용된다; 그리고 이 밖에도 많다. 그러나 그러한 각각의 경우에, 연결사 혹은 양화사에 대응되는 어구를 가진, 그리고 연결사 혹은 양화사에 대응되는 어구를 가지지 않은 원래 한국어(영어) 문장이 형식문장과 뜻에 있어서 일치하는 만큼은 적어도 형식문장과 뜻이 일치하는, 한국어(영어) 문장이 존재할 것이다.

자연언어에는 명백히 진리함수적이지 않은 연결사들과 (진리함수적인 것과 진리함수적이지 않은 것의) 경계선상에 있는 것으로 분류될 수

밖에 없는 연결사들이 많다. '때문에'('since' 혹은 'because')는 전자의 부류에 속하는 예다. 문장

　　　스미스가 실격되었기 때문에 존스가 이겼다.

에서, 전체의 진리치는 부분들의 진리치에 의해 완전히 결정되지 않는다. 요소문장들 중 하나 혹은 둘 다가 거짓이면 비록 전체문장은 진정으로 거짓이겠지만, 요소문장들이 둘 다 참인 경우에는 그 진리치가 이와 같이 결정되지 않는다. 한편 연결사들 '그러나(but)', '비록 …하지만(although)', '...하지 않는다면(unless)'은 경계선상의 부류에 속하는 것으로 보인다. 형식

　　　비록 …하지만...

와 형식

　　　…그러나…

을 지닌 문장은 그 문장에 대응하는, 형식

　　　…그리고...

을 지닌 문장과 동등한 것으로 간주할 수 있다. 마찬가지로 형식

　　　...하지 않는다면… (…unless...)

의 문장은 그것에 대응하는 형식

만약 ...가 아니면, 그러면… (If not..., then…)

의 문장과 동등한 것으로 간주할 수 있다. 마지막으로, 보편양화사와 존
재양화사에 관련해 지적되어야 할 몇 가지 사항이 있다. 우리는 앞에서
'$(\exists x)$'가 '…인 것이 **적어도** 하나(논의 영역 내에) 존재한다'를 나타내는
것으로 말했었다. 따라서 그것은 '어떤(some)'에 정확히 대응하지 않는다.
연속해서 나타나는 양화사들이 논의 영역에 속한 서로 다른 대상들을 가
리킬 필요가 없다는 점을 또한 기억해야 한다. 예를 들어, 문장

$$(x)(y)(Lxy \lor Lyx)$$

가 앞의 예들에서 사용되었던 해석하에서 참이기 위해서는 각 양의 정수
가 자기 자신보다 작아야 한다. 이 문장은 귀결로서

$$Laa \lor Laa$$

를 가지며 그것은 다시

$$Laa$$

를 귀결로 가지기 때문이다. '$(x)(y)$'는 '어떠한 정수 x에 대해서도, 그리
고 어떠한 정수 y에 대해서도... (혹은, 임의의 정수 x에 대해서, 그리고 임
의의 정수 y에 대해서)'라고 읽어야지, '어떠한 두 정수 x와 y에 대해서

도… (혹은, 임의의 두 정수 x와 y에 대해서)'라고 읽어서는 안된다. 이와 유사한 것이 존재양화사에 대해서도 성립한다. 문장

$$(\exists x)(\exists y)Ixy$$

는 서로 동일한 두 대상이 있다는 모순을 표현하는 것이 아니라 단지 어떤 것이 어떤 것과 동일하다는 자명한 사소한 사실을 표현하고 있을 뿐이다.

$\mathfrak{L}$의 모든 양화문장 $(\alpha)\phi$혹은 $(\exists\alpha)\phi$에 있어서, 나타난 모든 α를 거기에 나타나 있지 않은 어떤 다른 변항으로 대치할 수 있고 그 결과는 원래 것과 같은 번역을 가진다는 것에 또한 주목하라. 169쪽의 예 (1)에서

$$(y)(Py \rightarrow Oy)$$

또는

$$(z)(Pz \rightarrow Oz)$$

를 사용할 수도 있었다. 그러한 모든 식은 정확히 같은 진리조건과 번역을 가진다.

자연언어의 어떤 연결사들은 적절한 번역을 위해 양화사를 요구한다. 문장

존스가 트럼펫을 연주할 때마다 이웃들은 격노한다.

에 나타나는 말 '...할 때마다(whenever)'를 살펴보자. 이 문장은 물론

　　　존스가 트럼펫을 연주한다.

와

　　　이웃들이 격노한다.

의 진리함수적 결합이 아니다. 진리함수적으로 결합된 복합문장일 경우 그것은 오직 현재만을 지칭하는 것처럼 보이는 데 반해, 이 복합문장은 더욱 일반적이기 때문이다. '...할 때마다'의 의미를 포착하기 위해 우리는 순간적 시간(moment)들을 값으로 가지는 변항을 도입해야 한다. 다음과 같이 주어진 해석에 대해:

　　　𝔍 : 순간적 시간들의 집합.
　　　J : 시간 ①에 존스가 트럼펫을 연주한다.
　　　N : 시간 ①에 이웃들이 격노한다.
　　　⋮

우리는 앞 문장의 번역으로 문장

　　　$(x)(Jx \rightarrow Nx)$

를 얻게 되며, 이 문장은 분자문장이 아니라 양화문장이다.
　앞에서 언급되었듯이, 때때로 '만약 ...하면' 자체가 '...할 때마다'의 뜻을 가지기도 한다.

만약 온도가 90도 이상 올라가면, 강의는 없다.

가 그런 경우이다. 결국 이런 경우에 있어서도 양화사가 요구된다. 역으로 '...할 때마다'가 때로는 '만약 ...하면'의 뜻을 가진다.

어떤 수의 제곱근이 1보다 작을 때마다, 그 수 자체는 1보다 작다.

가 그런 경우인데, 이 경우에 이 문장은 본질적으로 시간에 대해 아무것도 나타내지 않는다. 그리고 '항상'도 때로는 오직 일반성만을 나타낼 뿐이다:

삼각형의 내각의 합은 항상 2직각과 같다.

요컨대 일상언어와 형식언어 사이의 '번역'을 함에 있어 명심해야 할 것들이 많다는 것에 주의해야 한다. 이것들 중 가장 중요한 몇 가지는 다음과 같다.

1) 오직 해석에 상대적으로만 $\mathfrak{L}$의 표현이 뜻은 말할 것도 없고 지시체를 가진다; 따라서 어떻게든 해석이 부여되지 않는 한 번역하거나 기호화하려고 시도하는 일은 헛수고이다.

2) 일단 해석이 부여되면, 일종의 '표준' 번역이 '$\mathfrak{I}$ 하에서 참'의 정의를 통해 어떠한 형식문장에 대해서도 주어질 수 있다; 그러나 같은 해석이 다른 방식으로 부여되었을 때 같은 형식문장에 대해 서로 명백히 동의적이 아닌, 서로 다른 번역들을 하게 될 수 있다. 이런 차이는 단지 $\mathfrak{L}$의 비논리상항에 할당하는 대상을 기술하는 방식에 기인할 뿐 아니라 논의 영역을 기술하는 방식에도 기인한다. 주어진 번역 혹은 기호화가 '올바른지'의

문제는 해석이 **어떤 특정한 방식으로 부여되느냐**에 대해 상대적이다.

   3) 일상언어의 형식과 그것에 상응하는 £의 형식 사이에 너무 단순한 대응을 기대하지 말아야 한다. 형식

$$S \text{ 그리고 } T$$

의 문장도 형식

$$(\phi \ \& \ \psi)$$

의 문장으로 언제나 가장 잘 번역되는 것은 아니다. 형식

$$\text{만약 } S \text{이면, 그러면 } T \text{이다}$$

의 문장은 오직 가끔씩만 형식

$$(\phi \rightarrow \psi)$$

의 문장에 대응된다.

   4) 두 형식문장 ϕ와 ψ가 서로에 대해 귀결관계에 있는 것(그것을 동치라고 부르자)이 가능하다. 그러나 그러한 두 문장이 동치라고 해서 두 문장 모두가 같은 자연언어 문장에 대해 똑같이 좋은 번역인 것은 아니다. 예를 들어 '3은 소수이다'에 대해

$$Pa_3$$

은 좋은 번역이지만

$$- - Pa_3$$

은 그렇지 않다. 그럼에도 불구하고 이들 두 문장은 동치이다. 그러나 역으로 두 문장이 같은 문장―그 문장이 애매하지 않는 한―의 적절한 번역이면서 동시에 서로 동치가 아닌 경우는 당연히 불가능하다.

이러한 어려움들 모두가 자연언어의 문장들을 기호화하는 정확하고도 효율적인 규칙을 만드는 것이 절망적인 일이라는 것을 명백하게 보여 준다. 보다 더 복잡한 경우들에 대해서는, 공허하게 들리는 다음과 같은 충고를 해 줄 수 있을 뿐이다: 자연언어가 무엇을 의미하는가를 스스로에게 물어보라; 그다음에, 부여된 해석에 상대적으로 가능한 한 같은 의미를 가진 $\mathfrak{L}$의 문장을 찾도록 하라. 약간의 연습을 통해 여러분은 실제로 대부분의 경우에 있어 아주 성공적으로 이것을 해낼 수 있음을 알게 될 것이다. 여러분이 기호화하는 능력을 발달시키는 동안, 기호식이 원래의 문장을 정당하게 반영하고 있지 않는 경우를 정확히 가려내는 능력도 발달되리라 믿는다.

• 연습문제 •

1. 주어진 해석을 사용해 다음 문장들을 기호화하시오.

 ➜ = 인간들의 집합

 F : ①은 ②의 아버지이다

 M : ①은 ②의 어머니이다

 H : ①은 ②의 남편이다

 S : ①은 ②의 누이(누나, 언니 혹은 여동생)이다

 B : ①은 ②의 형제(형, 오빠 혹은 남동생)이다

 m : 메리

 h : 해리

 b : 윌리엄

 a : 아서

 (a) 모든 사람은 아버지를 가지고 있다.

 (b) 모든 사람은 아버지와 어머니를 가지고 있다.

 (c) 아버지를 가진 사람은 누구나 어머니를 가진다.

 (d) 해리는 아버지이다.

 (e) 해리는 할아버지이다.

 (f) 모든 할아버지는 아버지이다.

 (g) 해리는 부모이다.

 (h) 모든 아버지는 부모이다.

 (i) 모든 조부모는 부모이다.

 (j) 해리는 남편이다.

(k) 메리는 아내이다.

(l) 해리와 메리는 서로의 남편과 아내(부부 사이)이다.

(m) 모든 남편은 배우자이다.

(n) 윌리엄은 메리의 형부 혹은 제부이다.

(o) 아서는 윌리엄의 친할아버지이다.

(p) 메리는 아서의 아주머니(고모, 이모, 숙모 혹은 외숙모)이다.

(q) 모든 결혼하지 않은 아주머니는 누군가의 누이이다.

(r) 어떠한 아저씨(삼촌, 외삼촌, 고모부 혹은 이모부)도 아주머니
    가 아니다.

(s) 모든 형제는 동기(누이 혹은 형제)이다.

(t) 어떠한 사람의 할아버지도 누구의 어머니가 아니다.

2. 주어진 해석을 사용하여 다음 문장들을 기호화하시오.

　　𝕯 = 산들과 언덕들의 집합

　　H : ①은 ②보다 높다

　　M : ①은 산이다

　　I : ①은 ②와 동일하다

　　E : ①은 잉글랜드에 있다

　　W : ①은 웨일스에 있다

　　S : ①은 스코틀랜드에 있다

　　s : 스노우든

　　b : 벤 네비스

(a) 스노우든은 웨일스에 있는 산이다.

(b) 벤 네비스는 잉글랜드 혹은 웨일스에 있지 않으나, 그것은 스노우든보다 높다.

(c) 잉글랜드에 있는 모든 산보다 높은 산이 스코틀랜드에 있다.

(d) 스코틀랜드에 있는 어떤 산은 잉글랜드 혹은 웨일스에 있는 어떠한 산보다도 높다.

(e) 어떠한 산도 자기 자신보다 높지는 않다.

(f) 잉글랜드에 있든 웨일스에 있든, 서로가 서로보다 높은 두 산은 존재하지 않는다.

(g) 벤 네비스는 적어도 스노우든만큼 높다(스노우든보다 낮지는 않다).

(h) 적어도 벤 네비스만큼 높은 모든 산은 적어도 스노우든만큼은 높다.

(i) 벤 네비스 이외에 스코틀랜드에 있는 적어도 하나의 산이 잉글랜드 혹은 웨일스에 있는 모든 산보다 높다.

(j) 잉글랜드에는 적어도 두 산이 존재한다.

(k) 잉글랜드에 있는 모든 산보다 높은 산이 스코틀랜드에 적어도 둘은 존재한다.

(l) 잉글랜드에 있는 모든 산보다 높은 산들은 모두 웨일스에 있는 어떤 산보다는 높다.

(m) 스노우든이 적어도 벤 네비스만큼 높다면 적어도 스노우든만큼 높은 모든 산은 적어도 벤 네비스만큼은 높다.

(n) 벤 네비스가 웨일스에 있을 경우에만 스노우든은 잉글랜드에 있다.

(o) 벤 네비스가 웨일스에 있는 경우에만 스노우든이 잉글랜드에 있다는 것은 사실이지만, 벤 네비스가 웨일스에 있다면 스노

우든이 잉글랜드에 있다는 것은 거짓이다.

(p) 잉글랜드, 스코틀랜드, 혹은 웨일스에는 산이 존재하지 않으며, 스노우든과 벤 네비스는 단지 언덕일 뿐이다.

3. 주어진 해석을 이용하여 다음 논증들 각각의 전제들과 결론을 기호화하시오. 각 경우에 결론에 대응하는 형식문장이 전제들에 대응하는 형식문장들의 귀결인지 아닌지를 지적하시오.

    🕖 = 인간들의 집합
    C : ①은 중견수이다
    P : ①은 투수이다
    S : ①은 득점을 한다
    F : ①은 ②의 친구이다
    O : ①은 ②에게 공을 던진다
    c : 크랩
    j : 존스
    r : 로빈슨
    s : 샘슨

(a) 샘슨도 샘슨의 어떠한 친구도 득점을 하지 않는다. 샘슨이 득점을 하거나 존스가 득점을 한다. 그러므로, 존스는 샘슨의 친구가 아니다.

(b) 오직 투수들만이 로빈슨에게 공을 던진다. 오직 샘슨이 로빈슨에게 공을 던지고 로빈슨이 중견수일 경우에만 크랩이 득점을 한다. 크랩은 득점을 한다. 그러므로 샘슨은 투수이다.

(c) 샘슨의 모든 친구들은 존스의 친구이다. 로빈슨의 친구는 모두 샘슨의 친구이다. 그러므로, 크랩이 로빈슨의 친구이면 누군가가 존스의 친구이다.

(d) 샘슨이 중견수이면 크랩이 투수이다. 로빈슨이나 존스가 중견수이면 크랩은 투수가 아니다. 누군가가 중견수이면 샘슨은 중견수이다. 그러므로, 누군가가 중견수이면 존스는 중견수가 아니다.

(e) 득점을 하지 않는 어떠한 사람도 친구를 갖지 않는다. 로빈슨과 존스는 둘 다 중견수이다. 존스에게 공을 던지는 어떠한 중견수도 득점을 하지 않는다. 그러므로, 로빈슨이 존스에게 공을 던지면 존스는 로빈슨의 친구가 아니다.

4. 다음 문장들 각각에 대해 적당한 해석을 제시하고 그 해석에 따라 문장을 기호화하시오. 단, 문장문자는 사용하지 마시오.

(a) 가수들은 요구받지 않을 경우에 오직 그 경우에만 노래를 부른다.

(b) 후추는 여기와 로마에서 팔린다.

(c) 프랑스인들은 좋은 군인이다.

(d) 로마인들은 카르타고인들을 정복했다.

(e) 위원회의 모든 구성원들은 60세 이상이다.

(f) 위원회의 모든 구성원들은 서로 결혼에 의한 인척관계를 맺고 있다.

(g) 기름은 물보다 가볍다.

(h) 물은 산소와 수소로 이루어져 있다.

(i) 모든 학생들은 공부할 경우 좋은 점수를 받는다.

(j) 어떤 학생들은 공부할 경우 좋은 점수를 받는다.

6
동어반복적 문장들

이 장에서는 타당한 문장들 중 어떤 특수한 부류, 즉 동어반복적 문장이라 불리는 것에 주목하겠다. 동어반복적 문장(tautology)이란 타당한 문장 중에서, 연결사의 의미론적 속성(양화사의 의미론적 속성과 대조되는 것으로서의)에 의해서 타당하게 되는 문장을 말한다. 이 장의 서론 절 이후에 동어반복적 문장의 주요 개념들을 엄밀하게 정의할 것이다. 그다음에는, 주어진 SC 문장(125쪽을 보라)이 동어반복적인지 여부를 결정하는 전통적인 진리표 검사(truth-table test)를 기술하도록 하겠다. 그러고 나서, SC 문장이 아닌 문장들이 그것들과 연계된 SC 문장들을 통해 어떻게 검사되는지 보여 주겠다. 마지막 절에서는 모든 동어반복적 SC 문장들을, 그리고 오직 동어반복적 SC 문장들만을 정리로서 얻어낼 수 있는 추론규칙들을 도입하겠다. 이 절에서 도입될 추론규칙들로는 P(전제도입), MP(전건긍정법), MT(후건부정법), C(조건문화), D(정의상 치환) 등 다섯 개의 기본 규칙들과 TH(정리도입), R(치환) 등 두 개의 단축 규칙들이 있다.

1. 서론

고대 이후 논리학자들은 문장 연결사의 의미에 의해서만 필연적이 되는 필연적 참에 특별히 관심을 가졌다. 소위 **배중율**(Law of Excluded Middle)의 예인

> (1) 모든 사람이 다 죽거나, 또는 모든 사람이 다 죽는 것은 아니다,
> (2) 눈은 하얗거나 또는 눈은 하얗지 않다,
> (3) 아담은 셈을 낳았거나 또는 아담은 셈을 낳지 않았다.

와 같은 문장들이 바로 그러한 것이다. 그리고 **모순율**(Law of Contradiction)의 예인

> (4) 모든 사람이 다 죽는다는 것과 모든 사람이 다 죽는 것은 아니라는 것이 둘 다 사실은 아니다,
> (5) 눈은 하얗다는 것과 눈은 하얗지 않다는 것이 둘 다 사실은 아니다,
> (6) 아담은 셈을 낳았다는 것과 아담은 셈을 낳지 않았다는 것이 둘 다 사실은 아니다.

도 그런 경우이다; 그리고 무한히 많은 다양한 종류의 동어반복적 문장들이 있다.

그러한 모든 문장들을 특징짓는 것은 그 문장들의 참이 '또는', '그리고', '아니다' 등의 논리적 속성으로부터 따라 나온다는 점이다; 그것은 '인간',

'죽는다' 같은 말의 뜻에 대해서 뿐만 아니라 '모든'과 '어떤'의 뜻에 대해서도 독립적이다. 따라서 앞의 예 (1)과 (4)에서 '모든'이 '어떤'의 뜻을 가지고, '사람'이 '전자'의 뜻을, '죽는다'가 '양전기를 띠지 않는다'의 뜻을 가진다고 하더라도 그 진리치는 여전하다는 것에 주의할 필요가 있다. (그와 대조적으로, 역시 필연적 참인 문장

> 만약 모든 사람이 죽고 모든 그리스인이 사람이면, 모든 그리스인은 죽는다.

는 그 필연성이 단어 '모든'의 뜻에 의존한다.)

이들 자연언어 문장에 대응하는 형식언어 문장을 '동어반복적 문장 (tautologous sentence 혹은 tautology)'이라 부른다. 이리하여, 예비적이고 다소는 엄밀하지 못한 방식으로 $\mathfrak{L}$의 동어반복적 문장을 다음과 같이 규정할 수 있다: 동어반복적 문장은 그것 자체의 타당성을 오직 문장 연결사의 논리적 속성에만 의존하는 타당한 문장이다. 다른 말로 하면, 그것은 '$\mathfrak{I}$ 하에서 참'의 정의(140~141쪽)의 조항 1~7에 근거해 그 타당성이 입증될 수 있는 문장이다.

예를 들어,

(7) $(x)Fx \vee -(x)Fx$

의 타당성은 어떠한 해석 $\mathfrak{I}$도 '$(x)Fx$'에 값 T를 부여하거나 값 F를 부여하게 되며, 그리고 해석 $\mathfrak{I}$가 '$(x)Fx$'에 어떤 값을 부여하는 경우든 그 해석은 (7)에 값 T를 부여하게 된다는 것에 주목함으로써 쉽게 입증될 수 있다. 같은 종류의 논증이

$$(8) \; - ((x)Fx \;\& \;- (x)Fx)$$

에 대해서도 제시될 수 있고

$$(9) \; ((x)Fx \rightarrow Fa) \vee (Fa \rightarrow (x)Fx)$$

에 대해서도 마찬가지이다. 그러나

$$(10) \; (x)Fx \rightarrow Fa$$

에 대해서나

$$(11) \; Fa \rightarrow (\exists x)Fx$$

에 대해서는 그렇지 않다. (10)과 (11)의 타당성을 입증하기 위해서는 'ℑ 하에서 참'의 정의의 조항 8과 9를 사용해야 한다. 이런 경우에는 연결사의 논리적 속성뿐만 아니라 양화사의 논리적 속성도 역시 필수적이다.

2. '동어반복적 문장'의 정의

어떠한 원자문장도 동어반복적일 수 없다는 것은 아마도 자명할 것이다. 실은 어떠한 원자문장도 동어반복적이기는커녕 타당할 수조차도 없다. 그리고 양화문장의 해석 상대적인 참 거짓이 'ℑ 하에서 참'의 정의의 조항 8과 9에 의해 양화사에 부여된 의미에 의존한다는 것도 또한 분명하다; 따라서 어떠한 양화문장도 동어반복적이지 않다. 그 나머지 문장, 즉 분자문장은 문장 연결사에 의해 원자문장과/또는 양화문장으로부터 만들어진다. 결국, 동어반복적 문장은 그 구성요소인 원자문장과 양화문장에 어떠한 진리치를 할당하건 간에 '참이 되는' 문장이다.

'동어반복적 문장'의 엄밀한 정의를 정식화하기 위해 $\mathfrak{L}$의 문장에 대한 진리치의 '정상할당(normal assignment)'이라는 개념을 보조적으로 사용하겠다. 직관적으로, $\mathfrak{L}$의 문장에 대한 진리치의 정상할당이란 140~141쪽의 진술들이 성립하는 방식으로 연결사들을 다루는 것을 말한다.

$\mathfrak{L}$의 모든 문장들에 대한 진리치 T, F의 할당 $\mathfrak{A}$가 정상(normal)일 경우에 오직 그 경우에만, $\mathfrak{L}$의 각 문장 ϕ에 대해 다음이 성립한다:

1) $\mathfrak{A}$는 ϕ에 진리치 T, F 중 정확히 하나를 할당한다.

2) $\phi = -\psi$이면, $\mathfrak{A}$가 ϕ에 T를 할당할 경우에 오직 그 경우에만 $\mathfrak{A}$가 ψ에 T를 할당하지 않는다.

3) ψ, χ가 문장일 때, $\phi = (\psi \vee \chi)$이면, $\mathfrak{A}$가 ϕ에 T를 할당할 경우에 오직 그 경우에만 $\mathfrak{A}$가 ψ에 T를 할당하거나 χ에 T를 할당하거나 혹은 양쪽 다이다.

4) ψ, χ가 문장일 때, $\phi = (\psi \mathbin{\&} \chi)$이면, $\mathfrak{A}$가 ϕ에 T를 할당할 경우에 오직 그 경우에만 $\mathfrak{A}$가 ψ에 T를 할당하고 χ에 T를 할당한다.

5) ψ, χ가 문장일 때, $\phi = (\psi \rightarrow \chi)$이면, $\mathfrak{A}$가 ϕ에 T를 할당할 경우에 오직 그 경우에만 $\mathfrak{A}$가 ψ에 F를 할당하거나 χ에 T를 할당하거나 혹은 양쪽 다이다.

6) ψ, χ가 문장일 때, $\phi = (\psi \leftrightarrow \chi)$이면, $\mathfrak{A}$가 ϕ에 T를 할당할 경우에 오직 그 경우에만 $\mathfrak{A}$가 ψ와 χ 양쪽에 T를 할당하거나 양쪽에 F를 할당한다.

(따라서, $\mathfrak{L}$의 비분자문장들에 임의적으로 진리치를 할당하고 앞의 조항 1~6에 따라 그 할당을 분자문장에 대해서도 확장하면, 그 결과는 $\mathfrak{L}$의 문장들에 대한 진리치의 정상할당일 것이다; 모든 정상할당이 이런 방식으로 만들어질 수 있다.)

$\mathfrak{L}$의 문장들에 대한 진리치 T, F의 모든 정상할당에 의해 문장 ϕ가 진리치 T를 할당받을 경우에 오직 그 경우에만 문장 ϕ는 **동어반복적**이다.

문장 ϕ와 문장집합 Γ에 대해, Γ의 모든 문장들에 진리치 T를 할당하는 모든 정상할당에 의해 ϕ가 진리치 T를 할당받을 경우에 오직 그 경우에만 ϕ는 Γ의 **동어반복적 귀결**(tautological consequence)이다.

문장집합 Γ는 Γ의 모든 원소들에 진리치 T를 할당하는 정상할당이 적어도 하나 존재할 경우에 오직 그 경우에만 **진리함수적으로 일관적**(truth-functionally consistent)이다.

문장집합 Γ는 진리함수적으로 일관적이지 않을 경우에 오직 그 경우에만 **진리함수적으로 비일관적**(truth-functionally inconsistent)이다.

앞의 내용에 기초해, 다음을 쉽게 알 수 있다.

(a) 문장 ϕ가 공집합의 동어반복적 귀결일 경우에 오직 그 경우에만 ϕ는 동어반복적이다.

(b) 문장 ϕ가 문장집합 $\{\psi_1, \psi_2, \cdots, \psi_n\}$의 동어반복적 귀결일 경우에 오직 그 경우에만 조건문 $(((\ldots(\psi_1 \mathbin{\&} \psi_2) \mathbin{\&} \ldots) \mathbin{\&} \psi_n) \rightarrow \phi)$가 동어반복적이다.

다음의 내용은 약간 더 강한 진술이고 입증하기가 비교적 쉽지 않다:

(c) 문장 ϕ가 (유한한, 혹은 무한한) 문장집합 Γ의 동어반복적 귀결일 경우에 오직 그 경우에만

(i) Γ가 공집합이고 ϕ가 동어반복적이거나, 혹은

(ii) Γ에 속하고, $(((\cdots(\psi_1 \mathbin{\&} \psi_2) \mathbin{\&} \cdots) \mathbin{\&} \psi_n) \rightarrow \phi)$가 동어반복

적인 그러한 문장들 $\psi_1, \psi_2, ..., \psi_n$이 존재한다.

진술 (c)가 (a)와 (b)에다가 덧붙인 것은, 문장 ϕ가 무한한 문장집합 Γ의 동어반복적 귀결이면 ϕ는 Γ의 어떤 유한 부분집합의 동어반복적 귀결이라는 사실이다.

$\mathfrak{L}$의 문장들에 대한 어떠한 해석 $\mathfrak{I}$에 의한 진리치 할당도 정상할당이므로, 모든 동어반복적 문장은 타당하다. 같은 이유로, 문장 ϕ가 문장집합 Γ의 동어반복적 귀결이면 ϕ는 Γ의 귀결이다. 반면에 동어반복적이 아닌 타당한 문장이 존재한다. ('$(x)Fx \rightarrow Fa$'가 그 예이다.) 그리고 동어반복적 귀결이 아닌 귀결의 경우가 존재한다.

3. 동어반복적 SC 문장들; 진리표

이제 우리는 '동어반복적 문장'의 엄밀한 정의를 가지게 되었지만 아직 어떤 문장이 동어반복적이고 어떤 문장이 그렇지 않은가를 분명하게 알기가 어렵다. 따라서 많은 예들을 들어가며 체계적으로 조망하는 일이 필요하다. 이런 체계적 조망을 위해서는 정의로부터 따라 나오는 약간의 부가적인 사실들에 주의를 기울이는 것이 도움이 된다.

동어반복적 문장은 그 타당성을 양화사에 의존하지 않는 타당한 문장이라고 상정되었으므로, 양화사가 없는 문장은 동어반복적일 경우에 오직 그 경우에만 타당하다:

I. 모든 문장 ϕ에 대해, ϕ가 양화사를 갖지 않으면, ϕ는 동어반복적일 경우에 오직 그 경우에만 타당하다.

특히 모든 SC 문장은 양화사를 갖지 않으므로,

I'. 모든 SC 문장 ϕ는 동어반복적일 경우에 오직 그 경우에만 타당하다.

동어반복적 SC 문장에 특별히 관심을 가지는 것은 다음의 사실 때문이다:

II. 모든 문장 ϕ에 대해, ϕ가 동어반복적일 경우에 오직 그 경우에만 ϕ가 ψ의 대입예인 그러한 동어반복적 SC 문장 ψ가 존재한다.

여기서 '대입예'는 다음과 같이 정의된다:

문장 ϕ와 SC 문장 ψ에 대해, ϕ가 ψ의 문장문자들을 문장들로 대치하되 같은 문자가 나타난 곳에는 모두 같은 문장으로 대치한 결과일 경우에 오직 그 경우에만 ϕ는 **SC 문장 ψ의 대입예**(substitution instance of an SC sentence ψ)이다.

II가 직관적으로 올바르다는 것은 예들을 살펴봄으로써 알 수 있다.

$$(x)Fx \vee - (x)Fx$$

가 동어반복적임을 입증하기 위해 앞에서 주어졌던 논증을 보면,

$$P \vee -P$$

가 동어반복적임을 입증하는 논증과 정확히 같은 구조를 가진다는 것을 알 수 있다. 'P'에 대한 언급을 모두 '$(x)Fx$'에 대한 언급으로 대치하기만 하면 된다. 마찬가지로

$$((x)Fx \rightarrow Fa) \vee (Fa \rightarrow (x)Fx)$$

는, 어떠한 해석 $\Im$도 'Fa'에 값 T 혹은 F를 할당하고 그 해석이 'Fa'에 표를 할당한다면 그 해석은 오른쪽 선언지에 T를 할당하여 전체문장에 T를 할당하는 반면, 그 해석이 'Fa'에 T를 할당한다면 그 해석은 왼쪽 선언

지에 T를 할당하여 전체문장에 T를 할당한다는 논증을 통해 동어반복적임을 알 수 있다; 그리고 우리는

$$(P \rightarrow Q) \vee (Q \rightarrow P)$$

에 대해서도 마찬가지의 논증을 구성할 수 있을 것이다. 일반적으로, 하나의 해석이 문장 ϕ의 어떤 요소문장 부분들에 무슨 진리치를 부여하든지 간에 그 해석이 ϕ에 값 T를 부여하게 된다는 것을 조항 8과 9를 사용하지 않고 입증할 수 있을 때마다 우리는 ϕ가 그것의 대입예인 SC 문장 ψ에 대해서도 마찬가지의 논증을 구성할 수 있다. 물론 이러한 서술은 II의 **증명**이 아니라 합당하게끔 고안된 하나의 설명이다.

원리 II는 주어진 문장에 대해 그 문장이 그것의 대입예인 그러한 동어반복적 SC 문장을 만들어냄으로써 주어진 문장이 동어반복적임을 입증할 수 있는 가능성을 우리에게 준다. 그렇기 때문에 SC 문장이 동어반복적인지의 여부를 결정하는 방법을 가지는 것이 특히 유익하다.

이제 곧 서술할 절차, 즉 **진리표 방법**(truth-table method)은 때때로 철학자 루트비히 비트겐슈타인(Ludwig Wittgenstein, 1889~1951)의 업적으로 평가되지만 사실상 그것보다 약 2세기 더 오래된 것이다. 그것은 다음의 고찰에 의존한다. SC 문장에서 나타나는 유일한 비논리상항은 문장문자이다. 따라서 모든 SC 문장은 116쪽의 조항 (i)과 (ii)에 기술된 조작들의 계속적 적용에 의해 문장문자들로부터 구성된다. 이를 마음에 새기면서 '정상할당'의 정의를 다시 살펴본다면, 우리는 정상할당이 SC 문장에 부여하는 진리치가 그 정상할당이 그 문장 안에 나타나는 문장문자들에 주는 진리치에 의해 완전히 결정된다는 것을 알게 된다.

이제, SC 문장 ϕ가 n개의 (n≥1일 때) 서로 다른 문장문자들을 포함

하고 있다고 하자. 진리치 T와 F가 이들 n개의 문자들에 할당되는 방식은 오직 2^n가지가 있다. (T 혹은 F가 첫 문자에 할당될 수 있다; 이들 두($=2^1$) 선택 각각에 대해 두 번째 문자에 진리치를 할당하는 두 방식이 있다. 그리하여 T 혹은 F가 첫 두 문자에 할당되는 방식에는 네($=2^2$) 가지가 있다; 이들 네 방식 각각에 대해 세 번째 문자에 진리치를 할당하는 가능성이 두 가지 있다. 따라서 첫 세 문자에 대한 할당에 여덟($=2^3$) 가지 방식이 있다; 이와 같이 계속된다.) ϕ의 문장문자들에 진리치를 부여하는 정상할당에 의해 ϕ에 주어지는 진리치를 각 경우에 계산하면서 우리가 이들 2^n 가지 할당을 계속적으로 살펴보면, 우리는 모든 정상할당이 ϕ에 값 T를 부여하나 어떤 정상할당이 ϕ에 값 F를 부여한다는 것을 알 수 있을 것이다.

SC 문장들을 위의 절차들을 통해 검사함에 있어, 소위 **진리표**(truth-table)를 이용하여 정보를 적절히 정리하는 것이 편리하다. 이것은 다음에 제시된 예들의 도움을 받아 가장 잘 설명될 수 있다:

P, Q	$((P \to Q) \lor (Q \to P))$			P, Q	$((P \to Q) \to (Q \to P))$		
T T	T	T	T	T T	T	T	T
T F	F	T	T	T F	F	T	T
F T	T	T	F	F T	T	F	F
F F	T	T	T	F F	T	T	T
(도표 I)				**(도표 II)**			

도표 I은 SC 문장 '$((P \to Q) \lor (Q \to P))$'에 대한 진리표이다; 이 도표는 이 문장이 동어반복적이라는 것을 보여 준다. 더 자세히 보면, 이 도표는 다음 단락을 줄여 쓴 것이다:

1) 'P'와 'Q'에 값 T를 부여하는 어떠한 정상할당도 '$(P \rightarrow Q)$'에 T를, '$(Q \rightarrow P)$'에 T를 부여하여 '$((P \rightarrow Q) \vee (Q \rightarrow P))$'에도 T를 부여한다.

2) 'P'에 값 T를, 'Q'에 값 F를 부여하는 어떠한 정상할당도 '$(P \rightarrow Q)$'에 F를, '$(Q \rightarrow P)$'에 T를 부여하여 '$((P \rightarrow Q) \vee (Q \rightarrow P))$'에는 T를 부여한다.

3) 'P'에 값 F를, 'Q'에 값 T를 부여하는 어떠한 정상할당도 '$(P \rightarrow Q)$'에 T를, '$(Q \rightarrow P)$'에 F를 부여하여 '$((P \rightarrow Q) \vee (Q \rightarrow P))$'에는 T를 부여한다.

4) 'P'와 'Q'에 값 F를 부여하는 어떠한 정상할당도 '$(P \rightarrow Q)$'에 T를, '$(Q \rightarrow P)$'에 T를 부여하여 '$((P \rightarrow Q) \vee (Q \rightarrow P))$'에도 T를 부여한다.

(모든 정상할당이 이들 네 부류 중의 어느 하나에 속하므로 '$((P \rightarrow Q) \vee (Q \rightarrow P))$'가 모든 정상할당에 의해 값 T가 할당된다는 것이 드러난다. 따라서 이 문장은 동어반복적이다.)

마찬가지로, 도표 II의 진리표 역시 도식적 틀의 형태로 다음의 정보를 전달한다:

1) 'P'와 'Q'에 값 T를 부여하는 어떠한 정상할당도 '$(P \rightarrow Q)$'에 T를, '$(Q \rightarrow P)$'에 T를 부여하여 '$((P \rightarrow Q) \rightarrow (Q \rightarrow P))$'에도 T를 부여한다.

2) 'P'에 값 T를, 'Q'에 값 F를 부여하는 어떠한 정상할당도 '$(P \rightarrow Q)$'에 F를 '$(Q \rightarrow P)$'에 T를 부여하여 '$((P \rightarrow Q) \rightarrow (Q \rightarrow P))$'에는 T를 부여한다. 이하 생략

(이 진리표의 세 번째 행을 봄으로써 이 문장이 동어반복적이 아니라는 것을 알 수 있다. 'P'에 F를, 'Q'에 T를 할당하여 결과적으로 '$((P \rightarrow$

$Q) \rightarrow (Q \rightarrow P))$'에 F를 할당하는 정상할당이 존재하기 때문이다.)

세 문장문자를 가진 SC 문장에 대해서는 살펴봐야 할 가능한 경우가 2^3, 즉 여덟 가지 있을 것이다. 예를 들어 문장 '$((P \rightarrow Q) \vee (Q \rightarrow P))$'에 대한 진리표는 다음과 같다:

P, Q, R	$((P$	$\rightarrow$	$Q) \vee (Q$	$\rightarrow$	$R))$
T T T		T		T	T
T T F		T		T	F
T F T		F		T	T
T F F		F		T	T
F T T		T		T	T
F T F		T		T	F
F F T		T		T	T
F F F		T		T	T

(도표 III)

이 도표는 다음과 같이 말하고 있다:

1) 'P'에 값 T를, 'Q'에 값 T를, 'R'에 값 T를 부여하는 어떠한 정상할당도 '$(P \rightarrow Q)$'에 T를 '$(Q \rightarrow R)$'에 T를 부여하여 '$((P \rightarrow Q) \vee (Q \rightarrow R))$'에도 T를 부여한다.

2) 'P'에 값 T를, 'Q'에 값 T를, 'R'에 값 F를 부여하는 어떠한 정상할당도 '$(P \rightarrow Q)$'에 T를, '$(Q \rightarrow R)$'에 F를 부여하여 '$((P \rightarrow Q) \vee (Q \rightarrow R))$'에는 T를 부여한다. 이하 생략

(이 경우, 연결사 '$\vee$'가 유일하게 나타난 자리 아래의 진리치들이 'T' 만으로 이루어져 있기 때문에 이 문장은 동어반복적이다.)

따라서 SC 문장 ϕ에 대한 진리표를 구성하기 위해서는 다음과 같은 절차를 따르면 된다:

1) 도표의 맨 위에 ϕ를 쓴다; 그 왼쪽에 ϕ에 나타나는 문장문자들을 나열한다.
2) 문장문자들을 나열한 것 밑에 그 문자들에 할당될 수 있는 진리치의 가능한 모든 조합들을 연속되는 행들 위에 적어 넣는다.
3) '정상할당'의 정의에 따라 각 행을 채운다.

예들. 6절에 나오는 연역체계의 정리 1~100이 동어반복적 SC 문장의 예로서 제공될 수 있을 것이다. 어떠한 의심스러운 경우에도 동어반복적임이 진리표에 의해 검사될 수 있다. 정리 91에 대해 우리는 다음의 도표를 그릴 수 있다:

P, Q, R	$((P \to Q)$	$\&$	$(Q \to R))$	$\lor$	$(R \to P)$
T T T	T	T	T	T	T
T T F	T	F	F	T	T
T F T	F	F	T	T	T
T F F	F	F	T	T	T
F T T	T	T	T	T	F
F T F	T	F	F	T	T
F F T	T	T	T	T	F
F F F	T	T	T	T	T

(도표 IV)

이 경우에서처럼 진리표를 작성하는 단조롭고 고된 일은 종종 주어진 문장에 어떤 정상할당이 값 F를 할당한다고 가정하고 그 귀결을 따져보는 분석을 통해 피해질 수 있다. '$((P \to Q) \& (Q \to R)) \vee (R \to P)$'가 값 F를 가지기 위해서는 양쪽 선언지가 모두 값 F를 가져야 한다는 것이 필수적이다. 그러나 '$(R \to P)$'가 값 F를 가진다면 'R'은 값 T를 가지고 'P'는 F를 가져야 한다. 이것은 '$(P \to Q)$'와 '$(Q \to R)$'이 값 T를 가지고 따라서 첫 선언지가 값 T를 가져야만 한다는 것을 함축한다. 따라서 '$((P \to Q) \& (Q \to R)) \vee (R \to P)$'가 값 F를 가지는 것은 불가능하다.

이미 살펴본 예들에 원리 II를 적용함으로써 더 많은 동어반복적 문장의 예들을 얻을 수 있다. 즉, 정리 91 자체가 동어반복적일 뿐 아니라 그것의 모든 대입예 역시 동어반복적이다. 정리 91의 모든 대입예에는 다른 SC 문장뿐만 아니라 양화사와 임의의 등급의 술어를 지닌 문장들도 포함된다. 다음은 그 예들이다:

$$((Q \to P) \& (P \to R)) \vee (R \to Q)$$
$$((P \to P) \& (P \to P)) \vee (P \to P)$$
$$((P \to (x)Fx) \& ((x)Fx \to Q)) \vee (Q \to P)$$
$$(((x)Fx \to Fa) \& (Fa \to (\exists y)Fy)) \vee ((\exists y)Fy \to (x)Fx)$$

4. 문장들이 동어반복적인지를 결정하는 법

비록 원리 II가 문장들이 동어반복적이라는 것을 입증하는 데에 유용하긴 하지만, 그것만으로는 임의적으로 선택된 문장 ϕ에 적용하여, ϕ가 동어반복적인지 여부를 항상 결정할 수 있게끔 해 주는 단계적(step-bystep) 절차를 제공하지는 않는다. 사실상 원리 II는 다음과 같이 말하고 있을 뿐이다: ϕ가 동어반복적 SC 문장의 대입예인지를 조사해서 찾아라. 만일 그것이 동어반복적 SC 문장의 대입예이면 그것은 동어반복적이다. 만일 그렇지 않다면 그렇지 않다. 그러나 문제는 비록 우리가 ϕ가 그것의 대입예인 동어반복적 SC 문장을 찾을 경우에 ϕ가 동어반복적이라는 것을 알 수 있다고 하더라도, 우리가 그러한 동어반복적 SC 문장을 찾지 못했을 경우에 우리가 유일하게 내릴 수 있는 결론은 ϕ가 동어반복적이지 않거나 우리가 아직 충분히 조사하지 않았다는 것뿐이다. 우리가 얻고자 하는 것은 우리에게 항상 예 – 아니요의 대답을 할 수 있게 해 주는 유한한 단계의 절차이다.

그러한 절차의 경제적인 정식화는 두 가지의 보조적 개념들을 요구한다:

문장 ϕ가 원자식이거나 양화식이고 문장 ψ에서 적어도 한 번 자유롭게 나타났을 경우에 오직 그 경우에만 ϕ는 ψ의 **기초 진리함수적 요소**(basic truth-functional component)이다.

생각해 보면 분명하게 드러나듯이, 문장 ϕ의 기초 진리함수적 요소들은 양화사를 더 이상 사용함이 없이 ϕ가 그것들로부터 만들어질 수 있는 최소의 문장 부분들이다. 이는 아래에 주어질 두 예에서 명백하듯이, ϕ의 한 기초 진리함수적 요소가 다른 기초 진리함수적 요소의 진부분문장(proper subsentence of another)일 수 있다는 것을 배제하지 않는다.

또 하나의 보조적 개념은 이것이다: SC 문장 ϕ가, 문장 ψ에서 자유롭게 나타난 모든 기초 진리함수적 요소들을 서로 다른 요소는 서로 다른 문장문자로 대치하고 같은 요소는 같은 문장문자로 대치하는 방식으로 문장문자들로 대치하여, ψ로부터 얻어진다면 ϕ는 ψ와 **연계되어** (associated with) 있다.

이 개념들을 통해 우리는 3절에서의 I과 II에 이어 다음 원리를 덧붙일 수 있다:

III. 모든 문장 ϕ, ψ에 대해, ψ가 ϕ와 연계된 SC 문장이면, ϕ가 동어반복적일 경우에 오직 그 경우에만 ψ가 동어반복적이다.

임의의 문장 ϕ에 대해 우리가 연계된 SC 문장 ψ를 구성할 수 있으므로 이 원리는 주어진 문장 ϕ가 동어반복적인지 아닌지를 결정할 수 있는 절차를 제공한다:

1) ϕ와 연계된 SC 문장 ψ를 구성하라.

2) 진리표를 써서 ψ가 동어반복적인지 검사하라.

3) III을 써서 ϕ가 동어반복적인지 결정하라.

예 1. '$Fa \rightarrow (x)(Fx \rightarrow Fa)$'가 동어반복적인지 검사하라. 이 문장의 기초 진리함수적 요소는 'Fa'와 '$(x)(Fx \rightarrow Fa)$'이다. 자유롭게 나타난 모든 'Fa'를 'P'로 대치하고 자유롭게 나타난 모든 '$(x)(Fx \rightarrow Fa)$'를 'Q'로 대치함으로써, 우리는

$$P \rightarrow Q$$

를 얻는다. 그러나 진리표 검사는 이 SC 문장이 동어반복적이지 않다는 것을 보여 준다. 따라서 원래의 문장은 동어반복적이지 않다.

예 2. '$Fa \rightarrow ((x)Fx \rightarrow Fa)$'가 동어반복적인지 검사하라. 이 문장의 기초 진리함수적 요소는 'Fa'와 '$(x)Fx$'이다. 자유롭게 나타난 모든 'Fa'를 'P'로 대치하고 자유롭게 나타난 모든 '$(x)Fx$'를 'Q'로 대치함으로써 우리는

$$P \rightarrow (Q \rightarrow P)$$

를 얻는다. 진리표에 의해 우리는 이 SC 문장이 동어반복적이라는 사실을 알게 된다. 그러므로 원래의 문장은 동어반복적이다.

5. 그 밖의 속성들

동어반복적임 혹은 동어반복적 귀결의 다음 속성들은 위에서 주어진 정의에 기초해 쉽게 입증될 수 있다. ϕ, ψ, χ, θ를 $\mathfrak{L}$의 임의의 문장이라고 하자. 그러면

1) ϕ가 원자식이거나 양화식이면, ϕ도 $-\phi$도 동어반복적이지 않다.

2) $(\phi \rightarrow \psi)$와 ϕ가 동어반복적이면, ψ도 동어반복적이다.

3) $(\phi \rightarrow \psi)$와 $(\psi \rightarrow \chi)$가 동어반복적이면, $(\phi \rightarrow \chi)$도 동어반복적이다.

4) ϕ가 동어반복적이면, $(\phi \lor \psi)$, $(\psi \lor \phi)$, $(\psi \rightarrow \phi)$도 동어반복적이다. 그리고 ϕ와 ψ가 둘 다 동어반복적이면 $(\phi \,\&\, \psi)$, $(\psi \,\&\, \phi)$, $(\phi \leftrightarrow \psi)$, $(\psi \leftrightarrow \phi)$도 동어반복적이다.

5) $(\phi \rightarrow \psi)$와 $(\psi \rightarrow \phi)$가 동어반복적일 경우에 오직 그 경우에만 $(\phi \leftrightarrow \psi)$는 동어반복적이다.

6) $(\phi \leftrightarrow \psi)$가 동어반복적이고 χ가 θ로부터 자유롭게 나타난 하나 혹은 그 이상의 ϕ를 ψ로 대치함으로써 얻어낸 것이면, $(\chi \leftrightarrow \theta)$는 동어반복적이고, χ가 동어반복적일 경우에 오직 그 경우에만 θ가 동어반복적이다.

7) ϕ가 동어반복적이고, χ가 θ로부터 자유롭게 나타난 하나 혹은 그

이상의 $(\phi \to \psi)$나 $(\phi \leftrightarrow \psi)$나 $(\psi \leftrightarrow \phi)$나 $(\phi \;\&\; \psi)$를 ψ로 대치함으로써 얻어낸 것이면, $(\chi \leftrightarrow \theta)$는 동어반복적이고, χ가 동어반복적일 경우에 오직 그 경우에만 θ가 동어반복적이다.

8) ϕ가 동어반복적이고, χ가 ϕ의 기초 진리함수적 요소이고, ψ가 ϕ에서 자유롭게 나타난 모든 χ자리에 θ를 집어넣어 얻어진 것이면, ψ는 동어반복적이다.

9) ϕ가 문장집합 Γ의 동어반복적 귀결이고, Γ 속의 모든 문장이 문장집합 Δ의 동어반복적 귀결이면, ϕ는 Δ의 동어반복적 귀결이다.

10) ϕ가 문장집합 Γ와 문장 ψ의 동어반복적 귀결일 경우 오직 그 경우에만 $(\psi \to \phi)$는 Γ의 동어반복적 귀결이다.

6. SC 문장들에 대한 도출규칙들

4절에서 우리는 주어진 문장이 동어반복적인지를 결정하는 절차를 기술했었다. 그것은 연계된 SC 문장을 찾아내고서, 그 문장을 진리표 검사에 맡기는 것이었다. 이 절차는 항상 수행될 수 있다. 그러나 연계된 SC 문장이 서너 개 이상의 문장문자들을 지니고 있을 경우에 진리표 검사는 굉장히 수고스러운 일이 된다. (여러분은 n개의 문장문자들을 지닌 문장에 대한 진리표에는 2^n 행이 있어야 한다는 것을 기억할 것이다.) 따라서 SC 문장들이 동어반복적이라는 것을 보여 주는, 혹은, 결국 같은 일이지만, 주어진 SC 문장이 주어진 SC 문장들의 동어반복적 귀결이라는 것을 보여 주는 더욱 실제적 방식들을 찾는 일은 중요하다.

예를 들어 문장 '$-T$'가 다음의 네 문장으로 이루어진 집합의 동어반복적 귀결인지의 물음이 제기되었다고 하자:

$$P \to -R$$
$$(S \& T) \to R$$
$$-S \to Q$$
$$-(P \to Q)$$

우리가 상응 조건문

$$(((P \to -R) \& ((S \& T) \to R)) \& ((-S \to Q) \& -(P \to Q))) \to -T$$

에 대한 진리표를 그린다면, 우리는 각 행에 18 항목씩 32행을 지닌 도표를 작성해야 한다. 덜 번거로운 방법은 상대적으로 간단한 동어반복적 추론의 연쇄 혹은 사슬을 통해, 식 '$-T$'를 다른 식들로부터 '연역해내는' 혹은 '도출해내는' 것이다. 우리는 그러한 '추론'을 다음과 같이 구성할 수 있다.

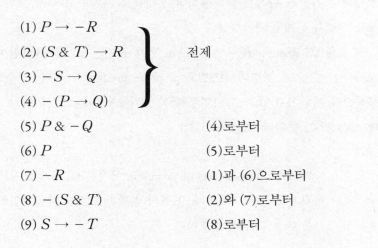

(1) $P \to -R$ ⎫
(2) $(S \& T) \to R$ ⎬ 전제
(3) $-S \to Q$ ⎪
(4) $-(P \to Q)$ ⎭
(5) $P \& -Q$ (4)로부터
(6) P (5)로부터
(7) $-R$ (1)과 (6)으로부터
(8) $-(S \& T)$ (2)와 (7)로부터
(9) $S \to -T$ (8)로부터

(10) $-Q$	(5)로부터
(11) S	(3)과 (10)으로부터
(12) $-T$	(9)와 (11)로부터

각 행의 문장은 오른쪽에 언급된 행의 문장(혹은 문장들)의 동어반복적 귀결이다. 그리고 집합 Γ의 동어반복적 귀결의 동어반복적 귀결은 다시 Γ의 동어반복적 귀결이므로, 결국 '$-T$'는 주어진 전제집합의 동어반복적 귀결이라는 것을 알 수 있다.

이런 종류의 절차를 체계화하기 위해서 우리는 몇 개의 간단한 추론규칙들을 필요로 한다. 이 추론규칙들은 일반적으로 SC 문장 ϕ가 SC 문장 집합 Γ의 귀결일 경우에 오직 그 경우에만 집합 Γ로부터 ϕ의 올바른 도출이 존재한다는 속성을 가져야 한다. 단, 여기서 '올바른' 도출이란 그 도출 속에서의 각 단계가 규칙들 중 하나에 의거해 이루어지는 도출이다. 그러한 그룹을 골라내는 데에는 수많은 방법이 있을 수 있다. 하나의 가능성이 아래에 제시되었다. 우리의 통상적인 관례에 따라, 먼저 비교적 정밀하고 간결한 방식으로 핵심적인 정의들을 기술하고 나서 그다음에 보충 설명과 사례를 제공하겠다.

SC 도출(SC derivation)은 연속적으로 번호 붙여진 행들의 유한한 나열로서, 각 행은 SC 문장과 (**전제번호**(premise-number)라 불리는) 수들의 목록으로 이루어져 있고 그 나열은 다음 규칙들에 따라 구성되어져 있다 (ϕ, ψ, χ, θ 는 임의의 SC 문장이다):

P (전제도입, Introduction of premises) 어떠한 SC 문장도 임의의 행에 나올 수 있다. 이때 그 행의 전제번호는 단 하나뿐인데 그것은 바로 그 행의 번호이다.

MP (전건긍정법, Modus ponens) ϕ와 $(\phi \rightarrow \psi)$가 앞 행에 나타 났으면 ψ는 그 뒤의 어떤 행에든 나올 수 있다. 그 새로운 행 의 전제번호들로서는 ϕ와 $(\phi \rightarrow \psi)$가 나타난 행들의 모든 전제번호들을 취한다.

MT (후건부정법, Modus tollens) ψ와 $(-\phi \rightarrow -\psi)$가 앞 행에 나 타났으면 ϕ는 그 뒤의 어떤 행에든 나올 수 있다. 그 새로운 행 의 전제번호들로서는 ψ와 $(-\phi \rightarrow -\psi)$가 나타난 행들의 모 든 전제번호들을 취한다.

C (조건문화, Conditionalization) ψ가 앞 행에 나타났으면 $(\phi \rightarrow \psi)$는 그 뒤의 어떤 행에든 나올 수 있다. 그 새로운 행의 전제번 호들로서는 ϕ가 나타난 행의 행번호를(요구된다면) 제외한 ψ 가 나타난 행의 모든 전제번호들을 취한다.

D (정의상 치환, Definitional interchange) ψ가 ϕ 속의 문장 χ를 χ 와 정의상 동치(아래 참조)인 문장으로 대치함으로써 ϕ로부터 얻어질 수 있는 경우에, ϕ가 앞 행에 나타났으면 ψ는 그 뒤의 어떠한 행에든 나올 수 있다. 그 새로운 행의 전제번호들로서는 ϕ가 나타난 행의 모든 전제번호들을 취한다.

임의의 SC 문장 ϕ, ψ에 대해:

$(\phi \vee \psi)$는 $(-\phi \rightarrow \psi)$와 **정의상 동치**이다. 그 역도 성립한다.
$(\phi \,\&\, \psi)$는 $-(\phi \rightarrow -\psi)$와 **정의상 동치**이다. 그 역도 성립한다.
$(\phi \leftrightarrow \psi)$는 $((\phi \rightarrow \psi) \,\&\, (\psi \rightarrow \phi))$와 **정의상 동치**이다. 그 역도 성립한다.

SC문장 ϕ가 마지막 행에 나타나고 그 행[1]의 모든 전제들이 SC 문장집합 Γ에 속하는 SC 도출을 Γ로부터 ϕ의 SC 도출(혹은 증명)이라 부른다.

SC 문장 ϕ와 SC 문장집합 Γ에 대해, Γ로부터 ϕ의 SC도출이 존재할 경우에 오직 그 경우에만 ϕ는 Γ로부터 **SC 도출가능**(SC derivable)하다.

SC 문장 ϕ가 Λ(원소가 없는 문장집합)로부터 SC 도출가능할 경우에 오직 그 경우에만 ϕ는 **SC 정리**(SC theorem)이다.

이 규칙들의 적용을 설명하기 위해 이제 많은 SC 정리들에 대한 SC 도출을 보이겠다. 정리가 증명 없이 나열된 부분에서는 여러분이 그 정리를 스스로 증명하기 바란다. 여러분은 또한 도출 과정이 주어진 정리들에 대해서도 그 정리들을 도출하는 다른 방식, 그리고 가능하다면 더욱 우아한 방식을 찾도록 힘써야 한다. 이 모든 것을 함으로써 얻어지는 이득은 두 가지이다: 여러분은 형식적 도출에 대한 관념에 더 친숙해질 것이다. 그리고 여러분은 매우 다양한 종류의 동어반복적 SC 문장들을 습득할 수 있게 될 것이다. 이로써 다음 장에서 공부하게 될 더 복잡한 도출들을 위한 입문을 하게 될 뿐 아니라 거기서 나올 규칙들을 유효하게 사용하기 위한 한 무더기의 '탄약'을 공급받는 셈도 된다.

1. $(P{\rightarrow}Q) \rightarrow ((Q \rightarrow R) \rightarrow (P \rightarrow R))$ (삼단논증의 원리)

{1}	(1) $P \rightarrow Q$	P
{2}	(2) $Q \rightarrow R$	P

---

1   문장 ϕ가 주어진 행의 전제라고 말하는 것은 주어진 행의 전제번호를 자신의 행번호로 지닌 행에 ϕ가 나타난다고 말하는 것이다. 그리고 문장 ϕ가 어떤 행에 나타난다고 말하는 것은 그 행이 ϕ와 수들의 집합으로 구성되어 있다고 말하는 것이다.

{3}	(3) P	P
{1, 3}	(4) Q	(1) (3) MP
{1, 2, 3}	(5) R	(2) (4) MP
{1, 2}	(6) $P \rightarrow R$	(3) (5) C
{1}	(7) $(Q \rightarrow R) \rightarrow (P \rightarrow R)$	(2) (6) C
Λ	(8) $(P \rightarrow Q) \rightarrow ((Q \rightarrow R) \rightarrow (P \rightarrow R))$	
		(1) (7) C

주석: 위에 나온 여덟 행은 원소가 없는 문장집합으로부터의 SC 문장 '$(P \rightarrow Q) \rightarrow ((Q \rightarrow R) \rightarrow (P \rightarrow R))$'의 SC 도출을 구성한다: 각 행의 전제번호들은 집합괄호(brace) 안에 나타나는 숫자들에 의해 지시된다. 행번호는 괄호 안의 숫자에 의해 주어진다. 오른쪽 끝에는 도출이 규칙에 의해 구성되어졌음을 독자가 스스로 체크하는 데 도움이 되도록 약간의 주해를 배치했다. 처음 세 행은 규칙 P(전제도입)에 의해 나왔다. 각 경우에 유일한 전제번호로서 그 행의 행번호가 취해졌다. 네 번째 행의 문장은 (1)과 (3)행에 나타나는 것으로부터 규칙 MP(전건긍정법)에 의해 얻어졌다. 네 번째 행의 전제번호로서는 (1)과 (3)행의 전제번호들을 취했다. 마찬가지로, 다섯 번째 행은 (2)와 (4)행으로부터 규칙 MP에 근거해 얻어졌다. 그 행의 전제번호로서 (2)와 (4)행의 전제번호들을 취했다. 이것은 (5)행의 전제번호로서 2와 4를 취한다는 것을 의미하지는 않는다. 그것이 아니라 (2)와 (4)의 전제번호들 전부인 1, 2, 3을 취한다는 것을 의미한다. (6)행은 (3)과 (5)행으로부터 규칙 C(조건문화)에 의해 얻어진다. 이 규칙에 의해 허용되듯이, 우리는 전제번호들의 집합으로부터 3을 탈락시킬 수 있다. 이를 위한 직관적 근거는 'R'이 문장 '$P \rightarrow Q$', '$Q \rightarrow R$', 'P'의 동어반복적 귀결이면(사실상 이것이 (5)행이 말하고 있는

바의 것이다), '$P \rightarrow R$'은 '$P \rightarrow Q$'와 '$Q \rightarrow R$'의 동어반복적 귀결이라는 것이다. (7)과 (8)행은 규칙 C의 추가 적용에 의해 얻어진다. 규칙 C가 적용될 때마다 전제를 탈락시켜 결국 (8)행에서는 전제가 하나도 안 남게 되었다. 따라서 (8)행에 나타난 문장은 원소가 없는 문장집합의 귀결이다. 즉, 그 문장은 동어반복적이다.

2. $(Q \rightarrow R) \rightarrow ((P \rightarrow Q) \rightarrow (P \rightarrow R))$

3. $P \rightarrow ((P \rightarrow Q) \rightarrow Q)$

{1}	(1) P	P
{2}	(2) $P \rightarrow Q$	P
{1, 2}	(3) Q	(1) (2) MP
{1}	(4) $(P \rightarrow Q) \rightarrow Q$	(2) (3) C
Λ	(5) $P \rightarrow ((P \rightarrow Q) \rightarrow Q)$	(1) (4) C

4. $(P \rightarrow (Q \rightarrow R)) \rightarrow ((P \rightarrow Q) \rightarrow (P \rightarrow R))$

5. $(P \rightarrow (Q \rightarrow R)) \rightarrow (Q \rightarrow (P \rightarrow R))$

6. $P \rightarrow P$ (동일률)

| {1} | (1) P | P |
| Λ | (2) $P \rightarrow P$ | (1) C |

주석: 위의 두 단계 도출에서는, 규칙 C가 특이한 방식으로 적용되었다. 이 적용이 정당하다는 것을 보기 위해 규칙을 참조하면서 'ϕ'와 'ψ' 양쪽에 ''P''를 대입시켜 보기 바란다.

7. $Q \rightarrow (P \rightarrow Q)$

| {1} | (1) Q | P |

| {1} | (2) $P \to Q$ | (1) C |
| Λ | (3) $Q \to (P \to Q)$ | (1) (2) C |

주석: 이 경우는 규칙 C가 또 다른 방식으로 특이하게 적용되는 예를 보여 준다. (2)행을 추론하면서, 'P'가 (1)행의 전제가 아니기 때문에 우리는 어떠한 전제도 탈락시킬 수 없다.

앞으로 우리는 자주 주해들을 생략할 것이다. 여러분들이 스스로 그것들을 보충하는 데 어려움이 없을 것이라 생각하기 때문이다.

8. $-P \to ((P \to Q)$ (둔스 스코투스의 법칙)

{1}	(1) $-P$	
{2}	(2) P	
{1}	(3) $-Q \to -P$	(1) C
{1, 2}	(4) Q	(2) (3) MT
{1}	(5) $P \to Q$	
Λ	(6) $-P \to (P \to Q)$	

9. $P \to (-P \to Q)$

10. $--P \to P$

{1}	(1) $--P$	
{2}	(2) $-P$	
{1}	(3) $----P \to --P$	(1) C
{1, 2}	(4) $---P$	(2) (3) MT
{1}	(5) $-P \to ---P$	
{1}	(6) P	(1) (5) MT
Λ	(7) $--P \to P$	

이 시점에서 이미 여러분에게 떠올랐을 수도 있는 어떤 문제에 대해 명시적으로 살펴보는 것이 좋을 것이다. 우리가 공집합으로부터 SC 문장 ϕ의 도출을 가질 경우 우리는 ϕ의 대입예인 SC 문장 ψ에 대한 유사한 도출을 쉽게 구성할 수 있다. 우리는 단지 ϕ의 주어진 도출을 따라 나가면서 ϕ를 ψ로 변형시키기 위해 요구되는 것과 같은 대입을 모든 곳에서 수행하기만 하면 된다. 그러면 그 결과는 ψ의 도출이 될 것이다.

따라서 정리 6의 도출에 대응해 우리는 '$Q \to Q$'에 대한 도출

$$\{1\} \quad (1)\ Q \qquad\qquad\qquad\qquad\qquad\qquad \text{P}$$
$$\Lambda \quad (2)\ Q \to Q \qquad\qquad\qquad\qquad\quad (1)\ \text{C}$$

를 가지고, '$(R \leftrightarrow -S) \to (R \leftrightarrow -S)$'에 대한 도출

$$\{1\} \quad (1)\ R \leftrightarrow -S \qquad\qquad\qquad\qquad\quad \text{P}$$
$$\Lambda \quad (2)\ (R \leftrightarrow -S) \to (R \leftrightarrow -S) \qquad (1)\ \text{C}$$

를 가지며, 일반적으로 $\psi \to \psi$에 대한 도출

$$\{1\} \quad (1)\ \psi \qquad\qquad\qquad\qquad\qquad\qquad \text{P}$$
$$\Lambda \quad (2)\ \psi \to \psi \qquad\qquad\qquad\qquad\qquad (1)\ \text{C}$$

를 가지게 된다.

기술된 바와 같은 종류의 대입에 있어서는, 전제 (규칙 P에 의해 나오는 것)는 전제로 되고, 전건긍정법 논증은 전건긍정법 논증으로, 후건부정법 논증은 후건부정법 논증으로 되며 규칙 C와 D에 대해서도 마찬가

지가 성립한다. 따라서 올바른 도출은 올바른 도출로 되고, 공집합으로부터의 올바른 도출은 공집합으로부터의 올바른 도출로 된다. 결국 SC 문장 ϕ가 SC정리이고 SC 문장 ψ가 ϕ의 대입예이면, ψ는 SC정리이다.

이 사실은 도출을 짧게 쓰기 위한 방안(scheme)과 연관해 유용하다. 도출들을 구성하면서, 우리는 전에 증명된 정리 혹은 전에 증명된 정리의 대입예를 사용할 수 있는 것이 매우 편리하다는 것을 자주 발견하게 된다. 물론 이것은 그 정리가 요구되는 시점에서 그 정리의 증명을 삽입하는 것에 의해 이루어질 수 있다. 그러한 절차로 되돌아가는 것은 같은 증명을 계속 반복하는 일을 요구한다. 그리고 그것은 증명을 과도하게 길게 만든다. (우리는 앞서 증명된 다른 정리들의 도움으로 증명된 정리들을 사용하기를 원할 수도 있고, 이것이 몇 번이고 겹쳐질 수 있기 때문이다). 따라서 우리는 다음의 '단축(short-cut)' 추론규칙을 정식화할 만한 동기를 가진다:

TH(정리도입) 전에 증명된 SC 정리의 대입예인 어떠한 SC 문장도 임의의 행에 나올 수 있다. 이때 그 행의 전제번호 집합은 공집합이다. 더욱 일반적으로 말하자면, ϕ_1, ϕ_2, ..., ϕ_n이 앞 행들에 나타나고 조건문

$$(\phi_1 \rightarrow (\phi_2 \rightarrow ... \rightarrow (\phi_n \rightarrow \psi)...))$$

가 이미 증명된 SC 정리의 대입예이면 ψ는 임의의 행에 나올 수 있다. 새로운 행의 전제번호로서는 ϕ_1, ϕ_2, ..., ϕ_n이 나타난 행들의 전제번호들 모두를 취한다.

규칙 TH — 그 적용의 예가 아래에 나오는 정리 11, 13의 증명에서 발견된다 — 는 기본 규칙들 P, MP, MT, C, D와 같은 반열 위에 있지 않다. 왜냐하면 이 규칙의 도움을 통해 이루어질 수 있는 모든 추론은 기본 규칙들만을 사용해서도 이루어질 수 있기 때문이다. 아래의 정리 11의 증명에서처럼, 전에 증명된 정리의 대입예를 도입하기 위해 TH를 사용했던 곳에 우리는 간단히 그 대입예의 증명을 삽입할 수 있다. 정리 11에 대해 TH가 사용되지 않은 증명은 다음과 같이 제시될 수 있다.

$\{1\}$ (1) $---P$

$\{2\}$ (2) $---P$

$\{1\}$ (3) $-----P \rightarrow ---P$

$\{1, 2\}$ (4) $----P$

$\{1\}$ (5) $--P \rightarrow ----P$

$\{1\}$ (6) $-P$

Λ (7) $---P \rightarrow -P$

$\{8\}$ (8) P

$\{8\}$ (9) $--P$

Λ (10) $P \rightarrow --P$

이 증명의 첫 일곱 행은 단순히 정리 10의 도출에 불과하다. (정리 10 자체 대신에 대입예 '$---P \rightarrow -P$'를 얻기 위해 'P'에 대해 '$-P$'를 대입하기만 하면 된다.) 마지막 네 행이 정리 11에 대한 우리의 도출이며, 전제번호들을 6만큼씩만 감소시키면 아래에 제시된 도출과 똑같은 형태가 된다.

정리 13의 도출의 넷째 행에서와 같이, 그것에 대응하는 조건문이 (이미 증명된) 정리인 그러한 추론을 만드는 데 TH를 사용하는 경우에도 마찬가지로, 우리는 그 조건문의 증명을 삽입하고 그다음에 MP를 사용해서 결론 부분을 떼어낼 수 있다. 일반적으로 문장들 ϕ_1, ϕ_2, ..., ϕ_n이 앞 행들에 나타나고 조건문

$$(\phi_1 \rightarrow (\phi_2 \rightarrow ... \rightarrow (\phi_n \rightarrow \psi)...))$$

가 앞서 증명된 정리의 대입예일 경우, 우리는 그 조건문의 증명을 삽입하고 그다음에 ψ를 떼어내기 위해 MP를 n번 적용하면 TH를 사용하지 않고도 ψ를 얻을 수 있다.

그러므로, TH는 증명들을 축약하기 위해 고안된 장치일 뿐이다. 그것은 편리함을 더해주지만 우리의 연역체계를 강화하지는 않는다.

11. $P \rightarrow --P$

Λ	(1) $---P \rightarrow -P$	TH 10
{2}	(2) P	P
{2}	(3) $--P$	(1) (2) MT
Λ	(4) $P \rightarrow --P$	(2) (3) C

12. $(-P \rightarrow -Q) \rightarrow (Q \rightarrow P)$

{1}	(1) $(-P \rightarrow -Q)$	P
{2}	(2) Q	P
{1, 2}	(3) P	(1) (2) MT
{1}	(4) $Q \rightarrow P$	(2) (3) C
Λ	(5) $(-P \rightarrow -Q)(Q \rightarrow P)$	(1) (4) C

13. $(P \rightarrow -Q) \rightarrow (Q \rightarrow -P)$

{1}	(1) $P \rightarrow -Q$	P
{2}	(2) Q	P
{3}	(3) $--P$	P
{3}	(4) P	(3) TH 10
{1, 3}	(5) $-Q$	(1) (4) MP
{1}	(6) $--P \rightarrow -Q$	(3) (5) C
{1, 2}	(7) $-P$	(2) (6) MT
{1}	(8) $Q \rightarrow -P$	(2) (7) C
Λ	(9) $(P \rightarrow -Q) \rightarrow (Q \rightarrow -P)$	(1) (8) C

14. $(-P \rightarrow Q) \rightarrow (-Q \rightarrow P)$

15. $(P \rightarrow Q) \rightarrow (-Q \rightarrow -P)$ (대우의 원리)

{1}	(1) $P \rightarrow Q$	P
Λ	(2) $Q \rightarrow --Q$	TH 11
{1}	(3) $P \rightarrow --Q$	(1)(2)TH 1
{1}	(4) $-Q \rightarrow -P$	(3) TH 13
Λ	(5) $(P \rightarrow Q) \rightarrow (-Q \rightarrow -P)$	(1) (4) C

16. $(-P \rightarrow P) \rightarrow P$ (클라비우스의 원리)

{1}	(1) $(-P \rightarrow P)$	
Λ	(2) $-P \rightarrow (P \rightarrow -(-P \rightarrow P))$	TH 8
Λ	(3) $(-P \rightarrow P) \rightarrow (-P \rightarrow -(-P \rightarrow P))$	(2) TH 4
{1}	(4) $-P \rightarrow -(-P \rightarrow P)$	
{1}	(5) $(-P \rightarrow P) \rightarrow P$	(4) TH 12
{1}	(6) P	
Λ	(7) $(-P \rightarrow P) \rightarrow P$	

17. $(P \rightarrow -P) \rightarrow -P$

18. $-(P \to Q) \to P$

   Λ (1) $-P \to (P \to Q)$ TH 8

   Λ (2) $-(P \to Q) \to P$ (1) TH 14

19. $-(P \to Q) \to -Q$

20. $P \to (Q \to (P \,\&\, Q))$

   {1}   (1) P

   {2}   (2) $--(P \to -Q)$

   {2}   (3) $P \to -Q$ (2) TH 10

   {1, 2} (4) $-Q$ (1) (3) MP

   {1}   (5) $--(P \to -Q) \to -Q$

   {1}   (6) $Q \to -(P \to -Q)$ (5) TH 12

   {1}   (7) $Q \to (P \,\&\, Q)$ (6) D

   Λ (8) $P \to (Q \to (P \,\&\, Q))$

21. $(P \to Q) \to ((Q \to P) \to (P \leftrightarrow Q))$

22. $(P \leftrightarrow Q) \to (P \to Q)$

23. $(P \leftrightarrow Q) \to (Q \to P)$

24. $(P \vee Q) \leftrightarrow (Q \vee P)$ (선언의 교환법칙)

   {1}   (1) $P \vee Q$

   {1}   (2) $-P \to Q$ (1) D

   {1}   (3) $-Q \to P$ (2) TH 14

   {1}   (4) $Q \vee P$

   Λ (5) $(P \vee Q) \to (Q \vee P)$

   {6}   (6) $Q \vee P$

   {6}   (7) $-Q \to P$

   {6}   (8) $-P \to Q$ (7) TH 14

$\{6\}$ (9) $P \lor Q$

Λ (10) $(Q \lor P) \to (P \lor Q)$

Λ (11) $(P \lor Q) \leftrightarrow (Q \lor P)$ (5)(10)TH 21

25. $P \to (P \lor Q)$

26. $Q \to (P \lor Q)$

27. $(P \lor P) \leftrightarrow P$ (선언의 동어반복 원리)

    $\{1\}$ (1) $P \lor P$

    $\{1\}$ (2) $-P \to P$

    $\{1\}$ (3) P (2) TH 16

    Λ (4) $(P \lor P) \to P$

    Λ (5) $P \to (P \lor P)$ TH 25

    Λ (6) $(P \lor P) \leftrightarrow P$ (4) (5) TH 21

28. $P \leftrightarrow P$

29. $--P \leftrightarrow P$ (이중부정의 원리)

30. $(P \leftrightarrow Q) \leftrightarrow (Q \leftrightarrow P)$

31. $(P \leftrightarrow Q) \leftrightarrow (-P \leftrightarrow -Q)$

32. $(P \leftrightarrow Q) \to ((P \mathbin{\&} R) \leftrightarrow (Q \mathbin{\&} R))$

33. $(P \leftrightarrow Q) \to ((R \mathbin{\&} P) \leftrightarrow (R \mathbin{\&} Q))$

34. $(P \leftrightarrow Q) \to ((P \lor R) \leftrightarrow (Q \lor R))$

35. $(P \leftrightarrow Q) \to ((R \lor P) \leftrightarrow (R \lor Q))$

36. $(P \leftrightarrow Q) \to ((P \to R) \leftrightarrow (Q \to R))$

37. $(P \leftrightarrow Q) \to ((R \to P) \leftrightarrow (R \to Q))$

38. $(P \leftrightarrow Q) \to ((P \leftrightarrow R) \leftrightarrow (Q \leftrightarrow R))$

39. $(P \leftrightarrow Q) \to ((R \leftrightarrow P) \leftrightarrow (R \leftrightarrow Q))$

이제 ϕ, ψ, χ, θ, θ_1이 SC 문장이라 해 보자. 정리 31을 통해 우리는 $\chi \leftrightarrow \theta$이 정리이면 $-\chi \leftrightarrow -\theta$도 정리라는 것을 알 수 있다. 마찬가지로 정리 32로부터 우리는 $\chi \leftrightarrow \theta$가 정리이면 $(\chi \,\&\, \theta_1) \leftrightarrow (\theta \,\&\, \theta_1)$이 정리라는 것도 알 수 있다. 명백하게 우리는 31과 32 둘을 하나의 경우에 적용해 다음과 같은 결과를 얻을 수 있다: $\chi \leftrightarrow \theta$이 정리이면

$$-(-\chi \,\&\, \theta_1) \leftrightarrow -(-\theta \,\&\, \theta_1)$$

도 정리이다. 일반적으로, 정리 31에서 39까지를 통해, 우리는 다음을 알게 된다: $\chi \leftrightarrow \theta$가 정리이고, ϕ가 ψ로부터 ψ에 나타난 하나의 θ를 하나의 χ로 바꾸어서 얻어진다면, $\phi \leftrightarrow \psi$도 정리이다. ϕ는 그 χ로부터 연결사들을 통해 구성될 수 있고, ψ도 그 θ로부터 정확히 대응되는 방식으로 구성될 수 있다. 그리하여 정리들 31~39(일부 혹은 전부)의 반복 적용에 의해 $\phi \leftrightarrow \psi$가 정리라는 결과를 얻을 수 있다. 이것과 함께 정리 22와 규칙 TH에 근거해, 다음의 매우 유용한 '단축'규칙이 정당화된다.

> R (치환, Replacement) ψ가 앞 행에 나타나고, ϕ가 ψ로부터 ψ에 나타난 하나의 θ를 하나의 χ로 바꿈으로써 얻어지고, $\chi \leftrightarrow \theta$ 혹은 $\theta \leftrightarrow \chi$가 앞서 증명된 SC 정리의 대입예이면, ϕ는 임의의 행에 나올 수 있다. 새로운 행의 전제번호로서는 ψ가 나타난 행의 전제번호들을 취한다.

규칙 R의 적용은 아래의 정리 41의 증명에서 예시된다.

    40. $(P \vee (Q \vee R)) \leftrightarrow (Q \vee (P \vee R))$

41. $(P \lor (Q \lor R)) \leftrightarrow ((P \lor Q) \lor R)$ (선언의 결합법칙)

   Λ (1) $(P \lor (Q \lor R)) \leftrightarrow (Q \lor (P \lor R))$ TH 40

   Λ (2) $(P \lor (Q \lor R)) \leftrightarrow (Q \lor (R \lor P))$ (1) 24 R

   Λ (3) $(P \lor (Q \lor R)) \leftrightarrow (R \lor (Q \lor P))$ (2) 40 R

   Λ (4) $(P \lor (Q \lor R)) \leftrightarrow ((Q \lor P) \lor R)$ (3) 24 R

   Λ (5) $(P \lor (Q \lor R)) \leftrightarrow ((P \lor Q) \lor R)$ (4) 24 R

42. $-(P \& Q) \leftrightarrow (-P \lor -Q)$

43. $-(P \lor Q) \leftrightarrow (-P \& -Q))$

44. $(P \& Q) \leftrightarrow -(-P \lor -Q)$ (드모르간의 법칙)

45. $(P \lor Q) \leftrightarrow -(-P \& -Q)$

46. $(P \& Q) \leftrightarrow (Q \& P)$ (연언의 교환법칙)

47. $(P \& Q) \leftrightarrow P$

48. $(P \& Q) \rightarrow Q$ (단순화 법칙)

49. $(P \& P) \leftrightarrow P$ (연언의 동어반복 원리)

   Λ (1) $(P \& P) \rightarrow P$ TH 47

   Λ (2) $(P \rightarrow -P) \rightarrow -P$ TH 17

   Λ (3) $P \rightarrow -(P \rightarrow -P)$ (2) TH 13

   Λ (4) $P \rightarrow (P \& P)$ (3) D

   Λ (5) $(P \& P) \leftrightarrow P$ (1) (4) TH 21

50. $(P \& (Q \& R)) \leftrightarrow ((P \& Q) \& R)$ (연언의 결합법칙)

51. $(P \rightarrow (Q \rightarrow R)) \leftrightarrow ((P \& Q) \rightarrow R)$ (수출 - 수입 법칙)

52. $(P \rightarrow Q) \leftrightarrow -(P \& -Q)$

53. $(P \rightarrow Q) \leftrightarrow (-P \lor Q)$

54. $(P \lor (Q \& R)) \leftrightarrow ((P \lor Q) \& (P \lor R))$

55. $(P \& (Q \lor R)) \leftrightarrow ((P \& Q) \lor (P \& R))$ (분배법칙)

56. $((P \& Q) \vee (R \& S)) \leftrightarrow$

$(((P \vee R) \& (P \vee S)) \& ((Q \vee R) \& (Q \vee S)))$

57. $P \rightarrow ((P \& Q) \leftrightarrow Q)$

58. $P \rightarrow ((Q \& P) \leftrightarrow Q)$

59. $P \rightarrow ((P \rightarrow Q) \leftrightarrow Q)$

60. $P \rightarrow ((P \leftrightarrow Q) \leftrightarrow Q)$

61. $P \rightarrow ((Q \leftrightarrow P) \leftrightarrow Q)$

62. $-P \rightarrow ((P \vee Q) \leftrightarrow Q)$

63. $-P \rightarrow ((Q \vee P) \leftrightarrow Q)$

64. $-P \rightarrow (-(P \leftrightarrow Q) \leftrightarrow Q)$

65. $-P \rightarrow (-(Q \leftrightarrow P) \leftrightarrow Q)$

66. $P \vee -P$ (배중율)

67. $-(P \& -P)$ (모순율)

68. $(P \leftrightarrow Q) \leftrightarrow ((P \& Q) \vee (-P \& -Q))$

69. $-(P \leftrightarrow Q) \leftrightarrow (P \leftrightarrow -Q)$

70. $((P \leftrightarrow Q) \& (Q \leftrightarrow R)) \rightarrow (P \leftrightarrow R)$

71. $((P \leftrightarrow Q) \leftrightarrow P) \leftrightarrow Q$

72. $(P \leftrightarrow (Q \leftrightarrow R)) \leftrightarrow ((P \leftrightarrow Q) \leftrightarrow R)$

73. $(P \rightarrow Q) \leftrightarrow (P \rightarrow (P \& Q))$

74. $(P \rightarrow Q) \leftrightarrow (P \leftrightarrow (P \& Q))$

75. $(P \rightarrow Q) \rightarrow ((P \vee Q) \rightarrow Q)$

76. $(P \rightarrow Q) \leftrightarrow ((P \vee Q) \leftrightarrow Q)$

77. $(P \rightarrow Q) \leftrightarrow (P \rightarrow (P \rightarrow Q))$

78. $(P \rightarrow (Q \& R)) \leftrightarrow ((P \rightarrow Q) \& (P \rightarrow R))$

79. $((P \vee Q) \rightarrow R) \leftrightarrow ((P \rightarrow R) \& (Q \rightarrow R))$

80. $(P \to (Q \lor R)) \leftrightarrow ((P \to Q) \lor (P \to R))$

81. $((P \& Q) \to R) \leftrightarrow ((P \to R) \lor (Q \to R))$

82. $(P \to (Q \leftrightarrow R)) \leftrightarrow ((P \& Q) \leftrightarrow (P \& R))$

83. $((P \& - Q) \to R) \leftrightarrow (P \to (Q \lor R))$

84. $(P \lor Q) \leftrightarrow ((P \to Q) \to Q)$

85. $(P \& Q) \leftrightarrow ((Q \to P) \& Q)$

86. $(P \to Q) \lor (Q \to R)$

87. $(P \to Q) \lor (-P \to Q)$

88. $(P \to Q) \lor (P \to -Q)$

89. $((P \& Q) \to R) \leftrightarrow ((P \& -R) \to -Q)$

90. $(P \to Q) \to ((R \to (Q \to S)) \to (R \to (P \to S)))$

91. $((P \to Q) \& (Q \to R)) \lor (R \to P)$

92. $((P \to Q) \& (R \to S)) \to ((P \lor R) \to (Q \lor S))$

93. $((P \to Q) \lor (R \to S)) \leftrightarrow ((P \to S) \lor (R \to Q))$

94. $((P \lor Q) \to R) \leftrightarrow ((P \to R) \& ((-P \& Q) \to R))$

95. $((P \to Q) \to (Q \to R)) \leftrightarrow (Q \to R)$

96. $((P \to Q) \to (Q \to R)) \to ((P \to Q) \to (P \to R))$

97. $((P \to Q) \to R) \to ((R \to P) \to P)$

98. $((P \to Q) \to R) \to ((P \to R) \to R)$

99. $(-P \to R) \to ((Q \to R) \to ((P \to Q) \to R))$

100. $(((P \to Q) \to R) \to S) \to ((Q \to R) \to (P \to S))$

문장 ϕ가 다섯 규칙 P, MP, MT, C, D에 따라 구성된 도출의 행에 나타난다면, ϕ는 그 행의 전제들의 동어반복적 귀결이라는 것을 보는 건 어렵지 않다. 우리는 이것을 (1) 그러한 도출의 첫 행에 나타난 어떠한 문장도 그 행의 전제의 동어반복적 귀결이라는 것과 (2) 뒤의 행에 나타난 어떠한 문장도, 앞 행들에 나타난 모든 문장들이 그 전제들의 동어반복적 귀결일 경우, 그 행에 나타난 문장의 전제들의 동어반복적 귀결이라는 것을 입증함으로써 보여 줄 것이다.

(1)에 관하여: ϕ가 첫 행에 나타난다면, ϕ는 규칙 P에 의해 나왔고 따라서 ϕ가 자기 자신의 유일한 전제이다.

(2)를 입증하기 위해 규칙들을 한 번에 하나씩 살펴보기로 하자.

(i) ϕ가 규칙 P에 의해 나왔다면, 그것은 명백히 그 행의 전제의 동어반복적 귀결이다.

(ii) ϕ가 규칙 MP에 의해 나왔다면, 그것의 전제들은 문장 ψ와 ($\psi \rightarrow \phi$)가 나타나는 앞 행들의 전제들 전부이다. ϕ는 ψ와 ($\psi \rightarrow \phi$)의 동어반복적 귀결이다. 그리고 가정에 의해 ψ와 ($\psi \rightarrow \phi$)는 그것들이 나타난 행들의 전제들의 동어반복적 귀결이다. 그러므로 ϕ도 그 전제들의 동어반복적 귀결이다. (221쪽 9항)

(iii) ϕ가 규칙 MT에 의해 나온 경우에, 그 논증은 MP에 대한 경우와 완전히 유사하다.

(iv) ϕ가 규칙 C에 의해 나왔다면, χ가 앞 행에 나왔던 것을 조건으로 하여 $\phi = (\psi \rightarrow \chi)$이다. 가정에 의해, χ는 그 행의 전제들—ψ를 포함할 수도 있는—의 동어반복적 귀결이다. 그러므로 ($\psi \rightarrow \chi$)는 ψ를 배제한 그 전제들의 동어반복적 귀결이다(221~222쪽 9항과 10항).

(v) 마지막으로, ϕ가 규칙 D에 의해 나왔다면, 그것으로부터 ϕ가 정의상 치환에 의해 얻어질 수 있는 그러한 어떤 문장이 앞 행에 나타난다. 그런데 그러한 문장들은 항상 서로의 동어반복적 귀결이다. (이것의 증명은 연습문제로서 독자에게 남겨 둔다.) 그런고로 ϕ는 앞 행에 나타나는 문장의 전제들의 귀결이고, 이것들이 바로 다름 아닌 ϕ의 전제들이다.

그러므로, SC 도출의 각 행에 나타나는 모든 문장은 그 행의 전제들의 동어반복적 귀결이다. 특히 우리가 한 SC 문장을 공집합으로부터 이끌어 낼 수 있음을 보일 경우, 우리는 곧 그 문장이 동어반복적임을 입증한 것이다. (이것은 물론 우리가 도출을 찾아내는 일에 실패했다고 해서 주어진 문장이 동어반복적이 아님을 입증했다는 것을 함축하는 것은 아니다. 그 목적을 위해서는 진리표 분석이 여전히 요구된다.)

지금 막 살펴본 바에 덧붙여, 우리의 다섯 규칙은 또 하나의 주요한 속성을 가진다. 즉, 한 SC 문장 ϕ가 SC 문장집합 Γ의 동어반복적 귀결이면, ϕ는 규칙에 의해 Γ로부터 이끌어내어질 수 있다는 것이다. 이것의 증명은 뒤에 연습문제로 나올 것이다.

•연습문제•

1. 다음 SC 문장들 각각에 대해 진리표를 작성하시오.

    (a) $(P \& Q) \rightarrow (P \vee Q)$

    (b) $((P \rightarrow Q) \rightarrow P) \rightarrow Q$

    (c) $((P \leftrightarrow -Q) \leftrightarrow -P) \leftrightarrow Q$

    (d) $Q \leftrightarrow ((P \& Q) \vee (-P \& -Q))$

    (e) $((P \rightarrow Q) \rightarrow P) \leftrightarrow P$ (퍼스의 법칙)

    (f) $(P \rightarrow (Q \& -Q)) \rightarrow -P$

    (g) $(P \rightarrow (Q \rightarrow R)) \rightarrow ((P \rightarrow Q) \rightarrow R)$

    (h) $P \rightarrow ((Q \rightarrow R) \rightarrow ((P \rightarrow Q) \rightarrow R))$

    (i) $((P \rightarrow Q) \rightarrow R) \rightarrow ((P \rightarrow R) \rightarrow R)$

    (j) $(P \rightarrow Q) \vee (P \leftrightarrow -Q)$

2. 문자 'P', 'Q', 'R'이 들어 있고 다른 문자는 들어 있지 않으며, 진리표의 주 연결사 아래에 나타나는 항목들이 다음과 같은 SC 문장을 찾으시오(단, 진리치의 조합들은 214쪽의 도표 III에서와 같이 나열된다).

T
T
T
F
F
T

T
T

3. 다음 문장들 각각의 기초 진리함수적 요소를 나열하시오.

   (a) $P \rightarrow (Q \vee R)$

   (b) $(x)Fx \rightarrow (Fa \rightarrow R)$

   (c) $(x)(y)Fxy$

   (d) $(x)(Fxa \rightarrow (\exists y)\, Gxay)$

   (e) $Hab \rightarrow (\exists x)(Hxb \leftrightarrow Hab)$

   (f) $(x)Fxa \leftrightarrow (y)(x)Fxa$

   (g) $(P \,\&\, (x)Fx) \leftrightarrow (-P \,\&\, (x)Gx)$

   (h) $(x)(Fx \,\&\, (P \vee -P))$

   (i) $Q \rightarrow (x)(P \,\&\, Q)$

   (j) $((z)Gz \,\&\, (\exists y)Hy) \leftrightarrow -(z)(\exists y)(Gz \,\&\, Hy)$

4. (a) 연습문제 3번의 문장들 각각에 대해 연계된 SC 문장을 제시하시오.

   (b) 모든 문장이 그 대입예인 SC 문장을 제시하시오. 그런 SC 문장들은 얼마나 많이 있는가?

   (c) 모든 대입예가 동어반복이 아닌 SC 문장을 제시하시오.

   (d) 모든 조건문장이 그 대입예인 SC 문장을 제시하시오.

   (e) SC 문장의 기초 진리함수적 요소는 무엇인가?

   (f) SC 문장 ϕ가 SC 문장 ψ와 연계되어 있다면 ψ가 ϕ와 연계되어 있다는 것이 왜 항상 성립하는지 설명하시오.

5. 다음 문장들 중 어떤 것이 동어반복인지 결정하시오(각각에 대해

연계된 SC 문장을 구성하고 진리표를 사용함으로써).

(a) $(Ca \ \& \ Gm) \rightarrow Ca$

(b) $-(-Aa \ \& \ (Aa \vee P)) \vee P$

(c) $(Ha \vee -Dj) \rightarrow (-Ha \rightarrow -Dj)$

(d) $(Ca \vee (x)(Fx \rightarrow Ca)) \leftrightarrow Ca$

(e) $(x)(Fx \vee Ga) \rightarrow ((x)Fx \vee Ga)$

(f) $((-(\exists y)Dy \rightarrow (\exists y)Dy) \vee -Da) \rightarrow (\exists y)Dy$

(g) $(x)(Fx \vee -Fx) \rightarrow ((x)(Fx \vee -Fx) \vee (x) -(Fx \vee -Fx))$

(h) $(x)(Fx \ \& \ (y)(Gy \rightarrow (\exists z)Fz)) \rightarrow (x)(Fx \vee (\exists z)Fz)$

(i) $(((x)Fx \ \& \ (y)Gy) \rightarrow (\exists z)Fz) \rightarrow ((x)Fx \vee (\exists z)Fz)$

(j) $Q \rightarrow (-(x)(y)Cxy \rightarrow (Q \ \& \ -(x)(y)Cyx))$

6. 연습문제 1번의 동어반복적 문장들 각각을 공집합으로부터 도출하시오(6절에 주어진 규칙들 중 어느 것을 사용해도 좋고, 정리 1~100도 이전에 증명된 것으로서 사용해도 좋다).

7. 다음의 그룹 각각에 대해 마지막 문장을 나머지 문장들로부터 도출하시오(6절에 주어진 규칙들을 사용하고, 정리 1~ 100도 이전에 증명된 것으로서 사용해도 좋다).

(a) $P \rightarrow Q$　　　　　(b) $P \rightarrow Q$

　　$-P \rightarrow R$　　　　　　$(Q \rightarrow P) \rightarrow P$

　　$-Q \rightarrow -R$　　　　　　Q

　　Q

(c) $(P \rightarrow Q) \rightarrow R$ (d) $P \rightarrow Q$

    $S \rightarrow -P$ $R \rightarrow -S$

    T $S \rightarrow P$

    $(-S \,\&\, T) \rightarrow Q$ $Q \rightarrow R$

    R $S \rightarrow T$

(e) $(-P \rightarrow Q) \rightarrow R$ (f) $P \rightarrow R$

    $-R$ $Q \rightarrow -S$

    $-Q \rightarrow P$ $R \rightarrow Q$

    S $P \rightarrow -S$

(g) $(P \,\&\, Q) \rightarrow R$ (h) $-(P \,\&\, -Q) \vee -(-S \,\&\, -T)$

    $R \rightarrow S$ $-(T \vee Q)$

    $Q \,\&\, -S$ $U \rightarrow (-T \rightarrow (-S \,\&\, P))$

    $-P$ $-U$

(i) $(P \,\&\, -Q) \vee (P \,\&\, R)$ (j) $(P \rightarrow Q) \rightarrow Q$

    $-Q \rightarrow -P$ $(T \rightarrow P) \rightarrow R$

    R $(R \rightarrow S) \rightarrow -(S \rightarrow Q)$

(k) $(P \rightarrow Q) \vee (R \rightarrow S)$ R

    $(P \rightarrow S) \vee (R \rightarrow Q)$

8. 다음 논증들 각각에 대해 전제들과 결론을 SC 문장들을 이용하여 기호화하고 그다음에 형식화된 결론을 형식화된 전제들로부터 도출하시오(오직 문장문자들만이 포함되므로, 해석이 명시될 필요는 없다).

(a) 골이 득점으로 연결되거나 멀리건이 앞으로 넘어질 것이다.

멀리건이 앞으로 넘어지면 팬들이 조소할 것이다. 팬들이 조소하지 않을 것이다. 그러므로, 골이 득점으로 연결되면 팬들이 조소할 것이라는 것은 사실이 아니다.

(b) 시험이 없을 경우에 오직 그 경우에만 학생들은 행복하다. 학생들이 행복하면 교수는 기분이 좋을 것이다. 그러나 교수가 기분이 좋으면, 그는 강의할 조건이 되지 않는다. 그리고 그가 강의할 조건이 되지 않으면 시험을 보게 된다. 그러므로, 학생들은 행복하지 않다.

(c) 그 초상화가 그 고객을 닮으면 고객과 화가는 실망할 것이다. 그 초상화가 그 고객을 닮지 않으면, 그의 아내가 돈을 지불하지 않을 것이다. 그리고 그렇게 된다면 화가는 실망할 것이다. 그러므로 화가는 실망할 것이다.

(d) 헨리가 크리스마스 선물로 롤스로이스를 받으면, 누군가가 그에게 차고 또한 제공하지 않을 경우 그는 그 차를 거리에 주차해야 한다. 그가 좋은 소년이면 누군가가 그에게 차고를 제공해 줄 것이라는 것은 사실이 아니다. 그러나 헨리가 좋은 소년이면 그는 크리스마스 선물로 롤스로이스를 받을 것이다. 그러므로 그는 실제로 크리스마스 선물로 롤스로이스를 받을 것이고 또한 그 차를 거리에 주차해야 할 것이다.

9. '동어반복적 문장'의 정의에 입각해 219쪽의 문장 1~3을 증명하시오.

10. ϕ를 '$\lor$', '&', '$\rightarrow$'가 들어 있지 않은 SC 문장이라 하자. 다음 조건들이 동시에 성립할 경우에 오직 그 경우에만 ϕ가 SC 정리라는 것을

귀납에 의해 증명하시오:

1) ϕ 속에 나타나는 각각의 문장문자들은 짝수 번 나타난다. 그리고

2) ‘−’가 ϕ 속에 나타나면 그것은 짝수 번 나타난다.

11. 다음 논증들 각각에 대해 연습문제 8번에서와 같이 하시오.

(a) 모리아티가 붙잡히면 런던은 범죄적 견지에서 흥미 없는 도시가 될 것이다. 모리아티가 붙잡힐 경우에 오직 그 경우에만 홈즈는 그를 탈출시킬 것이다. 그러나 어떤 경우에든 홈즈는 돌아올 것이다. 그러므로 홈즈가 모리아티를 탈출시키면, 런던은 범죄적 견지에서 흥미 없는 도시가 될 것이고 홈즈가 돌아오지 않으면 왓슨은 바이올린과 현을 팔아 버릴 것이다.

(b) 홈즈가 성공적이고 모란 대령이 체포된다면, 폰 헤르더의 유명한 공기총은 영국 경시청의 박물관을 빛나게 할 것이다. 그러나 모란 대령이 체포되면 폰 헤르더의 유명한 공기총이 영국 경시청 박물관을 빛나게 할 것이라는 것은 사실이 아니다. 그러므로, 모란 대령이 체포되면 홈즈는 성공적이지 않을 것이다.

12. 부정기호 ‘−’가 들어 있지 않은 임의의 SC 문장 ϕ에 대해, ϕ 안에 각 문장문자가 나타난 곳마다에 그 문장문자 대신 ‘$P \to P$’를 대입한 결과는 동어 반복적이라는 것을 보이시오.

13. 다음 각각을 공집합으로부터 도출하시오. (6절의 규칙들을 사용하고 정리 1~100을 이전에 증명된 것으로서 사용해도 좋다.)

(a) $((P \to Q) \to Q) \leftrightarrow ((Q \to P) \to P)$

(b) $(P \to Q) \to ((-P \to Q) \to Q)$

(c) $(((P \lor Q) \,\&\, (P \to R)) \,\&\, (Q \to R)) \to R$

(d) $(P \leftrightarrow Q) \leftrightarrow ((P \,\&\, Q) \leftrightarrow (P \lor Q))$

14. 다음 규칙을 고려하시오.

RAA(**귀류법**, Reductio ad absurdum) ψ와 $-\psi$가 앞 행들에 나타나면 ϕ가 그 뒤의 임의의 행에 나타날 수 있다. 그 새로운 행의 전제번호들로서 ψ와 $-\psi$가 나타난 행들의 전제번호를 취하되, 단 $-\phi$가 나타나는 행의 행번호인 어떠한 것도 (필요할 경우) 제외될 수 있다.

임의의 문장 ϕ와 문장집합 Γ에 대해, ϕ가 규칙들 P, MP, RAA, C, D에 의해 Γ로부터 도출가능할 경우에 오직 그 경우에만 ϕ가 규칙들 P, MP, MT, C, D에 의해 Γ로부터 도출가능하다는 것을 보이시오.

15. $-\phi$가 동어반복적 SC 문장이면 ϕ 속에 부정기호 '$-$'가 적어도 한 번 이상 나타난다는 것을 보이시오.

16. 문장 ϕ가 문장 ψ의 **진리함수적 요소**(TFC)일 경우에 오직 그 경우에만 ϕ가 ψ 속에 적어도 한 번 이상 자유롭게 나타난다. 문장집합 Γ의 모든 원소가 문장 ϕ의 진리함수적 요소이고 Γ가 다음 조건들

을 만족할 경우에 오직 그 경우에만 Γ는 ϕ에 대해 **진리집합**(truth-set)이다: 모든 문장 ψ, χ에 대해

1) $-\psi$가 ϕ의 진리함수적 요소이면, $-\psi \in \Gamma$일 경우에 오직 그 경우에만 $\psi \notin \Gamma$이다.

2) $(\psi \lor \chi)$가 ϕ의 진리함수적 요소이면, $(\psi \lor \chi) \in \Gamma$인 경우에 오직 그 경우에만 $\psi \in \Gamma$ 혹은 $\chi \in \Gamma$이다.

3) $(\psi \& \chi)$가 ϕ의 진리함수적 요소이면, $(\psi \& \chi) \in \Gamma$인 경우에 오직 그 경우에만 $\psi \in \Gamma$ 그리고 $\chi \in \Gamma$이다.

4) $(\psi \rightarrow \chi)$가 ϕ의 진리함수적 요소이면, $(\psi \rightarrow \chi) \in \Gamma$인 경우에 오직 그 경우에만 $\psi \notin \Gamma$ 혹은 $\chi \in \Gamma$이다.

5) $(\psi \leftrightarrow \chi)$가 ϕ의 진리함수적 요소이면, $(\psi \leftrightarrow \chi) \in \Gamma$인 경우에 오직 그 경우에만, $\psi \in \Gamma$ 일 경우 오직 그 경우 $\chi \in \Gamma$ 이다.

임의의 문장 ϕ에 대해, ϕ가 동어반복적일 경우에 오직 그 경우에만 ϕ가 그것의 모든 진리집합들에 속한다는 것을 보이시오.

7
ℒ의 추론규칙들

이 장에서는 여섯 개의 규칙들을 가진 체계를 제시할 예정인데, 이 규칙들을 써서 주어진 문장집합 Γ로부터 Γ의 귀결인 문장들을, 그리고 오직 Γ의 귀결인 문장들만을 이끌어내는 것이 가능할 것이다. 첫 번째 절에서는 규칙들은 간결하면서도 주의 깊게 기술할 것이고, 두 번째 절에서 그 규칙들을 차례로 논의하면서 수많은 예들을 통해 설명할 것이다. 세 번째 절에서는 세 개의 소위 단축(short-cut) 규칙들을 기술하고 설명하고 예시하며 정당화할 것이다. 비록 이 단축규칙들이 매우 유용하다고는 하더라도 이것들은 원리상 없어도 되는 것들이다. 여섯 개의 기본 규칙들이 그 자체만으로도 충분하기 때문이다. 네 번째 절에서는 주어진 전제들로부터 주어진 결론을 도출해내는 일에 대해 몇 가지 도움말을 더할 것이다. 마지막 절에서는 논리학의 정리(theorem of logic)라 불리는 것, 즉 공집합으로부터 이끌어낼 수 있는 문장들에 주목해 보겠다. 또한 여러 정리들을 증명하고 그 밖의 다른 정리들도 증명 없이 제시할 것이다.

1. 기본 규칙들; 도출가능성

진리표 방법이 주어진 문장이 동어반복인지 아닌지, 그리고 그것이 주어진 유한 문장집합의 동어반복적 귀결인지 아닌지 결정하는 방법을 제공한다는 것을 우리는 앞선 장에서 이미 보았다. 많은 경우에 이 방법은 지루하지만 그러나 어떻든 간에 그것은 존재하는 방법이다. 그러나 우리는 동어반복적 문장으로부터 타당한 문장으로 옮겨갈 때 문제가 전혀 달라진다는 것을 알게 될 것이다. 주어진 문장이 타당한지의 문제에 예－아니요 대답을 허락하는 비슷한 절차(혹은 어떤 기계)를 찾기를 소망한다. 명백히 진리표 방법으로는 더 이상 충분하지 못하기 때문이다. 진리표 방법을 통해 주어진 문장이 동어반복적임을 알게 된다면 그 경우에는 물론―모든 동어반복적 문장이 타당하기 때문에―그 문장이 타당한 문장인 것으로 입증된 것이다. 그러나 그 방법을 통해 주어진 문장이 동어반복적이지 않다는것을 알게 되었을 경우에 우리는 그 문장이 타당하지 않다고 결론내릴 수가 없다. 예를 들어, '$(x)Fx \rightarrow Fa$'는 동어반복적 문장은 아니지만 그럼에도 불구하고 그것은 타당하다. 물론 이와 같은 경우들이 무수히 많다.

임의의 문장이 타당한지 여부를 기계적으로 결정하는 방법은 단지 지금까지 발견되지 않은 것에 불과한 것이 아니라 아예 발견될 **수가 없다**. 타당성의 결정 절차가 불가능하다는 것은 1936년에 미국의 논리학자 알론조 처치(Alonzo Church)에 의해 증명되었다. 그것은 물론, 주어진 문장이 다른 문장들의 귀결인지 아닌지를 결정하는 단계적 절차도 존재하지 않는다는 것을 함축한다. 그러나 우리는 앞 장의 6절에서 제시된 추론규칙들의 체계와 비슷한 어떤 것을 가지고 있기 때문에 상황이 완전히 어둡지는 않다. 문장 ϕ가 문장들의 집합 $\varGamma$의 귀결일 경우에 오직 그 경우에만

Γ로부터 ϕ의 올바른 도출이 존재하는—단, 여기서 '올바른' 도출이란 각 단계가 다음에 진술될 규칙들에 따라 만들어지는 것을 말한다—그러한 속성을 가진 몇 개의 기계적으로 적용가능한 규칙들을 진술하는 일이 가능하다. 결정 절차의 부재가 그러한 규칙들의 존재를 동어반복적 문장들의 경우에 있어서보다 더욱 중요한 것으로 만든다.

이번에도 참고가 가능하도록 먼저 규칙들에 대해 엄밀하게 진술하고서 그다음에 여러 예들과 설명적 논평들을 부연하겠다. **도출**(derivation)이란 연속적으로 번호 붙여진 행들의 유한한 나열로서 각각의 행들은 수들(그 행의 **전제번호들**)의 집합과 하나의 문장으로 이루어져 있고 다음의 규칙들에 따라 구성된 것이다. (단 여기서 ϕ와 ψ는 임의의 식들이고 α는 변항, β는 개체상항이다.)

P (전제도입, Introduction of premises) 어떠한 문장도 임의의 행에 나올 수 있다. 이때 그 행의 전제번호는 단 하나뿐인데 그것은 바로 그 행의 번호이다.

T (동어반복적 추론, Tautological inference) 어떠한 문장도 앞 행에 나타난 문장집합의 동어반복적 귀결이면 그 문장은 그 뒤의 어떠한 행에든 나올 수 있다.[1] 그 새로운 행의 전제번호들로서는 그 문장집합에 속한 문장들이 나타난 행들의 모든 전제번호들을 취한다.

---

1 6장의 문장논리 체계에서와 같이, 문장 ϕ가 어떤 행에 나타난다고 말하는 것은 그 행이 ϕ와 수들의 집합으로 구성되어 있다고 말하는 것이다. 그리고 문장 ϕ가 주어진 행의 전제라고 말하는 것은 주어진 행의 전제번호를 자신의 행번호로 지닌 행에 ϕ가 나타난다고 말하는 것이다.

C (조건문화, Conditionalization) ψ가 앞 행에 나타났으면 $(\phi \rightarrow \psi)$는 그 뒤의 어떤 행에든 나올 수 있다. 그 새로운 행의 전제 번호들로서는 ϕ가 나타난 행의 행번호를 (요구된다면) 제외 하고 ψ가 나타난 행의 모든 전제번호들을 취한다.

US (보편예화, Universal specification) $(\alpha)\phi$가 앞 행에 나타났으면 $\phi\alpha/\beta$가 그 뒤의 어떤 행에든 나올 수 있다.[2] 그 새로운 행의 전제번호들로서는 $(\alpha)\phi$가 나타난 행의 모든 전제번호들을 취 한다.

UG (보편일반화, Universal generalization) $\phi\alpha/\beta$가 앞 행에 나타나 고 β가 ϕ에도 그리고 $\phi\alpha/\beta$가 나타난 행의 어떠한 전제에도 나타나지 않으면, $(\alpha)\phi$가 그 뒤의 어떤 행에든 나올 수 있다. 그 새로운 행의 전제번호들로서는 $\phi\alpha/\beta$가 나타난 행의 모든 전제번호들을 취한다.

E (존재양화사 전환, Existential quantification) $-(\alpha)-\phi$가 앞 행 에 나타났으면 $(\exists\alpha)\phi$가 그 뒤의 어떤 행에든 나올 수 있다. 그 새로운 행의 전제번호들로서는 $-(\alpha)-\phi$가 나타난 행의 모든 전제번호들을 취한다. 위의 역도 성립한다.

도출 중에서 마지막 행에 문장 ϕ가 나타나고 그 행의 모든 전제들이 문장집합 Γ에 속하는 도출을 **Γ로부터 ϕ의 도출**(혹은 **증명**)이라고 부른다.

---

2 6장의 문장논리 체계에서와 같이, 문장 ϕ가 어떤 행에 나타난다고 말하는 것은 그 행이 ϕ와 수들의 집합으로 구성되어 있다고 말하는 것이다. 그리고 문장 ϕ가 주어진 행의 전제라고 말하는 것은 주어진 행의 전제번호를 자신의 행번호로 지닌 행에 ϕ가 나타난다고 말하는 것이다.

문장집합 Γ로부터 문장 ϕ의 도출이 존재할 경우에 오직 그 경우에만 문장 ϕ는 문장집합 Γ로부터 **도출가능하다.**

명백히 도출의 어떠한 행도 유한한 수의 전제들만을 가지므로, 한 문장이 무한 문장집합 Γ로부터 도출가능하다면 그 문장은 Γ의 유한 부분집합으로부터 도출가능하다.

2. 예들과 설명들

여기서 도출의 예들을 세 가지 들겠다:

I. 다음은 두 문장 '$(x)(Fx \rightarrow Gx)$'와 '$(x)(Gx \rightarrow Hx)$'로 이루어진 집합으로부터 문장 '$(x)(Fx \rightarrow Hx)$'의 도출이다. 도출의 오른쪽 옆에 여러 첨언들이 있는데 엄밀히 말해서 이것들은 도출의 부분은 아니다. 이것들은 단지 독자들로 하여금 규칙들이 준수되었다는 것을 알아보기 쉽게 하기 위해 덧붙인 것이다. 현재 단계에서 우리는 앞 장에서의 TH규칙과 유사한 규칙을 사용하지 않아 애매성의 위험이 없으므로, 행번호들을 인용할 때 괄호를 생략할 수 있다.

{1}	(1) $(x)(Fx \rightarrow Gx)$	P
{2}	(2) $(x)(Gx \rightarrow Hx)$	P
{3}	(3) Fa	P
{1}	(4) $Fa \rightarrow Ga$	1 US
{1, 3}	(5) Ga	3, 4 T
{2}	(6) $Ga \rightarrow Ha$	2 US

{1, 2, 3}	(7) Ha	5, 6 T
{1, 2}	(8) $Fa \rightarrow Ha$	3, 7 C
{1, 2}	(9) $(x)(Fx \rightarrow Hx)$	8 UG

아마 다음의 내용이, 방금 주어진 도출에서 형식적으로 제시된 논증에 대한 직관적 설명으로서 도움을 줄 것이다. 속성 F를 가진 것은 무엇이든 속성 G를 가지고 또한 속성 G를 가진 것은 무엇이든 속성 H를 가진다고 하자. 또한 a가 임의로 선택된 대상이라 하자. 그리고 그 a가 속성 F를 가진다고 가정하자. (1)에 의해, a가 F를 가지면 그것은 G를 가진다. 그리하여 (3)과 (4)에 의해, a는 G를 가진다. 그런데 (2)에 의해, a가 G를 가지면 그 a는 H를 가진다. 그러므로 (5)와 (6)에 의해, a는 H를 가진다. 이것이 (1), (2), (3)만으로부터 따라 나온다. 그러므로 (1), (2)만으로부터 a가 F를 가지면, a가 H를 가진다는 것이 따라 나온다. 그런데 a는 임의로 선택된 대상이었다. 그러므로 F를 가진 어떠한 대상도 H를 가진다.

II. 같은 전제들로부터 같은 결론의 도출을 다음과 같이 더 짧게 할 수 있다.

{1}	(1) $(x)(Fx \rightarrow Gx)$	P
{2}	(2) $(x)(Gx \rightarrow Hx)$	P
{1}	(3) $Fa \rightarrow Ga$	1 US
{2}	(4) $Ga \rightarrow Ha$	2 US
{1, 2}	(5) $Fa \rightarrow Ha$	3, 4 T
{1, 2}	(6) $(x)(Fx \rightarrow Hx)$	5 UG

각 행의 전제들은 그 행의 전제번호들에 의해 번호 붙여진 행들의 문장들이므로, (6)행의 전제들은 (1)과 (2)행에 나타난 문장들, 즉 문장 '(x) $(Fx \rightarrow Gx)$'와 '$(x)(Gx \rightarrow Hx)$'이다.

III. 세 번째 예로서 문장 '$(x)(Fx \rightarrow Gx)$'와 '$(\exists x)(Hx \,\&\, - Gx)$'이루어진 집합으로부터 '$(\exists x)(Hx \,\&\, - Fx)$'의 도출을 살펴보자.

{1}	(1) $(x)(Fx \rightarrow Gx)$	P
{2}	(2) $(\exists x)(Hx \,\&\, - Gx)$	P
{3}	(3) $(x) - (Hx \,\&\, - Fx)$	P
{3}	(4) $- (Ha \,\&\, - Fa)$	3 US
{1}	(5) $Fa \rightarrow Ga$	1 US
{1, 3}	(6) $- (Ha \,\&\, - Ga)$	4, 5 T
{1, 3}	(7) $(x) - (Hx \,\&\, - Gx)$	6 UG
{1}	(8) $(x) - (Hx \& - Fx) \rightarrow (x) - (Hx \& - Gx)$	3, 7 C
{1}	(9) $- (x) - (Hx \& - Gx) \rightarrow - (x) - (Hx \& - Fx)$	8 T
{2}	(10) $- (x) - (Hx \,\&\, - Gx)$	2 E
{1, 2}	(11) $- (x) - (Hx \,\&\, - Fx)$	9, 10 T
{1, 2}	(12) $(\exists x)(Hx \,\&\, - Fx)$	11 E

예들을 더 제시하기 전에 규칙들에 대해 약간의 설명을 차례로 하겠다.

규칙 P. 이 규칙의 목적은 도출에 전제들을 도입하는 것을 허락하는 것이다. 전제들은 보통 도출의 맨 처음에 나타나지만 이것은 필수적이지 않다. 도출은 규칙 T의 적용으로부터 시작할 수도 있고(아래를 보라) 전제들은 편리한 때 언제 어디서든 도입될 수 있기 때문이다. 때때로 앞의 예 I과 III에서와 같이 주어진 전제들에 덧붙여 어떤 전제들을 가정하는 것이 유용하다. 그 전제들은 그 목적을 달성한 후에 규칙 C에 의해 소거 (discharge)될 수 있다. 규칙 P에 의해 정당화된 어떠한 행도 전제로 하나의 문장만을, 즉 그 행에 나타난 문장만을 가진다는 것에 주목하자. 또한 오직 문장들만이 이 규칙에 따라서 도입될 수 있다는 것에도 주목하자. 사실, 규칙들 중 어떠한 것도 문장이 아닌 식이 도입되는 것을 허용하지 않는다.

규칙 T. ϕ가 문장집합 Γ의 동어반복적 귀결인 문장이면 규칙 T는 Γ의 모든 원소들이 앞 행들에 나타날 경우 ϕ가 새로운 행에 나타나도록 허락한다. 따라서 이 규칙에 의해 우리는 우리가 이미 가지고 있는 동어반복적 귀결들을 써 내려갈 수 있다. Γ가 공집합일 수 있다는 것도 배제되지 않는다. 그 경우 ϕ는 동어반복적 문장이어야 한다. 따라서 도출은 다음에서와 같이 동어반복적 문장으로 시작할 수 있다.

Λ (1) $Fa \vee -Fa$ T

문장 '$Fa \vee -Fa$'가 공집합의 동어반복적 귀결이고 공집합의 모든 원소가 이 도출의 앞 행에 나왔기 때문이다. 규칙 T의 적용에 있어서 집합 Γ는 항상 유한하다. 왜냐하면 당연히 도출의 어떠한 주어진 행도 오직 유한한 수의 행들 다음에 나오기 때문이다. 그러므로 우리는 규칙 T의 적용이라 말한 것이 올바른 적용인지를 상응 조건문을 구성하여 그것의 동어반복성을 검사함으로써 검토할 수 있다. 예를 들어 예 III의 (6)행에 대해 그 상응 조건문은 동어반복적 문장인

$$(-(Ha \ \& \ -Fa) \ \& \ (Fa \rightarrow Ga)) \ \rightarrow \ -(Ha \ \& \ -Ga)$$

이다. 이 규칙의 적용이 올바른지 확인할 수 있으려면 동어반복적 문장들의 상세한 목록이 필요하다는 점은 명백하다.

규칙 C. 기본적 용법에 있어서 규칙 C가 말하는 바는 당신이 문장 ϕ를 포함하는 전제들로부터 ψ를 추론하는 데 성공했을 경우, $\phi \rightarrow \psi$를 추론해낼 수 있으며 이때 그 전제들의 목록으로부터 ϕ를 빼 버릴 수 있다는 것이다. 다른 말로 하면 전제 ϕ를 없애는 대가로 그것이 ψ 앞에 전건으로 붙어야 한다는 것이다. 따라서 이 규칙은 조건문을 이끌어내는 데에 도움이 된다: 요구되는 조건 문의 전건을 가정하라. 후건을 이끌어내라. 그리고 나서 그 조건문을 얻도록 조건문화하라. (예 I의 (3)~(8)행을 보라.) 간결성을 위해, 이 규칙은 주어진 행의 전제가 아닌 전건 ϕ를 더하는 것도 허용하도록 정식화되었다. 그러나 $\phi \rightarrow \psi$는 ψ의 동어반복적 귀결이므로 이 추론은 이미 규칙 T에 의해 허용된다. '요구된다면'이란 구절은 대응되는 SC규칙과 똑같은 방식으로 규칙 C를 정식화하기 위해 집어넣었다. SC규칙의 정식화에서 그러한 단서는 SC 정리 7의 증명 후에 언급된 속성(227~228쪽을 보라)을 그 체계에 부여하기 위해 필요했었다.

경험에 의하면, 이 규칙을 적용할 때 가장 자주 하는 실수는 소거되는 행의 **행번호**가 아닌 **전제번호들**을 빼 버리는 실수이다.

규칙 US. 이 규칙은 보편일반화로부터 개별적 사례로 옮겨 가는 규칙이다. 학생들은 오직 그들이 보편일반식을 인지할 수 없거나 그런 보편일반식의 개별적 사례를 어떻게 만드는지 이해하지 못할 경우에만 이 규칙의 적용에 있어서 어려움에 직면할 것이다. 따라서, 이 규칙은 문장

$$(x)(Fx \rightarrow Ga) \rightarrow Ga$$

나 문장

$$- (x)Fx$$

에 적용될 수 **없다.** 왜냐하면 이것들은 둘 다 어떠한 식에 대해서도 그 식의 보편일반화가 아니기 때문이다. 그러나 이 규칙에 의해

$$(x)Fax$$

로부터

$$Fab$$

나 혹은

$$Faa$$

로 나아갈 수 있다. 극단적인 특별한 경우를 주목해 보자: 이 규칙은 아무런 실질적 역할도 하지 않는 공허한 보편양화사를 빼 버리는 일을 허용한다. 예를 들어, 이 규칙은

$$(x)Fa$$

로부터

$$Fa$$

로 옮겨감을 허용한다. 이때에 'Fa'는 'Fa' 속에 자유롭게 나타나는 모든 'x'를 'b'로 대치한 결과로 간주된다. 물론 이 규칙의 어떠한 적용에 있어서도, 또는 다른 규칙들의 어떠한 적용에 있어서도, 우리는 변항 'α', 'β', 'ϕ'에 대해서 우리가 무슨 값을 취할지에 대해 분명히 해야 한다.

따라서 예 I의 (4)행에서 US는 $a=$'x', $\phi=$'$(Fx \rightarrow Gx)$', $\beta=$'a'를 취하고 그래서 $(\alpha)\phi=$'$(x)(Fx \rightarrow Gx)$', $\phi\alpha/\beta=$'$(Fa \rightarrow Ga)$'를 취함으로써 적용된 것이다. 예 III의 (4)행에서의 US의 적용은 $a=$'x', $\phi=$'$-(Hx \ \& \ -Fx)$', $\beta=$'a'를 취하고 그래서 $(\alpha)\phi=$'$(x)-(Hx \ \& \ -Fx)$', $\phi\alpha/\beta=$'$-(Ha \ \& \ -Fa)$'를 취함으로써 성취되었다.

규칙 UG. 규칙 US가 보편일반화로부터 개별적 사례로 나아갈 수 있게 하는 것과는 반대로 규칙 UG는 개별적 사례로부터 보편일반화로 나아갈 수 있게 한다. 그런데 이때는 약간의 제한이 필요하다. 비록 어떤 개별 사례 $\phi\alpha/\beta$가 대응되는 보편일반화 $(\alpha)\phi$의 귀결이라 할지라도 그 역이 항상 성립하지는 않는다. 따라서 우리는 규칙 UG가 단순히 규칙 US를 뒤집은 것이라고 생각할 수는 없다. 대신, 우리는 다음의 사실에 기초해 규칙을 구성해야 한다: $\phi\alpha/\beta$가 Γ의 귀결이고 개체상항 β가 ϕ 속에도 Γ의 어떠한 원소 속에도 나타나지 않는다면, $(\alpha)\phi$는 Γ의 귀결이다. 이것을 아주 개략적으로 말하면, 주어진 개체(β라 이름 붙여진)에 대해 그 개체를 특별히 언급하지 않은 가정들(Γ)에 근거해 서술될 수 있는 것은 모든 개체들에 대해서도 (같은 가정에 근거해) 똑같이 서술될 수 있다. 예를 들어, '$Fa \rightarrow Ha$'는 '$(x)(Fx \rightarrow Ga)$'와 '$(x)(Gx \rightarrow Hx)$'로부터 따라 나오고, 따라서 '$(x)(Fx \rightarrow Hx)$'도 따라 나온다 (예 I과 II를 보라). 반면에, '$-Fa$'로부터 '$Fa \rightarrow Ha$'는 따라 나오지만 '$(x)(Fx \rightarrow Hx)$'는 따라 나오지 않는다. 여기에선 가정 '$-Fa$'가 상항 'a'를 지니고 있기 때문이다.

이와 같이 살펴본 바에 근거해서, 우리는 일반화되는 개체상항을 지니지 않은 전제들로부터 얻어지는 어떠한 결론도 일반화할 수 있다는 규칙을 도입할 수 있다. 또 다른 조건, 즉 일반화되는 개체가 일반화의 결과 속에도 더 이상 나타나지 않아야 한다는 조건은 'β에 의해 지칭되는 대상에 대해 $\phi\alpha/\beta$가 서술하는 바를 $(\alpha)\phi$는 모든 대상에 대해 서술한다'는 직관적 개념을 더 예리하게 하기 위해 마련되었다. 우리는 다음과 같은 추론을 막아야 한다.

{1}	(1) $(x)Fxx$	P
{1}	(2) Faa	1 US
{1}	(3) $(x)Fxa$	2 UG (잘못 적용됨)

설혹 'a'에 의해 지칭되는 대상에 대해 'Faa'가 서술하는 바를 '$(x)Fxa$'가 모든 것에 대해 서술한다고 생각하는 사람이 있을는지도 모르겠지만, 이 논증은 명백히 타당하지 않다. 규칙의 정식화가 말해주듯이, 우리의 규칙은 이 추론을 허용하지 않는다. 상항 $\beta(=$'a'$)$가 $\phi(=$'Fxa'$)$ 속에 나타나기 때문이다. '$(x)Fxa$' 대신에 우리는 원래 문장 '$(x)Fxx$'를 다시 언급하거나, 또 하나의 극단적인 예로서, 문장 '$(x)Faa$'를 얻는 것은 정당하다.

이 규칙을 이해하는 데 있어 다음을 주목하는 것이 도움이 될 것이다. β가 ϕ 속에 나타나지 않는다는 조항은 ϕ에서 α가 자유롭게 나타나는 곳마다 그리고 **오직 그곳에서만** $\phi\alpha/\beta$에서 α가 나타나야 한다는 동치인 조항으로 대치될 수도 있었다. 따라서, US가 문장 $(\alpha)\phi$로부터 ϕ에서 α가 자유롭게 나타나는 곳마다 상항 β가 나타나는 어떠한 문장, ϕ'로도 나아갈 수 있게 했던 반면에, 규칙 UG는 ϕ에서 α가 자유롭게 나타나는 곳마다 그리고 **오직 그곳에서만** ϕ'에 β가 나타날 경우 (또한, 일반화된 행의 어느 전제에도 β가 나타나지 않는 경우) 문장 ϕ'로부터 $(\alpha)\phi$로 나아갈 수 있게 한다.

규칙 E. 어떤 조건을 만족시키는 적어도 하나의 대상이 존재한다는 것은 모든 대상들이다 그 조건을 만족시키지 못하는 것은 아니다라는 것과 동치이다. 규칙 E는 따라서 $(\exists\alpha)\phi$로부터 $-(\alpha)-\phi$로 나아가는 것과 그 역을 허용한다. 이 규칙은 문장 $(\exists\alpha)\phi$와 문장 $-(\alpha)-\phi$가 그 행에 나타나는 전체문장일 때에만 적용되며 그 부분일 때에는 적용되지 않는다. 따라서

{1}	(1) $(\exists x)(Fx \,\&\, Gx)$	P
{1}	(2) $-(x)-(Fx \,\&\, Gx)$	1 E

는 올바르지만,

{1}	(1) $-(\exists x)(Fx \,\&\, Gx)$	P
{1}	(2) $--(x)-(Fx \,\&\, Gx)$	1 E(잘못 적용됨)

와

{1}	(1) $(\exists x)Fx \,\&\, Ga$	P

$$\{1\} \qquad (2) - (x) - Fx \ \& \ Ga \qquad\qquad\qquad 1 \ E(\text{잘못 적용됨})$$

는 올바르지 않다. 이제 몇 가지 예들을 더 살펴보자:

IV.

$\{1\}$	$(1) \ (x)(y)((Fx \ \& \ Gy) \rightarrow -Hxy)$	P
$\{2\}$	$(2) \ (x)(Ix \rightarrow Gx)$	P
$\{1\}$	$(3) \ (y)((Fa \ \& \ Gy) \rightarrow -Hay)$	1 US
$\{1\}$	$(4) \ (Fa \ \& \ Gb) \rightarrow -Hab$	3 US
$\{2\}$	$(5) \ Ib \rightarrow Gb$	2 US
$\{1, 2\}$	$(6) \ (Fa \ \& \ Ib) \rightarrow -Hab$	4, 5 T
$\{1, 2\}$	$(7) \ (y)((Fa \ \& \ Iy) \rightarrow -Hay)$	6 UG
$\{1, 2\}$	$(8) \ (x)(y)((Fx \ \& \ Iy) \rightarrow -Hxy)$	7 UG

이 도출에서의 전략은 규칙 US를 써서 전제들로부터 양화사들을 떨어내고, 규칙 T를 써서 그 결과에 조작을 가한 후에, 규칙 UG를 써서 양화사들을 다시 도입하는 것이다. 이 전략은 수많은 경우에 적용될 수 있다. (1)행의 문장으로부터 양화사를 제거하는 데에 두 단계를 거쳤다는 것을 주목할 필요가 있다.

V.

$\{1\}$	$(1) \ (x)(y)(Fxy \rightarrow -Fyx)$	P
$\{1\}$	$(2) \ (y)(Fay \rightarrow -Fya)$	1 US

{1}	(3) $Faa \rightarrow -Faa$	2 US
{1}	(4) $-Faa$	3 T
{1}	(5) $(x) \rightarrow -Fxx$	4 UG

VI.

{1}	(1) $(x)(y)(z)((Fxy \& Fyz) \rightarrow Fxz)$	P
{1}	(2) $(y)(z)((Fay \& Fyz) \rightarrow Faz)$	1 US
{1}	(3) $(z)((Fab \& Fbz) \rightarrow Faz)$	2 US
{1}	(4) $(Fab \& Fba) \rightarrow Faa$	3 US
{5}	(5) $(x)(y)(Fxy \rightarrow Fyx)$	P
{5}	(6) $(y)(Fay \rightarrow Fya)$	5 US
{5}	(7) $Fab \rightarrow Fba$	6 US
{8}	(8) $-Faa$	P
{1, 5, 8}	(9) $-Fab$	4, 7, 8 T
{1, 5, 8}	(10) $(y) - Fay$	9 UG
{1, 5}	(11) $-Faa \rightarrow (y) - Fay$	8, 10 C
{1, 5}	(12) $(x)(-Fxx \rightarrow (y) - Fxy)$	11 UG

위의 두 도출이 보여 주는 바는 US를 쓸 때 두 다른 양화사를 떨어내면서 두 다른 변항을 같은 상항으로 대치하는 것이 가능하다는 것을 간과해선 안 된다는 점이다.

VII. VI에서와 같이, 다음 도출에는 규칙 T의 비교적 복잡한 적용이 들어 있다; 요구된다면 이 규칙의 어떠한 적용도 더 단순한 일련의 적용들로 대치될 수 있다.

$$\{1\} \quad (1)\ (x)(Fx \rightarrow (Gx \vee Hx)) \qquad\qquad \text{P}$$

$$\{2\} \quad (2)\ (x)((Fx \,\&\, Gx) \rightarrow Ix) \qquad\qquad \text{P}$$

$$\{3\} \quad (3)\ (x)((Fx \,\&\, Hx) \rightarrow Jx) \qquad\qquad \text{P}$$

$$\{1\} \quad (4)\ Fa \rightarrow (Ga \vee Ha) \qquad\qquad\qquad \text{1 US}$$

$$\{2\} \quad (5)\ (Fa \,\&\, Ga) \rightarrow Ia \qquad\qquad\qquad \text{2 US}$$

$$\{3\} \quad (6)\ (Fa \,\&\, Ha) \rightarrow Ja \qquad\qquad\qquad \text{3 US}$$

$$\{1, 2, 3\}\ (7)\ (Fa \,\&\, -Ja) \rightarrow Ia \qquad\qquad\quad \text{4, 5, 6 T}$$

$$\{1, 2, 3\}\ (8)\ (x)((Fx \,\&\, -Jx) \rightarrow Ix) \qquad\quad \text{7 UG}$$

VIII. 다음 도출에서는 양화사를 규칙 US에 의해 떨어내기 전에 (1)행에 규칙 T를 적용해야 한다는 것을 주목할 필요가 있다.

$$\{1\} \quad (1)\ Fa \,\&\, (x)(Fx \rightarrow Gax) \qquad\qquad \text{P}$$

$$\{1\} \quad (2)\ (x)(Fx \rightarrow Gax) \qquad\qquad\qquad \text{1 T}$$

$$\{1\} \quad (3)\ Fa \rightarrow Gaa \qquad\qquad\qquad\qquad \text{2 US}$$

$$\{1\} \quad (4)\ Gaa \qquad\qquad\qquad\qquad\qquad\quad \text{1, 3 T}$$

IX. 아래의 도출들은 다음 절에서 규칙 EG를 도입한 후에 다시 검토될 것이다.

$$\{1\} \quad (1)\ Fa \qquad\qquad\qquad\qquad\qquad\qquad \text{P}$$

$$\{2\} \quad (2)\ (x) -Fx \qquad\qquad\qquad\qquad\qquad \text{P}$$

$$\{2\} \quad (3)\ -Fa \qquad\qquad\qquad\qquad\qquad\qquad \text{US}$$

Λ	(4) $(x) - Fx \rightarrow -Fa$	2, 3 C
{1}	(5) $-(x) - Fx$	1, 4 T
{1}	(6) $(\exists x)Fx$	5 E

X.

{1}	(1) $(x)(Fx \rightarrow Gx)$	P
{2}	(2) $(x)(Fx \lor Hx)$	P
{3}	(3) $(x)(Hx \rightarrow Fx)$	P
{1}	(4) $Fa \rightarrow Ga$	1 US
{2}	(5) $Fa \lor Ha$	2 US
{3}	(6) $Ha \rightarrow Fa$	3 US
{1, 2, 3}	(7) $Fa \& Ga$	4, 5, 6 T
{8}	(8) $(x) - (Fx \& Gx)$	P
{8}	(9) $-(Fa \& Ga)$	8 US
Λ	(10) $(x) - (Fx \& Gx) \rightarrow -(Fa \& Ga)$	8, 9 C
{1, 2, 3}	(11) $-(x) - (Fx \& Gx)$	7, 10 T
{1, 2, 3}	(12) $(\exists x)(Fx \& Gx)$	11 E

도출 X에서의 전략은 얻고자 하는 결론에 대한 모순[3]과 동치인 것을

---

3   한 문장과 그 부정은 서로에 대해 **모순**(contradictory)이라 불린다. 비록 형식 $-\phi$
     의 문장은 서로 동치인 두 모순 ϕ와 $--\phi$를 가지고 있지만 한 문장에 대한 모순이
     하나인 것처럼 느슨하게 이야기하는 것이 관례적이다.

가정하고서 ((8)행에서) 그다음에 이미 얻어진 행들 중의 하나와 모순인 문장을 이끌어내는((9)행에서) 것이다. 이 기술은 흔히 귀류법(reductio ad absurdum)이라 불린다: 당신이 증명하려는 바에 대한 모순을 가정한다. 그러고 나서 항진명제에 대한 모순 혹은 당신의 전제들에 대한 모순 혹은 그 전제들로부터 당신이 이미 이끌어낸 문장에 대한 모순을 이끌어 낸다. 당신이 성공적으로 이것을 해낸다면, (X의 (10)과 (11)에서와 같이) C와 T의 적용이 얻고자 하는 결론을 제공할 것이다.

3. 단축규칙 EG, ES, 그리고 Q

이런 유형의 연역체계에서 자주 채택되는 또 하나의 추론규칙은 다음과 같다.

EG (존재일반화, Existential generalization) $\phi\alpha/\beta$가 앞 행에 나타났으면 $(\exists\alpha)\phi$가 그 뒤의 어떠한 행에든 나올 수 있다. 그 새로운 행의 전제번호들로서는 $\phi\alpha/\beta$가 나타난 행의 전제번호들을 모두 취한다.

이 규칙의 도움을 받아 앞 절의 도출 IX와 X은 4행이 짧아질 수 있다. IX는 다음과 같이 바뀔 수 있다:

{1}   (1) Fa P
{1}   (2) $(\exists x)Fx$ 1 EG

그리고 X의 끝나는 부분도 다음과 같이 바뀔 수 있다:

$\{1, 2, 3\}$ (7) *Fa & Ga*   4, 5, 6 T

$\{1, 2, 3\}$ (8) $(\exists x)(Fx \& Gx)$ 7 EG

이와 같이 편리하기 때문에 우리는 우리 목록에 이 규칙을 추가할 것
이다. 그러나 이 규칙은 오직 '단축' 규칙일 뿐이며 원리적으로는 없어도
좋다는 점을 명심해야 한다. 이 규칙의 도움으로 구성될 수 있는 어떠한
추론도 규칙 P, T, C, US, UG, E만을 써서 역시 구성될 수 있다. 왜냐하면
$\phi\alpha/\beta$가 도출의 i번째 행(전제번호들 $n_1, \cdots, n_p$를 가진)에 나타나면 우리
는 다음 과정을 거쳐 뒤의 행(같은 전제번호들을 가진)에 $(\exists\alpha)\phi$를 항상
얻을 수 있기 때문이다:

$\{n_1, ..., n_p\}$	(i)	$\phi\alpha/\beta$	—
⋮	⋮	⋮	⋮
$\{j\}$	(j)	$(\alpha) - \phi$	P
$\{j\}$	$(j+1)$	$-\phi\alpha/\beta$	j US
Λ	$(j+2)$	$(\alpha) - \phi \rightarrow -\phi\alpha/\beta$	$j, j+1$ C
$\{n_1, ..., n_p\}$	$(j+3)$	$-(\alpha) - \phi$	$i, j+2$ T
$\{n_1, ..., n_p\}$	$(j+4)$	$(\exists\alpha)\phi$	$j+3$ E

여러분은 여기서 일반적으로 기술된 단계들의 나열이 바로 도출 IX와
X의 마지막 6행을 구성하는 나열이라는 것을 알아채야 한다. $\phi=$ '*Fx*',
$\alpha=$ '*x*', $\beta=$ '*a*', $i=1, j=2, n_1=1$로 취하면, 우리는 IX의 (1)~(6)행을 얻
고, $\phi=$ '*Fx & Gx*', $\alpha=$ '*x*', $\beta=$ '*a*', $i=7, j=8, n_1=1, n_2=2, n_3=3$을 취

하면, 우리는 X의 (7)∼(12)행을 얻는다. 이와 같은 방식으로 EG의 **어떠한** 적용도 네 개의 행들을 덧붙임으로써 배제될 수 있다. 규칙 EG는 어떤 면에서 US에 대해 '대응쌍'을 이룬다. 규칙 EG는

$$Faa$$

로부터

$$(\exists x)Fxx$$

나

$$(\exists x)Fax$$

나

$$(\exists x)Fxa$$

로 나아갈 수 있게 한다. 또한 극단적인 경우로서,

$$Faa$$

로부터

$$(\exists x)Faa$$

로 나아갈 수도 있게 한다. 이 경우 $\phi=$ 'Faa', $\alpha=$ 'x', $\beta=$ 'b' 혹은 어떤 다른 개체상항이다.

더 유용한 단축규칙은 규칙 ES이다. 이 규칙의 적용을 이해하기 위한 준비 작업으로서 여러분은 먼저 문장 '$(x)(Fx \to Gx)$'와 '$(\exists x)Fx$'로부터 문장 '$(\exists x)Gx$'의 다음 두 도출을 비교해보아야 한다.

XI.

{1}	(1) $(x)(Fx \to Gx)$	P
{2}	(2) $(\exists x)Fx$	P
{2}	(3) $-(x)-Fx$	2 E
{4}	(4) $(x)-Gx$	P
{1}	(5) $Fa \to Ga$	1 US
{4}	(6) $-Ga$	4 US
{1, 4}	(7) $-Fa$	5, 6 T
{1, 4}	(8) $(x)-Fx$	7 UG
{1}	(9) $(x)-Gx \to (x)-Fx$	4, 8 C
{1, 2}	(10) $-(x)-Gx$	3, 9 T
{1, 2}	(11) $(\exists x)Gx$	10 E

XII.

{1}	(1) $(x)(Fx \to Gx)$	P
{2}	(2) $(\exists x)Fx$	P
{3}	(3) Fa	P

{1}	(4) $Fa \rightarrow Ga$	1 US
{1, 3}	(5) Ga	3, 4 T
{1, 3}	(6) $(\exists x)Gx$	5 EG
{1, 2}	(7) $(\exists x)Gx$	2, 3, 6 ES

　도출 XII은 개략적으로 다음과 같이 바꿔 표현될 수 있다: 속성 F를 지닌 무엇이든지 속성 G를 지닌다고 가정하자. 그리고 어떤 것이 F를 지닌다고 가정하자. 그 어떤 것을 'a'라고 부르자. 즉, a가 F를 지닌다고 가정하자. 한편 (1)에 의해 a가 F를 지닌다면 a는 G를 지닌다. 그러므로 (3)과 (4)에 의해 a는 G를 지닌다. 따라서 어떤 것이 G를 지닌다. 그런데 이 결론은 (1)과 (3)으로부터 이끌어내어졌다. 그리고 (3)에서의 'a'에 대한 우리 선택은 본질적인 것이 아니다—우리는 'b' 혹은 어떤 다른 이름을 사용할 수도 있었다. 따라서 그 결론은 (1)과 (2)로부터도 똑같이 잘 따라 나온다.

　결정적인 단계는 (2), (3), (6)이다. (2)행에서 어떤 것이 속성 F를 지닌다고 주어졌으면 우리는 논증을 계속하는 동안 그것에 이름을 부여할 수 있다; 우리는 'a'를 골랐다. 이 상항이 앞에서 사용된 적이 없기 때문이다. 그것은 '$(\exists x)Fx$'로부터 'Fa'를 **도출**하는 것은 아니다. 분명히 'Fa'가 '$(\exists x)Fx$'의 귀결은 아니기 때문이다. 대신에 우리는 'Fa'를 새 전제로서 취한다. 우리는 사실 'a가 F를 지닌 대상들 중의 하나라 하자'라고 말하고 있다. 그러나 뒤에 나오는 논증에서 어떤 다른 상항 대신 'a'를 선택한 사실을 특별히 이용하지 않는다. 그리고 결국 우리는 'a'와 더 이상 관련이 없는 결론에 이르게 된다. 이러한 경우에 규칙 ES는 이 결론이 의존하는 바를 'Fa'로부터 더 약한 진술 '$(\exists x)Fx$'로 옮겨 놓도록 허락한다.

　따라서 이 규칙의 전형적 적용은 도출의 i번째 행에 존재문장이 나타

나는 상황에서 발생한다:

$$\{n_1, ..., n_p\} \qquad (i) \qquad (\exists \alpha)\psi \qquad \_$$

다음에 전제 하나를 보탠다:

$$\{j\} \qquad (i) \qquad \psi\alpha/\beta \qquad P$$

이 부분은 '그것을 β라고 부르자'고 말하고 있다. 그리고 뒤의 행에서
결론에 다다른다:

$$\{m_1, ..., m_q, j\} \qquad (k) \qquad \phi \qquad \_$$

어떤 단서들하에서 이 규칙은 행 (j)에 대한 의존을 행 (i)(의 전제들)
에 대한 의존도로 대치하도록 허락한다; 즉, 다음 행을 보태도록 허락
한다:

$$\{m_1, ..., m_q, n_1, ..., n_p\} \qquad (l) \qquad \phi \qquad i, j, k \text{ ES}$$

단축규칙 ES의 적용이 어떻게 (많은 단계들을 덧붙이는 대가로) 항상
원리적으로 피해질 수 있는가를 우리가 보여 주게 되면 이 단서들에 대한
이유가 명백해질 것이다.

그러면 여기에 그 규칙이 있다:

ES (존재예화, Existential specification) $(\exists \alpha)\psi$가 도출의 행 i에

나타나고, $\psi\alpha/\beta$가 (전제로서) 나중 행 j에 나타나고, ϕ가 나중 행 k에 나타난다고 가정하자. 그리고 덧붙여 상항 β가 ϕ에도 ψ에도 그리고 $\psi\alpha/\beta$를 제외한 k행의 어떠한 전제에도 나타나지 않는다고 가정하자. 그러면 ϕ는 새로운 행에 나올 수 있다. 이때 이 새로운 행의 전제번호들로서 번호 j를 제외하고 i와 k행의 모든 전제번호들을 취한다.

위의 156쪽에 나오는 문장 13)과 비교되어야 할 이 규칙을 정당화하기 위해, 이 규칙의 여러 단서 조항들이 만족된다면 우리는 그 규칙이 허용하는 추론을 얻을 수 있도록 다음과 같이 필요한 단계들을 덧붙일 수 있음을 주목하자:

$\{n_1, \cdots, n_p\}$	(i)	$(\exists\alpha)\psi$	—
$\vdots$	$\vdots$	$\vdots$	$\vdots$
$\{j\}$	(j)	$\psi\alpha/\beta$	P
$\vdots$	$\vdots$	$\vdots$	$\vdots$
$\{m_1, ..., m_q, j\}$ (k)		ϕ	—
$\{m_1, ..., m_q\}$	$(k+1)$	$\psi\alpha/\beta \rightarrow \phi$	J, k C
$\{k+2\}$	$(k+2)$	$-\phi$	P
$\{m_1, ..., m_q, k+2\}$	$(k+3)$	$-\psi\alpha/\beta$	$k+1, k+2$ T
$\{m_1, ..., m_q, k+2\}$	$(k+4)$	$(\alpha)-\psi$	$k+3$ UG
$\{m_1, ..., m_q\}$	$(k+5)$	$-\phi\rightarrow(\alpha)-\psi$	$k+2, k+4$ C
$\{n_1, ..., n_p\}$	$(k+6)$	$-(\alpha)-\psi$	i E
$\{m_1, ..., m_q, n_1, ..., n_p\}$	$(k+7)$	ϕ	$k+5, k+6$ T

$(k+4)$행에 주목하라. β에 대한 여러 단서들이 사용되는 것은 바로 여기에서이다. UG가 옳게 적용되려면 β는 $(\alpha) - \psi$에도 $(k+3)$의 어떠한 전제에도 나타나지 않아야 하기 때문이다. 이 요구는 β가 ϕ에도 ψ에도 $\psi\alpha/\beta$를 제외한 k행의 어떠한 전제에도 나타나지 않아야 한다는 요구와 동등하다.

번호 j가 행 (k)의 전제번호들 중에 있지 않다면 (그리고 이 규칙은 그것이 그중에 있으리라고 가정하지 않는다), 행 $(k+1)$은 규칙 C에 의해 k행 하나만으로부터 따라 나올 것이라는 점이 언급되어야 하겠다.

규칙 ES의 표준적인 용법은 우리가 'ES전략'이라고 부르는 것의 부분이다: 도출을 구성하는 데에 있어서 문장 $(\exists\alpha)\psi$에 도달한다면, 새 전제로서 $\psi\alpha/\beta$를 첨가하되 β로는 아직 도출 속에서 사용되지 않았고, 얻고자 하는 결론 ϕ에도 나타나지 않는 개체상항을 선택하라. 다음에 β를 포함하는 그 이상의 전제들을 첨가하지 말고 ϕ를 도출하라. 그것이 성공적이면 규칙 ES가 전제 $\psi\alpha/\beta$를 소거하고 대신 $(\exists\alpha)\psi$의 전제들을 취하도록 허락할 것이다.

P에서 E까지의 기본 규칙들이 건전하다(참인 전제로부터 거짓인 결론을 결코 이끌어내지 않는다)고 잠시 가정하면, 모든 ES추론이 오직 규칙 P−E만을 써서 어떻게 구성될 수 있는가를 기술한 위의 내용은 규칙 ES도 역시 건전하다는 것을 보여 준다. 따라서 β에 대한 단서들은 바라지 않는 추론을 막기에 충분하다. 그 단서들이 필요하다는 것은 ES가 잘못 적용된 다음의 세 '도출'에서 보여질 수 있다. 각 도출에서 마지막 행에 나타난 문장은 그 전제들의 귀결이 아니다. 그러나 만일 ES에 관한 진술로부터 관련된 단서 조항이 빠진다면 도출될 수 있을 것이다.

{1}　(1) $(\exists x)Fxa$　　　　P　　　　(i) $(\exists\alpha)\psi$

{2}	(2) Faa	P	$(j)\ \psi\alpha/\beta$
{2}	(3) $(\exists x)Fxx$	2 EG	$(k)\ \phi$
{1}	(4) $(\exists x)Fxx$	1, 2, 3 ES	(잘못 적용됨. 'a'($=\beta$) 가 'Fxa'($=\psi$)에 나타 났으므로)

{1}	(1) $(\exists x)Fxx$	P	$(i)\ (\exists\alpha)\psi$
{2}	(2) Faa	P	$(j)\ \psi\alpha/\beta$
{2}	(3) $(\exists x)Fxa$	2 EG	$(k)\ \phi$
{1}	(4) $(\exists x)Fxa$	1, 2, 3 ES	(잘못 적용됨. 'a'($=\beta$)가 '$(\exists x)Fxa$'($=\phi$)에 나타났으므로)

{1}	(1) $(\exists x)Fx$	P	$(i)\ (\exists\alpha)\psi$
{2}	(2) Fa P	$(j)\ \psi\alpha/\beta$	
{3}	(3) $-Fa$ P		
{2, 3}	(4) $Fa\ \&\ -Fa$	2, 3 T	
{2, 3}	(5) $(\exists x)(Fx\ \&\ -Fx)$	4 EG	$(k)\ \phi$
{1, 3}	(6) $(\exists x)(Fx\ \&\ -Fx)$	1, 2, 3 ES	(잘못 적용됨. 'a'($=\beta$)가 (5)행의 전제인 '$-Fa$'에 나타났으 므로)

우리는 그 용례를 더 제공함으로써 규칙 ES에 대한 논의를 완성하도록 하겠다.

XIII.

$\{1\}$ (1) $(x)(Fx \rightarrow (y)(Gy \rightarrow Hxy))$ P

$\{2\}$ (2) $(x)(Fx \rightarrow (z)(Iz \rightarrow -Hxz))$ P

$\{3\}$ (3) $(\exists x)Fx$ P

$\{4\}$ (4) Fa P

$\{1\}$ (5) $Fa \rightarrow (y)(Gy \rightarrow Hay)$ 1 US

$\{2\}$ (6) $Fa \rightarrow (z)(Iz \rightarrow -Haz)$ 2 US

$\{1, 4\}$ (7) $(y)(Gy \rightarrow Hay)$ 4, 5 T

$\{2, 4\}$ (8) $(z)(Iz \rightarrow -Haz)$ 4, 6 T

$\{1. 4\}$ (9) $Gb \rightarrow Hab$ 7 US

$\{2, 4\}$ (10) $Ib \rightarrow -Hab$ 8 US

$\{1, 2, 4\}$ (11) $Gb \rightarrow -Ib$ 9, 10 T

$\{1, 2, 4\}$ (12) $(y)(Gy \rightarrow -Iy)$ 11 UG

$\{1, 2, 3\}$ (13) $(y)(Gy \rightarrow -Iy)$ 3, 4, 12 ES

이 경우 우리가 위에서 기술된 일반 절차를 따르게 하여 ES의 사용을 제거한다면, 우리는 그 도출의 마지막 일곱 행으로 다음을 얻을 것이다.

$\{1, 2\}$ (13) $Fa \rightarrow (y)(Gy \rightarrow -Iy)$ 4, 12 C

$\{14\}$ (14) $-(y)(Gy \rightarrow -Iy)$ P

$\{1, 2, 14\}$ (15) $-Fa$ 13, 14 T

$\{1, 2, 14\}$ (16) $(x)-Fx$ 15 UG

$\{1, 2\}$ (17) $-(y)(Gy \rightarrow -Iy) \rightarrow (x)-Fx$ 14, 16 C

$\{3\}$ (18) $-(x)-Fx$ 3 E

$\{1, 2, 3\}$ (19) $(y)(Gy \rightarrow -Iy)$ 17, 18 T

XIV.

$\{1\}$ (1) $(\exists x)(\exists y)Fxy$ P
$\{2\}$ (2) $(\exists y)Fay$ P
$\{3\}$ (3) Fab P
$\{3\}$ (4) $(\exists x)Fxb$ 3 EG
$\{3\}$ (5) $(\exists y)(\exists x)Fxy$ 4 EG
$\{2\}$ (6) $(\exists y)(\exists x)Fxy$ 2, 3, 5 ES
$\{1\}$ (7) $(\exists y)(\exists x)Fxy$ 1, 2, 6 ES

이 예는 다른 ES 적용하에서 다시 ES를 적용하는 경우를 설명해 준다.

XV.

$\{1\}$ (1) $(\exists y)(x)Fxy$ P
$\{2\}$ (2) $(x)Fxa$ P
$\{2\}$ (3) Fba 2 US
$\{2\}$ (4) $(\exists y)Fby$ 3 EG
$\{2\}$ (5) $(x)(\exists y)Fxy$ 4 UG
$\{1\}$ (6) $(x)(\exists y)Fxy$ 1, 2, 5 ES

앞의 것은 '$(\exists y)(x) Fxy$'로부터 '$(x)(\exists y)Fxy$'의 도출이다. 그러나 우리가 역으로 '$(x)(\exists y)Fxy$'로부터 '$(\exists y)(x)Fxy$'의 유사한 도출을 구성

하고자 한다면, 그러한 시도가 방해받는다는 것을 발견한다(그렇지 않다면, 우리의 규칙체계는 불건전할 것이다):

{1}	(1)	$(x)(\exists y)Fxy$	P
{1}	(2)	$(\exists y)Fay$	1 US
{3}	(3)	Fab	P
{3}	(4)	$(x)Fxb$	3 UG(잘못 적용됨)
{3}	(5)	$(\exists y)(x)Fxy$	4 EG
{1}	(6)	$(\exists y)(x)Fxy$	2, 3, 5 ES

다음을 위의 것과 비교해 보라:

XVI.

{1}	(1)	$(x)(\exists y)(Fx \mathbin{\&} Gy)$	P
{1}	(2)	$(\exists y)(Fa \mathbin{\&} Gy)$	1 US
{3}	(3)	$Fa \mathbin{\&} Gb$	P
{1}	(4)	$(\exists y)(Fc \mathbin{\&} Gy)$	1 US
{5}	(5)	$Fc \mathbin{\&} Gd$	P
{3, 5}	(6)	$Fc \mathbin{\&} Gb$	3, 5 T
{1, 3}	(7)	$Fc \mathbin{\&} Gb$	4, 5, 6 ES
{1, 3}	(8)	$(x)(Fx \mathbin{\&} Gb)$	7 UG
{1, 3}	(9)	$(\exists y)(x)(Fx \mathbin{\&} Gy)$	8 EG
{1}	(10)	$(\exists y)(x)(Fx \mathbin{\&} Gy)$	2, 3, 9 ES

여기에 또 하나의 단축규칙이 있는데, 그 규칙의 유용성은 자명하다.

Q(양화사 전환, Quantifier exchange) 앞 행에 문장 $(\alpha) - \phi$가 나타나면 그 뒤의 어떤 행에든 문장 $-(\exists \alpha)\phi$가 나올 수 있다. 그 역 또한 성립한다. 쌍들 $\{(\exists \alpha) - \phi, \ -(\alpha)\phi\}$, $\{-(\exists \alpha) - \phi, \ (\alpha)\phi\}$, $\{(\exists \alpha)\phi, \ -(\alpha) - \phi\}$에 대해서도 마찬가지의 것이 성립한다. 새로운 행의 전제번호로서 앞 행의 전제번호들을 그대로 취한다.

EG와 ES에서처럼, 우리는 Q의 도움으로 구성되는 어떠한 추론도 그것의 도움 없이 구성될 수 있다는 것을 보여 줌으로써 Q를 정당화할 수 있다. 여덟 경우 각각에 있어 논증이 귀류법에 의해 전개되며, 특별한 어려움은 없다.

마지막으로, 새 규칙 Q의 사용을 설명하겠다:

XVII.

{1}	(1) $-(x)(\exists y)(z)Fxyz$	P
{1}	(2) $(\exists x) - (\exists y)(z)Fxyz$	1 Q
{3}	(3) $-(\exists y)(z)Fayz$	P
{3}	(4) $(y) - (z)Fayz$	3 Q
{3}	(5) $-(z)Fabz$	4 US
{3}	(6) $(\exists z) - Fabz$	5 Q
{3}	(7) $(y)(\exists z) - Fayz$	6 UG
{3}	(8) $(\exists x)(y)(\exists z) - Fxyz$	7 EG

{1}   (9) $(\exists x)(y)(\exists z) - Fxyz$ 2, 3, 8 ES

4. 전략

비록 어떠한 결정 절차도 이용할 수 없고, 주어진 전제들로부터 주어진 결론을 이끌어내기 위해 사실상 어느 정도의 직관적인 통찰이 자주 요구되기는 하지만, 때때로 도움이 될 수 있는 일반적 권고를 몇 가지 해 줄 수 있다. 이를테면:

(1) 얻고자 하는 결론이 $\phi \rightarrow \psi$의 형식이면, 주어진 전제들에 ϕ를 부가하고, ψ를 이끌어낸 후 C를 적용하라.

(2) 전제들 중의 하나가 $\phi \vee \psi$ 형식이고, 얻고자 하는 결론이 χ이면, 조건문 $\phi \rightarrow \chi$와 $\psi \rightarrow \chi$를 이끌어내도록 위의 방법을 사용하고 그다음에 χ를 얻기 위해 T를 적용하라.

(3) 얻고자 하는 결론이 $\phi \leftrightarrow \psi$ 형식이면, $\phi \rightarrow \psi$와 $\psi \rightarrow \phi$를 이끌어내고 T를 적용하라.

(4) 결론이 $(\alpha)\phi$형식이면, 주어진 전제들에도 ϕ에도 나타나지 않는 어떤 상항 β에 대해 $\phi\alpha/\beta$를 이끌어내라. 그리고 UG를 적용하라.

(5) 결론이 $(\exists\alpha)\phi$ 형식이면, 어떤 상항 β에 대해 $\phi\alpha/\beta$를 이끌어내고 EG를 적용하라. 아니면 귀류법의 기술을 사용하라(즉, $(\alpha) - \phi$를 가정하고 주어진 전제들 중의 하나와의 혹은 주어진 전제들로부터 이끌어내어진 어떤 문장과의 모순을 이끌어내도록 하라).

(6) US와 ES 전략을 써서 전제들로부터 보편양화사와 존재양화사를 제거하도록 하라. 규칙 T를 이용하여 결과하는 문장들을 얻어내라. 그리고 규칙 UG와 EG를 써서 양화사를 다시 도입하라. 전제가 양화문장을

부분으로 가진 분자문장이면, US와 ES전략을 적용하도록 시도하기 전에 그 양화문장 부분을 떼어놓도록 규칙 T나 P를 사용하라.

(7) 전제들이 부적합해 보일 때마다, 얻고자 하는 결론의 모순을 부가적인 전제로서 취해 보라. 그러고 나서 귀류법의 기술을 적용하라.

이들 권고는 전체 논증에 뿐만 아니라 물론 부분 논증의 전제들과 결론들에 대해서도 적용된다.

그러나 무엇보다도 가장 좋은 조언은 여러분이 이 규칙들이 허용하는 바와 허용하지 않는 바에 철저히 익숙해질 만큼 이 규칙들을 사용하는 연습을 하라는 것이다. 이것은 주어진 전제들로부터 주어진 결론으로 가는 길을 '보기' 위해 요구되는 것이다.

5. 논리학의 정리들

문장 ϕ는 문장들의 공집합으로부터 도출가능할 경우에 오직 그 경우에만 **논리학의 정리**(theorem of logic, 줄여서 **정리**)이다.

이 정의와 함께 문장 ϕ가 문장집합 Γ로부터 도출가능할 경우에 오직 그 경우에만 ϕ가 Γ의 귀결이라는 (우리가 진술했을 뿐 증명하지 않은) 사실로부터 다음의 사실이 따라 나온다: ϕ가 논리학의 정리일 경우에 오직 그 경우에만 ϕ는 타당하다.

규칙 T를 생각할 때, 모든 동어반복적 문장 ϕ가 논리학의 정리라는 것은 명백하다. 왜냐하면 그것은 한 줄의 도출

$$\Lambda \qquad (1) \qquad \phi \qquad \qquad T$$

를 가질 것이기 때문이다. 그러나 물론 모든 정리가 동어반복적인 것은 아니다. 동어반복적이 아닌 정리들로는 다음과 같은 것들이 있다(도출이 주어지지 않은 곳은 여러분이 스스로 구성해 보기 바란다):

1. $(x)(y)Fxy \leftrightarrow (y)(x)Fxy$

2. $(\exists x)(\exists y)Fxy \leftrightarrow (\exists y)(\exists x)Fxy$ (예 XIV와 비교)

3. $(\exists x)(y)Fxy \rightarrow (y)(\exists x)Fxy$ (예 XV와 비교)

4. $(x)(Fx \,\&\, Gx) \leftrightarrow ((x)Fx \,\&\, (x)Gx)$

{1}	(1)	$(x)(Fx \,\&\, Gx)$
{1}	(2)	$Fa \,\&\, Ga$
{1}	(3)	Fa
{1}	(4)	Ga
{1}	(5)	$(x)Fx$
{1}	(6)	$(x)Gx$
{1}	(7)	$(x)Fx \,\&\, (x)Gx$
Λ	(8)	$(x)(Fx \,\&\, Gx) \rightarrow ((x)Fx \,\&\, (x)Gx)$
{9}	(9)	$(x)Fx \,\&\, (x)Gx$
{9}	(10)	$(x)Fx$
{9}	(11)	$(x)Gx$
{9}	(12)	Fa
{9}	(13)	Ga
{9}	(14)	$Fa \,\&\, Ga$
{9}	(15)	$(x)(Fx \,\&\, Gx)$
Λ	(16)	$((x)Fx \,\&\, (x)Gx) \rightarrow (x)(Fx \,\&\, Gx)$
Λ	(17)	$(x)(Fx \,\&\, Gx) \leftrightarrow ((x)Fx \,\&\, (x)Gx)$

5. $((x)Fx \lor (x)Gx) \to (x)(Fx \lor Gx)$

6. $(x)(Fx \to Gx) \to ((x)Fx \to (x)Gx)$

7. $(\exists x)(Fx \,\&\, Gx) \to ((\exists x)Fx \,\&\, (\exists x)Gx)$

8. $(\exists x)(Fx \lor Gx) \leftrightarrow ((\exists x)Fx \lor (\exists x)Gx)$

$\{1\}$ (1) $(\exists x)(Fx \lor Gx)$

$\{2\}$ (2) $-(\exists x)Fx$

$\{3\}$ (3) $Fa \lor Ga$

$\{2\}$ (4) $(x)-Fx$

$\{2\}$ (5) $-Fa$

$\{2, 3\}$ (6) Ga

$\{2, 3\}$ (7) $(\exists x)Gx$

$\{1, 2\}$ (8) $(\exists x)Gx$

$\{1\}$ (9) $-(\exists x)Fx \to (\exists x)Gx$

$\{1\}$ (10) $(\exists x)Fx \lor (\exists x)Gx$

Λ (11) $(\exists x)(Fx \lor Gx) \to ((\exists x)Fx \lor (\exists x)Gx)$

$\{12\}$ (12) $(\exists x)Fx$

$\{13\}$ (13) Fa

$\{13\}$ (14) $Fa \lor Ga$

$\{13\}$ (15) $(\exists x)(Fx \lor Gx)$

$\{12\}$ (16) $(\exists x)(Fx \lor Gx)$

Λ (17) $(\exists x)Fx \to (\exists x)(Fx \lor Gx)$

$\{18\}$ (18) $(\exists x)Gx$

         $\vdots$

Λ (23) $(\exists x)Gx \to (\exists x)(Fx \lor Gx)$

Λ (24) $(\exists x)(Fx \lor Gx) \leftrightarrow ((\exists x)Fx \lor (\exists x)Gx)$

9. $(x)(P \,\&\, Fx) \leftrightarrow (P \,\&\, (x)Fx)$

10. $(x)(P \vee Fx) \leftrightarrow (P \vee (x)Fx)$

11. $(x)(P \rightarrow Fx) \leftrightarrow (P \rightarrow (x)Fx)$

12. $(\exists x)(P \,\&\, Fx) \leftrightarrow (P \,(\exists x)Fx)$

13. $(\exists x)(P \vee Fx) \leftrightarrow (P \vee (\exists x)Fx)$

14. $(\exists x)(P \rightarrow Fx) \leftrightarrow (P \rightarrow (\exists x)Fx)$

15. $(x)(Fx \rightarrow Gx) \rightarrow ((\exists x)Fx \rightarrow (\exists x)Gx)$ (예 XII과 비교)

16. $(x)(Fx \rightarrow P) \leftrightarrow ((\exists x)Fx \rightarrow P)$

$\{1\}$ (1) $(x)(Fx \rightarrow P)$

$\{2\}$ (2) $(\exists x)Fx$

$\{3\}$ (3) Fa

$\{1\}$ (4) $Fa \rightarrow P$

$\{1, 3\}$ (5) P

$\{1, 2\}$ (6) P

$\{1\}$ (7) $(\exists x)Fx \rightarrow P$

Λ (8) $(x)(Fx \rightarrow P) \rightarrow ((\exists x)Fx \rightarrow P)$

$\{9\}$ (9) $-(x)(Fx \rightarrow P)$

$\{9\}$ (10) $(\exists x)-(Fx \rightarrow P)$

$\{11\}$ (11) $-(Fa \rightarrow P)$

$\{11\}$ (12) Fa

$\{11\}$ (13) $(\exists x)Fx$

$\{11\}$ (14) $(\exists x)Fx \,\&\, -P$

$\{9\}$ (15) $(\exists x)Fx \,\&\, -P$

Λ (16) $-(x)(Fx \rightarrow P) \rightarrow ((\exists x)Fx \,\&\, -P)$

Λ (17) $(x)(Fx \rightarrow P) \leftrightarrow ((\exists x)Fx \rightarrow P)$

17. $(\exists x)(Fx \to P) \leftrightarrow ((x)Fx \to P)$

18. $(x)(\exists y)(Fx \,\&\, Gy) \leftrightarrow ((x)Fx \,\&\, (\exists y)Gy)$

19. $(x)(\exists y)(Fx \,\&\, Gy) \leftrightarrow (\exists y)(x)(Fx \,\&\, Gy)$ (예 XV, XVI과 비교)

20. $(x)(\exists y)(Fx \lor Gy) \leftrightarrow ((x)Fx \lor (\exists y)Gy)$

$\{1\}$　(1) $(x)(\exists y)(Fx \lor Gy)$

$\{2\}$　(2) $-(\exists y)Gy$

$\{2\}$　(3) $(y)-Gy$

$\{1\}$　(4) $(\exists y)(Fa \lor Gy)$

$\{5\}$　(5) $Fa \lor Gb$

$\{2\}$　(6) $-Gb$

$\{2, 5\}$ (7) Fa

$\{1, 2\}$ (8) Fa

$\{1, 2\}$ (9) $(x)Fx$

$\{1\}$　(10) $-(\exists y)Gy \to (x)Fx$

Λ　(11) $(x)(\exists y)(Fx \lor Gy) \to (-(\exists y)Gy \to (x)Fx)$

$\{12\}$　(12) $(x)Fx$

$\{12\}$　(13) Fa

$\{12\}$　(14) $Fa \lor Gb$

$\{12\}$　(15) $(\exists y)(Fa \lor Gy)$

$\{12\}$　(16) $(x)(\exists y)(Fx \lor Gy)$

Λ　(17) $(x)Fx \to (x)(\exists y)(Fx \lor Gy)$

$\{18\}$　(18) $(\exists y)Gy$

$\{19\}$　(19) Gc

$\{19\}$　(20) $Fa \lor Gc$

$\{19\}$　(21) $(\exists y)(Fa \lor Gy)$

$\{19\}$ (22) $(x)(\exists y)(Fx \lor Gy)$

$\{18\}$ (23) $(x)(\exists y)(Fx \lor Gy)$

Λ (24) $(\exists y)Gy \rightarrow (x)(\exists y)(Fx \lor Gy)$

Λ (25) $(x)(\exists y)(Fx \lor Gy) \leftrightarrow ((x)Fx \lor (\exists y)Gy)$

21. $(x)(\exists y)(Fx \lor Gy) \leftrightarrow (\exists y)(x)(Fx \lor Gy)$

22. $(x)(\exists y)(Fx \rightarrow Gy) \leftrightarrow (\exists y)(x)(Fx \rightarrow Gy)$

23. $((\exists x)Fx \rightarrow (\exists x)Gx) \leftrightarrow (\exists y)(x)(Fx \rightarrow Gy)$

24. $((x)Fx \rightarrow (x)Gx) \leftrightarrow (\exists y)(y)(Fx \rightarrow Gy)$

25. $(\exists x)(\exists y)(Fx \,\&\, -Fy) \leftrightarrow ((\exists x)Fx \,\&\, (\exists x)-Fx)$

26. $(x)(y)(Fx \rightarrow Fy) \leftrightarrow (-(\exists x)Fx \lor (x)Fx)$

27. $((x)Fx \leftrightarrow (\exists x)Gx) \leftrightarrow (\exists x)(\exists y)(z)(w)((Fx \rightarrow Gy) \,\&\, (Gz \rightarrow Fw))$

28. $(\exists x)Fx \rightarrow ((\exists x)Gx \rightarrow (x)Hx)) \leftrightarrow (x)(y)(z)((Fx \,\&\, Gy) \rightarrow Hz)$

29. $(\exists y)(x)(Fy \lor (Fx \rightarrow P))$

30. $-(\exists y)(x)(Fxy \leftrightarrow -Fxx)$

• 연습문제 •

1. 다음 각각에 대해 마지막 문장을 다른 문장들로부터 도출하시오. P,
   T, C, US, UG, E, EG, ES, Q 중 어떤 규칙을 사용해도 좋다.

    (a) $(x)(y)Fxy$ (b) $(x)(y)Fxy$

         $(y)(x)Fxy$ $(x)(y)Fyx$

    (c) $(x)Fx$ (d) $(\exists x)Fx$

         $(y)Fy$ $(\exists y)Fy$

    (e) $(x)(Fx \,\&\, Gx)$ (f) $(x)Fx \vee (x)Gx$

         $(x)Fx \,\&\, (x)Gx$ $(x)(Fx \vee Gx)$

    (g) $(x)(Fx \rightarrow (Gx \vee Hx))$ (h) $(x)(y)(z)((Fxy \,\&\, Fyz) \rightarrow Fxz)$

         $Ga \leftrightarrow (Ha \,\&\, -Ga)$ $(x) -Fxx$

         $-Fa$ $(x)(y)(Fxy \rightarrow -Fyx)$

    (i) $(x)(Fx \rightarrow (Gx \vee Hx))$ (j) $(x)(Fx \vee Gx)$

         $-Ga \,\&\, Ia$ $(\exists x) -Gx$

         $(\exists x)(Fx \,\&\, Ix)$ $(x)(Hx \rightarrow -Fx)$

         $Fa \rightarrow Ha$ $(\exists x) -Hx$

    (k) $(x)\,(P \,\&\, Fx)$ (l) $(\exists x)(P \vee Fx)$

         $(x)Fx$ $P \vee (\exists x)Fx$

(m) $(x)(Fx \leftrightarrow P)$　　　　(n) $(x)(Fx \rightarrow (Gx \lor Hx))$

　　$(x)Fa \leftrightarrow Fa$　　　　　　$-(\exists x)(Fx \,\&\, Hx)$

　　　　　　　　　　　　　　　　$(x)(Fx \rightarrow Gx)$

(o) $(\exists x)(\exists y)(Fxy \lor Fyx)$ (p) $(\exists x)Fx \rightarrow (x)Fx$

　　$(\exists x)(\exists y)Fxy$　　　　　　$(\exists x)(y)(Fx \leftrightarrow Fy)$

2. 규칙들 P, T, C, US, UG, E, EG, ES, Q를 사용해서 다음 문장을 공집합으로부터 도출하시오.

$$((\exists x)(Fx \,\&\, Gx) \lor (\exists x)(Fx \,\&\, -Gx)) \lor$$
$$((\exists x)(-Fx \,\&\, Gx) \lor (\exists x)(-Fx \,\&\, -Gx))$$

3. (a) 규칙들 P, T, C, US, UG, E만을 사용해 '$(x)(Fx \rightarrow Gx)$'와 '$(\exists x)(Fx \,\&\, Hx)$'로부터 '$(\exists x)(Gx \,\&\, Hx)$'를 도출하시오.

   (b) 규칙 ES와 EG도 함께 사용해서 같은 전제들로부터 같은 결론에로의 도출을 더 짧게 구성하시오.

4. (a) UG의 적용에서 상항 β가 ϕ에 나타난다는 것이 유일한 잘못이고 마지막 행이 전제들의 귀결이 아닌 '도출'을 구성하시오.

   (b) UG의 적용에서 상항 β가 일반화되는 행의 어떤 전제에 나타난다는 것이 유일한 잘못이고 마지막 행이 전제들의 귀결이 아닌 '도출'을 구성하시오.

5. 5장 연습문제 3번에서 주어진 다섯 논증 각각에 대해, 기호화된 전제들로부터 기호화된 결론을 도출하시오.

6. 280쪽에서 '특별한 어려움은 없다'고 말한 여덟 논증을 실제로 전개하시오.

7. 다음의 각각에 대해, 타당하지 않음을 보이는 해석을 제시하거나 타당함을 입증하기 위해 공집합으로부터 도출하시오.

   (a) $((x)Fx \ \& \ (\exists y)Gy) \rightarrow (\exists y)(Fy \ \& \ Gy)$

   (b) $(x)(Fx \vee Gx) \rightarrow ((x)Fx \vee (x)Gx)$

   (c) $(x)(y)(Fxy \rightarrow -Fyx) \rightarrow (x)-Fxx$

   (d) $((\exists x)Fx \leftrightarrow P) \rightarrow (x)(Fx \leftrightarrow P)$

   (e) $(x)(\exists y)(Fx \leftrightarrow Gy) \leftrightarrow (\exists y)(x)(Fx \leftrightarrow Gy)$

   (f) $(x)(Fx \rightarrow (\exists y)Gy) \leftrightarrow (x)(\exists y)(Fx \rightarrow Gy)$

   (g) $(\exists x)((\exists x)Fx \rightarrow Fx)$

   (h) $(x)(Fx \leftrightarrow Gx) \leftrightarrow ((x)Fx \leftrightarrow (x)Gx)$

   (i) $(x)(Fx \leftrightarrow Gx) \rightarrow ((x)Fx \leftrightarrow (x)Gx)$

   (j) $(\exists x)(y)(Fx \rightarrow Gy) \leftrightarrow (\exists y)(x)(Fx \rightarrow Gy)$

8. 스스로는 논리학의 정리이면서 대응하는 문장 $(\alpha)\phi$는 논리학의 정리가 아닌, $(\exists \alpha)\phi$ 꼴의 문장의 예를 제시하시오.

9. ϕ에 변항들 α와 β가 자유롭게 나타나고, ϕ에 들어 있는 모든 술어가 등급 1이고,

$$(\exists \alpha)(\beta)\phi \leftrightarrow (\beta)(\exists \alpha)\phi$$

가 문장이지만 타당하지는 않은, 그런 식 ϕ를 찾으시오.

10. 다음 논증들(루이스 캐럴의 『기호논리학』에서 따옴)을 적당한 해석에 따라 기호화하시오. 각 경우에 기호화된 전제들로부터 기호화된 결론을 도출하시오(7장에서 사용된 규칙을 사용해서).

(a)

(1) 어떠한 사냥개도 황도의 별자리들 사이로 나타나지 않는다.

(2) 황도의 별자리들 사이로 나타나지 않는 어떠한 것도 혜성이 아니다.

(3) 사냥개를 제외한 어떠한 것도 곱슬 꼬리를 가지고 있지 않다.

(4) 그러므로, 어떠한 혜성도 곱슬 꼬리를 가지고 있지 않다.

(b)

(1) 베토벤을 진짜로 감상하는 그 누구도 월광소나타가 연주되는 동안 침묵을 못 지키지는 않는다.

(2) 기니피그들은 음악에 대해 절망적으로 무지하다.

(3) 음악에 대해 절망적으로 무지한 어느 누구도 월광소나타가 연주되는 동안 침묵을 지키지 않는다.

(4) 그러므로, 기니피그들은 베토벤을 진짜로 감상하지 않는다.

11. 다음 논증들(위와 같은 책에서 따옴)에 대해 같은 것을 행하시오.

(a)

(1) 내가 동물들에 주목하지 않으면 그 동물들은 항상 극도로 화를 낸다.

(2) 나에게 속하는 동물들은 밭에만 있다.

(3) 어떠한 동물도 공립학교에서 적절하게 훈련받지 않았다면 수수께끼를 풀 수 없다.

(4) 밭에 있는 어떠한 동물도 오소리가 아니다.

(5) 동물은 극도로 화가 나면 항상 거칠게 달리면서 짖는다.

(6) 나에게 속하지 않는 어떠한 동물에도 나는 주목하지 않는다.

(7) 공립학교에서 적절하게 훈련받은 어떠한 동물도 거칠게 달리면서 짖지 않는다.

(8) 그러므로, 어떠한 오소리도 수수께끼를 풀 수 없다.

(b)

(1) 이 집에 있는 동물들은 고양이들뿐이다.

(2) 달을 응시하기를 좋아하는 모든 동물은 애완용으로 적합하다.

(3) 내가 어떤 동물들을 혐오할 때, 나는 그것들을 피한다.

(4) 밤에 먹잇감을 찾아 배회하지 않는 어떠한 동물도 육식동물이 아니다.

(5) 어떠한 고양이도 쥐를 잡는 데 실패하지 않는다.

(6) 이 집에 있는 것을 제외하고는 어떠한 동물들도 내 마음에 들지 않는다.

(7) 캥거루는 애완용으로 적합하지 않다.

(8) 육식동물이 아닌 어떠한 것도 쥐를 잡지 않는다.

(9) 나는 내 마음에 들지 않는 동물들을 혐오한다.

(10) 밤에 먹잇감을 찾아 배회하는 동물들은 달을 응시하기를 좋아한다.

(11) 그러므로, 나는 항상 캥거루를 피한다.

8
메타정리들

7장에서 제시된 추론규칙들이 '추론규칙'이라는 이름에 상응하는 가치가 있음은 단순히 그 규칙들을 사용하여 구성된 많은 수의 구체적인 도출들을 보여 주는 것만으로는 명백히 밝혀질 수 없다. 우리는 문장 ϕ가 이 규칙들에 의해 문장들의 집합인 Γ로부터 도출가능하면, ϕ가 Γ의 귀결이라는 것, 그리고 역으로, 문장 ϕ가 문장들의 집합 Γ의 귀결이면, ϕ는 그 규칙들에 의해 Γ로부터 도출가능하다는 것을 일반적으로 보여 주어야만 한다. 위의 첫 번째 결과는 이 장의 2절에서 입증되며, 두 번째 결과는 3절에서 입증된다. 1절은 언어 $\mathfrak{L}$을 특징짓는 다른 다양한 일반 원리들('메타정리들')의 진술과 증명에 할애된다.

1. 치환, 부정과 대응쌍, 양화사 머리 표준형식

논리학의 정리들의 구체적인 예들을 나열하는 대신에, 이런 중요한 문장들의 집합을 보다 더 일반적인 방식으로 규정하도록 하자. 이러한 목적을 위해서 우리는 몇 가지 새로운 기호 표기법을 도입해야 한다.

우선, 124~126쪽에 도입된 표기법을 확장하여, 다음과 같이 쓰기로 하자. 임의의 식 ϕ, 서로 다른 (즉, 어떠한 두 개도 동일하지 않은) 변항들 α_1, ..., α_n, 그리고 (꼭 다를 필요가 없는) 개체기호들 β_1, ..., β_n에 대해, $\phi \, ^{\alpha_1 \ldots \alpha_n}_{\beta_1 \ldots \beta_n}$은 ϕ 속에 있는 모든 자유변항들 α_1, ..., α_n을 β_1, $\cdots$, β_n으로 각각 치환한 결과이다. (만일 ϕ가 식이 아니거나, α_1, ..., α_n이 서로 다른 변항들이 아니거나, 혹은 β_1, ..., β_n이 개체기호들이 아니면, 그 표기법은 정의되지 않는다.)

따라서 예를 들어, 만일 $\phi = \text{'}(x)(Fxyz \rightarrow (\exists z)Gzyua)\text{'}$, $\alpha_1 = \text{'}y\text{'}$, $\alpha_2 = \text{'}u\text{'}$, $\beta_1 = \text{'}a\text{'}$ 그리고 $\beta_2 = \text{'}b\text{'}$이면, 식 $\phi \, ^{\alpha_1 \alpha_2}_{\beta_1 \beta_2}$는 $\text{'}(x)(Fxaz \rightarrow (\exists z)Gzaba)\text{'}$이다.

일반적인 방식으로 규정할 때, 우리는 어떤 식의 '폐쇄식(closure)'이라는 개념을 또한 사용할 것이다. '폐쇄식'은 '양화사들의 나열'이라는 어귀를 이용하여 정의되며, '양화사들의 나열'은 다음과 같은 자명한 방식으로 정의된다:

어떤 표현이 하나의 양화사이거나 보다 짧은 양화사들의 나열 앞에 새 양화사를 덧붙인 결과일 경우에 오직 그 경우에만 그 표현은 **양화사들의 나열**이다. (어떤 표현이 양화사들의 나열이면서 동시에 그 속에 있는 모든 양화사가 보편양화사일 경우에 오직 그 경우에만 그 표현은 **보편양화사들의 나열**이다; **존재양화사들의 나열**도 유사하게 정의된다.)

임의의 식 ϕ와 ψ에 대해, ϕ가 문장이며 동시에 $\phi = \psi$이거나 ϕ가 ψ 앞에 보편양화사들을 덧붙인 결과일 경우에 오직 그 경우에만 ϕ는 ψ의 **폐쇄식**이다.

우리는 또 기호 '$\Vdash$'를 다음과 같이 정의한다: 임의의 식 ϕ에 대해서, ϕ

의 모든 폐쇄식이 논리학의 정리일경우에 오직 그 경우에만 ⊩ φ이다.

예들: '$(x)Fx$'는 'Fx'의 그리고 자기 자신의 폐쇄식이다; '$(x)(y)Fxy$'는 'Fxy'의, '$(y)Fxy$'의 그리고 자기 자신의 폐쇄식이다; '$(x)Fa$'는 'Fa'의 그리고 자기 자신의 폐쇄식이다; 'Fa'는 자기 자신의 폐쇄식이다. 이에 반해 '$(\exists x)Fx$'는 자기 자신의 폐쇄식이기는 하나 'Fx'의 폐쇄식은 아니다; '$(x)(y)(z)Fxyzu$'는 어떠한 식의 폐쇄식도 아니다. 일반적으로 어떤 식의 폐쇄식은 그 식을 문장으로 만들기에 충분할 만한 개수의 보편양화사들을 덧붙임으로써 얻어진다. 만일 어떤 식이 이미 문장이면, 그 식이 폐쇄식이 되기 위해 보편양화사를 그 앞에 붙일 필요가 없다; 따라서 모든 문장은 자기 자신의 폐쇄식이다. 모든 폐쇄식은 문장이지만, 폐쇄식이 되기 전의 원래 식은 문장이 아닐 수 있다. 모든 식은 무한히 많은 폐쇄식들을 가지고 있지만, 주어진 문장은 물론 오로지 유한히 많은 식들의 폐쇄식이 될 수 있을 뿐이다.

우리는 이제 논리학의 정리들에 관한 많은 메타이론적인 일반화에 대한 비형식적인 증명을 할 수 있는 위치에 서게 되었다. 아래의 진술들에서 특별한 단서가 붙지 않는 한, 'ϕ', 'ψ', 'χ', 'ϕ'', 'ψ'', 그리고 'χ''의 범위(range)에는 식들이 속하며; 'α', 'α'', 'α_1' 등의 범위에는 변항들이 속하며, 'β', 'β'', 'β_1' 등의 범위에는 개체상항들이 속한다.

Ⅰ. 만일 $\phi \, {}^{\alpha_1 \dots \alpha_n}_{\beta_1 \dots \beta_n}$이 논리학의 정리이면 ($\beta_1, \dots, \beta_n$이 ϕ 속에 나타나지 않는 서로 다른 개체상항들일 때), 그러면 ⊩ ϕ이다.

증명: $\phi \, {}^{\alpha_1 \dots \alpha_n}_{\beta_1 \dots \beta_n}$이 논리학의 정리라고 가정하자. 즉, 공집합으로부터 이 문장의 도출이 존재한다고 가정하자. 주어진 ϕ의 임의의 폐쇄식의 도출을 얻기 위해, 우리는 각 단계에 규칙 UG를 적용하여 필요한 양화사들을 앞에 덧붙인 행들을 추가하기만 하면 된다. 그러한 규칙 UG의 적용은 가능하다. 왜냐하면 가정에 의해 개체상항들 $\beta_1, \dots, \beta_n$은 서로 다르며, 또 ϕ

속에 나타나는 모든 개체상항들과도 다르기 때문이다.

I의 괄호 속 단서가 필요하다는 것에 주의해야 한다; 예를 들어, '$Fa \lor -Fa$'는 정리이나 '$(x)(Fa \lor -Fa)$'는 정리가 아니다.

II. 만일 ϕ의 한 폐쇄식이 논리학의 정리이면, $\Vdash \phi$이다.

증명: ϕ의 한 폐쇄식이 논리학의 정리라고 가정하자. 규칙 US를 거듭 적용하여 이 폐쇄식의 도출이 문장 $\phi_{\beta_1, \dots, \beta_n}^{\alpha_1, \dots, \alpha_n}$의 도출이 될 때까지, 그 폐쇄식의 도출을 연장한다. 단 $\phi_{\beta_1, \dots, \beta_n}^{\alpha_1, \dots, \alpha_n}$ 속의 변항들 $\alpha_1, \dots, \alpha_n$은 서로 다르며 또 ϕ의 모든 자유변항들을 포함한다. 그리고 $\beta_1, \dots, \beta_n$은 ϕ 속에 나타나지 않은 서로 다른 개체상항들이다. 이 문장 $\phi_{\beta_1, \dots, \beta_n}^{\alpha_1, \dots, \alpha_n}$은 논리학의 정리이며, 따라서 I에 의해 $\Vdash \phi$이다.

III. 만일 $\Vdash \phi$이며 $\Vdash \phi \to \psi$이면, $\Vdash \psi$이다.

증명: $\alpha_1, \dots, \alpha_n$이 서로 다른 변항들이고 $\phi \to \psi$ 속에 나타나는 모든 자유변항들을 포함하고 있다고 가정하자. 그러면, 가정에 의해, $(\alpha_1)\dots(\alpha_n)\phi$와 $(\alpha_1)\cdots(\alpha_n)(\phi \to \psi)$는 논리학의 정리들이다. 규칙 US를 반복해서 적용하여 얻어진 $\phi_{\beta_1, \dots, \beta_n}^{\alpha_1, \dots, \alpha_n}$과 $(\phi \to \psi)_{\beta_1, \dots, \beta_n}^{\alpha_1, \dots, \alpha_n}$은, $\beta_1, \dots, \beta_n$이 $\phi \to \psi$ 속에 나타나지 않은 서로 다른 개체상항들일 때, 정리들이다. 그러므로 규칙 T에 의해 $\psi_{\beta_1, \dots, \beta_n}^{\alpha_1, \dots, \alpha_n}$은 정리이다. 따라서 I에 의해 $\Vdash \psi$이다.

IV. (7장 정리들 1~28의 일반화들)

1. $\Vdash (\alpha)(\alpha')\phi \leftrightarrow (\alpha')(\alpha)\phi$

2. $\Vdash (\exists\alpha)(\exists\alpha')\phi \leftrightarrow (\exists\alpha')(\exists\alpha)\phi$

   등등.

9. $\Vdash (\alpha)(\phi \ \& \ \psi) \leftrightarrow (\phi \ \& \ (\alpha)\psi)$ 만일 α가 ϕ 속에 자유변항으로 나타나지 않는 경우.

   등등.

18. $\Vdash (\alpha)(\exists\alpha')(\phi \ \& \ \psi) \leftrightarrow ((\alpha)\phi \ \& \ (\exists\alpha')\psi)$ 만일 α가 ψ 속에 자유

변항으로 나타나지 않고, α'이 ϕ 속에 자유변항으로 나타나지 않는
경우.

등등.

증명: 각 경우에 증명은 그것에 대응하는 정리의 도출과 유사하게 도
식적인 도출틀을 구성하면 된다.

$\quad$ V. 만일 $\Vdash \psi \leftrightarrow \psi'$이면, 그러면 $\quad \Vdash -\psi \leftrightarrow -\psi'$

$$\Vdash (\psi \,\&\, \chi) \leftrightarrow (\psi' \,\&\, \chi)$$
$$\Vdash (\chi \,\&\, \psi) \leftrightarrow (\chi \,\&\, \psi')$$
$$\Vdash (\psi \vee \chi) \leftrightarrow (\psi' \vee \chi)$$
$$\Vdash (\chi \vee \psi) \leftrightarrow (\chi \vee \psi')$$
$$\Vdash (\psi \rightarrow \chi) \leftrightarrow (\psi' \rightarrow \chi)$$
$$\Vdash (\chi \rightarrow \psi) \leftrightarrow (\chi \rightarrow \psi')$$
$$\Vdash (\psi \leftrightarrow \chi) \leftrightarrow (\psi' \leftrightarrow \chi)$$
$$\Vdash (\chi \leftrightarrow \psi) \leftrightarrow (\chi \leftrightarrow \psi')$$
$$\Vdash (\alpha)\psi \leftrightarrow (\alpha)\psi'$$
$$\Vdash (\exists\alpha)\psi \leftrightarrow (\exists\alpha)\psi'$$

증명: 모든 동어반복적 문장이 논리학의 정리이므로, I에 의해 $\Vdash (\psi \leftrightarrow \psi') \rightarrow (-\psi \leftrightarrow -\psi')$이다. 따라서 III에 의해, 위 메타정리의 첫 번째 부분이 도출되며, 그다음 여덟 부분도 유사한 방식으로 도출된다. 나머지 두 부분을 증명하기 위해 $\Vdash \psi \leftrightarrow \psi'$을 가정하자. I과 III에 의해, $\Vdash \psi \rightarrow \psi'$이며 $\Vdash \psi' \rightarrow \psi$이다. 따라서 $\Vdash (\alpha)(\psi \rightarrow \psi')$과 $\Vdash (\alpha)(\psi' \rightarrow \psi)$이다. 왜냐하면 $(\alpha)(\psi \rightarrow \psi')$의 모든 폐쇄식은 $\psi \rightarrow \psi'$의 폐쇄식이며, $(\alpha)(\psi' \rightarrow \psi)$의 모든 폐쇄식은 $\psi' \rightarrow \psi$의 폐쇄식이기 때문이다. III과 IV(정리들 6과 15)에 의해, $\Vdash (\alpha)\psi \rightarrow (\alpha)\psi'$, $\Vdash (\alpha)\psi' \rightarrow (\alpha)\psi$, $\Vdash (\exists\alpha)\psi$

$\to (\exists\alpha)\psi'$, 그리고 $\Vdash (\exists\alpha)\psi' \to (\exists\alpha)\psi$이다. 그러나 I에 의해 $\Vdash ((\alpha)$ $\psi \to (\alpha)\psi') \to (((\alpha)\psi' \to (\alpha)\psi) \to (\alpha)\psi \to ((\alpha)\psi'))$이며 따라서 III에 의해 $\Vdash (\alpha)\psi \leftrightarrow (\alpha)\psi'$이다. 마찬가지 방식으로 $\Vdash (\exists\alpha)\psi \leftrightarrow (\exists\alpha)$ ψ'이다.

VI. (치환, Replacement) ϕ'가 ϕ와 다음과 같은 점을 제외하고는 모두 동일하다고 가정하자: ϕ 속에 ψ가 들어 있는 자리에 ϕ' 속에는 ψ 대신 ψ' 이 들어 있다. 그리고 $\Vdash \psi \leftrightarrow \psi'$이라고 가정하자. 그러면 $\Vdash \phi \leftrightarrow \phi'$이며, 또 $\Vdash \phi$인 경우에 오직 그 경우에만 $\Vdash \phi'$이다.

증명: 주어진 가정하에서 ϕ는 주어진 ψ로부터 연결사들과 양화사들을 이용하여 형성될 수 있으며, ϕ'도 똑같은 방식으로 ψ'으로부터 형성될 수 있다; 따라서 V의 반복된 사용을 통해 우리는 $\Vdash \phi \leftrightarrow \phi'$을 얻는다. 이 것과 I 그리고 III으로부터 우리는 또한 보다 약한 결론인, $\Vdash \phi$인 경우에 오직 그 경우에만 $\Vdash \phi'$임을 얻는다.

식들 간의 '동치'를 다음과 같이 정의하자: 임의의 식 ϕ와 ψ에 대해, $\Vdash$ $\phi \leftrightarrow \psi$인 경우에 오직 그 경우에만 ϕ와 ψ가 **동치**이다. 그러므로 메타정리 VI는 만일 우리가 식 ϕ 속에 있는 ψ를 ψ와 동치인 식으로 치환하면, 그 전체 결과는 ϕ와 동치인 식이다.

VII. (속박변항 바꿔쓰기, Rewriting of bound variables) 만일 식 $(\alpha)\phi$와 $(\alpha')\phi'$가 앞의 식 속에 α가 있는 곳에 그리고 오직 그곳에만 뒤의식 속에 α'가 있다는 점에서만 다르고 서로 똑같다면, 그것들은 서로 동치이다. 그리고 $(\exists\alpha)\phi$와 $(\exists\alpha')\phi'$에 대해서도 마찬가지이다.

증명: 위에서 주어진 가정을 받아들이자. 그리고 $\alpha_1, \cdots, \alpha_n$이 $(\alpha)\phi$ 속에 (따라서 $(\alpha')\phi'$ 속에) 자유롭게 나타나는 모든 변항들의 (중복되지 않은) 목록이라 하고, $\beta_1, ..., \beta_n$을 ϕ 속에 (따라서 ϕ' 속에) 나타나지 않는 서로 다른 개체상항들이라고 하자. 명백한 도출에 의해 우리는 $((\alpha)\phi \leftrightarrow (\alpha')$

$\phi'\,{}^{\alpha_1\cdots\alpha_o}_{\beta_1\cdots\beta_n}$ 이 논리학의 정리임을 알 수 있다. I에 의해, $(\alpha)\phi$와 $(\alpha')\phi'$는 동치이다. 존재양화사에 대한 논증도 유사하다.

VIII. (부정정리, Negation theorem) 식 ϕ가 그 속에 '$\rightarrow$'와 '$\leftrightarrow$'을 포함하지 않고, ϕ'는 ϕ로부터 '&'와 '$\lor$'를 서로 바꾸고, 보편양화사와 그것에 상응하는 존재양화사를 서로 바꾸고 원자식은 그것의 부정으로 대치함으로써 얻어진다고 가정하자. 그러면 ϕ'는 $-\phi$와 동치이다.

증명: 우리는 (a) 이 부정정리가 원자식들에 대해 성립하고, (b) 이 부정정리가 성립하는 식들의 부정, 연언, 선언 그리고 양화에 대해서도 성립함을 보이는 순서로 증명해 나가겠다. 이러한 증명은 부정정리가 '$\rightarrow$'와 '$\leftrightarrow$'를 포함하지 않는 모든 식들에 대해 성립한다는 것을 함축한다.

(a) 만일 ϕ가 원자식이면, ϕ'는 $-\phi$이다. 따라서 ϕ'는 $-\phi$와 동치이다.

(b) (i) $\phi = -\psi_1$이고 부정정리가 ψ_1에 대해서 성립한다고 가정하자. 그러면 ψ_1'는 $-\psi_1$ 즉 ϕ와 동치이다. 그러므로 $-\psi_1'$ 즉, ϕ'는 $-\phi$와 동치이다.

(ii) $\phi = (\psi_1\ \&\ \psi_2)$이고 부정정리가 ψ_1과 ψ_2에 대해 성립한다고 가정하자. 그러면 $-\phi$는 $-\psi_1 \lor -\psi_2$와 동치이며, 이것은 가정과 VI에 의해 $\psi_1' \lor \psi_2'$ 즉 ϕ'와 동치이다.

(iii) $\phi = (\psi_1 \lor \psi_2)$이고 부정정리가 ψ_1과 ψ_2에 대해 성립한다고 가정하자. 그러면 $-\phi$는 $-\psi_1\ \&\ -\psi_2$와 동치이고, 이것은 가정과 VI에 의해 $\psi_1'\ \&\ \psi_2'$ 즉 ϕ'와 동치이다.

(iv) $\phi = (\alpha)\psi_1$이고 부정정리가 ψ_1에 대해서 성립한다고 가정하자. 그러면 $-\phi$는 $(\boxminus\alpha) - \psi_1$과 동치이며, 이것은 가정과 VI에 의해 $(\boxminus\alpha)\psi_1'$ 즉 ϕ'와 동치이다.

(v) $\phi = (\boxminus\alpha)\psi_1$이고 부정정리가 ψ_1에 대해 성립한다고 가정하

자. 그러면 $-\phi$는 $(\alpha)-\psi_1$과 동치이고, 이것은 가정과 VI에 의해 $(\alpha)\psi_1'$ 즉 ϕ'와 동치이다.

예1. 다음 식의 부정과 동치인 식을 찾기 위해 VIII을 적용하라:

$$(x)(\exists y) - (Fxy \lor (\exists z)(Gzy \, \& \, (Hxz \lor -Fxz)))$$

우리가 구하는 식은 다음과 같다:

$$(\exists x)(y) - (-Fxy \, \& \, (z)(-Gzy \lor (-Hxz \, \& \, --Fxz)))$$

예2. 다음 식의 부분들에 VIII과 VI을 반복하여 적용해서 (그리고 이중 부정은 삭제해 버리면서), 다음 식과 동치이면서 부정 기호들이 단지 술어문자들 앞에만 오는 식을 찾아라:

$$- (y)(z) - (\exists x) - (-Fxz \lor (w) - (Hxzw \lor -Hxzx))$$

우리가 구하는 식을 얻게 되는 순서적 단계는 다음과 같다:

$$(\exists y)(\exists z) - (x) - (Fxz \lor (\exists w) - (-Hxzw \lor Hxzx))$$
$$(\exists y)(\exists z)(\exists x) - (- Fxz \lor (w) - (Hxzw \, \& \, -Hxzx))$$
$$(\exists y)(\exists z)(\exists x)(Fxz \, \& \, (\exists w) - (-Hxzw \lor Hxzx))$$
$$(\exists y)(\exists z)(\exists x)(Fxz \, \& \, (\exists w)(Hxzw \, \& \, -Hxzx))$$

다음 메타정리를 위해 우리는 또 다른 정의를 필요로 한다: 식 ϕ가 양화사가 없는 식이거나 양화사들의 나열 다음에 양화사가 없는 식들이 뒤

따르는 순서로 나열된 경우에 오직 그 경우에만 ϕ는 **양화사 머리 표준형식**을 가진 식이다.

IX. (양화사 머리 표준형식, Prenex normal form) 임의의 식 ϕ에 대해 양화사 머리 표준형식을 가진 동치인 식 ψ가 존재한다.

증명: 우리는 먼저 임의의 주어진 식 ϕ에 상응하는 동치인 양화사 머리식 ψ를 얻는 절차(이 절차는 '양화사 머리 표준형식에로의 환원'이라고 불린다)를 기술한다. ϕ가 주어졌을 때, 우리는 다음과 같이 네 단계를 거쳐 ψ를 얻는다.

1. 우선 ϕ 속의 $\psi_1 \rightarrow \psi_2$ 형태를 띤 모든 부분들을 그것들에 상응하는 $-\psi_1 \vee \psi_2$ 형태의 식들로 치환하고, 이와 아울러 ϕ 속의 $\psi_1 \leftrightarrow \psi_2$ 형태를 가진 모든 부분들을 그것들에 상응하는 $(\psi_1 \,\&\, \psi_2) \vee (-\psi_1 \,\&\, -\psi_2)$ 형태의 식들로 체계적으로 치환함으로써 ϕ 속에 나타나는 모든 '$\rightarrow$'와 '$\leftrightarrow$'를 제거한다.

2. 이것의 결과에다가 VIII의 예 2에서 예시된 바와 같이 부정 기호들이 오로지 술어문자들 앞에만 오도록 부정기호들을 '안으로 끌어들이는' 절차를 적용한다.

3. 그다음에 어떠한 두 양화사도 동일한 변항을 포함하지 않고 또 어떠한 변항도 자유롭고 동시에 속박되어 나타나지 않도록 양화사와 변항을 바꾸어 쓴다.

4. 끝으로 양화사들이 나타나는 순서로 모든 양화사들을 식의 맨 앞에 오도록 위치시킨다.

이 절차를 예시하기 위해, 다음 식을 양화사 머리 표준형식으로 환원해 보자:

$$(x)Fx \leftrightarrow (\exists x)Gx$$

단계 1은 다음을 산출한다:

$$((x)Fx \, \& \, (\exists x)Gx) \vee (-(x)Fx \, \& \, -(\exists x)Gx)$$

단계 2에서 제시된 대로 부정기호들을 안으로 끌어들이면 다음과 같다:

$$((x)Fx \, \& \, (\exists x)Gx) \vee ((\exists x)-Fx \, \& \, (x)-Gx)$$

단계 3에 따라 양화사들을 바꿔 쓰면 다음과 같다:

$$((x)Fx \, \& \, (\exists y)Gy) \vee ((\exists z)-Fz \, \& \, (u)-Gu)$$

양화사들이 나타나는 순서대로 양화사들을 밖으로 끌어내면, 우리는 우리가 얻고자 하는 양화사 머리 표준형식을 띤 식을 얻게 된다:

$$(x)(\exists y)(\exists z)(u)((Fx \, \& \, Gy) \vee (-Fx \, \& \, -Gu))$$

이 메타정리의 증명은 단계 1~4에서 기술된 다양한 치환들이 항상 그 치환들이 적용되는 식과 동치인 식들에로 인도한다는 것을 입증하는 것이다. 단계 1에서 수행된 치환이 이것을 만족한다는 것은 모든 동어반복적 문장이 논리학의 정리이며, 따라서 임의의 식 ϕ와 ψ에 대해 I에 의해 다음과 같은 결과를 증명할 수 있다는 사실로부터 따라 나온다:

$$\Vdash (\phi \to \psi) \leftrightarrow (-\phi \vee \psi) \text{ 그리고}$$

$$\Vdash (\phi \leftrightarrow \psi) \leftrightarrow ((\phi \,\&\, \psi) \lor (-\phi \,\&\, -\psi))$$

단계 2의 치환은 VI과 VIII에 의해 정당화된다(이중부정 기호는 VI과 $\Vdash \phi \leftrightarrow --\phi$라는 사실에 의해 제거될 수 있다). 단계 3은 VII의 증명에 의해 정당화된다. 끝으로 단계 4의 치환은 IV와 VI(정리 9, 10, 12, 13 그리고 그것들에 상응하는, 연언지들 혹은 선언지들의 위치가 교환된 정리들)에 의해 정당화된다.

양화사 머리 표준형식에로의 환원의 두 번째 예로서 우리는 다음 식에 위의 절차를 적용하자:

$$((x)(\exists y)(Fx \rightarrow Gy) \,\&\, (\exists x)Fx) \rightarrow (\exists y)Gy$$

우리가 얻고자 하는 식으로 가는 순서상의 단계들은 다음과 같다:

$$-((x)(\exists y)(-Fx \lor Gy) \,\&\, (\exists x)Fx) \lor (\exists y)Gy$$
$$((\exists x)(y)(Fx \,\&\, -Gy) \lor (x)-Fx) \lor (\exists y)Gy$$
$$((\exists x)(y)(Fx \,\&\, -Gy) \lor (z)-Fz) \lor (\exists u)Gu$$
$$(\exists x)(y)(z)(\exists u)(((Fx \,\&\, -Gy) \lor -Fz) \lor Gu)$$

양화사 머리 표준형식 메타정리는 많은 메타이론적 연구에 매우 유용한 도구라는 것이 입증되었다. $\mathfrak{L}$의 모든 가능한 식들을 고려하는 대신에 우리는 많은 목적을 위해 양화사 머리 표준형식을 띤 식들로만 한정하여 고려하면 된다. 따라서 쿠르트 괴델(Kurt Gödel, 1906~1978)은, 모든 타당한 문장은 논리학의 정리라는 그의 원래 증명에서, 양화사 머리 표준형식을 띤 모든 타당한 문장이 정리임을 보이기만 하면 되었다. 또한 소위 결정 문제와 관련하여 얻어진 많은 결과들도 이 메타정리를 활용하고 있다. 7장의 앞부분에서 진술된 바대로 비록 임의의 주어진 $\mathfrak{L}$의 문장이 타당한지의 여부를 결정하기 위한 단계적 절차는 있을 수 없지만, 어떤 제한된 문장들의 집합들에 대해서는 그러한 절차가 발견되었다. 이러한 집합들의 가장 흥미로운 점은 그 집합 구성원들의 양화사 머리 표준형식에 의해 그 집합들이 특징지워진다는 것이다. 예를 들어, 만일 문장 ϕ가 보편양화사 앞에 어떠한 존재양화사도 가지지 않는 양화사 머리 표준형식을 띠고 있다면, ϕ의 타당성은 결정 가능하다. 유사한 결과들의 목록은 알론조 처치의 『수리논리학 입문』 46절을 참조하라.

X. 만일 $\Vdash \phi$이고 만일 ψ가 ϕ 속의 모든 원자식들을 그것들의 부정으로 치환한 결과이면, $\Vdash \psi$이다.

증명: 원자식들이 남김없이 모두 그것들의 부정으로 치환될 때 어떠한 도출도 역시 또 다른 하나의 도출로 남게 된다는 것을 검토하는 일은 독자들의 몫으로 남겨 놓겠다.

XI. (대응쌍, Duality) 만일 $\Vdash \phi \leftrightarrow \psi$이고, '→'도 '↔'도 ϕ나 ψ 속에 나타나지 않고 또 만일 ϕ^*와 ψ^*가 '&'와 '∨'를 바꾸고 보편양화사와 그것에 상응하는 존재양화사를 바꿈으로써 ϕ와 ψ로부터 각각 얻어진 것이면, $\Vdash \phi^* \leftrightarrow \psi^*$이다; 유사하게, 만일 $\Vdash \phi \rightarrow \psi$이면, $\Vdash \psi^* \rightarrow \phi^*$이다.

증명: 이 메타정리의 가정을 받아들이자. 그러면 $\Vdash -\phi \leftrightarrow -\psi$이고 VIII과 VI에 의해 $\Vdash \phi' \leftrightarrow \psi'$이다. X과 이중부정을 제거함에 의해, $\phi^* \leftrightarrow \psi^*$는 정리이다. 마지막 절의 증명도 유사하다.

예1. 식

$$(x)(Fx \ \& \ Gx) \leftrightarrow ((x)Fx \ \& \ (x)Gx)$$

가 논리학의 정리이므로, 대응쌍 법칙은 우리에게

$$(\exists x)(Fx \vee Gx) \leftrightarrow ((\exists x)Fx \vee (\exists x)Gx)$$

도 역시 논리학의 정리임을 알려 준다.

예2. 정리

$$(\exists x)((y)Fxy \vee (y) - Fxy) \leftrightarrow (\exists x)(y)(z)(Fxy \vee - Fxz)$$

의 대응쌍은 다음과 같은 정리이다:

$$(x)((\exists y)Fxy \,\&\, (\exists y) - Fxy) \leftrightarrow (x)(\exists y)(\exists z)(Fxy \,\&\, - Fxz)$$

2. 건전성과 일관성

추론규칙들의 체계가 **건전하다**고 말하는 것은 그 추론규칙들의 사용에 의해서 도출된 어떠한 결론도 그 결론이 의존하고 있는 전제들의 귀결이다, 라고 말하는 것이다. 따라서, P, T, C, US, UG 그리고 E로 구성된 현재 체계가 건전함을 보이기 위해서 우리는 임의의 문장 ϕ와 문장들의 집합 Γ에 대해서, 만일 ϕ가 Γ로부터 도출가능하면, ϕ는 Γ의 귀결임을 보여야만 한다. 규칙들의 체계는 만일 공집합 Λ로부터 ϕ와 $-\phi$가 동시에 도출가능한 그러한 문장 ϕ가 없을 때 **일관적**이라고 불린다. 분명히 규칙들이 건전하다면, 그것들은 일관적이다. 왜냐하면 어떠한 문장도 자신과 자신의 부정문장이 동시에 Λ의 귀결일 수 없기 때문이다. 이에 반해, 일관성은 건전성을 보증하지 못한다. 일관적이기는 하지만 건전하지 못한 규칙을 생각해내는 것은 쉽다—예를 들어, 문장들의 모든 집합으로부터 오로지 문장 'P'의 도출만을 허용하는 (그리고 다른 어떠한 문장의 도출도 허용하지 않는) 규칙이 그러하다.

이제 우리의 규칙들의 건전성을 증명하자. 개략적으로 그 논증은 다음과 같다: 규칙 P는 전제들이 (자신들의 귀결들로서) 들어가는 것을 우리에게 허용한다. 그리고 다른 다섯 규칙 각각은 앞 행들에 나타난 문장들의 귀결인 문장만을 써넣도록 우리에게 허용한다. 따라서 규칙들의 반복적인 적용에 의해서 우리는 전제들의 귀결인 문장들만을 얻게 된다.

이 논증을 보다 주의 깊게 진술하자. 우리는 (1) 도출의 첫 행에 나타난 문장은 그 행의 전제들의 귀결이며, 그리고 (2) 뒷 행에 나타나는 문장은, 만일 앞 행들에 나타난 모든 문장들이 그것들의 전제들의 귀결이라면, 역시 그 문장의 전제들의 귀결이다.

(1)에 관해서는 다음과 같이 말할 수 있다: 만일 ϕ가 첫 행에 나타나면, ϕ는 규칙 P에 의해서 (이 경우 ϕ가 자신의 유일한 전제임) 혹은 규칙 T에 의해서 (이 경우 ϕ는 동어반복적 문장이며, 따라서 문장들의 공집합의 귀결임) 들어간 것이다.

(2)에 관해서는 규칙들을 하나하나씩 차례로 고려하자.

(i) 만일 ϕ가 규칙 P에 의해 어떤 행에 써넣어졌다면, ϕ는 분명히 그 행의 전제들의 귀결이다.

(ii) 만일 ϕ가 규칙 T에 의해 어떤 행에 써넣어졌다면, ϕ는 앞 행들에서 나타나는 문장들의 집합 Γ의 동어반복적 귀결이다. 따라서 ϕ는 Γ의 귀결이다(209쪽 참조). 그러나 Γ의 모든 각 문장은 가정에 의해 그 문장이 나타나는 행의 전제들의 귀결이다. 이 전제들 전체의 집합을 Δ라 하자.

그러면 ϕ는 Δ의 귀결이다(155쪽 1항 참조).

(iii) 만일 ϕ가 규칙 C에 의해 어떤 행에 써넣어졌다면, $\phi = (\psi \rightarrow \chi)$이며 이때 χ는 앞 행에 나타난다. 가정에 의해, χ는 그 행의 전제들의 귀결이며, 이때 전제들 중에는 ψ가 포함될 수도 있다. 그러므로 $(\psi \rightarrow \chi)$ 즉, ϕ는 ψ를 제외한 이 전제들의 귀결이다(156쪽 6항 참조).

(iv) 만일 ϕ가 규칙 US에 의해 어떤 행에 써넣어졌다면, $\phi = \psi\alpha/\beta$이며 이때 $(\alpha)\psi$는 앞 행에 나타난다. 가정에 의해 $(\alpha)\psi$는 그 행의 전제들의 귀결이다. 그러나 $\psi\alpha/\beta$는 $(\alpha)\psi$의 귀결이다(156쪽 9항 참조). 그러므로 $\psi\alpha/\beta$, 즉 ϕ는 $(\alpha)\psi$가 나타나는 행의 전제들의 귀결이다(155쪽 1항 참조).

(v) 만일 ϕ가 규칙 UG에 의해 어떤 행에 들어갔다면, $\phi = (\alpha)\psi$이며 $\psi\alpha/\beta$는 앞 행에 나타난다. 이때 $\psi\alpha/\beta$가 나타나는 행의 전제들의 집합을 Γ라 하면, β는 ψ 속에도 Γ의 어떠한 원소 속에도 나타나지 않는다. 가정에 의해 $\psi\alpha/\beta$는 Γ의 귀결이다. 그러므로 $(\alpha)\psi$ 즉, ϕ도 역시 Γ의 귀결이다(156쪽 10항 참조).

(vi) 만일 ϕ가 규칙 E에 의해 어떤 행에 들어갔다면, $\phi = (\exists\alpha)\psi$이고 $-(\alpha)-\psi$가 앞 행에 나타나거나, 혹은 $\phi = -(\alpha)-\psi$ 이고 $(\exists\alpha)\psi$가 앞 행에 나타난다. 이 양자의 경우 모두에 있어서 앞 행에 나타난 문장이 가정상 그 행의 전제들의 귀결이며, ϕ는 앞 행에 나타난 문장의 귀결이므로 (156쪽 11항 참조), ϕ는 앞 행의 전제들의 귀결이다(155쪽 1항 참조).

따라서, 도출 중의 어떤 행에 나타나는 어떠한 문장도 그 행의 전제들의 귀결이다; 달리 말해, 만일 문장 ϕ가 문장들의 집합 Γ로부터 도출가능하다면, ϕ는 Γ의 귀결이다. 이러한 사실의 기반 위에서, 우리의 규칙들에 따라 도출을 구성하려고 시도하는 사람에게 약간의 조언을 할 수 있다: 만일 어떤 단계에서 직관적으로 그 행의 전제들의 귀결인 것처럼 보이지 않는 문장을 써넣은 것을 발견하였다면, 그 도출과정을 검토하라. 왜냐하면 당신의 직관이 올바르지 않거나 규칙의 적용에 오류가 있을 것이기 때문이다. 물론 만일 당신이 써넣은 것이 그 전제들의 **귀결이라면**, 그 규칙 사용은 **올바르다**는 결론이 따라 나오지는 않는다. 우리는 단지 당신이 써넣은 것이 그 전제들의 귀결이 **아니라면**, 그 규칙 사용은 올바르지 않다는 사실만을 알 뿐이다.

우리의 규칙들의 일관성은 순수하게 구문론적 논증에 의해서도 즉 해석이나 그 것과 유사한 개념[1] 사용하지 않은 논증에 의해서도 증명될 수 있다. 그 논증을 살펴보는 것은 흥미로운 일일 것이다.

어떤 문장 ϕ에 대해, 우리는 ϕ의 **변형**$(\mathfrak{T}(\phi))$을 ϕ로부터 모든 개체기호들, 양화사들, 그리고 술어 위첨자들을 삭제한 결과의 SC 문장으로 정의하자. 예를 들어

$$(F_1 \rightarrow (x)(F_1^2 xa \vee (\exists y)(G_2^3 xay \,\& F_1^1 x)))$$

의 변형은

$$(F_1 \rightarrow (F_1 \vee (G_2 \,\& F_1)))$$

이다.

---

1   그렇지만 동어반복적임에 대한 (구문론적) 진리표 검사를 토대로 하여, 일부 독자들이 지적한 바대로 우리가 의미론적으로 정의한 '동어반복'의 개념을 사용하는 것은 공정하다.

이제 만일 올바른 도출 속의 각 문장을 전제번호들은 그냥 놔둔 채 그 문장의 변형으로 치환한다면 우리는 각 행이 규칙들 P, T 혹은 C 중 하나에 의해서 정당화될 수 있는 또 다른 도출을 얻는다. 따라서 만일 한 쌍의 문장들 ϕ와 $-\phi$가 우리들의 규칙들에 의해 Λ으로부터 도출가능하다면, $\mathfrak{T}(\phi)$와 $\mathfrak{T}(-\phi)$는 동어반복적 문장들일 것이다; 그러나 $\mathfrak{T}(-\phi)$는 $\mathfrak{T}(\phi)$의 부정이며, 어떤 문장과 그 문장의 부정이 동시에 동어반복적인 것은 불가능하다. 그러므로 어떠 한 문장들의 쌍 ϕ와 $-\phi$도 우리의 규칙들에 의해 Λ으로부터 도출가능하지 않다.

도출이 위에서 제시된 방식대로 변형될 때, 그 결과로서 얻어지는 도출의 각 행이 규칙들 P, T 혹은 C에 의해 정당화될 수 있음을 보이기 위해서, 규칙들 P, T, C, US, UG 그리고 E를 차례로 고려하자. 만일 원래 도출의 어떤 행이 규칙 P에 따라 써넣어졌다면, 그에 대응하는 새 도출의 행도 마찬가지로 P에 의해 정당화될 것이다. 규칙들 T와 C에 대해서도 마찬가지 것이 성립된다. US와 UG에 의한 추론들은 우리가 고려하고 있는 변형하에서는 단순한 반복에 불과한 것이 된다. 그리고 규칙 E는 항상 ϕ로부터 $--\phi$로 혹은 그 역으로 이끈다.

3. 완전성

(*이 절을 생략해도 뒷부분을 이해하는 데 지장이 없다.)

추론규칙들의 체계가 **완전하다**고 말하는 것은 그 추론규칙들의 체계를 이용하여 어떤 주어진 문장들의 집합으로부터 그 집합의 어떠한 귀결도 도출할 수 있다고 말하는 것이다. 따라서 P, T, C, US, UG, 그리고 E로 구성된 현재의 체계가 완전하다는 것을 보이기 위해, 우리는 임의의 문장 ϕ

와 문장들의 집합 Γ에 대해 만일 ϕ가 Γ의 귀결이면, ϕ는 Γ로부터 도출가능하다는 것을 보여야만 한다. 다음의 증명은 그 핵심적인 면들에 있어서 레온 헨킨 교수의 증명 방식을 따른 것이다.

헨킨의 증명은 현재의 증명과는 독립적으로도 흥미로운 어떤 개념들을 사용하여 구성된다.

우리는 문장들의 집합 Γ로부터 문장 '$P \& -P$'가 도출가능하지 않을 경우에 오직 그 경우에만 문장들의 집합 Γ가 **도출일관적**(d-consistent)이라고 말한다.

도출가능성이 도출일관성과 밀접히 관계되어 있음에 주목하라: 임의의 문장 ϕ와 문장들의 집합 Γ에 대해, ϕ가 Γ로부터 도출가능한 경우에 오직 그 경우에만 $\Gamma \cup \{-\phi\}$는 도출일관적이 아니다. 왜냐하면 만일 ϕ가 Γ로부터 도출가능하다면, ϕ가 마지막 행인 i번째 행에 나타나고, 그 행의 모든 전제들이 Γ에 속하는 도출이 존재하기 때문이다. 아래와 같이 두 행을 덧붙임으로써 우리는 $\Gamma \cup \{-\phi\}$로부터 '$P \& -P$'의 도출을 얻는다:

$$\{n_1, ..., n_p\} \qquad (i) \qquad\qquad \phi$$
$$\{i+1\} \qquad\qquad (i+1) \qquad\qquad -\phi \quad P$$
$$\{n_1, ..., n_p, i+1\} \quad (i+2) \qquad P \& -P \qquad i, i+1 \; T$$

그러므로 $\Gamma \cup \{-\phi\}$는 도출일관적이 아니다. 다른 한편으로, $\Gamma \cup \{-\phi\}$가 도출일관적이 아니라고 가정하자. 그러면, '$P \& -P$'는 $\Gamma \cup \{-\phi\}$로부터 도출가능하다. 만일 우리가 이 도출을 규칙 C를 적용하여 연장한다면, 우리는 Γ로부터 문장

$$-\phi \rightarrow (P \& -P)$$

의 도출을 얻을 수 있다. 여기에 규칙 T를 이용하여 한 행을 덧붙인다면, 우리는 Γ로부터 ϕ의 도출을 얻게 된다.

또 한 가지 주목할 만한 점은 어떤 문장들의 집합 Γ에 대해서, Γ가 도출일관적인 경우에 오직 그 경우에만 Γ로부터 도출불가능한 $\mathfrak{L}$의 문장 ϕ가 적어도 하나 존재한다는 사실이다. 달리 말해, 주어진 문장들의 집합으로부터 '$P \& -P$'가 도출가능한 경우에 오직 그 경우에만 **모든** 문장들이 역시 도출가능하다.

다음에 우리는 문장들의 집합 Γ가 도출일관적이고 또 어떠한 도출일관적 집합 Δ의 진부분집합도 아닐 경우에 오직 그 경우에만 Γ를 **최대 도출일관적**(maximal d-consistent)이라고 정의한다. 따라서 Γ가 최대 도출일관적일 경우에 오직 그 경우에만 Γ는 도출일관적이고 또 만일 우리가 Γ에 이미 원소로서 들어 있지 않은 어떤 문장을 추가한다면 Γ는 도출일관성을 상실한다.

이제 최대 도출일관적인 집합들이 갖는 속성들에 주목하자. Δ를 최대 도출일관 집합이라 하고, ϕ를 $\mathfrak{L}$의 어떤 문장이라고 하자. 그러면 우리는

(1) $\phi \in \Delta$ iff $-\phi \notin \Delta$이며[2], 그리고

(2) $\phi \in \Delta$ iff ϕ는 Δ로부터 도출가능하다.

(1)의 증명: ϕ와 $-\phi$ 양자 모두가 Δ에 속한다고 가정하자. 그러면 양자가 모두 Δ로부터 도출가능하다. 따라서 Δ가 도출일관적이라는 가정과는 반대로 '$P \& -P$'가 Δ로부터 도출가능하다. 다른 한편, ϕ도 $-\phi$도 Δ에 속하지 않는다고 가정하자. Δ는 최대 도출일관적이므로, 이것은 $\Delta \cup$

---

2   'iff'는 그 앞쪽의 문장 내용이 참일 경우 그리고 오직 그 경우에만(if and only if) 뒤쪽의 문장 내용이 참이라는 것에 대한 약식 표현이다.

{φ}와 Δ∪{−φ} 양자 모두 도출일관적이 아님을 뜻한다. 그러므로 다시금 가정과는 반대로 φ와 −φ 양자 모두가 Δ로부터 도출가능하다. 따라서 (1)에 의해 주장되는 바와 같이 φ와 −φ의 쌍 중 꼭 하나만이 Δ에 속한다. (2)의 증명: 만일 φ∈Δ이면, 분명히 φ는 Δ로부터 도출가능하다. φ∉Δ라고 가정하자. 그러면 −φ∈Δ이며 따라서 −φ는 Δ로부터 도출가능하다. 그리고 Δ는 도출일관적이므로, φ는 Δ로부터 도출가능하지 않다.

Δ가 문장들의 최대 도출일관적 집합이고 φ와 ψ가 임의의 문장들일 때, (1)과 (2)로부터 아래의 결과들을 얻는 것은 쉽다:

(3) $(φ \lor ψ)∈Δ$ iff $φ∈Δ$ 또는 $ψ∈Δ$ 이다.

(4) $(φ \,\&\, ψ)∈Δ$ iff $φ∈Δ$ 그리고 $ψ∈Δ$ 이다.

(5) $(φ → ψ)∈Δ$ iff $φ∉Δ$ 또는 $ψ∈Δ$ 또는 양자 모두이다.

(6) $(φ ↔ ψ)∈Δ$ iff $φ, ψ∈Δ$ 또는 $φ, ψ∉Δ$ 이다.

이제 문장들의 집합 Γ가 다음 조건을 만족할 경우에 오직 그 경우에만 Γ가 **ω-완전하다**고 말하자: 모든 식 φ와 변항 α에 대해 만일 (∃α)φ가 Γ에 속한다면, φα/β도 역시 Γ에 속하는 그러한 개체상항 β가 있다. 달리 말해, 문장들의 ω-완전 집합은 존재양화 문장을 그 원소로 가질 경우 규칙 EG를 한 번 적용함으로써 그 존재양화 문장을 얻어낼 수 있는 그러한 문장을 또한 항상 그 원소로 갖는다.

문장들의 집합 Δ가 최대 도출일관적이고 또 ω-완전할 때 Δ는 물론 (위의 (1)∼(6)을 포함하여) 최대 도출일관 집합들의 모든 속성들을 가지며, 아울러 아래의 두 속성도 갖는다:

(7) $(α)φ∈Δ$ iff 모든 개체상항 β에 대해 $φα/β∈Δ$이다.

(8) $(∃α)φ∈Δ$ iff 어떤 개체상항 β에 대해 $φα/β∈Δ$이다.

(7)의 증명: 왼쪽으로부터 오른쪽에로의 함축관계는 (2)와 규칙 US에 의거하여 분명하다. 이제 모든 개체상항 β에 대해, $φα/β∈Δ$이지만 $(α)$

$\phi \notin \Delta$라고 가정하자. 그러면 (1)에 의해 $-(\alpha)\phi \in \Delta$이며, (2)에 의해 $(\exists \alpha)-\phi \in \Delta$이다. Δ는 ω-완전하므로 어떤 개체상항 γ에 대해 $-\phi\alpha/$ $\gamma \in \Delta$이다. 그러나 $\phi\alpha/\gamma$도 역시 Δ의 원소이므로 Δ는 가정과는 반대로 도출일관적이 아니다. (8)의 증명도 유사하다.

다음 완전성 결과를 위한 주요 보조정리를 진술하자.

I. 문장들의 임의의 집합 Γ에 대해, 만일 Γ가 도출일관적이면, Γ는 일관적이다.

일단 이 보조정리가 얻어지면, 우리는 완전성을 다음과 같이 증명할 수 있다. ϕ를 문장이라 하고 Γ를 문장들의 집합이라고 하자. 그리고 ϕ가 Γ의 귀결이라고 가정하자. 그러면 $\Gamma \cup \{-\phi\}$는 일관적이 아니다. 따라서 I에 의해, $\Gamma \cup \{-\phi\}$는 도출일관적이 아니며, 이에 따라 ϕ는 Γ로부터 도출가능하다. 따라서 만일 ϕ가 Γ의 귀결이면, ϕ는 Γ로부터 도출가능하다. 그러므로 우리의 규칙들의 체계는 완전하다.

먼저 I의 특수한 경우를 증명하는 것이 편리하다.

I′. 문장들의 임의의 집합 Γ에 대해, 만일 Γ가 도출일관적이고 Γ의 문장들에서 나타나는 모든 개체상항들의 아래첨자들이 짝수이면, Γ는 일관적이다.

일견 독자들에게 이상하게 들릴지도 모를, 아래첨자들에 대한 제한의 이점은 그 제한이 Γ의 문장들에 나타나지 않은 무수히 많은 개체상항들이 존재함을 보증한다는 것이다; 곧 분명해지겠지만, 이것은 매우 유용하다.

분명히 I은 I′으로부터 따라 나온다. 왜냐하면, 문장들의 집합 Γ가 주어지면, 그 속에 나타나는 모든 개체상항들의 아래첨자들을 두 배로 함으로써 우리는 I′에 묘사된 종류의 집합 Γ^*을 형성할 수 있다. 이것은 단지 서로 다른 상항들을 서로 다른 상항들로 치환한 것에 불과하므로, Γ^*이 일관적일 경우에 오직 그 경우에만 Γ는 일관적이고, 또 만일 Γ^*이 도출일관적일 경우에 오직 그 경우에만 Γ는 도출일관적이다.

우리는 두 보조정리를 이용하여 I′을 증명할 것이다. 이 보조정리들이 증명되면, 그것들로부터 I′ 은 곧바로 따라 나온다.

II. 문장들의 임의의 집합 Γ에 대해, 만일 Γ가 I′의 가정을 만족한다면, Γ를 포함하고 최대 도출일관적이며 ω-완전한 문장들의 집합 Δ가 존재한다.

III. 모든 최대 도출일관적이고 ω-완전한 문장들의 집합은 일관적이다.

II의 증명: Γ가 I′의 가정을 만족한다고 하자.

1) 우리는 $\mathfrak{L}$의 모든 문장들이 아래와 같은 속성들을 지니면서 무한한 목록

$$\phi_1, \phi_2, \phi_3, ..., \phi_n, ...$$

으로 나열될 수 있다는 사실을 증명 없이 이용한다:

(a) $\mathfrak{L}$의 각 문장은 적어도 한 번 목록 속에 나타난다;

(b) $(\exists\alpha)\phi$의 형태를 지닌 각 문장에 대해, β가 '새로운' 개체상항일 때 (즉, 문장들 $\phi_1, \phi_2, ..., \phi_i$ 에도 Γ의 어떠한 문장에도 나타나지 않는 개체상항일 때), $\phi_i = (\exists\alpha)\phi$ 그리고 $\phi_{i+1} = \phi\alpha/\beta$인 그러한 i가 적어도 하나 존재한다.

2) 이제 이 목록에 대해서, 우리는 무한한 일련의 집합들

$$\Delta_0, \Delta_1, \Delta_2, ..., \Delta_n, ...$$

을 아래와 같이 구성한다. 우리는 Δ_0으로 Γ를 취한다. 즉

$$\Delta_0 = \Gamma$$

우리는 만일 $\Delta_0 \cup \{\phi_1\}$이 도출일관적이면 Δ_0에 문장 ϕ_1을 더하여 Δ_1을 형성한다; 그렇지 않으면 우리는 $\Delta_1 = \Delta_0$으로 놓는다. 달리 말해,

$$\Delta_1 \begin{cases} \Delta_0 \cup \{\phi_1\} & \text{만일 이 합집합이 도출일관적인 경우,} \\ \Delta_0 & \text{그렇지 않은 경우.} \end{cases}$$

다음 문장 ϕ_2로 넘어가, 만일 우리가 Δ_1에 ϕ_2를 더해 그 결과가 도출일관적이면, 그 더한 결과로 Δ_2를 삼는다; 그렇지 않은 경우 우리는 $\Delta_2 = \Delta_1$으로 놓는다. 즉

$$\Delta_2 \begin{cases} \Delta_1 \cup \{\phi_2\} & \text{만일 이 합집합이 도출일관적인 경우,} \\ \Delta_1 & \text{그렇지 않은 경우.} \end{cases}$$

일반적으로, 각 양의 정수 n에 대해 우리는 다음과 같이 놓는다.

$$\Delta_n \begin{cases} \Delta_{n-1} \cup \{\phi_n\} & \text{만일 이 합집합이 도출일관적인 경우;} \\ \Delta_{n-1} & \text{그렇지 않은 경우.} \end{cases}$$

그리고 이제 Δ를 무한히 많은 모든 집합들 Δ_i의 합집합이라 하자. 그러면 문장 ϕ가 Δ의 원소일 경우에 오직 그 경우에만 ϕ는 집합들 Δ_0, Δ_1, ..., Δ_n, ... 중의 적어도 한 집합의 원소이다. 우리는 분명히 Γ를 포함하고 있

는 Δ가 최대 도출일관적이며 ω-완전하다는 것을 보일 것이다.

3) Δ는 도출일관적이다. (i) Γ가 도출일관적이므로 또 구성방식상 각 Δ_i가 도출일관적임에 주목하라. (ii) '$P \& -P$'가 Δ로부터 도출가능하다고 가정하자. 그러면 '$P \& -P$'는 Δ의 유한 부분집합 Δ'으로부터 도출가능하다. (255쪽 '로부터 도출가능한'의 정의 다음에 나오는 진술 참조.) 그러나 어떤 j에 대해, $\Delta' \subset \Delta_j$이다. (이것은 크기 순서대로 된 집합들(nested sets)의 합집합의 어떠한 유한 부분집합도 이 크기 순서대로 된 집합들 중의 적어도 한 집합의 부분집합이라는 사실로부터 따라 나온다.) 그러므로 '$P \& -P$'는 (i)과는 반대로 Δ_j로부터 도출가능하다.

4) Δ는 최대 도출일관적이다. 문장 ϕ가 Δ의 원소가 아니라고 가정하자. 이제 어떤 i에 대해 $\phi = \phi_i$이다. $\phi \notin \Delta$이므로 $\phi \notin \Delta_i$이다. 그러므로 $\Delta_{i-1} \cup \{\phi\}$는 도출일관적이 아니다. 이에 따라 $\Delta \cup \{\phi\}$는 도출일관적이 아니다.

5) Δ는 ω-완전하다. $(\exists\alpha)\phi \in \Delta$라고 가정하자. 1 (b)에 의해 우리는 어떤 i에 대해 $(\exists\alpha)\phi = \phi_i$이고 β가 Γ에도 $1 \leq j \leq i$인 어떠한 ϕ_j에도 나타나지 않을 때 $\phi\alpha/\beta = \phi_{i+1}$이라는 것을 안다. Δ의 구성에 의해서 $(\exists\alpha)\phi \in \Delta_i$ 이다. 우리는 $\phi_{i+1} \in \Delta_{i+1}$ (이에 따라 $\phi\alpha/\beta \in \Delta$)임을 또한 안다. 왜냐하면 그 반대인 $\phi_{i+1} \notin \Delta_{i+1}$을 가정해 보자; 그러면 $\Delta_i \cup \{\phi\alpha/\beta\}$는 도출일관적이 아니고 결과적으로 $-\phi\alpha/\beta$가 Δ_i로부터 도출가능할 것이기 때문이다. β가 Δ_i에도 ϕ에도 나타나지 않으므로 $(\alpha)-\phi$도 마찬가지로 Δ_i로부터 도출가능하다. 따라서 $(\alpha)-\phi$와 $-(\alpha)-\phi$ 양자가 모두 Δ_i로부터 도출가능하게 되며, 이것은 Δi의 도출일관성과 모순된다. 그러므로 만일 $(\exists\alpha)\phi \in \Delta$이면 $\phi\alpha/\beta \in \Delta$이다.

III의 증명: Δ를 문장들의 최대 도출일관적이고 ω-완전한 집합이라고 하자. 그리고 해석 $\mathfrak{J}$를 다음과 같이 명시하자: 논의 영역은 $\mathfrak{L}$의 모든 개체상항들의 집합이다. &의 각 개체상항에 대해 $\mathfrak{I}$는 그 지시체로 그 상항 자체를 부여한다. &의 각 문장문자 ϕ에 대해 $\mathfrak{I}$는 만일 $\phi \in \Delta$인 경우 진리치 T를 부여하고 그 밖의 경우에는 F를 부여한다. &의 각 n항 술어 θ에 대해 $\mathfrak{I}$는 다음 조건을 만족하는 개체상항들의 순서 n중체들 $\langle \gamma_1, \gamma_2, ..., \gamma_n \rangle$의 집합을 그 외연으로 부여한다: θ 다음에 n개의 개체상항들 $\gamma_1, \gamma_2, ..., \gamma_n$이 순서적으로 나열된 결과인 $\theta \gamma_1 \gamma_2 \cdots \gamma_n$은 Δ에 속하는 원자문장이다.

우리는 이제 2의 모든 문장 ϕ에 대해, ϕ가 이 해석 $\mathfrak{I}$하에서 참('$\mathfrak{I}$-참')일 경우에 오직 그 경우에만 $\phi \in \Delta$임을 보인다. 어떤 식의 **지표**(index)를 그 식 속에 있는 양화사들과/또는 연결사들의 수효로 정의하자. 따라서 원자 문장들의 지표는 0이다. $\mathfrak{I}$의 구성상 우리의 주장은 원자문장들에서는 자명하게 성립한다. 우리의 주장이 성립하지 않는 문장이 적어도 하나 있다고 가정하자. (우리는 이 가정으로부터 모순을 연역할 것이다.) 또 ϕ를 그러한 문장들 중 가장 지표가 낮은 문장이라고 가정하자. 달리 말해, ϕ가 $\mathfrak{I}$하에서 참인 경우 오직 그 경우에 $\phi \in \Delta$라는 것은 거짓이나, ϕ의 지표보다 낮은 지표를 가진 모든 문장 ψ에 대해서는 ψ가 $\mathfrak{I}$하에서 참인 경우 오직 그 경우에 $\psi \in \Delta$라는 것이 참이라고 가정하자. 그리고 n을 ϕ의 지표라고 하자. 그러면 위에서 주목된 대로 n > 0이다. 이에 따라 우리는 다음 일곱 가지 경우들 중 한 가지 경우에 접할 것이다:

a) $\phi = -\psi$이며 이때 ψ의 지표는 n보다 작다. 그러나

$-\psi$가 $\mathfrak{I}$-참이다 iff ψ는 $\mathfrak{I}$-참이 아니다

iff $\psi \in \Delta$이다(가정상 우리의 주장이 ψ에 대해 성립하므로)

iff $-\psi \notin \Delta$이다(313쪽, (1)항 참조)

그러므로 이 경우는 배제되어야만 한다.

b) $\phi = (\psi \lor \chi)$이며 이때 ψ, χ의 지표들은 n보다 작다. 그러나

$(\psi \lor \chi)$가 $\Im$-참이다 iff ψ가 $\Im$-참이거나 χ가 $\Im$-참이다
    iff $\psi \in \Delta$ 이거나 $\chi \in \Delta$ 이다(가정상 우리의
    주장이 ψ와 χ에 대해 성립하므로)
    iff $(\psi \lor \chi) \in \Delta$ 이다 (314쪽 (3)항 참조)

그러므로 이 경우도 역시 배제된다.

c) $\phi = (\psi \,\&\, \chi)$이며 이때 ... 등등. 이 논증도 314쪽 (4)항이 적절한 참조 항목이라는 점을 제외하고는 유사하다.

d) $\phi = (\psi \rightarrow \chi)$이며 이때 ... 등등. 이 논증도 314쪽 (5)항이 적절한 참조 항목이라는 점을 제외하고는 유사하다.

e) $\phi = (\psi \leftrightarrow \chi)$이며 이때 ... 등등. 이 논증도 314쪽 (6)항이 적절한 참조 항목이라는 점을 제외하고는 유사하다.

f) $\phi = (\alpha)\psi$이며 이때 ψ는 n보다 작은 지표를 갖는다. (모든 개체상항 β에 대해, $\psi\alpha/\beta$의 지표는 ψ의 지표와 같다는 점에 주목하라.) 이제 $\Im$의 논의 영역의 모든 원소가 $\Im$에 의해 적어도 한 개체상항 즉 자기 자신을 이름으로 갖고 있으므로, 우리는 다음 결과를 얻는다(157쪽, (19)항 참조):

$\phi = (\psi)$는 $\Im$-참이다 iff 모든 개체상항 β에 대해 $\psi\alpha/\beta$는 $\Im$-참이다
    iff 모든 개체상항 β에 대해 $\psi\alpha/\beta \in \Delta$ 이다

(가정에 의해)

iff $\phi = (\psi) \in \Delta$ 이다(314쪽 (7)항 참조)

그러므로 이 경우도 역시 배제되어야만 한다.

g) $\phi = (\exists \alpha)\psi$이다. 이 논증은 앞의 f)에 있는 논증과 유사하다. 따라서 우리는 ϕ는 a~g의 경우들 중의 하나에 속해야만 하나 어느 경우에도 속할 수 없다는 모순에 도달하였다. 이로써 III의 증명은 완성되었으며, 이에 따라 앞서 설명한 대로 우리는 I′, I 그리고 우리의 주요 결과를 얻게 되었다.

앞의 III을 증명함에 있어 우리는 실제로 다음과 같은 다소 보다 강한 결과를 증명하였다는 것에 주목할 필요가 있다: 문장들의 모든 최대 도출 일관적이고 ω-완전한 집합은 열거가능한 무한의 논의 영역(즉, 양의 정수들의 집합과 크기가 같은 논의 영역)을 갖는 해석에 의해 만족가능하다. 따라서 I에 대한 우리의 증명에서 우리는 임의의 문장들의 집합 Γ에 대해, 만일 Γ가 도출일관적이면, 열거가능한 무한의 논의 영역을 갖는 해석에 의해 만족가능하다는 것을 보였다. 우리의 규칙들의 건전성에 비춰 볼 때, 만일 집합 Γ가 일관적이면, Γ는 도출일관적이므로, 우리는 다음과 같은 메타정리(뢰벤하임-스콜렘 정리)를 갖는다: 만일 Γ가 문장들의 일관적인 집합이면, Γ는 열거가능한 무한의 논의 영역을 갖는 해석에 의해 만족가능하다.

우리는 앞서 만일 Γ의 모든 원소들이 해석 $\Im$ 하에서 참이면, $\Im$의 논의 영역이 적어도 두 원소를 포함해야만 하는 그러한 문장들의 일관적인 집합 Γ를 쉽게 찾을 수 있다는 것을 보았다. 예를 들어, 집합 $\{Fa', '-Fb'\}$은 이 속성을 가졌다. 마찬가지로 $\Im$의 논의 영역이 적어도 세 원소를 포함하는 경우에만 $\{Fa', '-Fb', '-Fc', 'Gb', '-Gc'\}$의 원소들은 $\Im$ 하에서 동시에 참일 수 있다. 그리고 유사한 과정이 어떠한 양의 정수 n에 대해서도 성립한다. 더 나아가 4장 연습문제 11번 (c)에서 주어진 세 문장으로 구성된 집합은 적어도 열거가능한 무한의 논의 영역을 갖는 해석들에 의해서만 만족가능하다. 따라서 오로지 열거불가능한 무한의 논의 영역들을 갖는 해석들만에 의해서 만족가능한 문장들의 일관적인 집합을 우리가 찾을 수 있느냐 하는 질문이 생긴다. 뢰벤하임-스콜렘 정리에 따르면, 그 대답은 부정적이다. 따라서 만일 일차 술어논리 속에서 형성된 공리들의 집합을 가지고 수학적 구조를 성격지우려고 시도한다면, 그 구조가 열거불가능한 무한의 원소들과 관계되는 한, 그 시도는 어떤 의미에서 실패할 수밖에 없다.

4. 타당한 문장들에 대한 증명 절차

7장의 앞부분에서 진술된 바대로 비록 임의의 주어진 $\mathfrak{L}$의 문장이 타당한지의 여부를 결정하기 위한 단계적 절차는 있을 수 없지만, **만일 주어진 문장이 타당하다면**, 그 문장의 증명을 구성하게 해 주는 절차들은 **존재한다.** 만일 그러한 절차가 주어진 문장에 적용될 때 증명을 산출한다면, 우리는 물론 그 문장이 타당함을 안다; 그러나 만일 어떠한 유한한 단계 후에도 그 절차가 아직 어떠한 증명도 산출하지 못했다면, 두 가능성이 여전히 열려 있다—그 문장이 타당함에도 불구하고 증명에 도달할 만큼 충분히 증명 절차를 진행시키지 못했거나 혹은 그 문장이 부당하여 증명이 불가능하거나 둘 중 하나이다. 따라서 타당한 문장에 대한 증명 절차와 타당성에 대한 결정 절차는 서로 다르다; 전자는 우리가 지금 보여 주려는 것이고, 후자는 불가능하다.

양화사 머리 표준형식을 띤 타당한 문장들에로만 논의를 한정시키면 편리할 것이다. 이러한 한정은 분명히 편리하지만 꼭 필수적인 것은 아니다. 왜냐하면 임의의 타당한 문장 ϕ가 주어지면, 우리는 ϕ를 양화사 머리 표준형식을 띤 문장 ψ로 환원할 수 있으며, 이 문장 ψ는 물론 역시 타당할 것이다. 그런 후에 우리는 ψ의 증명을 산출하는 절차를 이용할 수 있다. 그리고 끝으로 환원의 절차를 역의 순서로 바꿈으로써 이 증명을 ϕ의 증명에로 확장할 수 있다. 어떤 문장으로부터 그것의 양화사 머리 표준형식 문장에로의 혹은 그 역에로의 실제적인 도출은 대부분의 경우에 매우 길 것이라는 것은 사실이다. 그러나 이것은 원리상으로는 아무런 문제도 되지 않는다.

이에 따라, ϕ를 양화사 머리 표준형식을 띤 타당한 문장이라고 하자. ϕ의 증명을 산출하는 절차는 개략적으로 다음과 같다:

1) 전제로서 첫 행에 $-\phi$를 적어 넣는다.

2) $-\phi$로부터 양화사 머리 표준형식 ψ를 도출한다.

3) 이제 진리함수적 비일관성이 나타날 때까지 다음 두 조건을 만족시키는 행들의 나열을 구성한다:

(a) 임의의 보편양화 문장 $(\alpha)\theta$가 행에 나타날 때마다, (행들의 나열에 나타나는 모든 개체상항들 β에 대한, 그리고 어떠한 경우에도 적어도 한 개체상항 β에 대한) 특정한 예화 문장들 $\theta\alpha/\beta$가 뒷 행들에 나타난다. 이때 예화 문장 $\theta\alpha/\beta$는 $(\alpha)\theta$로부터 US에 의해 추론된 것이다.

(b) 임의의 존재양화 문장 $(\exists\alpha)\theta$가 행에 나타날 때마다, (새로운 개체상항 β에 대한) 특정한 예화 문장 $\theta\alpha/\beta$가 전제로서 뒷 행에 나타난다.

4) 진리함수적 비일관성이 나타날 때 규칙 T에 의해 '$P \,\&\, -P$'를 도출하고, 의존하고 있는 전제를 $-\phi$로 옮기기 위해 규칙 ES를 적용한 후, 정리 ϕ를 얻기 위해 규칙 T를 적용한다.

만일 ϕ가 타당하면, 진리함수적 비일관성이 위에서 기술된 나열 속에 종국적으로 나타난다는 것은 입증될 수 있다. 그러나 이것을 입증하는 논증이 너무 길어 여기에서는 생략하겠다.

위의 3)항은 보다 조심스러운 정식화를 요구한다. 그러나 우선 281쪽 정리 3을 예로서 고려해 보자. 이 타당한 문장을 양화사 머리 표준형식으로 환원하면 다음과 같다:

$$(x)(\exists y)(z)(\exists w)(-Fxy \lor Fwz)$$

이 문장을 증명하기 위해 이것의 부정을 가정함으로써 출발하자.

$\{1\}$ (1) $-(x)(\exists y)(z)(\exists w)(-Fxy \lor Fwz)$ P

이 문장을 양화사 머리 표준형식으로 환원하면 다음과 같다:

$\{1\}$ (2) $(\exists x)(y)(\exists z)(w)(Fxy \;\&\; -Fwz)$

이제 3)항의 두 규칙에 따라, 다음과 같은 나열을 산출한다:

$\{3\}$ (3) $(y)(\exists z)(w)(Fay \;\&\; -Fwz)$ P
$\{3\}$ (4) $(\exists z)(w)(Faa \;\&\; -Fwz)$ 3 US
$\{5\}$ (5) $(w)(Faa \;\&\; -Fwb)$ P
$\{5\}$ (6) $Faa \;\&\; -Fab$ 5 US
$\{5\}$ (7) $Faa \;\&\; -Fbb$ 5 US
$\{3\}$ (8) $(\exists z)(w)(Fab \;\&\; -Fwz)$ 3 US

{9}	(9) $(w)(Fab \& -Fwc)$	P
{9}	(10) $Fab \& -Fac$	9 US

(6)과 (10) 사이에서 진리함수적 비일관성이 얻어진다. 4)항에 따라 도출을 완성시키면 다음과 같다:

{5, 9}	(11) $P \& -P$	6, 10 T
{3, 5}	(12) $P \& -P$	8, 9, 11 ES
{3}	(13) $P \& -P$	4, 5, 12 ES
{1}	(14) $P \& -P$	2, 3, 13 ES
Λ	(15) $(1) \rightarrow (P \& -P)$	1, 14 C
Λ	(16) $(x)(\exists y)(z)(\exists w)(-Fxy \lor Fwz)$	15 T

따라서 단계 (1)과 (2) 사이의 생략된 과정을 제외하고는 (16)에 있는 문장의 도출을 얻은 것이다. 앞에서 언급된 대로 이 생략된 과정은 규칙 Q, US, T, UG 그리고 EG를 사용하는 연속된 단계들에 의해 채워질 수 있다(280쪽의 예 XVII과 비교하시오).

3)항은 보다 정확히 다음과 같이 정식화될 수 있다. $-\phi$의 양화사 머리 표준형식이 나타나는 행에서부터 시작하여, 각 행을 순서대로 고려하자. (i) 만일 보편양화 문장 $(\alpha)\theta$가 (n)행에 나타나면, (n)을 포함하여 그 **앞 행**들의 문장들에 나타나는 모든 개체상항들 β에 대해 예화된 문장들 $\theta\alpha/\beta$가 나타나는 행들을 (규칙 US에 의해) 덧붙이거나, 혹은 만일 (n)을 포함하여 그 앞 행들의 모든 문장들에 어떠한 개체상항도 나타나지 않으면, 어떤 임의로 선택된 상항 β에 대해 $\theta\alpha/\beta$가 나타나는 행을 덧붙인다. (ii) 만일 존재양화 문장 $(\exists\alpha)\theta$가 (n)행에 나타나면, 지금까지의 도출 과

정에서 나타나지 않은 새로운 상항 β를 지닌 $\theta\alpha/\beta$가 나타나는 행을 (전제로서) 덧붙인다. (iii) 만일 (n)행에 나타난 문장이 앞에 나타나지 않은 개체상항 β를 포함하면, (n)행 앞의 행들에 나타난 모든 보편양화 문장들 $(\delta)\chi$의 예화 문장들 $\chi\delta/\beta$가 나타나는 행들을 (US에 의해) 덧붙인다.

만일 (i)과 (iii)이 주어진 행에 동시에 적용되면, (i)을 먼저 수행한다; 마찬가지로, 만일 (ii)와 (iii)이 동시에 적용되면 (ii)를 먼저 수행한다. 따라서 (i)과 (iii)이 동시에 적용되는 위의 예에서, (i)에 따라 (6)과 (7)을 덧붙이고, 그런 다음 (iii)에 따라 (8)을 덧붙였다.

위의 예에서 (i)~(iii)에 따라 얻어진 나열은 (비록 우리가 비일관성이 나타나는 행을 넘어서서 도출 과정을 계속하지는 않았지만) 끝이 나지 않는 점에 주목하라. 그렇지만 도출 과정이 맨 처음 시작되는 양화사 머리 식의 앞부분에 나타나는 보편양화사와 존재양화사의 나열 순서가 어떠하냐에 따라서 어떤 경우에는 그 도출 과정은 유한 번의 단계만에 끝나게 된다. 양화사 머리 표준형식이 '$(x)(\exists y)(-Fy \lor Fx)$'인 타당한 문장 '$(x)((x)Fx \rightarrow Fx)$'에 대해서는, 증명이 다음과 같은 방식으로 진행될 것이다:

$\{1\}$　(1) $-(x)(\exists y)(-Fy \lor Fx)$　　　　　P

$\{1\}$　(2) $(\exists x)(y)(Fy \& -Fx)$

$\{3\}$　(3) $(y)(Fy \& -Fa)$　　　　　　　　P

$\{3\}$　(4) $Fa \& -Fa$　　　　　　　　　3 US

(i)~(iii)을 적용하여도 더 이상 덧붙일 행이 존재하지 않는다. 그러므로 그와 같이 끝이 나는 증명 과정에로 인도하는 양화사 머리 식들에 대해서는, 우리는 타당성을 결정할 수 있는 방법을 가지고 있다: 만일 진리

함수적인 비일관성이 나타나지 않는다면, 타당하지 않다. 만일 양화사 머리 표준형식을 띤 문장 ϕ가 어떠한 존재양화사도 보편양화사 앞에 선행하지 않는 양화사의 나열 순서를 갖는다면 (이 경우 $-\phi$의 양화사 머리 표준형식은 어떠한 보편양화사도 존재양화사 앞에 선행하지 않는 양화사의 나열 순서를 띨 것이다), 그 증명 과정은 끝이 날 것이다; 따라서 306쪽에서 언급된 바대로, 그러한 문장들의 경우에는 타당성에 대한 결정 절차가 존재한다.

•연습문제•

1. 메타정리 VIII를 이용하여, 다음 각각에 대해 그것의 부정과 동치인 식을 구성하시오(만일 필요하면 먼저 '→'와 '↔'를 제거하시오).

    (a) $(x)(Fx \rightarrow Gx)$

    (b) $(\exists x)(Fx \mathbin{\&} Gx)$

    (c) $(\exists x)(Fx \rightarrow Gx)$

    (d) $(x)(\exists y)Fxy$

    (e) $(x)(y)Fxy \leftrightarrow (y)(x)Fxy$

    (f) $(x)Fx \leftrightarrow (\exists y)Gy$

    (g) $(x)(y)(Fxy \rightarrow Fyx)$

    (h) $(x)(y)(z)((Fxy \mathbin{\&} Fyz) \rightarrow Fxz)$

2. 7장에 나와 있는 정리 1~10의 각각을 양화사 머리 표준형식으로 환원하시오.

3. 7장에 나와 있는 정리들 1~5, 7~10, 12, 13, 18~21의 각각에 대해 대응쌍을 구하시오.

4. 자신이 자신의 대응쌍인 정리의 한 예를 들으시오.

5. 메타정리 IV의 1번을 입증하는 논증을 자세하게 개진하시오.

6. Λ가 도출일관적일 경우에 오직 그 경우에만 우리의 규칙체계가 일

관적임을 보이시오.

7. P, T, C, US, UG, 그리고 E로 구성된 규칙체계가 건전하다는 것이 주어 졌을 때, P, T, C, US, UG, E, EG, ES, 그리고 Q로 구성된 규칙 체계가 건전하다는 것을 우리는 어떻게 알 수 있는가?

8. 완전성 정리에 대한 보조정리 II의 증명에서, Γ의 문장들에서 나타 나는 모든 개체상항들의 아래첨자들이 짝수라는 가정을 우리는 어 디에서 사용했는가?

9. 헨킨의 완전성 증명에 대한 유비추리에 의해, 다음의 증명을 구성 하시오: 임의의 SC 문장 ϕ와 SC 문장들의 집합 Γ에 대해 만일 ϕ가 Γ의 귀결이면 ϕ는 Γ로부터 SC 도출가능하다(6장 참조).

(1) SC 문장들의 집합 Γ가 도출일관적인 경우에 오직 그 경우에 만 '$P \ \& \ -P$'가 Γ로부터 SC 도출가능하지 않도록 '도출일관 성'을 재정의하시오.

(2) 그것에 따라 '최대 도출일관성'을 재정의하시오.

(3) 임의의 SC 문장들의 도출일관적 집합 Γ가 SC 문장들의 최대 도출일관적 집합 속에 포함된다는 것을 보이시오. (이때 목록 $\phi_1, \phi_2, \phi_3, ..., \phi_n ...$은 SC 문장들의 어떠한 목록이어도 된다.)

(4) SC 문장들의 모든 최대 도출일관적 집합이 일관적이라는 것 을 보이시오.

(5) SC 문장들의 임의의 집합 Γ에 대해, 만일 Γ가 도출일관적이 면, Γ는 일관적이라는 결론을 (3)과 (4)로부터 연역하시오.

(6) (5)로부터 문제의 메타정리를 연역하시오.

10. 다음 주장에 대한 반례를 찾으시오: 임의의 문장들의 집합 Γ에 대
해, 만일 Γ가 도출일관적이면 Γ를 포함하고 최대 도출일관적이며
또 ω-완전한 문장들의 집합 Δ가 존재한다.

9
동일성과 항들

이 장에서 우리는 새로운 인공언어 $\mathcal{L}_1$와 $\mathcal{L}'$, 그리고 그 언어들의 적절한 추론규칙들을 고려한다. 이 인공언어들은 본질적으로 언어 $\mathcal{L}$과 유사하나, $\mathcal{L}$의 정의에 새로운 구절들을 덧붙이고 있다. 언어 $\mathcal{L}_1$의 기호 표기법은 $\mathcal{L}$의 기호 표기법과 동일하다. 그러나 2항 술어 'I_1^2'을 논리상항으로 재분류하고, 동일성 관계를 뜻하는 것으로 해석함으로써 새롭고 보다 많은 논리적 진리들을 가진 새로운 언어를 얻는다. 언어 $\mathcal{L}'$은 $\mathcal{L}_1$에 덧셈과 곱셈 등의 연산들을 지시하는 소위 연산기호들을 덧붙임으로써 얻어진다. 앞으로 보게 되듯이, 이러한 연산 기호들의 첨가는 친숙한 다양한 이론들의 구성을 매우 용이하게 한다.

1. 동일성; 언어 $\mathcal{L}_1$

논리학자들이 전통적으로 논리학의 법칙으로서 제시하는 식들 중에서 가장 자주 등장하는 것은 분명히 다음의 세 식이다.

P이거나 또는 P가 아니다.

P인 동시에 P가 아닌 것은 아니다.

A는 A이다.

이러한 식들에 대해 빈번하게 제기되는 어리석은 공격들도 역시 오랜 전통을 가진다. 첫 번째 식은, (논리학을 전공하지 않은 사람도 누구나 알 듯이) 실제로는 어떤 것들은 회색임에도 불구하고, 모든 것이 검거나 또는 희다는 것을 함축하는 것으로 흔히 여겨진다; 두 번째 식은 '당신의 새로운 과제는 만족스럽게 진척되고 있느냐?'와 같은 질문들에 대해 제시될 수 있는 '글쎄, 그렇기도 하고 그렇지 않기도 해'와 같은 답변의 적절성에 의해 반박된다고 흔히 생각된다; 그리고 이런 수준에서 가장 자주 비판의 표적이 되어 왔던 마지막 식은 어떤 것도 변하지 않음을 주장하는 것처럼 자주 간주된다.

앞서 제시된 대로, 'P이거나 또는 P가 아니다' 그리고 'P인 동시에 P가 아닌 것은 아니다'의 예들은 그것들의 논리적 형식에 의해 필연적이라고 일반적으로 합의되었다; 달리 말해, 이러한 형식을 가진 모든 문장들은 필연적이다. 이에 반해, 'A는 A이다'의 형식을 가진 문장들에 대해서는 의견이 나뉜다. 한 견해에 따르면, 그러한 문장들은 그것들의 논리적 형식에 의해 필연적인 것으로 간주되고; 다른 견해에 따르면, 그것들은

만일 A가 B보다 더 따뜻하고 B가 C보다 더 따뜻하면, A는 C보다 더 따뜻하다.

의 예들이 '보다 더 따뜻하다'의 의미에 의해 필연적이듯이, 어휘 '이다'의 의미에 의해 필연적인 것으로 가장 잘 간주될 수 있다는 것이다. 분명히 이 논쟁은 상당한 부분에 있어 용어상의 문제이다; 여기서 핵심은 자연언어에서의 관계 어휘 '이다'가 '아니다', '또는' 등과 같이 논리상항으로 분류되어야만 하는지, 아니면 비논리적 어휘들 속에 속하는 것으로 취급되어야만 하는지 여부다. 인공언어 $\mathfrak{L}$을 만듦에 있어, 우리는 이 둘 중 하나의 선택을 해야만 했다. 우리는 우리의 논리상항들 속에 '$\vee$', '$\&$' 그리고 '$-$'는 포함시켰으나 'I_1^2'을 비롯한 모든 술어들은 비논리적인 것으로 분류했다. 이 결과

$$P \vee -P$$

와

$$-(P \vee -P)$$

는 타당한 문장이었으나,

$$I_1^2 aa$$

는 타당한 문장이 아니었다.

다음과 같은 점을 분명히 인식하는 것은 철학적으로 중요하다: (1) $\mathfrak{L}$의 타당한 문장들의 집합을 구성하는 것이 어떻게 상항들을 논리적인 것으로 또는 비논리적인 것으로 분류하느냐 하는 문제에 어느 정도로 의존하는가 하는 점과 (2) 이러한 구분이 자못 임의적이라는 점. 만일 우리가

(타당한 문장이란 비논리상항들이 어떻게 해석되든지 관계없이 참인 문장이라는 직관적인 개념을 고수하면서) 이러한 기호들 하나 또는 그 이상을 재분류한다면, 우리는 '타당한' 문장들의 매우 다른 집합을 얻게 될 것이다. 예를 들어, 연결사 '&'를 비논리 상항으로 취급하기로 결정했다고 가정하자. 이것은 '해석'과 '참'을 다음과 같은 방식에 따라 재정의하는 것이다: 해석은 논의 영역 𝔇에 공집합이 아닌 어떤 집합을 주고, 𝔏의 각 개체상항에 𝔇의 한 원소를 할당하고, 등등(138쪽 참조), 그리고 연결사 '&'에 진리치들의 순서쌍으로부터 진리치로의 함수를 할당한다. 그리고 '𝔍 하에서 참'은 5항이 아래와 같이 바뀌는 것을 제외하고는 145~146쪽에서 정의된 것과 같다:

5) 만일 문장들 ψ, χ에 대해 $\phi = (\psi \& \chi)$이면, ϕ가 𝔍 하에서 참인 경우에 오직 그 경우에만 𝔍가 ψ와 χ에 할당하는 값들의 쌍에 대해 𝔍가 '&'에 할당하는 함수는 진리치 T를 값으로 갖는다.

어떤 문장이 타당한 경우 그리고 오직 그 경우에만 그 문장은 모든 해석들하에서 참이라는 것을 고려한다면, 우리는 예를 들어

$$(P \& Q) \rightarrow (P \& Q)$$

는 역시 타당하나, 다음과 같은 문장들

$$(P \& Q) \rightarrow (Q \& P)$$

그리고

$$(P \mathbin{\&} Q) \to P$$

는 더 이상 타당한 문장으로서의 지위를 누리지 못한다는 것을 알게 된다. 표준적인 논리학에서 '&'는 고정된 지시체를 갖는다; '&'는 항상 순서쌍 ⟨T, T⟩에 대해서 값 T를 갖고 그 밖의 순서쌍들에 대해서는 값 F를 갖는 진리함수를 뜻한다. 그러나 우리가 그것의 지위를 비논리상항으로 바꿀 때, 우리는 그것의 지시체를 적절한 유형의 16가지 진리함수들로 변화시키는 것이다. 그 결과로서 초래되는 것은 타당한 문장들의 집합에 있어서의 결정적인 변화이다.

이제 만일 우리가 '이다'와 '와 동일하다'를 그것들이 나타나는 문장들의 논리적 구조의 부분으로서 간주하지 않는다는 직관적인 개념에 따라 동일성을 다루기를 원한다면, 우리는 인공언어 𝔏을 사용하여 동일성 이론을 공리적으로 독립적 이론으로 발전시킬 수 있다. β가 개체기호일 때,

$$I_1^2 \beta\beta$$

의 형태를 띤 식들의 모든 폐쇄식들과, 그리고 β와 γ가 개체기호들이며 ϕ와 ψ가 원자식들이며 또 ϕ는 하나 또는 그 이상의 장소에서 β와 γ가 치환되었다는 점을 제외하고는 ψ와 같을 때

$$I_1^2 \beta\gamma \to (\phi \leftrightarrow \psi)$$

의 형태를 띤 식들의 모든 폐쇄식들이 이 이론에서 공리들이 된다. 직관적으로 전자와 같은 종류의 문장들은 존재자는 자기 자신과 동일하다는 것을 주장하며; 후자와 같은 종류의 문장들은 라이프니츠의 법칙의 특정

한 예들을 나타낸다: 만일 두 개의 존재자가 동일하다면, 하나에 대해 참인 것은 모두 다른 하나에 대해서도 참이다. 이 이론의 주장들 또는 '논제들'은 이 공리들의 모든 귀결들로 정의될 것이다. 그것들은 물론 $\mathcal{L}$의 모든 논리적 진리들을 포함하며, 여기에 더하여 비록 타당하지는 않지만, 'I'가 동일성의 관계를 나타내는 한 거짓일 수 없는[1]

Iaa

$(x)(y)(Ixy \rightarrow Iyx)$

$(x)(y)((Ixy \ \& \ Fx) \rightarrow Fy)$

와 같은 문장들을 포함할 것이다.

만일 우리가 다른 관점에서 접근한다면, 우리는 술어 'I_1^2'을 관련된 해석의 논의 영역 안에서 항상 동일성의 관계를 나타내는 논리상항으로 재분류할 수 있다. (물론 다른 어떠한 이항 술어도 마찬가지로 잘 사용될 수 있다.) 엄밀하게 말해, 이런 작은 변화를 꾀함에 있어, 우리는 새로운 형식언어 '$\mathcal{L}_1$'를 구성하고 있는 것이다. $\mathcal{L}_1$의 문장들은 $\mathcal{L}$의 문장들과 같으나, '해석'의 정의에 적절한 변화를 줌으로써 $\mathcal{L}_1$의 타당한 문장들은 $\mathcal{L}$의 타당한 문장들뿐만 아니라 동일성 이론의 법칙들도 포함하게 된다. 언어 $\mathcal{L}_1$로 형식화된 그 결과적 논리체계는 일반적으로 **동일성을 포함한 1차 술어논리**라고 불리는 것이다.

더 나아가기 전에, 동일성-식들을 쓰는 한 쌍의 명료한 관습을 도입하는

---

1   어떤 저자들은 동일성 이론을 단지 동일성을 나타내는 술어(우리의 경우에는, 'I_1^2')가 아닌 다른 어떠한 술어도 포함하지 않는 그러한 입론들에만 국한시킨다.

것이 유용하다.[2] 이에 따라, α, β가 $\mathfrak{L}_1$와 (또는 $\mathfrak{L}$)의 어떤 개체기호들일 때

$\alpha = \beta$는 $I_1^2 \alpha\beta$를 나타내고

$\alpha \neq \beta$는 $-I_1^2 \alpha\beta$를 나타낸다.

고 하자. 따라서 이 관습에 따라 위에서 주어진 세 문장은

$a = a$

$(x)(y)(x = y \rightarrow y = x)$

$(x)(y)((x = y \ \& \ Fx) \rightarrow Fy)$

로 쓰일 수 있다.

술어 'I_1^2'이 동일성 관계를 나타내는 것으로 해석되는 것이 보증되는 방식으로 언어 $\mathfrak{L}_1$에 대한 '해석'을 정의하면, $\mathfrak{L}_1$의 해석은 공집합이 아닌 논의 영역 $\mathfrak{D}$를 명시하고 $\mathfrak{L}_1$의 각 개체상항들에 $\mathfrak{D}$의 한 원소를 값으로 할당하고, 'I_1^2'을 제외한 각 n항 술어에 $\mathfrak{D}$의 원소들 간의 n항 관계를 값으로 할당하며, 술어 'I_1^2'에는 $\mathfrak{D}$의 원소들 간의 동일성 관계를 값으로 할당하며 또 $\mathfrak{L}_1$의 각 문장문자에는 진리치 T와 F 중 어느 하나를 값으로 할당하는 것 등으로 구성된다. (이제 'I_1^2'이 논리상항으로 분류되기 때문에, 우리가 앞에서 한 방식과의 엄밀한 일관성을 유지하기 위해서는 '술어 I_1^2'에는' 등의 어구는 삭제하고, 대신 만일 $\mathfrak{J}$가 동일성 문장에 나타나는 양쪽

---

2   이것은 유용하나 다소 위험하다. 왜냐하면 기호 '$=$'는 메타언어 속에서도 역시 사용되기 때문이다. 사용된 기호의 지위는 항상 문맥에 의해 분명할 것이라고 희망된다.

상항들에 동일한 개체를 값으로 할당하면 그 동일성 문장은 $\mathfrak{J}$ 하에서 참이 되는 것을 보증하는 어구를 '$\mathfrak{J}$ 하에서 참'의 정의에다가 덧붙여야 한다. 그러나 현재의 방식이 어떤 점들에 있어서는 더욱 경제적이다.)

이 정의에 따르면 $\mathfrak{L}_1$의 모든 해석은 $\mathfrak{L}$의 해석이나, $\mathfrak{L}$의 모든 해석이 $\mathfrak{L}_1$의 해석인 것은 아니라는 점에 주목해야 한다.

용어들 '참이다', '타당하다', '귀결이다' 그리고 '일관적이다'는 $\mathfrak{L}$에서 정의된 방식과 완전히 동일한 방식으로 언어 $\mathfrak{L}_1$에서도 정의된다. 따라서 $\mathfrak{L}$에서 타당한 모든 문장은 $\mathfrak{L}_1$에서도 타당하나, 그 역은 성립하지 않는다. 문장 '$a = a$'가 그러한 경우의 가장 간단한 예들 중의 하나이다. 이 문장은 $\mathfrak{L}_1$의 모든 해석하에서 참이나 $\mathfrak{L}$의 모든 해석하에서 참인 것은 아니다. 이에 상응하여, 만일 ϕ가 $\mathfrak{L}$에 있어서 Γ의 귀결이면, ϕ는 $\mathfrak{L}_1$에 있어서도 Γ의 귀결이나 그 역은 성립하지 않는다. 'Fa'는 $\mathfrak{L}_1$에 있어서는 'Fb'와 '$a = b$'의 귀결이나, $\mathfrak{L}$에 있어서는 귀결이 아니다. 그리고 만일 문장들의 집합 Γ가 $\mathfrak{L}_1$에 있어서 일관적이면, $\mathfrak{L}$에 있어서도 Γ는 일관적이다. 그러나 $\mathfrak{L}_1$에 있어서 비일관적인 어떤 집합들이 $\mathfrak{L}$에 있어서는 일관적일 수 있다.

$\mathfrak{L}$에서 채택되고 있는 우리의 기본적인 6개의 도출규칙들에 단 하나의 규칙을 부가함으로써 $\mathfrak{L}_1$에 대한 적절한 규칙들을 얻는다. 앞서와 같이 우리는 $\mathfrak{L}_1$에서의 도출을 연속적으로 번호가 붙여진 행들의 유한한 나열로 정의하며, 이때 각 행은 $\mathfrak{L}_1$의 문장과 (각 행의 전제번호들로 불리는) 번호들의 집합으로 구성되며, 또 각 행은 규칙들 P, T, C, US, UG, E, 그리고 아래와 같은 하나의 추가적인 규칙에 따라 전개, 나열된다(아래에 나타나는 β, γ는 개체상항들임):

I (a) 문장 $\beta = \beta$는 전제번호들의 집합이 공집합인 채로, 어떠한 행에도 들어갈 수 있다; 그리고

(b) 만일 문장 ϕ가 하나 또는 그 이상의 곳에서 β와 γ가 서로 치환되었다는 점을 제외하고는 문장 ψ와 같다면, 그리고 ψ와 $\beta = \gamma$가 앞의 행들에 나타나 있다면, ϕ가 새로운 행에 들어갈 수 있다. 이때 새 행의 전제번호들로는 ψ와 $\beta = \gamma$가 나타난 행들의 전체번호들을 모두 취한다.

앞서와 마찬가지로, 문장 ϕ가 마지막 행에 나타나고 그 행의 모든 전제들이 문장들의 집합 Γ에 속하는 도출을 **Γ로부터 ϕ의 도출**이라고 부른다. 그리고 Γ로부터 ϕ의 도출이 존재하는 경우에 오직 그 경우에만 문장 ϕ가 문장들의 집합 **Γ로부터 도출가능**하다.

이러한 개념들의 가장 중요한 속성은 다음과 같다: $\mathfrak{L}_1$의 임의의 문장 ϕ와 문장들의 집합 Γ에 대해, **ϕ가 Γ로부터 도출가능한 경우에 오직 그 경우에만 ϕ는 Γ의 귀결**이다. 이것이 우리의 7개의 규칙들이 동일성을 포함하는 1차 술어논리에 적절하다고 말하는 진술의 내용이다. 증명은 보조정리 III을 증명함에 있어 우리가 해석 $\mathfrak{I}$를 다음과 같이 명시한다는 점을 제외하고는 동일성을 포함하지 않는 1차 술어논리에 대해 우리가 했던 증명과 동일하다: $\mathfrak{L}_1$의 모든 개체상항들을, 상항들 α, β가 동일한 집합에 속할 경우에 오직 그 경우에만 문장 $\alpha = \beta$가 Δ 속에 존재하도록, 집합들로 나눈다. 이 규칙에 의해 $\mathfrak{L}_1$의 각 상항은 꼭 하나의 그러한 집합에 속하게 된다. (우리는 γ가 속하는 집합을 '$[\gamma]$'로 쓰며, 다른 메타언어적 변항들에 대해서도 유사하게 쓴다.) $\mathfrak{I}$의 논의 영역을 모든 이러한 집합들의 집합이라고 하자. $\mathfrak{L}_1$의 각 개체상항 γ에 대해서는 γ가 원소로서 속해 있는 집합 $[\gamma]$를 그 지시체로 할당한다. $\mathfrak{L}_1$의 각 문장문자 ϕ에 대해서는 만일 $\phi \in \Delta$이면 진리치 T를, 그 밖의 경우에는 진리치 F를 그 지시체로 할당한다. 또 $\mathfrak{L}_1$의 각 n항 술어 θ에 대해서는 집합들의 순서 n중체들

$\langle[\gamma_1], [\gamma_2], ..., [\gamma_n]\rangle$의 집합을 그 값으로 할당한다; 이때 집합들의 순서 n 중체 $\langle[\gamma_1], [\gamma_2], ..., [\gamma_n]\rangle$은 θ 다음에 $\gamma_1, \gamma_2, ..., \gamma_n$을 연이어 쓴 $\theta\gamma_1\gamma_2...\gamma_n$ 이 Δ에 속하는 원자문장인 그러한 순서 n중체이다. (여기서 우리는 쉽게 증명될 수 있는 사실인, 만일 $[\gamma_1]=[\delta_1], [\gamma_2]=[\delta_2], ..., [\gamma_n]=[\delta_n]$이면, $\theta\gamma_1\gamma_2...\gamma_n \in \Delta$인 경우에 오직 그 경우에만 $\theta\delta_1\delta_2...\delta_n \in \Delta$라는 것을 가정한다.) 이러한 해석이 술어 'I_1^n'에 동일성 관계를 그 값으로 할당한다는 점에 주목해야 한다. 이제 III의 증명이 가능하고, 이에 따라 동일성을 포함하는 술어논리의 완전성 증명이 가능하다. 우리는 또한 다음과 같은 뢰벤하임-스콜렘 정리를 얻는다: 만일 Γ가 $\mathfrak{L}_1$의 일관적인 문장들의 집합이면, Γ는 유한하거나 또는 열거 가능한 무한의 논의 영역을 갖는 해석에 의해 만족가능하다(320~321쪽과 비교).

마지막으로, 새로운 언어 $\mathfrak{L}_1$에 대해서도 우리는 다시금 문장 ϕ를 문장들의 공집합으로부터 도출가능할 경우에 오직 그 경우에만 ϕ를 **논리학의 정리**로 정의한다. 우리 규칙들의 완전성으로부터 정리들과 타당한 문장들이 일치한다는 것이 따라 나온다.

여기에 $\mathfrak{L}_1$의 정리들이지만 $\mathfrak{L}$의 정리들이 아닌 문장들의 예들이 있다.

1. $(x)x=x$

2. $(x)(y)(x=y \rightarrow y=x)$

{1}	(1) $a=b$	P
{1}	(2) $b=a$	1, I
Λ	(3) $a=b \rightarrow b=a$	1, 2 C
Λ	(4) $(y)(a=y \rightarrow y=a)$	3 UG
Λ	(5) $(x)(y)(x=y \rightarrow y=x)$	4 UG

3. $(x)(y)(z)((x=y \ \& \ y=z) \rightarrow x=z)$

4. $(x)(y)((z)(x=z \leftrightarrow y=z) \leftrightarrow x=y)$

5. $(x)(Fx \leftrightarrow (\exists y)(x=y \ \& \ Fy))$

6. $(x)(Fx \leftrightarrow (y)(x=y \rightarrow Fy))$

7. $(x)(y)(x=y \rightarrow (Fx \leftrightarrow Fy))$

8. $(x)(y)((Fx \ \& \ x=y) \leftrightarrow (Fy \ \& \ x=y))$

9. $(\exists x)(y)(Fy \leftrightarrow y=x) \leftrightarrow ((\exists x)Fx \ \& \ (x)(y)((Fx \ \& \ Fy) \rightarrow$
$x=y))$

10. $(x)(\exists y)(y \neq x \ \& \ Fy) \leftrightarrow (\exists x)(\exists y)(x \neq y \ \& \ (Fx \ \& \ Fy))$

11. $((x)(\exists y)Fxy \ \& \ (x)-Fxx) \rightarrow (x)(\exists y)(x \neq y \ \& \ Fxy)$

12. $(Fa \ \& -Fb) \rightarrow (\exists x)(\exists y)x \neq y$

13. $(Fa \ \& \ (x)(x \neq a \rightarrow Fx)) \leftrightarrow (x)Fx$

14. $(x)(x \neq a \rightarrow Fx) \rightarrow (x)(y)(x \neq y \rightarrow (Fx \lor Fy))$

15. $(x)(y)(x \neq y \rightarrow (Fx \lor Fx)) \rightarrow ((x)(x \neq a \rightarrow Fx) \lor Fa)$

16. $(\exists x)(y)(y \neq x \rightarrow Fy) \leftrightarrow (x)(y)(x \neq y \rightarrow (Fx \lor Fy))$

17. $(\exists y)(x)x=y \rightarrow ((x)Fx \lor (x)-Fx)$

18. $(x)(y)(z)((x=y \lor x=z) \lor y=z) \rightarrow$
$$(((x)Fx \lor (x)(Fx \rightarrow Gx)) \lor (x)(Fx \rightarrow -Gx))$$

2. 부가적 진술들

주어진 논의 영역에 대한 동일성 관계는 논의 영역의 각 원소와 그 원소 자체 사이에만 성립하는 관계이다. 많은 사람들은 사물과 그것 자체 사이에 관계가 성립한다고 말하는 것을 이상하게 여긴다; 실제로, 이러한 방식으로 말하는 것은 '한 마리의 오리 사이에는 무슨 차이가 있나요?'와 같이 어린아이들이 즐겨 묻곤 하는, 조리에 맞지 않는 질문들과 어떤 유사성을 가지고 있다. 관계들은, 특히 이항 관계들은, 관계되는 대상들을 연결하는 것으로 간주되어 왔으며, 이에 따라 접착제가 서로 접착된 판자들 사이에 있듯이 관계들은 어떤 의미에서 관계되는 항목들 사이에 있다고 얘기되어져 왔다. 이런 방식으로 이해되어질 때에는 물론 동일성 관계가 들어설 여지가 없게 된다. 그러나 이항 관계의 가장 기본적 모델인 '~는 ~에 바로 인접하다'라는 단어들에 의해 표현되어지는 그러한 관계가 들어설 여지도 역시 없게 된다. 사슬의 연결 고리들에 적용된 '~는 ~에 연결된다'에 의해 표현된 관계는 한편으로는 각 연결 고리와 그 이웃 고리 사이에 있어야 하며, 다른 한편으로는 사슬의 한 끝으로부터 다른 한 끝까지에 이르는 사이에 있어야 한다. 간략히 말해, 이항 관계를 관계 항목들 사이에 문자 그대로 있다고 묘사하는 것은 심각한 오해로 이끄는 것이며, 최소한 동일성 관계를 거부하기 위한 건전한 토대는 될 수 없다.

동일성의 본성에 관한 반성은 프레게로 하여금 뜻과 지시체를 구분하도록 하는 것의 부분적 이유가 되어 왔다고 여겨진다. 프레게에 따르면,

$$A = B$$

의 형태를 띤 어떤 문장이 만일 참이라면, 그것은 오로지 어떤 것이 자기 자신과 동일하다는 것을 말할 뿐이고, 만일 거짓이라면, 어떤 것이 그 밖의 어떤 것과 동일하다고 말할 뿐이라고 생각되어질 수 있다. 전자의 경우 동일성 문장은 사소한 진리를 표현할 뿐이고; 후자의 경우 이치에 닿지 않는 것을 표현할 뿐이다. 따라서 모든 동일성 문장은 사소하거나 이치에 닿지 않을 뿐이다. 그러나 이것은 많은 중요한 과학적 발견들이 바로 이 동일성 형태로 진술될 수 있다는 사실과 조화될 수 없다. 프레게는

또한

$$7 + 5 = 12$$

가 예를 들어

표현들 '7 + 5'와 '12'는 동일한 대상을 지시한다.

는 것과 동일한 의미를 갖는다고 설명하는 견해를 거부한다. 그는 실제로 전자가 수들에 관한 필연적 진리임에 반해 후자는 언어에 관한 개연적 진리임을 지적한다. 앞에서 설명되었듯이 프레게의 해결책은 뜻과 지시체를 구분하는 것이다. 동일성 문장의 진리는 오로지 그 두 항목이 동일한 지시체를 가졌다는 것만을 요구할 뿐이다; 여기에 더해, 만일 그것들이 각기 다른 뜻을 가졌다면, 그 동일성 문장은 사소하지 않을 것이다. 즉,

$$A = A$$

의 형태를 띤 문장과 동일한 의미를 갖지 않을 것이다.

마지막으로 동일성 관계에 대한 우리의 직관적인 설명이 받아들여지기 어려운 측면을 가지고 있다는 점을 지적해야만 한다. 예를 들어, 우리는 유일한 동일성 관계를 얘기해야 할 권리가 없다; 우리의 분석에 의하면, 한 논의 영역의 원소들 사이의 동일성 관계는 다른 논의 영역의 원소들 사이의 동일성 관계와 다를 것이다. 또한 우리는 집합의 원소가 될 수 없는 어떠한 것도 어떤 관계에 의해 연관될 수 없는 방식으로 용어 '관계'를 설명해 왔다. 따라서 동일성이 이러한 의미에서의 관계인 한, 집합의

원소가 될 수 없는 것들은 자기 자신과 동일성 관계에 있을 수조차 없다. 이것은 자기 자신의 원소가 아닌 모든 대상들의 집합뿐만 아니라, 문제의 소지가 없는 어구들에 의해 기술된 집합들에 대해서도 성립한다. 이 문제는 러셀의 역설과 밀접히 관련되어 있으며, 다시 한번 모든 해결책이 직관적으로 잘 나타나지 않는 것처럼 보인다.

3. 항들; 언어 $\mathfrak{L}'$

우리의 인공언어들 $\mathfrak{L}$과 $\mathfrak{L}_1$의 어휘들은 비록 수학과 다른 과학이론들의 대부분은 아니라고 하더라도 많은 흥미로운 이론들의 형식화를 가능하게 할 만큼 충분히 풍부하다. 그러나 이것이 그러한 형식화를 가장 자연스럽고 탁월한 방식으로 가능하게 만든다는 것을 뜻하지는 않는다. 예를 들어, 일상적으로 아래와 같은 방식으로 기술되는 정수들의 덧셈에 대한 간단한 교환법칙

$$(x)(y)x + y = y + x$$

를 진술하기 위해서는, 우리는 'S³'과 같은 3항 술어를 선택하여 181~182쪽에서와 같이 해석해

$$(x)(y)(z)(Sxyz \rightarrow Syxz)$$

라고 쓰거나 또는 아마도

$$(x)(y)(z)(z_1)((Sxyz \ \& \ Syxz_1) \rightarrow z=z_1)$$

과 같이 써야만 한다. 보다 자연스러운 형식화를 위해서는 우리는 새로운 종류의 기호, 즉 '+'의 역할을 수행하는 **연산기호**(때때로는 '함수어' 또는 '함수기호'로 불림)를 필요로 한다. 연산기호의 효용성은 하나 이상의 연산, 예를 들어 소위 덧셈에 대한 곱셈의 분배법칙

$$(x)(y)(z)x \cdot (y+z)=x \cdot y+x \cdot z$$

에 관련된 진술들을 하려고 할 때 더욱 분명하게 드러난다. 181~182쪽에서와 같이 해석되어진 술어들 'S^3'와 'M^3'를 이용한다면, 우리는 다음과 같이 써야 할 것이다:

$$(x)(y)(z)(w)(w_1)(w_2)(w_3)(w_4)((Syzw \& Mxww_1 \&$$
$$Mxyw_2 \& Mxzw_3 \& Sw_2w_3w_4) \rightarrow w_1=w_4)$$

또는

$$(x)(y)(z)(w)((\exists w_1)(Syzw_1 \& Mxw_1w) \leftrightarrow$$
$$(\exists w_1)(\exists w_2)(Mxyw_1 \& Mxzw_2 \& Sw_1w_2w))$$

연산기호들은 어떤 특별한 어려움 없이 $\mathfrak{L}$이나 $\mathfrak{L}_1$와 같은 언어들에 첨가될 수 있다. 처음부터 그것들을 삽입하지 않았던 이유는 꼭 필요하지 않은 복잡성은 최소로 줄이겠다는 의도 때문이었다. 무엇이 어떻게 연관되는지 분명히 보이기 위해, 이제 $\mathfrak{L}$에다가 연산기호들을 첨가한 결과인 언어 $\mathfrak{L}'$의 윤곽을 묘사해보자. $\mathfrak{L}'$은 그것의 적절한 추론규칙들과 함께, **동**

일성과 연산기호들을 포함한 1차 술어논리라고 불린다.

언어 $\mathcal{L}'$의 **표현**은 (유한한 길이의) 기호들의 나열이며, 이것은 다음과 같이 분류된다:

A. **변항** (116쪽에서 본 것과 같음)

B. **상항**

 (i) **논리상항** (술어 'I_1^2'을 포함, 116쪽과 같음)

 (ii) **비논리상항**

 (a) **술어** ('I_1^2'이 논리상항으로 분류된다는 것을 제외하고는 116쪽과 같음)

 (b) **연산기호**(이것은 아래첨자들과 위첨자들을 갖거나 갖지 않는 'a' 에서 't'까지의 이탤릭체의 소문자들에 의해 표시됨)

n항 연산기호는 위첨자로서 양의 정수 n을 나타내는 숫자를 갖는 연산기호이다.

개체상항은 위첨자가 없는 연산기호이다.

n항 술어, 문장문자, 개체기호 등의 개념은 116쪽에서 정의된 것과 같다.

항이란 개체기호이거나 개체기호들과 연산기호로부터 아래의 규칙을 유한 번 적용함으로써 형성된 표현이다:

(i) 만일 $\tau_1, \tau_2, ..., \tau_n$이 항이고 θ가 n항 연산기호이면, $\theta\tau_1\tau_2...\tau_n$ (즉, θ 다음에 τ_1을, τ_1 다음에 τ_2를, ..., τ_{n-1} 다음에 τ_n을 쓴 결과)은 항이다.

원자식은 문장문자이거나 π가 n항 술어이고 $\tau_1, \tau_2, ..., \tau_n$이 항들일 때 $\pi\tau_1\tau_2...\tau_n$의 형태를 띤 표현이다.

식, 문장, 속박변항, 자유변항 등의 개념은 116~117쪽에서와 똑같이 정의되며, 124쪽과 125쪽에 있는 부가적인 구문론적 용어들도 똑같이 정의된다.

또 우리는 고정항을 어떠한 변항도 나타나지 않은 항으로 정의한다.

예들. $\mathfrak{L}_1$의 모든 변항들, 논리상항들, 술어들, 개체상항들, 원자식들, 식들 그리고 문장들은 다시금 각각 $\mathfrak{L}'$의 변항들, 논리상항들, 술어들 등등이며, 아울러 다음과 같은 것들이 $\mathfrak{L}'$의 항이다:

$$a \quad f^1x \qquad h_2^3a_1bc_1 \qquad\qquad g^2xx$$

다음은 $\mathfrak{L}'$의 원자식이나 $\mathfrak{L}_1$의 식이 아닌 예들이다:

$$G_1^2f^1ag^1b$$
$$H_{16}^1f^1f^3abf^1c$$

다음은 $\mathfrak{L}'$의 식이나 $\mathfrak{L}_1$의 식이 아닌 예들이다:

$$(x)(y)(P^1f^2xy \rightarrow P^1f^2yx)$$
$$(-P \leftrightarrow (x)(G_1^1f^2xa \rightarrow (\exists y)(H^1y \,\&\, (G^1z \,\vee\, H^1f_1^2xy))))$$

언어 $\mathfrak{L}'$의 해석을 주기 위해서 각 연산기호에 지시체를 할당해야만 한다는 것을 제외하고는 $\mathfrak{L}_1$에 대해서 했던 것과 똑같은 작업을 진행한다. 이에 따라 $\mathfrak{L}'$의 **해석**은 공집합이 아닌 논의 영역 $\mathfrak{D}$와 아래와 같은 할당들로 구성된다:

1) $\mathfrak{L}'$의 각 개체상항에 $\mathfrak{D}$의 한 원소를 할당한다;

2) 각 n항 연산기호에 $\mathfrak{D}$에 관한 n항 연산을 할당한다;

3) $\mathfrak{L}'$의 각 문장문자에 진리치 T나 F 중 하나를 할당한다;

4) 각 n항 술어에 $\mathfrak{D}$의 원소들 간의 n항 관계를 할당한다;

그리고 특히,

5) 이항 술어 'I_1^2'에 $\mathfrak{I}$의 원소들 간의 동일성 관계를 할당한다.

번역의 문제에 있어서, 해석을 주는 표준적 방식을 갖는 것이 유용할 것이다. (한국어, 영어와 같은) 자연언어 술어에 덧붙여 그리고 자연언어 술어에 대한 유비에 의해(179~180쪽 참조) 우리는 '자연언어 기술어'라고 불릴 수 있는 상응하는 개념을 도입할 것이다. 자연언어 기술어는 이름들이 (혹은, 기술구들이) 직접적으로 사용된 하나 또는 그 이상의 곳들에 순번부호 '①' 또는 순번부호들 '①'과 '②' 또는 '①', '②' 그리고 '③' 등을 가진다는 점을 제외하고는 자연언어 기술구와 같다. 만일 그러한 표현 (자연언어 기술어)이 연산을 명시하기 위해 사용된다면, 적절한 논의 영역에 속한 대상들의 이름이 순번부호들 자리에 넣어질 때마다, 그 결과적인 기술구는 논의 영역의 오로지 한 원소를 지시해야만 한다는 것은 물론 명백하다. (이러한 조건은 그렇지만 불충분하다.) 따라서

$$① + ②$$
①과 다른 유일한 정수
$$\sqrt{①}$$
$$①^2 + 2 \cdot ① \cdot ② + ②^2$$

은 모두 자연언어 기술어이다. 그리고 각 기술어에 대해, 그것이 어떤 역할을 할 수 있게끔 해 주는 적어도 하나의 표준적인 해석이 있다고 우리는 말할 수 있다. 그러나 각 기술어에 대해 그것이 연산을 표현하지 않게끔 해 주는 해석이 있다는 점에도 주목할 필요가 있다. 예를 들어, 만일 해석 $\mathfrak{I}$의 논의 영역이 양의 정수들이며 '+'가 그것의 일상적인 의미를 갖고 있다면,

$$f^2 : ① + ②$$

는 $\Im$가 f^2에다 양의 정수들의 덧셈 연산을 할당하고 있다고 말하는 적절한 방식일 것이다. 왜냐하면 '①＋②' 속에 있는 '①'과 '②'의 자리에 양의 정수들을 지시하는 어떠한 자연언어 표현들을 넣든 간에, 그 결과적인 기술구는 양의 정수를 지시할 것이기 때문이다. 그렇지만 만일 $\Im$의 논의 영역이 0을 제외한 모든 양의 정수들과 음의 정수들로 구성된다고 한다면, 우리는 이 자연언어 기술어를 연산을 명시하기 위해 적절히 사용할수 없다. 왜냐하면

$$20 + (-20)$$

은 논의 영역의 원소를 지시하지 않을 것이기 때문이다. 이와 반대로 만일 논의 영역이 집합 {10, 20}으로 구성된다면, 우리는 자연언어 기술어

　　　①과 다른 유일한 정수

를 단항 연산기호로 해석하는 데 사용할 수 있다. 분명히 이것은 논의 영역에 꼭 두 개의 정수들만이 있다는 점에 의존하고 있다.

　어떠한 해석 $\Im$ 하에서도 각 고정항 τ는 $\Im$의 논의 영역 $\mathfrak{D}$의 한 원소를 지시하고 있다. 우리는 해석 $\Im$ 하에서의 고정항 τ의 **값**을 그것이 지시하는 원소로 정의한다. 달리 말해,

　1) 만일 τ가 개체상항이면 $\Im$ 하에서의 τ의 값은 $\Im$가 τ에 할당하는 $\mathfrak{D}$의 한 원소이다.

　2) θ가 n항 연산기호이고 $\tau_1, \tau_2, ..., \tau_n$이 고정항들일 때, 만일 $\tau = \theta\tau_1\tau_2 ... \tau_n$이면, $\Im$ 하에서의 τ의 값은 $\Im$ 하에서 $\tau_1, \tau_2, ..., \tau_n$의 값인 대상들을 투입값으로 가지는 함수 $\Im(\theta)$—즉, $\Im$가 θ에 할당하는 함수—의 값이다.

새로운 언어 𝔏′에 대한 𝕽 하에서의 참의 적절한 정의를 얻기 위해서는, (140~141쪽에서 주어진) 𝔏과 𝔏ᵢ에 대한 정의 중 한 곳만 고치면 된다. 즉 그것의 두 번째 조항을 다음으로 대체하면 된다:

2) 만일 φ가 문장문자가 아닌 원자문장이면, φ가 𝕽 하에서 참인 경우에 오직 그 경우에만 φ의 (고정)항들의 𝕽 하에서의 값들은 (φ 속에서 그것들에 상응하는 항들이 나타나는 순서대로 고려될 때) 𝕽가 φ의 술어에 할당하는 관계를 서로 맺고 있다.

정상할당, 동어반복적 문장, 동어반복적 귀결, 그리고 **진리함수적 일관성**의 정의들(207~208쪽 참조)뿐만 아니라 **타당성, 귀결** 그리고 **일관성**의 정의들(152쪽 참조)도 여기서 그대로 받아들여진다.

𝔏′의 추론규칙들은 만일 US 와 I의 규칙을 아래와 같이 약간 수정한다면 지금까지의 우리의 규칙들 P, T, C, US, UG, E, 그리고 I 만으로도 충분할 것이다: UG에서는 아니고 US와 I에서 모든 'β'와 'γ'를 각각 'ι'와 'ν'로 치환하고, 이 후자의 메타언어적 변항들이 𝔏′의 임의의 고정항들을 나타내는 것으로 이해한다.

도출, Γ로부터 φ의 도출, 그리고 **도출가능성** 등은 340~341쪽에서와 같이 정의된다.

수정된 추론규칙들은 완전하다: 𝔏′의 임의의 문장 φ와 문장들의 집합 Γ에 대해 φ가 Γ로부터 도출가능한 경우에 오직 그 경우에만 φ는 Γ의 귀결이다. 특히 𝔏′의 임의의 문장 φ에 대해, φ가 타당한 경우에 오직 그 경우에만 φ는 공집합으로부터 도출가능하다.

형식언어 𝔏′의 적용의 예들과 추론규칙들은 11장에서 주어질 것이다.

• 연습문제 •

1. 342~343쪽의 정리들 3~18을 도출하시오.

2. 문장 '$(\exists y)(x)(Fx \leftrightarrow x=y)$'로부터 아래 문장들 각각의 도출을 구성하시오(출처: 클리니(Kleene), 『메타수학입문(*Introduction to Metamathematics*)』, 408쪽).

   (a) $(\exists x)(Fx \ \& \ Gx) \leftrightarrow (x) \ (Fx \rightarrow Gx)$

   (b) $(x)Gx \rightarrow (\exists x)(Fx \ \& \ Gx)$

   (c) $(\exists y) \ (Fy \ \& \ Gyy) \leftrightarrow (\exists y)(Fy \ \& \ (\exists x) \ (Fx \ \& \ Gyx))$

   (d) $(\exists x)(Fx \ \& \ (P \rightarrow Gx)) \leftrightarrow (P \rightarrow (\exists x)(Fx \ \& \ Gx))$

   (e) $(\exists x)(Fx \ \& \ (Gx \rightarrow P)) \leftrightarrow ((\exists x)(Fx \ \& \ Gx) \rightarrow P)$

   (f) $(\exists x)(Fx \ \& \ -Gx) \leftrightarrow -(\exists x)(Fx \ \& \ Gx)$

   (g) $(\exists x)(Fx \ \& \ (y)Gxy) \leftrightarrow (y)(\exists x)(Fx \ \& \ Gxy)$

3. 다음 각각에 대해, 그것이 타당하지 않음을 보이기 위해 ($\mathfrak{A}_1$에 대한) 해석을 주거나, 그것을 정리로서 도출하시오.

   (a) $(x)(y)(z)((x{\neq}y \ \& \ y{\neq}z) \rightarrow x{\neq}z)$

   (b) $(x)(y)(z)((x{\neq}y \ \& \ y{=}z) \rightarrow x{\neq}z)$

4. 문장 '$(\exists x)(\exists y)x{\neq}y \ \& \ (x)(y)(z)((x{=}y \lor x{=}z) \lor y{=}z)$'로부터

   $$(\exists x)(\exists y)(x{\neq}y \ \& \ (z)(z{=}x \lor z{=}y))$$

를 도출하시오. 그리고 그 역으로도 하시오.

5. 문장 '$(\exists x)(x \neq a \,\&\, Fx)$'로부터

$$(\exists x)Fx \,\&\, (Fa \rightarrow (\exists x)(\exists y)(x \neq y \,\&\, (Fx \,\&\, Fy)))$$

를 도출하시오. 그리고 그 역으로도 하시오.

6. 5장 연습문제 1번에 주어진 해석과 'I' : ①과 ②는 동일하다'를 사용하여 다음 문장들을 기호화하시오('I' 대신 '='를 또한 사용하시오).

    (a) 아서는 메리의 형제이다.
    (b) 아서는 메리의 유일한 형제이다.
    (c) 메리의 유일한 형제는 해리의 아버지이다.
    (d) 메리의 유일한 형제는 윌리엄의 유일한 누이의 아버지이다.
    ((c)에 대한 힌트: '해리의 아버지이며, 또 메리의 형제들 모두와 그리고 오로지 그들과만 동일한 그러한 한 사람이 있다'를 고려하시오.)

7. 서로 다른 변항들 α, β 그리고 β를 포함하지 않는 식들 ϕ에 대해, $(\exists_1 \alpha)\phi$가 $(\exists \beta)(\alpha)(\phi \leftrightarrow \alpha = \beta)$의 약식 표현이라 하자. 즉, '$(\exists_1 x)Fx$'는 '$Fx$인 꼭 하나의 x가 존재한다'고 읽힐 수 있다. 쌍조건문

$$(\exists_1 \alpha)(\exists_1 \beta)\phi \leftrightarrow (\exists_1 \beta)(\exists_1 \alpha)\phi$$

를 타당하지 않은 문장이게끔 하는, 변항들 α, β를 포함하는 식 ϕ를 구하시오(타당하지 않음은 이 문장을 거짓이게 하는 해석을 줌으로써 보이시오).

8. 다음을 도출하시오.

    (a) '$(x)Fx$'로부터 '$(x)Fg^1x$'를

    (b) '$(x)Fx$'로부터 '$(x)(Hxg \rightarrow Fg^2xg)$'를

    (c) Λ으로부터 '$(x)(y)(x=y \rightarrow fx=fy)$'를

    (d) Λ으로부터 '$(x)(y)(z)(w)((x=y \ \& \ z=w) \rightarrow fxz=fyw)$'를

    (e) Λ으로부터 '$(z)(\exists x)(\exists y)z=fxy \rightarrow ((x)(y)Ffxy \rightarrow (x)Fx)$'를

9. 주어진 해석을 이용하여 다음 논증을 $\mathfrak{A}_I$ 속에서 가능한 한 합당하게 기호화 하시오.

    $\mathfrak{D}$: 전체집합 V

    C^2 : ①은 ②보다 위대한 것으로 상상될 수 있다

    E^1 : ①은 존재한다

    g : 신

신이란 그보다 위대한 어떠한 것도 상상될 수 없는 것이다. (다음과 같이 시도해 보시오: '$(x)((y) - C^2yx \leftrightarrow x=g)$') 만일 어떤 것이 존재하지 않는다면, 그것보다 위대한 어떤 것이 상상될 수 있다. 그러므로, 신은 존

재한다.

$\mathfrak{A}_1$에서 기호화된 전제들로부터 기호화된 결론을 도출하시오. 어떤 방식으로 그 기호화는 불만족스러운가?

10
♀에 대한 공리들

6장, 7장 그리고 9장에서 제시된 논리체계들은 (주어진 가정들로부터 귀결을 도출가능하도록 해 주는) 추론규칙들로 구성된 자연적 연역체계들이다. 그러나 논리적 공리들로 채택된 어떤 타당한 문장들의 도움을 얻어 동치인 논리체계를 구성하는 다양한 공리적 방식도 역시 가능하다. 그러한 공리체계들에서는 증명을 구성함에 있어 전제인 문장들과 추론규칙들에 의해 앞의 단계들로부터 따라 나온 문장들을 써넣는 것뿐만 아니라, 어떤 시점에서든 논리적 공리들의 하나를 삽입하는 것도 역시 허용된다. 증명의 마지막 행이 도입되었던 전제들의 귀결이 되며, 특히 그 증명이 어떠한 가정들도 포함하지 않는다면(즉, 각 단계가 논리적 공리이거나 혹은 추론규칙들 중의 하나에 의해 앞의 행들로부터 따라 나온 것이면), 그 마지막 행은 타당한 문장이 된다. 앞으로 보게 되듯이, 논리적 공리들의 사용은 추론규칙들을 상당히 단순화시켜 준다. 그렇지만, 대체적으로 가장 친숙한 논리적 법칙들의 증명을 찾는 일은 이 책에서 채택하고 있는 자연적 연역체계들에 있어서보다는 공리체계들에 있어서 다소 더 어렵다.

이 장에서 우리는 공리적인 논리학의 한 예로서 동일성을 포함하는 1차 술어논리의 공리적 체계를 제시한다.

1. 서론

귀결과 타당성의 개념들은 우리의 식들과 언어 외적인 세계 사이의 관계의 관점에서 정의된 의미론적 개념들이다. 이에 반해 도출가능성과 정리의 개념들은 구문론적 개념들이다. 이것들의 정의는 해석되어질 때 이것들이 무엇을 지시할 수 있는가 하는 것에는 전혀 관계하지 않고 오로지 그 표현들의 형태에만 관계한다. 우리가 앞서 보았듯이, (동일성과 연산기호를 포함하거나 포함하지 않은) 1차 술어논리에 대해, 논리학의 정리들이 타당한 문장들과 일치하고 귀결은 도출가능성과 일치하게 되는 그러한 추론규칙들의 집합을 명시하는 것이 가능하다. 따라서 임의적으로 주어진 문장의 타당성이나 귀결 여부를 검사하는 기계적인 방법은 존재할 수 없지만, 어떤 주어진 문장들의 나열이 올바른 증명인지 혹은 주어진 집합 Γ로부터의 올바른 도출인지의 여부를 결정하는 데에는 어려움이 없다(단, Γ가 결정가능하다면, 즉 어떤 임의의 문장이 Γ에 속하는지의 여부를 결정할 수 있는 단계적인 과정이 존재한다면). 그러므로 우리의 규칙들은 직관 능력이 있는 사람인지 여부와 관계없이 누구에 의해서든 검토될 수 있는 방식으로 어떤 문장이 타당하다는 것에 대한 입증을 가능하게 해 준다.

타당한 문장들을 구문론적으로 규정할 수 있는 또 다른 방식은 공리화에 의한 것이다. 타당한 것으로 쉽게 인지될 수 있는 약간의 문장들을 공리로 선택하여, 이것들로부터 추론규칙을 이용하여 다른 타당한 문장들을 도출한다. 역사적으로 이 공리적 접근방식이 우리가 채택했던 자연적 연역방식보다 더욱 일반적인 방식이다. 매우 개략적으로 말해, 공리들이 복잡하면 복잡할수록, 규칙들은 더욱더 간단해질 수 있으며, 그 역도 성립한다. 우리가 채택했던 방식은 규칙들의 내용이 상대적으로 복잡한 대가로 공리들의 수가 0으로 줄어든 하나의 극단적인 경우로 생각될 수 있다. 반대의 극단적인 상황을 보이기 위해, 우리는 추론규칙들이 전건긍정법과 정의상 치환의 둘 뿐인 공리체계를 제시할 것이다. 만일 우리가 논리상항들 '&', '∨', '↔' 그리고 '⊒'가 나타나지 않는 문장들로 제한한다면, 우리는 정의상 치환 규칙도 제거할 수 있으며 다음과 같이 쓸 수 있을 것이다: 집합 Γ의 모든 귀결은 Γ와 공리들로부터 전건긍정법만을 거듭 적용함으로써 얻어낼 수 있다.

우리는 이제 어떤 문장들이 논리적 공리로 채택될 수 있는가를 지적해야만 한다. $\mathfrak{L}_1$의 모든 식들 ϕ, ψ, χ와 모든 변항 α, 그리고 모든 개체기호들 β, γ에 대해 다음 식의 모든 폐쇄식들은 공리이다:

I. $\phi \to (\psi \to \phi)$

II. $(\phi \to (\psi \to \chi)) \to ((\phi \to \psi) \to (\phi \to \chi))$

III. $(-\psi \to -\phi) \to (\phi \to \psi)$

IV. $(\alpha)(\phi \to \psi) \to ((\alpha)\phi \to (\alpha)\psi)$

V. $(\alpha)\phi \to \phi$[1]

---

1 타르스키에 의해 보여진 바와 같이 유형 V의 공리들은 나머지 다른 공리들을 이용하여 정리로서 증명될 수 있다. 그러나 연역을 단순화하기 위해, 이론적으로 불필요함에도 불구하고 유형 V의 공리들을 그대로 존속시켰다.

VI. $\phi \to (\alpha)\phi$, α가 ϕ 속에 자유롭게 나타나지 않는 경우

VII. $(\exists\alpha)\alpha = \beta$

VIII. $\beta = \gamma \to (\phi \to \psi)$, 이때 ϕ, ψ는 원자식이고 ψ는 ϕ가 β를 포함하는 곳에 γ를 포함한다는 점을 제외하고는 ϕ와 같다.

그러므로 무한 개의 공리들이 존재하며, 더 나아가 위의 여덟 유형 각각에 대해서도 무한 개의 공리들이 존재한다. 아마도 각각의 유형에 대해 예를 드는 것이 유용할 것이다.

유형   예

I. $(x)(Fxa \to (Gx \to Fxa))$

II. $(x)(y)((P \to (-Gy \to Fx)) \to ((P \to -Gy) \to (P \to Fx)))$

III. $(-(Fa \to P) \to -((x)Fx \to P)) \to (((x)Fx \to P) \to (Fa \to P))$

IV. $(y)((x)(Fx \to Gx) \to ((x)Fx \to (x)Gx))$

V. $(x)((x)Fx \to Fx)$

VI. $(x)(-Fx \to (y)-Fx)$

VII. $(y)(\exists x)x = y$

VIII. $(x)(y)(x = a \to (Fxyx \to Fayx))$[2]

우리는 임의의 문장들 ϕ, ψ, χ에 대해, $\chi = (\psi \to \phi)$일 경우에 오직 그 경우에만 문장 ϕ가 문장들 ψ와 χ로부터 **전건긍정법**(MP)(혹은 분리규

---

2   (옮긴이 주) 원문에는 보편양화사 '(y)'가 누락되어 있으나 공리는 폐쇄문이어야 하므로 보충하였다.

칙)에 의해 따라 나온다고 말한다.

식 ϕ는 식 ψ와 **정의상 동치**일 필요충분조건은 다음 조건을 만족하는 식 $\chi, \theta, \phi_1, \phi_2$가 존재한다는 것이다: ϕ와 ψ는 하나가 θ를 포함하는 곳에 다른 하나가 χ를 포함한다는 점을 제외하고는 서로 같으며, 이때 χ와 θ는 다음 네 경우 중 하나이다:

(1) $\chi = (\phi_1 \vee \phi_2)$이며 $\theta = (-\phi_1 \rightarrow \phi_2)$

(2) $\chi = (\phi_1 \,\&\, \phi_2)$이며 $\theta = -(\phi_1 \rightarrow -\phi_2)$

(3) $\chi = (\phi_1 \leftrightarrow \phi_2)$이며 $\theta = ((\phi_1 \rightarrow \phi_2) \,\&\, (\phi_2 \rightarrow \phi_1))$

(4) $\chi = (\exists \alpha)\phi_1$이며 $\theta = -(\alpha) - \phi_1$이다.

분명히 만일 식 ϕ가 식 ψ와 정의상 동치이면, ψ는 ϕ와 정의상 동치이다.

증명은 각 문장이 공리이거나, 앞에 나온 문장의 정의상 동치이거나 혹은 앞의 문장들로부터 전건긍정법에 의해 따라 나온 문장인 그러한 문장들의 유한한 나열이다.

문장 ϕ가 **정리**인 경우에 오직 그 경우에만 ϕ는 증명의 마지막 행이다. 우리는 "ϕ의 모든 폐쇄식들은 정리이다"의 약식 표현으로

$$\vdash \phi$$

라고 쓸 것이다. 그리고 다른 메타언어적 기술구 형식들에 대해서도 유사하게 축약해서 쓸 것이다.

이 공리적 체계에서는 증명의 개념이 자연적 연역체계에서보다 다소 간단하다는 것에 주목할 필요가 있다: 자연적 연역체계에서는 증명이 각

행이 문장과 전제번호들의 집합으로 구성된 그러한 행들의 나열임에 반해 공리적 체계에서는 증명이란 단순히 문장들의 나열일 뿐이다.

정리들과 증명들의 목록을 제시하는 대신, 우리는 일련의 메타정리들을 사용하여 정리들을 규정할 것이다. 만일 달리 명시되지 않는다면, 메타언어적인 변항들 'ϕ', 'ψ' 그리고 'χ'는 식들을 그 값으로 가지며, 'α'는 변항들을, 'β'와 'γ'는 개체기호들을, 'P', 'Q', 'R'과 'T'는 표현들을 그 값으로 갖는다. 306과 307 같은 메타정리의 간결한 진술을 위해, 우리는 개체상항들은 모두 '자유롭게' 나타나는 것으로 간주할 것이다.

1. 만일 ϕ와 $\phi \rightarrow \psi$가 정리이면, ψ도 정리이다.

왜냐하면 ϕ와 $\phi \rightarrow \psi$의 증명이 주어지면, 우리는 ϕ의 증명 다음에 $\phi \rightarrow \psi$의 증명을 쓰고, 그다음에 한 문장 ψ를 씀으로써 ψ의 증명을 구성할 수 있기 때문이다.

2. 만일 ϕ가 문장이면, $\phi \rightarrow \phi$는 정리이다.

만일 ϕ가 문장이면, 아래와 같은 문장들의 나열은 $\phi \rightarrow \phi$의 증명이 될 것이다.

$$(1)\ \phi \rightarrow ((\phi \rightarrow \phi) \rightarrow \phi) \qquad\qquad\qquad\qquad \text{I}$$
$$(2)\ (1) \rightarrow ((\phi \rightarrow (\phi \rightarrow \phi)) \rightarrow (\phi \rightarrow \phi)) \qquad\quad \text{II}$$
$$(3)\ (\phi \rightarrow (\phi \rightarrow \phi)) \rightarrow (\phi \rightarrow \phi) \qquad\qquad (1)(2)\ \text{MP}$$
$$(4)\ \phi \rightarrow (\phi \rightarrow \phi) \qquad\qquad\qquad\qquad\qquad \text{I}$$
$$(5)\ \phi \rightarrow \phi \qquad\qquad\qquad\qquad\qquad\quad (3)(4)\ \text{MP}$$

위에서 주어진 것은 물론 그 자체로 증명은 아니나, $\mathfrak{L}_1$의 각 문장 ϕ에 대해 각각 하나의 증명이 구성되므로 무한히 많은 증명들의 도식적인 증명틀이다. 예를 들어 만일 $\phi = $'$Fa$'라면, 위의 증명틀은 다음과 같이 '$Fa$

$\rightarrow Fa$'의 증명을 기술한다.

(1) $Fa \rightarrow ((Fa \rightarrow Fa) \rightarrow Fa)$ I

(2) $(1) \rightarrow ((Fa \rightarrow (Fa \rightarrow Fa)) \rightarrow (Fa \rightarrow Fa))$ II

(3) $(Fa \rightarrow (Fa \rightarrow Fa)) \rightarrow (Fa \rightarrow Fa)$ (1)(2) MP

(4) $Fa \rightarrow (Fa \rightarrow Fa)$ I

(5) $Fa \rightarrow Fa$ (3)(4) MP

이 증명의 존재가 '$Fa \rightarrow Fa$'가 정리임을 보여 준다.

3. 만일 ϕ, ψ, χ가 문장이면, $(\psi \rightarrow \chi) \rightarrow ((\phi \rightarrow \psi) \rightarrow (\phi \rightarrow \chi))$는 정리이다.

만일 ϕ, ψ, χ가 문장이면, 다음과 같은 나열은 우리가 원하는 증명이 될 것이다.

(1) $((\phi \rightarrow (\psi \rightarrow \chi)) \rightarrow ((\phi \rightarrow \psi) \rightarrow (\phi \rightarrow \chi))) \rightarrow ((\psi \rightarrow \chi) \rightarrow$
$((\phi \rightarrow (\psi \rightarrow \chi)) \rightarrow ((\phi \rightarrow \psi) \rightarrow (\phi \rightarrow \chi)))$ I

(2) $(\phi \rightarrow (\psi \rightarrow \chi)) \rightarrow ((\phi \rightarrow \psi) \rightarrow (\phi \rightarrow \chi))$ II

(3) $(\psi \rightarrow \chi) \rightarrow ((\phi \rightarrow (\psi \rightarrow \chi)) \rightarrow ((\phi \rightarrow \psi) \rightarrow (\phi \rightarrow \chi)))$
        (1) (2) MP

(4) $(3) \rightarrow (((\psi \rightarrow \chi) \rightarrow (\phi \rightarrow (\psi \rightarrow \chi))) \rightarrow$
$((\psi \rightarrow \chi) \rightarrow ((\phi \rightarrow \psi) \rightarrow (\phi \rightarrow \chi))))$ II

(5) $((\psi \rightarrow \chi) \rightarrow (\phi \rightarrow (\psi \rightarrow \chi))) \rightarrow ((\psi \rightarrow \chi) \rightarrow$
$((\phi \rightarrow \psi) \rightarrow (\phi \rightarrow \chi)))$ (3)(4) MP

(6) $(\psi \rightarrow \chi) \rightarrow (\phi \rightarrow (\psi \rightarrow \chi))$ I

(7) $(\psi \rightarrow \chi) \rightarrow ((\phi \rightarrow \psi) \rightarrow (\phi \rightarrow \chi))$ (5)(6) MP

4. 만일 $\phi \rightarrow \psi$와 $\psi \rightarrow \chi$가 정리이면, $\phi \rightarrow \chi$도 정리이다.

$\phi \rightarrow \psi$와 $\psi \rightarrow \chi$의 증명이 주어진 경우, 우리는 $\phi \rightarrow \psi$의 증명을 쓰고 그 뒤에 $\psi \rightarrow \chi$의 증명을 쓴 후 이어서 $(\psi \rightarrow \chi) \rightarrow ((\phi \rightarrow \psi) \rightarrow (\phi \rightarrow \chi))$의 증명을 쓰고 그 밑에 문장 $(\phi \rightarrow \psi) \rightarrow (\phi \rightarrow \chi)$와 $\phi \rightarrow \chi$를 씀으로써 $\phi \rightarrow \chi$의 증명을 구성할 수 있다. 이 나열이 진정 증명이라는 것은 '증명'의 정의를 검토하고, 마지막 두 행이 각각 앞에 있는 문장들로부터 전건긍정법에 의해 따라 나온다는 것에 주목함으로써 알 수 있다.

다음의 메타정리와 다양한 그 이후의 메타정리들을 입증함에 있어, 우리는 **수학적 귀납법**이라고 알려진 일종의 논증을 명시적으로 사용할 것이다. 이미 앞서 암암리에 사용한 적이 있는 이 수학적 귀납법은 몇 가지 형태로 나타난다. 소위 **약한 귀납법**은 다음의 두 가지를 보임으로써 모든 양의 정수들이 어떤 주어진 속성 P를 가지고 있음을 입증하기 위해 사용된다.

(a) 1이 속성 P를 가졌다.

(b) 모든 양의 정수 k에 대해, 만일 k가 속성 P를 갖는다면, $k+1$도 속성 P를 갖는다.

강한 귀납법도 모든 양의 정수들이 어떤 주어진 속성 P를 가지고 있음을 입증하기 위해 사용되나, 이 경우는 다음을 보임으로써 이 사실을 입증한다:

(a)각 양의 정수 k에 대해, 만일 k보다 작은 모든 양의 정수들이 속성

P를 가졌다면, k도 속성 P를 갖는다.[3]

　(1 대신 0으로부터 출발함으로써, 우리는 물론 모든 자연수들이 속성 P를 가지고 있음을 입증할 수도 있다.) 때로는 약한 귀납법이 더욱 편리하고, 때로는 강한 귀납법이 더욱 편리하다. 우리가 만일 어떤 양의 정수들 중의 하나가 속성 P를 결여한다면, 제일 작은 그러한 양의 정수 k가 존재하며, 또 k는 1도 아니며 1보다 큰 수도 아니라는 것을 보임으로써

3　(옮긴이 주) 약한 귀납법 증명에서와 마찬가지로 강한 귀납법을 사용한 증명에서도, 귀납 증명의 토대가 되는

　　(a)1의 속성이 P를 갖는다.

는 조건이 성립함을 따로 입증해야 한다. 그러나 이 책의 정식화에 따르면, 약한 귀납법에서는 이 귀납 토대 조건이 따로 명시적으로 제시되어 있지 않다. 따라서 이 책의 강한 귀납법의 정식화가 틀린 것이 아닌가 하고 의심하는 독자들이 있을지도 모르겠다. 이 책의 정식화를 자세히 분석해 보면 이 책의 정식화가 틀리지 않았음을 알 수 있다. 강한 귀납법에 대한 이 책의 정식화는 귀납 토대 조건을 그 안에 논리적으로 포함하도록, 이에 따라 귀납 토대 조건을 별도로 명시할 필요가 없도록, 구성되어 있다. 이 책의 강한 귀납법 정식화에 아래와 같이 "1"을 대입해보면 그 이유를 알 수 있다.

　　(a_1) (양의 정수 1에 대해,) 만일 1보다 작은 모든 양의 정수들이 속성 P를 가졌다면, 1도 속성 P를 갖는다.

여기서 이 조건문 (a_1)의 전건은 전칭긍정 문장이며, 1보다 작은 양의 정수는 존재하지 않으므로, 이 전칭긍정문장의 주어부를 만족시키는 대상은 하나도 존재하지 않는다. 따라서 술어부가 무엇이냐에 관계없이 이 전칭긍정문장은 참이 되고(전칭긍정문장을 조건문으로 바꿔 써 보면 이것을 더욱 분명히 알 수 있음), (a_1)이 성립하기 위해서는 1이 속성 P를 가져야 한다.

모든 양의 정수가 속성 P를 가지고 있다는 것을 입증할 때와, 본질적으로 동일한 종류의 논증이 관련된다. (318~320쪽의 보조정리 III에 대한 우리의 논증과 비교하시오.)

수학적 귀납법의 원리에 의해 메타정리 5의 경우와 같은 식에 관한 주장은 증명될 수 없고 양의 정수에 관한 주장만 증명될 수 있는 것처럼 보일 수 있을 것이다. 귀납의 원리가 어떻게 식에 관한 주장의 증명에도 사용되는지를 알기 위해서는, 직접적으로 나타난 숫자가 들어 있는 **어떠한** 문장도, 그 숫자가 아무리 부수적인 자리에 위치해 있다 할지라도, 그 숫자에 의해 지시되는 수의 속성을 표현하는 것으로 간주될 수 있음을 인식해야만 한다. 따라서

18세 미만의 어떠한 사람에게도 허가증이 발급되지 않을 것이다

는 정수 18의 속성, 즉 'k세 미만의 어떠한 사람에게도 허가증이 발급되지 않을 것이다'를 만족시키는 그러한 수 k의 속성을 표현한다. 유사한 관점에서, 메타정리 5는 모든 양의 정수 n이 다음과 같은 속성을 가지고 있다는 것을 말하는, 모든 양의 정수에 관한 주장으로 간주될 수 있다: 모든 식 ϕ, ψ와 표현 Q에 대해, 만일 Q가 n개의 양화사를 포함하고, ϕ 혹은 ψ 속에 자유롭게 나타나는 모든 변항들을 포함하는 일련의 보편양화사들의 나열이라면, $Q(\phi \rightarrow \psi) \rightarrow (Q\phi \rightarrow \phi\psi)$는 정리이다. 우리는 이 주장을 약한 귀납법을 이용하여 입증할 것이다. 따라서 두 단계가 요구된다. 단계 (a)에서 우리는 $n = 1$일 때 이 주장이 성립함을 보여야만 하고; 단계 (b)에서 우리는 만일 이 주장이 $n = k$일 때 성립하면 $n = k + 1$일 때도 성립함을 보여야만 한다. 이에 따라 우리는 모든 양의 정수 간에 대해 이 주장이 성립함을 증명한다.

5. 만일 Q가 ϕ 혹은 ψ 속에 자유롭게 나타나는 모든 변항들을 포함하는 일련의 보편양화사들의 나열이라면, $Q(\phi \rightarrow \psi) \rightarrow (Q\phi \rightarrow \phi\psi)$는 정리이다.

n을 Q 속의 보편양화사들의 개수라고 하자.

(a) 만일 $n = 1$이면, 문제의 식은 IV번 유형의 공리이다.

(b) 메타정리 5가 $n = k$일 때 성립한다고 가정하자. 그리고 또 Q가 $k+1$개의 양화사를 포함한다고 가정하자. 그러면 P가 k개의 양화사를 포함하는 일련의 보편양화사들의 나열이고 α가 변항이라 할 때, $Q = P(\alpha)$이다. 그러나

$$P((\alpha)(\phi \rightarrow \psi) \rightarrow ((\alpha)\phi \rightarrow (\alpha)\psi))$$

는 IV번 유형의 공리이며;

$$P((\alpha)(\phi \rightarrow \psi) \rightarrow ((\alpha)\phi \rightarrow (\alpha)\psi)) \rightarrow (P(\alpha)(\phi \rightarrow \psi)$$
$$\rightarrow P((\alpha)\phi \rightarrow (\alpha)\psi))$$

는 가정에 의해 정리이다. 그러므로

$$P(\alpha)(\phi \rightarrow \psi) \rightarrow P((\alpha)\phi \rightarrow (\alpha)\psi)$$

는 메타정리 1에 의해 정리이다. 그러나 역시 가정에 의해,

$$P((\alpha)\phi \rightarrow (\alpha)\psi) \rightarrow (P(\alpha)\phi \rightarrow P(\alpha)\psi)$$

도 정리이다. 그러므로 메타정리 4에 의해

$$P(\alpha)(\phi \to \psi) \to (P(\alpha)\phi \to (\alpha)\psi)$$

는 정리이다.

6. Q가 일련의 보편양화사들의 나열일 때, 만일 $Q\phi$와 $Q(\phi \to \psi)$가 정리이면, $Q\psi$도 정리이다.

이것은 메타정리 4가 메타정리 3에 의존하는 방식으로 메타정리 5에 의존하고 있다.

7. $\vdash (\psi \to \chi) \to ((\phi \to \psi) \to (\phi \to \chi))$.

만일 $(\psi \to \chi) \to ((\phi \to \psi) \to (\phi \to \chi))$가 자기 자신의 폐쇄식이면, 메타정리 3에 의해 정리이다. 다른 어떠한 폐쇄식도 $Q((\psi \to \chi) \to ((\phi \to \psi) \to (\phi \to \chi)))$의 형태를 띨 것이다. 이것이 정리라는 것을 보이기 위해서는, 메타정리 3의 증명에 다음을 보완하여 논증을 전개하면 된다: 각 기술구 형식 앞에 'Q'를 덧붙이고, 메타정리 1 대신 메타정리 6을 인용한다.

8. 만일 $Q(\phi \to \psi)$와 $Q(\psi \to \chi)$가 정리이면, $Q(\phi \to \chi)$도 정리이다.

8의 전건을 가정하자. 그러면 $Q((\psi \to \chi) \to ((\phi \to \psi) \to (\phi \to \chi)))$은 문장이고 7에 의해 정리이다. 6을 두 번 적용하면 $Q(\phi \to \chi)$가 정리임이 입증된다.

9. $\vdash Q\,(\phi \to \psi) \to (Q\phi \to Q\psi)$

n을 Q 속의 양화사들의 개수라고 하자.

(a) 만일 $n = 1$이면, $Q(\phi \to \psi) \to (Q\phi \to Q\psi)$의 모든 폐쇄식은 유형 IV의 공리이며 따라서 정리이다.

(b) $n = k$일 때 9가 성립한다고 가정해 보자. 그리고 Q가 $k+1$개의 양

화사를 포함하고 있다고 가정하자. 그러면 어떤 변항 α 그리고 k개의 양화사를 가진 어떤 P에 대해, $Q = (\alpha)P$이다. 이제 만일 $Q(\phi \rightarrow \psi) \rightarrow (Q\phi \rightarrow Q\psi)$가 그것 자신의 폐쇄식이면, 메타정리 5에 의해 그것은 정리이다. 다른 모든 폐쇄식은 $T((\alpha)P(\phi \rightarrow \psi) \rightarrow ((\alpha)P\phi \rightarrow (\alpha)P\psi))$의 형태를 띨 것이다. 그러나

$$T((\alpha)P(\phi \rightarrow \psi) \rightarrow (P\phi \rightarrow P\psi)) \rightarrow$$
$$((\alpha)P(\phi \rightarrow \psi) \rightarrow (\alpha)(P\phi \rightarrow P\psi)))$$

는 유형 IV의 공리이며 따라서 정리이다. 또한,

$$T(\alpha)(P(\phi \rightarrow \psi) \rightarrow (P\phi \rightarrow P\psi))$$

도 가정에 의해 정리이다. 따라서

$$T((\alpha)P(\phi \rightarrow \psi) \rightarrow (\alpha)(P\phi \rightarrow P\psi))$$

도 메타정리 6과 앞의 것에 의해 정리이다.

$$T((\alpha)(P\phi \rightarrow P\psi) \rightarrow ((\alpha)P\phi \rightarrow (\alpha)P\psi))$$

는 유형 IV의 공리이며 따라서 정리이다. 그러므로,

$$T((\alpha)P(\phi \rightarrow \psi) \rightarrow ((\alpha)P\phi \rightarrow (\alpha)P\psi))$$

는 앞의 것과 메타정리 8에 의해서 정리이다.

10. $\vdash Q\phi \rightarrow \phi$.

n을 Q 속의 양화사의 개수라고 하자.

(a) 만일 $n = 1$이면, $Q\phi \rightarrow \phi$의 모든 폐쇄식은 유형 V의 공리이며 따라서 정리이다.

(b) $n = k$일 때 10이 성립한다고 가정하자. 또 Q가 $k + 1$개의 양화사를 포함하고 있다고 가정하자. 그러면 어떤 변항 α 그리고 k개의 양화사를 가진 어떤 나열 P에 대해 $Q = (\alpha)P$이다. $T((\alpha)P\phi \rightarrow \phi)$가 $Q\phi \rightarrow \phi$의 폐쇄식이라고 하자.

$$T(\alpha)(P\phi \rightarrow \phi)$$

는 가정에 의해 정리이다.

$$T((\alpha)(P\phi \rightarrow \phi) \rightarrow ((\alpha)P\phi \rightarrow (\alpha)\phi))$$

는 9에 의해 정리이다. 그러므로 앞의 것과 6에 의해,

$$T((\alpha)P\phi \rightarrow (\alpha)\phi)$$

는 정리이다. 공리 유형 V에 의해

$$T((\alpha)\phi \rightarrow \phi)$$

는 정리이다. 그러므로

$$T((\alpha)P\phi \rightarrow \phi)$$

는 8에 의해 정리이다.

만일 $(\alpha)P\phi \rightarrow \phi$가 그것 자신의 폐쇄식이면, 우리는 위의 기술구형식들로부터 'T'를 삭제하고 유사한 논증을 전개할 수 있다.

11. 만일 Q 속의 어떠한 변항도 ϕ 속에 자유롭게 나타나지 않는다면, $\vdash \phi \rightarrow Q\phi$이다.

이것의 논증은 10이 공리 유형 V와 관련되어 있는 것에 반해 근본적으로 공리 유형 VI과 관련되어 있다는 점을 제외하고는 10에 대한 논증과 유사하다.

12. 만일 P 속의 모든 변항이 Q 속에 있거나 ϕ 속에 자유롭게 나타나지 않는다면, $\vdash Q\phi \rightarrow P\phi$이다.

12의 전건을 가정하고 R$(Q\phi \rightarrow P\phi)$가 $Q\phi \rightarrow P\phi$의 폐쇄식이라고 하자. 그러면

$\mathrm{R}P(Q\phi \rightarrow \phi)$는 10에 의해 정리이다;

$\mathrm{R}(P(Q\phi \rightarrow \phi) - (PQ\phi \rightarrow P\phi))$는 9에 의해 정리이다; 따라서

$\mathrm{R}(PQ\phi \rightarrow P\phi)$는 앞의 것과 6에 의해 정리이다.

$\mathrm{R}(Q\phi \rightarrow PQ\phi)$는 11에 의해 정리이다; 그러므로,

$\mathrm{R}(Q\phi \rightarrow P\phi)$는 앞의 것과 8에 의해 정리이다.

만일 $Q\phi \rightarrow P\phi$가 그것 자신의 폐쇄식이면, 우리는 위의 기술구형식들로부터 'R'을 삭제하고 유사한 논증을 전개할 수 있다.

13. 만일 ψ와 χ가 ϕ의 폐쇄식들이면, $\psi \rightarrow \chi$는 정리이며, 만일 ψ가 정리이면 χ도 정리이다.

ψ와 χ가 ϕ의 폐쇄식들이라고 가정하자. 이때 고려할 네 가지 경우들이 있다: (i) $\psi=\phi$이고 $\chi=\phi$; (ii) $\psi=Q\phi$이고 $\chi=\phi$; (iii) $\psi=\phi$이고 $\chi=P\phi$; (iv) $\psi=Q\phi$이고 $\chi=P\phi$이다. (i)의 경우에는, $\psi \rightarrow \chi$는 분명히 정리이다; (ii)의 경우, 그것은 10에 의해 정리이다; (iii)의 경우, 11에 의해 정리이다; (iv)의 경우, 12에 의해 정리이다. 1에 의해 만일 ψ가 정리이면, χ는 정리이다.

ϕ의 모든 폐쇄식들이 정리일 경우에 오직 그 경우에만 정리인 ϕ의 폐쇄식이 적어도 하나 존재한다는 것은 명백히 메타정리 13의 따름정리이다.

14. 만일 $\vdash\phi$이고 $\vdash\phi \rightarrow \psi$이면, $\vdash\psi$이다.

$\vdash\phi$와 $\vdash\phi \rightarrow \psi$를 가정하자. 그리고 $Q\psi$를 ψ의 폐쇄식이라고 하자. 또 $R\phi$를 ϕ의 폐쇄식이라고 하자. 그러면 $RQ\phi$와 $RQ(\phi \rightarrow \psi)$는 정리이다; 따라서 $RQ\psi$는 6에 의해 정리이다. 그러므로 13에 의해 $\vdash\psi$이다.

15. 만일 $\vdash\phi$이고 ψ가 ϕ와 정의상 동치이면, $\vdash\psi$이다.

15의 전건을 가정하자. 그리고 $Q\phi$를 ϕ의 폐쇄식이라고 하자. 그러면 $Q\psi$는 $Q\phi$와 정의상 동치이며, ψ의 폐쇄식이고, 정리이다. 그러므로 $\vdash\psi$이다.

16. 만일 $\vdash\phi \rightarrow \psi$이고 $\vdash\psi \rightarrow \chi$이면, $\vdash\phi \rightarrow \chi$이다.

16의 전건을 가정하자. 7에 의해 그리고 14의 두 번 적용에 의해, $\vdash\phi \rightarrow \chi$이다.

17. $\vdash\phi$일 경우에 오직 그 경우에만 $\vdash Q\phi$이다. 10과 14에 의해.

18. 만일 $\vdash\phi \rightarrow \psi$이면, $\vdash Q\phi \rightarrow Q\psi$이다.

$\vdash\phi \rightarrow \psi$를 가정하자. 17에 의해, $\vdash Q(\phi \rightarrow \psi)$이다. 9와 14에 의해 $\vdash Q\phi \rightarrow Q\psi)$이다.

2. 문장논리

100번대의 메타정리들은 문장논리 부분에 해당하는 것들이다. 여기서 정리로 주어진 모든 문장은 동어반복적 문장이거나 혹은 동어반복적 문장의 일반화(generalization)이다.

100. $\vdash \phi \to \phi$

    (1) $\vdash \phi \to ((\phi \to \phi) \to \phi)$ I

    (2) $\vdash (1) \to ((\phi \to (\phi \to \phi)) \to (\phi \to \phi))$ II

    (3) $\vdash (\phi \to (\phi \to \phi)) \to (\phi \to \phi)$ (1)(2)14

    (4) $\vdash \phi \to (\phi \to \phi)$ I

    (5) $\vdash \phi \to \phi$ (3)(4)14

101. $\vdash -\phi \to (\phi \to \psi)$

    (1) $\vdash (-\psi \to -\phi) \to (\phi \to \psi)$ III

    (2) $\vdash -\phi \to (-\psi \to -\phi)$ I

    (3) $\vdash -\phi \to (\phi \to \psi)$ (1)(2)16

102. $\vdash (\psi \to \chi) \to ((\phi \lor \psi) \to (\phi \lor \chi))$

    (1) $\vdash (\psi \to \chi) \to ((-\phi \to \psi) \to (-\phi \to \chi))$ 7

    (2) $\vdash (\psi \to \chi) \to ((\phi \lor \psi) \to (-\phi \to \chi))$ (1)15

    (3) $\vdash (\psi \to \chi) \to ((\phi \lor \psi) \to (\phi \lor \chi))$ (2)15

103. $\vdash --\phi \to \phi$

    (1) $\vdash --\phi \to (-\phi \to ---\phi)$ 101

    (2) $\vdash (-\phi \to ---\phi) \to (--\phi \to \phi)$ III

    (3) $\vdash --\phi \to (--\phi \to \phi)$ (1)(2)16

    (4) $\vdash (3) \to ((--\phi \to --\phi) \to (--\phi \to \phi))$ II

(5) $\vdash (--\phi \rightarrow --\phi) \rightarrow (--\phi \rightarrow \phi)$ $(3)(4)14$

(6) $\vdash --\phi \rightarrow --\phi$ 100

(7) $\vdash --\phi \rightarrow \phi$ $(5)(6)14$

104. $\vdash \phi \rightarrow --\phi$

(1) $\vdash ---\phi \rightarrow -\phi$ 103

(2) $\vdash (---\phi \rightarrow -\phi) \rightarrow (\phi \rightarrow --\phi)$ III

(3) $\vdash \phi \rightarrow --\phi$ $(1)(2)14$

105. $\vdash \phi \rightarrow ((\phi \rightarrow \psi) \rightarrow \psi)$

(1) $\vdash (\phi \rightarrow \psi) \rightarrow (\phi \rightarrow \psi)$ 100

(2) $\vdash (1) \rightarrow (((\phi \rightarrow \psi) \rightarrow \phi) \rightarrow ((\phi \rightarrow \psi) \rightarrow \psi))$ II

(3) $\vdash ((\phi \rightarrow \psi) \rightarrow \phi) \rightarrow ((\phi \rightarrow \psi) \rightarrow \psi)$ $(1)(2)14$

(4) $\vdash \phi \rightarrow ((\phi \rightarrow \psi) \rightarrow \phi)$ I

(5) $\vdash \phi \rightarrow ((\phi \rightarrow \psi) \rightarrow \psi)$ $(3)(4)16$

106. $\vdash (\phi \rightarrow (\psi \rightarrow \chi)) \rightarrow (\psi \rightarrow (\phi \rightarrow \chi))$

(1) $\vdash (\phi \rightarrow (\psi \rightarrow \chi)) \rightarrow ((\phi \rightarrow \psi) \rightarrow (\phi \rightarrow \chi))$ II

(2) $\vdash((\phi \rightarrow \psi) \rightarrow (\phi \rightarrow \chi)) \rightarrow$
$$((\psi \rightarrow (\phi \rightarrow \psi)) \rightarrow (\psi \rightarrow (\phi \rightarrow \chi)))$$ 7

(3) $\vdash \psi \rightarrow (\phi \rightarrow \psi)$ I

(4) $\vdash (3) \rightarrow (((3) \rightarrow (\psi \rightarrow (\phi \rightarrow \chi))) \rightarrow (\psi \rightarrow (\phi \rightarrow \chi)))$
$$105$$

(5) $\vdash ((3) \rightarrow (\psi \rightarrow (\phi \rightarrow \chi))) \rightarrow (\psi \rightarrow (\phi \rightarrow \chi))$ $(3)(4)14$

(6) $\vdash ((\phi \rightarrow \psi) \rightarrow (\phi \rightarrow \chi)) \rightarrow (\psi \rightarrow (\phi \rightarrow \chi))$ $(2)(5)16$

(7) $\vdash (\phi \rightarrow (\psi \rightarrow \chi)) \rightarrow (\psi \rightarrow (\phi \rightarrow \chi))$ $(1)(6)16$

107. $\vdash (\phi \rightarrow \psi) \rightarrow ((\psi \rightarrow \chi) \rightarrow (\phi \rightarrow \chi))$ $7, 106, 14$

108. $\vdash \phi \rightarrow (\psi \rightarrow (\phi \rightarrow \psi))$

(1) $\vdash \phi \rightarrow ((\phi \rightarrow -\psi) \rightarrow -\psi)$ 105

(2) $\vdash --(\phi \rightarrow -\psi) \rightarrow (\phi \rightarrow -\psi)$ 103

(3) $\vdash (2) \rightarrow (((\phi \rightarrow -\psi) \rightarrow -\psi) \rightarrow$
$$(--(\phi \rightarrow -\psi) \rightarrow -\psi))$$ 107

(4) $\vdash ((\phi \rightarrow -\psi) \rightarrow -\psi) \rightarrow$
$$(--(\phi \rightarrow -\psi) \rightarrow -\psi)$$ (2)(3)14

(5) $\vdash \phi \rightarrow (--(\phi \rightarrow -\psi) \rightarrow -\psi)$ (1)(4)16

(6) $\vdash (--(\phi \rightarrow -\psi) \rightarrow -\psi) \rightarrow (\psi \rightarrow -(\phi \rightarrow -\psi))$ III

(7) $\vdash \phi \rightarrow (\psi \rightarrow -(\phi \rightarrow -\psi))$ (5)(6)16

(8) $\vdash \phi \rightarrow (\psi \rightarrow (\phi \,\&\, \psi))$ (7)15

109. 만일 $\vdash \phi \rightarrow \psi$이고 $\vdash \psi \rightarrow \phi$이면, $\vdash \phi \leftrightarrow \psi$이다.   108, 14, 15

110. $\vdash (-\phi \rightarrow \psi) \rightarrow (-\psi \rightarrow \phi)$

(1) $\vdash \psi \rightarrow --\psi$ 104

(2) $\vdash (1) \rightarrow ((-\phi \rightarrow \psi) \rightarrow (-\phi \rightarrow --\psi))$ 7

(3) $\vdash (-\phi \rightarrow \psi) \rightarrow (-\phi \rightarrow --\psi)$ (1)(2)14

(4) $\vdash (-\phi \rightarrow --\psi) \rightarrow (-\psi \rightarrow \phi)$ III

(5) $\vdash (-\phi \rightarrow \psi) \rightarrow (-\psi \rightarrow \phi)$ (3)(4)16

111. $\vdash (-\phi \rightarrow \psi) \leftrightarrow (-\psi \rightarrow \phi)$ 109, 110

112. $\vdash (\phi \rightarrow -\psi) \rightarrow (\psi \rightarrow -\phi)$

(1) $\vdash --\phi \rightarrow \phi$ 103

(2) $\vdash (1) \rightarrow ((\phi \rightarrow -\psi) \rightarrow (--\phi \rightarrow -\psi))$ 107

(3) $\vdash (\phi \rightarrow -\psi) \rightarrow (--\phi \rightarrow -\psi)$ (1)(2)14

(4) $\vdash (--\phi \rightarrow -\psi) \rightarrow (\psi \rightarrow -\phi)$ III

(5) $\vdash (\phi \rightarrow -\psi) \rightarrow (\psi \rightarrow -\phi)$ (3)(4)16

113. $\vdash (\phi \rightarrow -\psi) \leftrightarrow (\psi \rightarrow -\phi)$ 112, 109

114. $\vdash (\phi \rightarrow \psi) \rightarrow (-\psi \rightarrow -\phi)$ 103, 104, 107 등등

115. $\vdash (\phi \rightarrow \psi) \leftrightarrow (-\psi \rightarrow -\phi)$ 109, 114, III

116. $\vdash (\phi \lor \psi) \leftrightarrow (\psi \lor \phi)$ 111, 15

117. $\vdash (\phi \mathbin{\&} \psi) \rightarrow \phi$ 101, 110, 14, 15

118. $\vdash (\phi \mathbin{\&} \psi) \rightarrow \psi$ I, 110, 14, 15

119. $\vdash \phi \leftrightarrow \psi$인 경우에 오직 그 경우에만

        $\vdash \phi \rightarrow \psi$이고 $\vdash \psi \rightarrow \phi$이다.   109, 15, 117, 118

120. $\vdash \phi \rightarrow (\phi \lor \psi)$ 101, 104, 16, 15

121. $\vdash \psi \rightarrow (\phi \lor \psi)$ I, 15

122. (치환, Replacement) 만일 $\vdash \phi \leftrightarrow \psi$이고 χ는 θ가 ψ를 가진 곳의 어딘가에 ϕ를 가지고 있다는 점만을 제외하고 θ와 똑같다면, $\vdash \chi \leftrightarrow \theta$이고, 또한 $\vdash \chi$일 경우에 오직 그 경우에만 $\vdash \theta$이다.

만일 $\vdash \chi \leftrightarrow \theta$이면 14와 119에 의해 $\vdash \chi$일 경우에 오직 그 경우에만 $\vdash \theta$ 라는 것에 주목하라.

만일 $\phi = \chi$이면 122는 사소하게 성립한다. 따라서 우리는 단지 ϕ가 χ의 진부분식(proper subformula)인 경우만을 고려하면 된다.

우리는 이 메타정리를 식 χ의 위계(order)에 관한 (강한) 수학적 귀납법에 의해 증명할 것이다. 달리 말해, 우리는 122를 다음과 같은 형태로 진술된 것으로 생각한다: 모든 정수 n과 모든 식 χ, θ, ϕ, ψ에 대해, 만일 χ의 위계가 n이고 ϕ가 χ의 진부분이고 $\vdash \phi \leftrightarrow \psi$이고 …이면, 그러면 $\vdash \chi \leftrightarrow \theta$이다.

(a) χ의 위계가 1이라고 가정하자. 그러면 χ는 원자식이고, 따라서 어떠한 식 ϕ도 그것 자신의 진부분식이 아니다. 따라서 이 경우 122는 사소하게 성립한다.

(b) χ의 위계가 k보다 작거나 같을 때 122가 성립한다고 가정하자. 또

122의 전건과 χ의 위계가 $k+1$이라고 가정하자. 우리는 일곱 가지 경우들을 고려해야 한다.

(i) 위계가 k인 어떤 식 χ_1에 대해 $\chi = -\chi_1$이면, χ_1은 θ_1이 ψ를 가지는 어떤 곳에 ϕ를 가지고 있다는 점만을 제외하고는 θ_1과 똑같을 때, $\theta = -\theta_1$이다. 가정이나 혹은 이 증명의 첫 진술에 의해($\phi = \chi_1$이냐 ϕ가 χ_1의 진부분이냐에 따라), 우리는 $\vdash \chi_1 \leftrightarrow \theta_1$이라는 사실을 얻는다. 115와 119에 의해, $\vdash -\chi_1 \leftrightarrow -\theta_1$, 즉 $\vdash \chi \leftrightarrow \theta$이다.

(ii) 어떤 변항 α와 k의 위계를 가지는 식 χ_1에 대해, $\chi = (\alpha)\chi_1$이면, χ_1은 ···등등을 제외하고는 θ_1과 똑같을 때, $\theta = (\alpha)\theta_1$이다. 가정이나 우리의 첫 진술에 의해 $\vdash \chi_1 \leftrightarrow \theta_1$이다. 119와 18에 의해, $\vdash (\alpha)\chi_1 \leftrightarrow (\alpha)\theta_1$, 즉 $\vdash \chi \leftrightarrow \theta$이다.

(iii) $\chi = (\exists\alpha)\chi_1$. (ii)의 경우와 유사하다.

(iv) 위계가 k보다 작거나 같은 식 χ_1, χ_2에 대해, $\chi = \chi_1 \rightarrow \chi_2$이면, $\theta = \theta_1 \rightarrow \theta_2$이고, 그리고 $\chi_2 = \theta_2$이고 χ_1은 ··· 등등을 제외하고는 θ_1과 똑같거나, 혹은 $\chi_1 = \theta_1$이고 χ_2는 ··· 등등을 제외하고는 θ_2와 똑같다. 첫 경우에 가정이나 우리의 첫 진술에 의해 $\vdash \chi_1 \leftrightarrow \theta_1$이고 따라서 119와 107에 의해 $\vdash (\chi_1 \rightarrow \chi_2) \leftrightarrow (\theta_1 \rightarrow \theta_2)$이다. 두 번째 경우에 대한 논증도 107 대신에 7이 사용된다는 점만을 제외하고는 유사하다. 그러므로 양쪽 어떤 경우에든 $\vdash \chi \leftrightarrow \theta$이다.

(v) $\chi = \chi_1 \vee \chi_2$이다. 15를 이용하고 경우 (iv)와 유사하다.

(vi) $\chi = \chi_1 \,\&\, \chi_2$이다. (v)의 경우와 유사하다.

(vii) $\chi = \chi_1 \leftrightarrow \chi_2$이다. (v)의 경우와 유사하다.

이것으로써 122의 증명은 완성된다.

123. $\vdash \phi \leftrightarrow \phi$ 100, 119

124. $\vdash (\phi \,\&\, \psi) \leftrightarrow (\psi \,\&\, \phi)$

$$(1) \quad \vdash -(\phi \rightarrow -\psi) \leftrightarrow -(\phi \rightarrow -\psi) \qquad\qquad 123$$

$$(2) \quad \vdash -(\phi \rightarrow -\psi) \leftrightarrow -(\psi \rightarrow -\phi) \qquad\qquad (1), 122, 113$$

$$(3) \quad \vdash -(\phi \rightarrow -\psi) \leftrightarrow (\psi \,\&\, \phi) \qquad\qquad (2), 15$$

$$(4) \quad \vdash (\phi \,\&\, \psi) \leftrightarrow (\psi \,\&\, \phi) \qquad\qquad (3), 15$$

125. $\vdash (\phi \leftrightarrow \psi) \leftrightarrow (\psi \leftrightarrow \phi)$ 123, 15, 124, 122

126. $\vdash (\phi \leftrightarrow \psi) \leftrightarrow (-\phi \leftrightarrow -\psi)$ 125, 15, 122, 115

127. $\vdash \phi \leftrightarrow --\phi$ 109, 103, 104

128. $\vdash (\phi \rightarrow (\psi \rightarrow \chi)) \leftrightarrow (\psi \rightarrow (\phi \rightarrow \chi))$ 106, 119

129. $\vdash (-\phi \rightarrow \phi) \rightarrow \phi$

$$(1) \quad \vdash -\phi \rightarrow (\phi \rightarrow -(\phi \rightarrow \phi)) \qquad\qquad 101$$

$$(2) \quad \vdash (1) \rightarrow ((-\phi \rightarrow \phi) \rightarrow (-\phi \rightarrow -(\phi \rightarrow \phi))) \qquad\qquad \mathrm{II}$$

$$(3) \quad \vdash (-\phi \rightarrow \phi) \rightarrow (-\phi \rightarrow -(\phi \lor \phi)) \qquad\qquad (1)(2)14$$

$$(4) \quad \vdash (-\phi \rightarrow -(\phi \rightarrow \phi)) \rightarrow ((\phi \rightarrow \phi) \rightarrow \phi) \qquad\qquad \mathrm{III}$$

$$(5) \quad \vdash (\phi \rightarrow \phi) \rightarrow ((-\phi \rightarrow -(\phi \rightarrow \phi)) \rightarrow \phi) \qquad\qquad (4)128, 122$$

$$(6) \quad \vdash \phi \rightarrow \phi \qquad\qquad 100$$

$$(7) \quad \vdash (-\phi \rightarrow -(\phi \rightarrow \phi)) \rightarrow \phi \qquad\qquad (5)(6)14$$

$$(8) \quad \vdash (-\phi \rightarrow \phi) \rightarrow \phi \qquad\qquad (3)(7)$$

130. $\vdash \phi \leftrightarrow (\phi \lor \phi)$ 120, 129, 15, 119

131. $\vdash \phi \leftrightarrow (\phi \,\&\, \phi)$

$$(1) \quad \vdash -\phi \leftrightarrow (-\phi \lor -\phi) \qquad\qquad 130$$

$$(2) \quad \vdash --\phi \leftrightarrow -(-\phi \lor -\phi) \qquad\qquad (1)122, 126$$

$$(3) \quad \vdash --\phi \leftrightarrow -(--\phi \rightarrow -\phi) \qquad\qquad (2)15$$

$$(4) \quad \vdash \phi \leftrightarrow -(\phi \rightarrow -\phi) \qquad\qquad (3)127, 122$$

$$(5) \quad \vdash \phi \leftrightarrow (\phi \,\&\, \phi) \qquad\qquad (4)$$

132. $\vdash -(\phi \,\&\, \psi) \leftrightarrow (-\phi \lor -\psi)$ 122, 15, 127

133. $\vdash -(\phi \rightarrow \psi) \leftrightarrow (-\phi \& -\psi)$

134. $\vdash (\phi \& \psi) \leftrightarrow -(-\phi \lor -\psi)$

135. $\vdash (\phi \lor \psi) \leftrightarrow -(-\phi \& -\psi)$

136. $\vdash (\phi \lor (\psi \lor \chi)) \leftrightarrow ((\phi \lor \psi) \lor \chi)$ 128, 15, 122, 116

137. $\vdash (\phi \& (\psi \& \chi)) \leftrightarrow ((\phi \& \psi) \& \chi)$

138. $\vdash (\phi \rightarrow (\psi \rightarrow \chi)) \leftrightarrow ((\phi \& \psi) \rightarrow \chi)$ 136, 122, 132, 15

139. $\vdash (\phi \rightarrow \psi) \rightarrow ((\phi \rightarrow \chi) \rightarrow (\phi \rightarrow (\psi \& \chi)))$ 108, 7, 14, 16

140. $\vdash (\phi \lor (\psi \& \chi)) \leftrightarrow ((\phi \lor \psi) \& (\phi \lor \chi))$

   (1) $\vdash (\psi \& \chi) \rightarrow \psi$ 117

   (2) $\vdash (1) \rightarrow ((\phi \lor (\psi \& \chi)) \rightarrow (\phi \lor \psi))$ 102

   (3) $\vdash (\phi \lor (\psi \& \chi)) \rightarrow (\phi \lor \psi)$ (1)(2)14

   (4) $\vdash (\psi \& \chi) \rightarrow \psi$ 117

   (5) $\vdash (4) \rightarrow ((\phi \lor (\psi \& \chi)) \rightarrow (\phi \lor \psi))$ 102

   (6) $\vdash (\phi \lor (\psi \& \chi)) \rightarrow (\phi \lor \psi)$ (4)(5)14

   (7) $\vdash (3) \rightarrow ((6) \rightarrow ((\phi \lor (\psi \& \chi)) \rightarrow$

                                   $((\phi \lor \psi) \& (\phi \lor \chi))))$ 139

   (8) $\vdash (\phi \lor (\psi \& \chi)) \rightarrow ((\phi \lor \psi) \& (\phi \lor \chi))$ (3)(6)(7)14

   (9) $\vdash \psi \rightarrow (\chi \rightarrow (\psi \& \chi))$ 108

   (10) $\vdash (9) \rightarrow ((-\phi \rightarrow \psi) \rightarrow (-\phi \rightarrow (\chi \rightarrow (\psi \& \chi))))$ 7

   (11) $\vdash (-\phi \rightarrow \psi) \rightarrow (-\phi \rightarrow (\chi \rightarrow (\psi \& \chi)))$ (9)(10)14

   (12) $\vdash (-\phi \rightarrow (\chi \rightarrow (\psi \& \chi))) \rightarrow$

                          $((-\phi \rightarrow \chi) \rightarrow (-\phi \rightarrow (\psi \& \chi)))$ II

   (13) $\vdash (-\phi \rightarrow \psi) \rightarrow ((-\phi \rightarrow \chi) \rightarrow (-\phi \rightarrow (\psi \& \chi))$

                                                  (11)(12)16

   (14) $\vdash (\phi \lor \psi) \rightarrow ((\phi \lor \chi) \rightarrow (\phi \lor (\psi \& \chi)))$ (13)15

(15) $\vdash ((\phi \vee \psi) \& (\phi \vee \chi)) \rightarrow (\phi \vee (\psi \& \chi))$ (14)122, 138

(16) $\vdash (\phi \vee (\psi \& \chi)) \leftrightarrow ((\phi \vee \psi) \& (\phi \vee \chi))$ (8)(15)119

141. $\vdash (\phi \& (\psi \vee \chi)) \leftrightarrow ((\phi \& \psi) \vee (\phi \& \chi))$ 140, 122, 126, 133~35

142. $\vdash (\phi \rightarrow \psi) \rightarrow ((\chi \rightarrow \theta) \rightarrow ((\phi \& \chi) \rightarrow (\psi \& \theta)))$

143. $\vdash (\phi \rightarrow \psi) \rightarrow ((\chi \rightarrow \psi) \rightarrow ((\phi \vee \chi) \rightarrow \psi))$

144. $\vdash (\phi \rightarrow (\phi \rightarrow \psi)) \leftrightarrow (\phi \rightarrow \psi)$

145. $\vdash (\phi \rightarrow (\psi \leftrightarrow \chi)) \leftrightarrow ((\phi \rightarrow (\psi \rightarrow \chi)) \& (\phi \rightarrow (\chi \rightarrow \psi)))$

146. $\vdash (\phi \& -\phi) \rightarrow \psi$

3. 양화 이론

이 절에서 우리는 임의의 보편양화사들의 나열에 대해서는 변항 'P'와 'Q'를 사용하고, 그것에 상응하는 존재양화사들의 나열에 대해서는 'P' 와 'Q'를 사용하겠다. 따라서, 만일 Q='$(x)(y)(z)$'이면, Q'='$(\exists x)(\exists y)(\exists z)$'이다.

200. $\vdash Q - \phi \rightarrow - Q\phi$

(1) $\vdash Q\phi \rightarrow \phi$ 10

(2) $\vdash -\phi \rightarrow - Q\phi$ (1)122, 115

(3) $\vdash Q - \phi \rightarrow Q - Q\phi$ (2)18

(4) $\vdash Q - Q\phi \rightarrow - Q\phi$ 10

(5) $\vdash Q - \phi \rightarrow - Q\phi$ (3)(4)16

201. 만일 Q 속의 어떠한 변항도 ϕ 속에서 자유롭지 않다면, $\vdash (\phi \rightarrow Q\psi) \rightarrow Q(\phi \rightarrow \psi)$이다. 전건을 가정하자. 그러면

(1) $\vdash Q\psi \rightarrow \psi$ 10

$\quad$ (2) $\vdash$ (1) $\rightarrow$ (($\phi \rightarrow Q\psi$) $\rightarrow$ ($\phi \rightarrow \psi$))$\qquad\qquad$7

$\quad$ (3) $\vdash$ ($\phi \rightarrow Q\psi$) $\rightarrow$ ($\phi \rightarrow \psi$)$\qquad\qquad$(1)(2)14

$\quad$ (4) $\vdash Q(\phi \rightarrow Q\psi) \rightarrow Q(\phi \rightarrow \psi)$$\qquad\qquad$(3)18

$\quad$ (5) $\vdash$ ($\phi \rightarrow Q\psi$) $\rightarrow Q(\phi \rightarrow Q\psi)$$\qquad\qquad$11

$\quad$ (6) $\vdash$ ($\phi \rightarrow Q\psi$) $\rightarrow Q(\phi \rightarrow \psi)$$\qquad\qquad$(4)(5)16

202. 만일 Q 속의 어떠한 변항도 ϕ 속에서 자유롭지 않다면, $\vdash Q(\phi \rightarrow \psi) \rightarrow (\phi \rightarrow Q\psi)$이다. 전건을 가정하자. 그러면

$\quad$ (1) $\vdash Q(\phi \rightarrow \psi) \rightarrow (Q\phi \rightarrow Q\psi)$$\qquad\qquad$9

$\quad$ (2) $\vdash \phi \rightarrow Q\phi$$\qquad\qquad$11

$\quad$ (3) $\vdash Q\phi \rightarrow (Q(\phi \rightarrow\psi) \rightarrow Q\psi)$$\qquad\qquad$(1)122, 128

$\quad$ (4) $\vdash \phi \rightarrow (Q(\phi \rightarrow\psi) \rightarrow Q\psi)$$\qquad\qquad$(2)(3)16

$\quad$ (5) $\vdash Q(\phi \rightarrow\psi) \rightarrow (\phi \rightarrow Q\psi)$$\qquad\qquad$(4)122, 128

203. 만일 Q 속의 어떠한 변항도 ϕ 속에서 자유롭지 않다면,

$$\vdash \phi \leftrightarrow Q\phi \text{이다.}\qquad\qquad 10, 11$$

204. $\vdash Q\phi \leftrightarrow -Q^e-\phi$

$\quad$ n을 Q 속의 양화사의 개수라고 하자.

$\quad$ (a) 만일 n = 1이면, 어떤 변항 α에 대해, $Q = (\alpha)$이고 $Q^e = (\exists\alpha)$이다.

$\quad$ (1) $\vdash (\alpha)\phi \leftrightarrow (\alpha)\phi$$\qquad\qquad$123

$\quad$ (2) $\vdash (\alpha)\phi \leftrightarrow --(\alpha)--\phi$$\qquad\qquad$(1)122, 127

$\quad$ (3) $\vdash (\alpha)\phi \leftrightarrow -(\exists\alpha)-\phi$$\qquad\qquad$(2)15

$\quad$ (b) n = k에 대해 204를 가정하자. 그리고 Q가 k + 1개의 양화사를 그 속에 포함한다고 가정하자. 그러면 어떤 변항 α와 k개의 양화사로 된 나열 P에 대해, $Q = P(\alpha)$이고 $Q^e = P^e(\exists\alpha)$이다.

$\quad$ (1) $\vdash P(\alpha)\phi \leftrightarrow P(\alpha)\phi$$\qquad\qquad$123

(2) $\vdash P(\alpha)\phi \leftrightarrow -P^e-(\alpha)\phi$ 　　　　　　　　　　　(1)122, hp

(3) $\vdash P(\alpha)\phi \leftrightarrow -P^e-(\alpha)--\phi$ 　　　　　　　　(2)122, 127

(4) $\vdash P(\alpha)\phi \leftrightarrow -P^e(\exists\alpha)-\phi$ 　　　　　　　　　(3)15

205. $\vdash -Q-\phi \leftrightarrow Q^e\phi$ 　　　　　　　　　　　　204, 122, 123

206. $\vdash -Q\phi \leftrightarrow Q^e-\phi$ 　　　　　　　　　　　　204, 122, 123

207. $\vdash Q-\phi \leftrightarrow -Q^e\phi$ 　　　　　　　　　　　　204, 122, 123

208. $\vdash \phi \rightarrow Q^e\phi$ 　　　　　　　　　　　　10, 122, 113, 205

209. $\vdash P\phi \rightarrow Q^e\phi$ 　　　　　　　　　　　　　208, 10, 16

210. 만일 $\vdash \phi$이면, $\vdash Q^e\phi$이다. 　　　　　　　　　17, 209, 16

211. 만일 $\vdash \phi \rightarrow \psi$이면, $\vdash Q^e\phi \rightarrow Q^e\psi$이다. 　122, 115, 18, 115, 205

212. 만일 $\vdash P$ 속의 모든 변항이 Q 속에 있거나 ϕ 속에 나타나지 않으면,

　　　$\vdash P^e\phi \rightarrow Q^e\phi$이다. 　　　　　12, 122, 115, 205

213. 만일 Q 속의 어떠한 변항도 ϕ 속에서 자유롭지 않다면

　　　$\vdash Q^e\phi \rightarrow \phi$이다. 　　　　　　11, 122, 113, 205

214. 만일 $\vdash \phi \rightarrow \psi$이고, Q 속의 어떠한 변항도 ϕ 속에서 자유롭지 않다면 $\vdash \phi \rightarrow Q\psi$이다. 　　　　　　　　　　18, 11, 16

215. $\vdash P^eQ\phi \rightarrow QP^e\phi$

(1) $\vdash \phi \rightarrow P^e\phi$ 　　　　　　　　　　　　　　　208

(2) $\vdash Q\phi \rightarrow QP^e\phi$ 　　　　　　　　　　　　(1)18

(3) $\vdash P^eQ\phi \rightarrow P^eQP^e\phi$ 　　　　　　　　　　(2)211

(4) $\vdash P^eQP^e\phi \rightarrow QP^e\phi$ 　　　　　　　　　　213

(5) $\vdash P^eQ\phi \rightarrow QP^e\phi$ 　　　　　　　　　(3)(4)16

216. $\vdash Q(\phi \,\&\, \psi) \leftrightarrow (Q\phi \,\&\, Q\psi)$ 　117, 118, 18, 138, 108 등등

217. $\vdash Q(\phi \leftrightarrow \psi) \rightarrow (Q\phi \leftrightarrow Q\psi)$

218. $\vdash (Q\phi \lor Q\psi) \rightarrow Q(\phi \lor \psi)$

219. $\vdash Q(\phi \rightarrow \psi) \rightarrow (Q^e\phi \rightarrow Q^e\psi)$

220. $\vdash Q^e(\phi \lor \psi) \leftrightarrow (Q^e\phi \lor Q^e\psi)$

221. $\vdash Q^e(\phi \mathbin{\&} \psi) \rightarrow (Q^e\phi \mathbin{\&} Q^e\psi)$

222. $\vdash Q^e(\phi \rightarrow \psi) \leftrightarrow Q(\phi \rightarrow Q^e\psi)$

223. $\vdash Q(\phi \lor \psi) \rightarrow (Q^e\phi \lor Q\psi)$

224. $\vdash (P\phi \lor Q^e\psi) \rightarrow Q^e(\phi \lor \psi)$

225. $\vdash ((Q^e\phi \rightarrow Q\psi) \rightarrow Q(\phi \rightarrow \psi))$

226. $\vdash ((Q^e\phi \rightarrow Q^e\psi) \rightarrow Q^e(\phi \rightarrow \psi)$

227. $\vdash (Q\phi \rightarrow Q\psi) \rightarrow Q^e(\phi \rightarrow \psi)$

228. $\vdash (Q\phi \mathbin{\&} Q^e\psi) \rightarrow Q^e(\phi \mathbin{\&} \psi)$

229. 만일 Q 속의 어떠한 변항도 ϕ 속에서 자유롭지 않다면,
    $\vdash Q^e\phi \leftrightarrow \phi$

230. 만일 Q 속의 어떠한 변항도 ϕ 속에서 자유롭지 않다면,
    $\vdash Q(\phi \mathbin{\&} \psi) \leftrightarrow (\phi \mathbin{\&} Q\psi)$

231. 만일 Q 속의 어떠한 변항도 ϕ 속에서 자유롭지 않다면,
    $\vdash Q^e(\phi \mathbin{\&} \psi) \leftrightarrow (\phi \mathbin{\&} Q^e\psi)$

232. 만일 Q 속의 어떠한 변항도 ϕ 속에서 자유롭지 않다면,
    $\vdash Q(\phi \lor \psi) \leftrightarrow (\phi \lor Q\psi)$

233. 만일 Q 속의 어떠한 변항도 ϕ 속에서 자유롭지 않다면,
    $\vdash Q^e(\phi \lor \psi) \leftrightarrow (\phi \lor Q^e\psi)$

234. 만일 Q 속의 어떠한 변항도 ϕ 속에서 자유롭지 않다면,
    $\vdash Q(\psi \rightarrow \phi) \leftrightarrow (Q^e\psi \rightarrow \phi)$

235. 만일 Q 속의 어떠한 변항도 ϕ 속에서 자유롭지 않다면,
    $\vdash Q^e(\psi \rightarrow \phi) \leftrightarrow (Q\psi \rightarrow \phi)$

236. $\vdash Q^e(\phi \rightarrow Q\phi)$

4. 동일성, 추가적 양화 이론 그리고 대입

300. $\vdash \alpha = \beta \rightarrow (\alpha = \gamma \rightarrow \beta = \gamma)$ VIII

301. $\vdash \alpha = \alpha$

    (1) $\vdash \beta = \alpha \rightarrow (\beta = \alpha \rightarrow \alpha = \alpha)$ 300

    (2) $\vdash \beta = \alpha \rightarrow \alpha = \alpha$ (1)122, 144

    (3) $\vdash (\beta)(\beta = \alpha \rightarrow \alpha = \alpha)$ (2)17

    (4) $\vdash (\exists \beta)\beta = \alpha \rightarrow \alpha = \alpha$ (3)122, 234

    (5) $\vdash (\exists \beta)\beta = \alpha$ VII

    (6) $\vdash \alpha = \alpha$ (4)(5)14

302. $\vdash \alpha = \beta \rightarrow \beta = \alpha$

    (1) $\vdash \alpha = \beta \rightarrow (\alpha = \alpha \rightarrow \beta = \alpha)$ 300

    (2) $\vdash \alpha = \alpha \rightarrow (\alpha = \beta \rightarrow \beta = \alpha)$ (1)122, 128

    (3) $\vdash \alpha = \alpha$ 301

    (4) $\vdash \alpha = \beta \rightarrow \beta = \alpha$ (2)(3)14

303. $\vdash \alpha = \beta \rightarrow (\beta = \gamma \rightarrow \alpha = \gamma)$ 300, 302, 16

304. ϕ, ψ가 원자식이고 ψ는 ϕ가 β를 포함한 하나 또는 그 이상의 자리에 γ를 포함하고 있다는 점을 제외하고는 ϕ와 똑같을 때, $\vdash \beta = \gamma \rightarrow (\phi \leftrightarrow \psi)$이다. VIII로부터 ϕ가 β를 갖고 ψ가 γ를 가진 자리들의 개수에 대한 귀납에 의해.

305. ψ는 ϕ가 자유롭게 나타난 γ를 포함한 하나 또는 그 이상의 자리에 자유롭게 나타난 β를 포함하고 있다는 점을 제외하고는 ϕ와 똑같을 때, $\vdash \beta = \gamma \rightarrow (\phi \leftrightarrow \psi)$이다. 304로부터 ϕ의 위계에 대한 귀납에 의해.

306. 만일 ψ는 ϕ가 자유롭게 나타난 α를 포함한 곳 모두에 자유롭게 나타난 β를 포함하고 있다는 점을 제외하고는 ϕ와 똑같을 때, $\vdash (\alpha)\phi \rightarrow$

ψ이다.

만일 $\alpha = \beta$이면 306은 10에 의해 성립한다. 만일 $\alpha \neq \beta$이면 우리는 다음과 같이 논증한다. 'Hp306'은 '306의 가정'의 약식 표현이다.

(1) $\vdash \alpha = \beta \rightarrow (\phi \rightarrow \psi)$ Hp306, 305, 145 등등

(2) $\vdash \phi \rightarrow (\alpha = \beta \rightarrow \psi)$ (1), 106, 119, 122

(3) $\vdash (\alpha)\phi \rightarrow (\alpha)(\alpha = \beta \rightarrow \psi)$ (2), 18

(4) $\vdash (\alpha)\phi \rightarrow ((\exists\alpha)\alpha = \beta \rightarrow \psi)$ (3), 122, 234

(5) $\vdash (\exists\alpha)\alpha = \beta \rightarrow ((\alpha)\phi \rightarrow \psi)$ (4), 106, 119, 122

(6) $\vdash (\exists\alpha)\alpha = \beta$ VII

(7) $\vdash (\alpha)\phi \rightarrow \psi$ (5)(6)14

307. 만일 ψ는 ϕ가 서로 다른 변항 $\alpha_1, ..., \alpha_n$을 포함하는 곳에 각각 자유롭게 나타난 $\beta_1, ..., \beta_n$을 (이것들이 꼭 다를 필요는 없음) 포함하고 있다는 점을 제외하고는 ϕ와 똑같고, $\alpha_1, ..., \alpha_n$이 모두 Q 속에 나타난다면, $\vdash$ $Q\phi \rightarrow \psi$ 그리고 $\vdash \psi \rightarrow Q'\phi$이다. 306으로부터 양화사의 개수에 대한 귀납에 의해.

308. 만일 $(\alpha)\phi$와 $(\beta)\psi$는 전자가 변항 α를 갖는 곳에서 그리고 오직 그 곳에서만 후자가 변항 β를 갖는다는 점만 제외하고 서로 똑같다면, $\vdash$ $(\alpha)\phi \leftrightarrow (\beta)\psi$이다.

309. (대입, Substitution) 만일 ϕ가 정리이고 ψ가 ϕ의 대입예이면, ψ는 정리이다.

이 메타정리를 증명하기 위해서는 물론 우리는 먼저 핵심적 용어인 '대입예'를 정의해야 한다. 그 정의를 위해서는 스텐실(stencil)이라는 보조개념이 필요하다. **스텐실**은 $\mathcal{L}_1$의 문장이거나, 문장이 개체상항들을 포함하고 있는 곳에 순번부호 '①'이나 혹은 '①'과 '②' 혹은 '①', '②'와 '③' 등등을 집어넣음으로써 문장으로부터 얻어질 수 있는 표현이다. 따라서 다음의

것들은 스텐실이다:

$$Fa①②$$
$$F①②①$$
$$(x)(Fx①a \rightarrow (∃y)(Gy②b))$$

그러나 '$Fx①②$'와 '$Fa①③$'은 아니다. 만일 스텐실이 '①'을 포함하지 않으면(즉, 문장이면), 그 스텐실은 **등급 0**을 갖는다; 만일 그것이 '①'은 포함하나, '②'는 포함하지 않으면, **등급 1**을 갖는다; 만일 그것이 '②'는 포함하나 '③'은 포함하지 않으면, **등급 2**를 갖는다; 등등. 만일 σ가 등급 n(n > 0)의 스텐실이고 δ_1 ..., δ_n이 개체기호들이면, $\sigma(\delta_1 ..., \delta_n)$는 σ 속의 '①'에 δ_1을 '②'에 δ_2를 '③'에 δ_3을, 그리고 등등을 집어넣은 결과이다.

이제 ϕ를 $\mathfrak{L}_1$의 문장이라고 하자. 그리고 θ를 ϕ 속에 나타나는 (동일성 술어 'I_1^2'이 아닌) n항 술어라고 하자. 또 σ를 등급 n의 스텐실이라 하자. ϕ 속의 θ에 σ를 **대입**하기 위해 다음과 같이 한다: δ_1 ..., δ_n이 개체기호일 때 ϕ 속의 각 $\theta\delta_1$ ..., δ_n에 $\sigma(\delta_1 ..., \delta_n)$을 넣는다. 만일 이와 같이 대입할 때 **어떠한 변항도 σ 속에서 이미 속박되어 나타나지 않으면**[4] 대입된 $\sigma(\delta_1 \cdots, \delta_n)$ 속의 어느 곳에서도 속박되어 나타나지 않는다는 규칙을 모든 곳에서 준수하였다면, 이 대입은 **적절하다**고 말한다. (만일 θ가 문장문자이고 σ가 등급 0의 스텐실이라면, ϕ 속의 θ에 σ를 대입하기 위해 우리는 단순히 ϕ 속의 모

---

4   스텐실 σ는 일상적으로 $\mathfrak{L}$의 논리식이 아니기 때문에 우리는 다음과 같이 말하는 것이 더욱 적절하다: '어떠한 변항도 스텐실 σ가 도출되는 문장 속의 바로 그 자리에 이미 속박되어 나타나지 않으면.'

든 θ를 σ로 바꾸어 넣는다; 또한 모든 그러한 대입은 적절한 것으로 간주될 수 있어야 한다.)

문장 ψ는 문장 ϕ의 **대입예**인 경우에 오직 그 경우에만 ψ는 ϕ로부터 적절한 대입에 의해 얻어질 수 있다. 따라서 메타정리 309는 정리 ϕ로부터 그 속에 나타나는 술어 θ에 적절한 대입을 함으로써 얻어질 수 있는 것은 모두 또한 정리라는 것을 말해 준다.

예1. '$(x)(\exists y)(Fx \rightarrow (Gx \,\&\, Fy))$' 속의 '$F$'에 '$G① \,\&\, Ha①$'을 대입하라. '$Fx$'에 '$Gx \,\&\, Hax$'를 집어넣고, '$Fy$'에 '$Gy \,\&\, Hay$'를 집어넣는다. 따라서 얻어진 문장은

$$(x)(\exists y)((Gx \,\&\, Hax) \rightarrow (Gx \,\&\, (Gy \,\&\, Hay)))$$

이고, 이 대입은 적절하다.

예2. '$(y)((x)Fx \rightarrow Fy)$' 속의 '$F$'에 '$(\exists y)G①y$'를 대입하라. '$Fx$'에 '$(\exists y)Gxy$'를 집어넣고 '$Fy$'에 '$(\exists y)Gyy$'를 집어넣으면,

$$(y)((x)(\exists y)Gxy \rightarrow (\exists y)Gyy)$$

를 얻는다. 그러나 이 대입은 적절하지 않다. 왜냐하면 'Fy'($= \theta\delta_1$)에 우리는 '$(\exists y)Gyy$'($= \sigma(\delta_1)$)을 집어넣었는데, 그 속에서는 'y'가(왼쪽으로부터 부호들을 세어서) 여섯 번째 자리에서 속박되어 나타나고 있으나, 스텐실 '$(\exists y)G①y$'가 얻어질 수 있는 어떠한 문장의 여섯 번째자리에서도 속박되어 나타나지 않는다. 비록 문장 '$(y)((x)Fx \rightarrow Fy)$'은 타당하지만, 대입의 결과는 타당하지 않다는 것에 주목하라.

예3. '$(x)(y)(Gxy \rightarrow Gyx)$' 속의 '$G$'에 '$G①② \rightarrow G②①$'을 대입하라.

'Gxy'에 'Gxy $\rightarrow$ Gyx'를 넣고, 'Gyx'에 'Gyx $\rightarrow$ Gxy'를 넣으면, 대입의 결과 얻어지는 문장은

$$(x)(y)((Gxy \rightarrow Gyx) \rightarrow (Gyx \rightarrow Gxy))$$

이다. 이 대입은 적절하다.

이 메타정리의 올바름에 대한 논증은 개략적으로 다음과 같다. 유형 I 의 공리들의 모든 대입예들은 다시금 유형 I의 공리들이다. 유형 II~VI의 공리들에 대해서도 유사하다. 유형 VII의 공리들의 대입예는 없다. 왜냐 하면 이 공리들은 비논리적 술어들을 포함하지 않기 때문이다. 유형 VIII 의 공리들의 모든 대입예들은 메타정리 305로부터 명백하듯이 정리들이 다. 더 나아가, 전건긍정법 논증 전체에 걸친 단일한 대입의 결과는 역시 또다시 전건긍정법 논증이다. 그리고 마찬가지의 것이 정의상 치환의 경 우에도 적용된다. 이제 ϕ가 정리이고 ψ는 ϕ 속의 술어 θ에 스텐실 σ를 적절하게 대입하여 ϕ로부터 얻어진 것이라고 가정하자. 그리고 ϕ의 증 명을 고려해 보자. 만일 이 증명 전체에 걸쳐 σ가 θ에 적절하게 대입될 수 있다면, 그럼으로써 우리는 ψ의 증명을 얻을 수 있다. 왜냐하면 공리들은 다시금 공리들이 되고(단, 유형 VIII의 공리들은 정리들이 되는데, 이 경 우 그것들의 증명들로 대체될 수 있다), 전건긍정법의 적용들은 다시금 전건긍정법의 적용들이 되며, 그리고 정의상 치환의 적용들도 다시금 정 의상 치환의 적용들이 된다. 만일 ϕ의 증명의 모든 단계들에 있어 σ가 θ 에 적절하게 대입될 수 없다면, 우회의 방식을 택해야만 한다. 우선, 우리 는 σ' 속의 어떠한 속박변항도 ϕ의 증명의 어떠한 단계에서도 나타나지 않게끔 σ 속의 모든 속박변항들이 서로 다른 속박변항들로 다시 쓰였다 는 점을 제외하고는 σ와 똑같은 또 다른 스텐실, σ'를 얻는다. 그런 다음,

ϕ의 모든 증명에 걸쳐 θ에 σ를 대입하여(이 대입은 적절할 것이다), ϕ의 대입예 ψ'의 증명을 얻는다. ψ'가 정리이므로, 308과 122에 의해 ψ가 정리라는 것이 따라 나온다.

5. 가정들로부터의 증명

다음과 같은 방식으로 우리의 증명 개념을 확장하는 것은 자연스럽다. 문장들의 유한한 나열이 **가정들** Γ(Γ가 문장들의 집합일 때)**로부터 문장** ϕ**의 증명**인 경우에 오직 그 경우에만 ϕ는 나열의 마지막 항이고 그 나열의 각 항은 공리이거나 가정들 Γ 중의 하나이거나 혹은 전건긍정법이나 정의상 치환에 의해 앞의 항들로부터 따라 나온다. 표기법

$$\Gamma \Vdash \phi$$

는

가정들 Γ로부터 ϕ의 증명이 존재한다.

의 약식 표현이며 문장들과 문장들의 집합들을 나타내는 다른 기술구형식들에 대해서도 유사하다.

ϕ와 ψ가 문장들이고 Γ와 Δ가 문장들의 집합들일 때, 우리는 위 정의의 직접적인 귀결들로서 다음을 갖는다:

400. $\Lambda \Vdash \phi$일 경우에 오직 그 경우에만 ϕ는 정리이다.

401. 만일 $\phi \in \Gamma$이면, $\Gamma \Vdash \phi$이다.

402. 만일 $\Gamma \Vdash \phi$이고 $\Gamma \subset \Delta$이면, $\Delta \Vdash \phi$이다.

403. 만일 $\Gamma \Vdash \phi$이고 $\Delta \Vdash \phi \to \psi$이면, $\Gamma \cup \Delta \Vdash \psi$이다.

404. 만일 ϕ가 ψ와 정의상 동치이면, $\Gamma \Vdash \phi$ 일 경우에 오직 그 경우에만 $\Gamma \Vdash \psi$이다.

직관적으로는 그렇게 분명하지 않은 다음의 중요한 메타정리는 소위 연역정리라고 불린다.

405. $\Gamma \cup \{\phi\} \Vdash \psi$일 경우에 오직 그 경우에만 $\Gamma \Vdash \phi \to \psi$이다.

$\Gamma \Vdash \phi \to \psi$를 가정하자. 402에 의해 $\Gamma \cup \{\phi\} \Vdash \phi \to \psi$이다. 403에 의해, $\Gamma \cup \{\phi\} \Vdash \psi$이다.

이제 $\Gamma \cup \{\phi\} \Vdash \psi$라고 가정하자. 이것은 가정들 $\Gamma \cup \{\phi\}$로부터 ψ의 증명인 유한한 나열 $\theta_1, \theta_2, ..., \theta_n = \psi$가 존재한다는 것을 의미한다. 따라서 1부터 n까지의 각 i에 대해, θ_i는 ϕ이거나 혹은 공리이거나, Γ의 원소이거나, 혹은 전건긍정법이나 정의상 치환에 의해 앞의 것들로부터 따라 나온다. $\phi \to \theta_1, \phi \to \theta_2, ..., \phi \to \theta_n,$ 의 나열을 고려해 보자. 이 나열은 비록 문장 $\phi \to \psi$로 끝나지만, 지금의 형태 그대로는 가정들 Γ로부터 $\phi \to \psi$의 증명이 아닐 것이다. 그러나 우리는 그것을 다음과 같은 방식으로 보충적 단계들을 삽입함으로써 증명으로 만들 수 있다. 만일 $\theta_i = \phi$이면, 우리는 단계 $\phi \to \theta_i$ 대신에 $\phi \to \phi$의 증명을 삽입한다. 만일 θ_i가 공리이거나 Γ의 원소이면, 우리는 단계 $\phi \to \theta_i$ 바로 앞에 다음과 같이 삽입한다:

$$\theta_i$$
$$\theta_i \to (\phi \to \theta_i)$$

만일 θ_i가 앞에 나온 θ_j와 $\theta_k (= \theta_j \to \theta_i)$로부터 전건긍정법에 의해 따

라 나온 것이라면, 단계 $\phi \rightarrow \theta_i$의 바로 앞에 다음 두 단계를 삽입한다:

$$(\phi \rightarrow (\theta_j \rightarrow \theta_i)) \rightarrow ((\phi \rightarrow \theta_j) \rightarrow (\phi \rightarrow \theta_i))$$

$$(\phi \rightarrow \theta_j) \rightarrow (\phi \rightarrow \theta_i)$$

만일 θ_i가 앞의 것 θ_j로부터 정의상 치환에 의해 따라 나온다면, $\phi \rightarrow \theta_i$가 $\phi \rightarrow \theta_j$로부터 동일한 정의상 치환에 의해 따라 나올 것이기 때문에 아무것도 덧붙일 필요가 없다. 쉽게 검토될 수 있는 바와 같이, 이렇게 덧붙여서 얻어진 나열은 가정들 Γ로부터 $\phi \rightarrow \psi$의 증명이다. 따라서 $\Gamma \Vdash \phi \rightarrow \psi$이다.

406. $\Gamma \Vdash \phi$일 경우에 오직 그 경우에만 $\Gamma \cup \{-\phi\} \Vdash \text{`}P \,\&\, -P\text{'}$이다.

407. $\Gamma \Vdash \phi$일 경우에 오직 그 경우에만 모든 문장 ψ에 대해 $\Gamma \cup \{-\phi\} \Vdash \psi$이다.

408. $\Gamma \Vdash \phi$일 경우에 오직 그 경우에만 ϕ는 Γ의 귀결이다.

이 증명은 8장 3절에 있는 증명과 같다.

•연습문제•

1. 다음 문장을 완전하게 증명하시오.

$$(x)(y)(Fxy \rightarrow Gxy) \rightarrow ((x)(y)Fxy \rightarrow (x)(y)Gxy)$$

2. 메타정리 142부터 146까지를 증명하시오.

3. 만일 $\Gamma \Vdash \phi$이면, 다음과 같은 유한한 문장들의 집합 Δ가 존재한다: Δ는 오로지 Γ의 원소들 그리고/또는 논리학의 공리들로만 되어 있고, ϕ는 Δ의 동어반복적 귀결이다. (따라서, 특히 모든 타당한 문장은 유한한 논리학의 공리집합의 동어반복적 귀결이다.)

11
형식화된 이론들

기초논리학에 의해 형식화된 이론을 **기초이론**(elementary theory)이라고 부른다. 이번 장에서 우리는 기초이론의 중요한 속성들을 살펴보고 일련의 예들을 통해 이 속성들을 예시할 것이다. 이 장은 또한 정의들의 도입을 위한 형식적 규칙(formal rule)들을 논의하는 자리이기도 하다. 정의의 올바름이나 올바르지 않음은 오직 주어진 이론과의 연관성 속에서만 정의가 지니는 특성이기 때문이다. 이 장의 주제와 관련된 배경지식을 보충할 자료로서 알프레드 타르스키(Alfred Tarski, 1902~1983)의 『논리학 입문(*Introduction to Logic*)』을, 특히 Ⅵ장에서 Ⅹ장까지 읽으면 좋을 것이다.

1. 서론

추상적으로 고려한다면, 주어진 주제에 관한 문장들의 어떠한 집합도 오직 하나의 최소 조건만 만족된다면 연역적 이론(deductive theory)의 주장들 혹은 논제들을 구성하는 것으로 간주될 수 있다. 즉, 그 최소 조건이란 논제들의 모든 귀결은 만일 그것이 관련된 주제에 관한 것이면 그 귀결이 또한 논제여야 한다는 것이다. '주어진 주제에 관한'이란 말을 '주어진 어휘로 표현된'과 같은 것으로 간주한다면, 우리는 다음과 같은 더욱 엄밀한 정의에 이르게 된다. **T가 일차 술어논리에서 형식화된 연역적 이론**(deductive theory formalized in the first order predicate calculus)인 것은 다음과 같은 경우 오직 그 경우이다. T는 집합들의 쌍 $\langle \Delta, \Gamma \rangle$이되, 단 Δ는 등급(degree) ≥ 1인 술어를 적어도 하나 포함하는 $\mathfrak{Q}$의 비논리상항들의 집합이고, Γ는 다음 조건들을 만족하는 $\mathfrak{Q}$의 문장집합이다:

1) Γ의 원소들 속에 나타나는 모든 비논리상항들은 Δ의 원소들이다.

2) Γ의 귀결인 T의 모든 문장들은 Γ의 원소들이다. (그리고 T의 **문장**(혹은 **식**)이란 그 속의 모든 비논리상항들이 Δ에 속하는 문장(혹은 식)이다.) 즉, **Γ는 연역적으로 닫혀 있다**(deductively colsed).

$T = \langle \Delta, \Gamma \rangle$일 때, 우리는 Δ의 원소를 T의 **비논리어휘**(non-logical vocabulary)라 부르고 Γ의 원소를 T의 주장(assertion) 혹은 **논제**(thesis)라 부른다. 따라서 연역적 이론은 그것의 비논리어휘들과 주장들에 의해 고유하게 결정된다.

이와 유사하게, **T가 동일성을 포함한(혹은 동일성과 연산기호를 포함한) 일차 술어논리에서 형식화된 연역이론**(deductive theory formalized in the first order predicate calculus with identity (or with identity and operation symbols))**일 경우** 오직 그 경우는 앞에서의 $\mathfrak{Q}$에 대한 것이 $\mathfrak{Q}_1$(혹은 $\mathfrak{Q}'$)에 대한 것으로 바뀌는 것 ─ 그리하여 '귀결'은 '$\mathfrak{Q}$에서의 귀결' 대신 '$\mathfrak{Q}_1$에서의 귀결'(혹은 '$\mathfrak{Q}'$에서의 귀결')을 의미하는 것 ─ 만을 제외하고는 같은 조건이 만족되는 경우이다.[1] 대개 별다른 언급 없이 '이론(theory)'이란 말을

쓸 때, 우리는 동일성과 연산기호를 포함한 일차 술어논리에서 형식화된 이론을 지칭하는 것이다. 그러나 그런 이론들에 관해 우리가 말하는 것들 대부분은 그 이론이 동일성을 포함하거나 또는 포함하지 않은 술어논리에서 형식화된 경우에도 거의 아무런 변화없이 성립될 수 있는 것들이다.

실제로 이론은 언제나 그 주장들의 집합에 의해 고유하게 결정된다는 점에 주의하자. 이론 T의 주장들의 집합이 이론 T'의 주장들의 집합과 동일하다고 해 보자. T의 어휘 집합에 속한 각각의 비논리상항이 T의 어떤 주장 속에서인가는 나타난다. T의 논리적으로 타당한 문장들 모두가 T의 주장들이기 때문이다. 따라서 T의 어휘 집합에 속한 각각의 비논리상항은 T'의 주장 속에서도 나타나고 T'의 어휘의 일부이다. 마찬가지로 T'의 어휘는 T의 어휘에 포함된다. 그리하여 T와 T'는 같은 어휘와 주장을 가지고, 따라서 T와 T'는 동일하다.

이론 T는 T의 어떠한 문장에 대해서도 그 문장과 문장의 부정이 동시에 T에 의해 주장되지 않을 경우(즉, T의 주장들의 집합에 속하지 않을 경우) 오직 그 경우에만 **일관적**(consistent)이다. T는 T의 어떠한 문장에 대해서도 그 문장이나 그 문장의 부정 중 최소한 하나가 T에 의해 주장될 경우(즉, T의 주장들의 집합에 속할 경우) 오직 그 경우에만 **완전하다** (complete). 따라서 모든 비일관적 이론은 자동적으로 완전하다.

현재의 맥락에서 또 다른 유용한 개념은 '독립성(independence)'의 개념이다. 문장집합 Γ는 Γ의 어떠한 원소 ϕ도 $\Gamma \sim \{\phi\}$(표기법에 대해서는

---

1   &나 &'에서 형식화된 연역적 이론에 대해서는 모든 이론의 입론들에 논리적 술어 'I_1^2'이 존재하므로 Δ가 등급 ≥1인 술어를 적어도 하나 포함해야 한다는 조건을 삭제하는 것이 편리하다.

2장 연습문제 8번 참조)의 귀결이 아닐 경우에 오직 그 경우에만 **독립적**(independent)이다. 독립성의 문제는 공리들의 집합과 관련해서 가장 자주 제기된다(아래를 참조). 흔히 우리는 공리들 중 어떠한 공리도 다른 공리의 귀결이 안 되는 방식으로 공리들을 선택하는 노력을 한다. 그러한 공리들은 실제적으로는 정리들(즉, 주장들)을 용이하게 연역해내는 데 도움을 줄 수 있을지라도 이론적으로는 불필요한 여분의 것이 될 것이다. Γ의 모든 원소 ϕ에 대해 ϕ도 $-\phi$도 $\Gamma \sim \{\phi\}$의 귀결이 아닐 경우에 문장 집합 Γ가 독립적이라고 정의내리는 것이 아마 더 자연스러울 것이다. 그러나 우리가 가장 큰 관심을 가지는 경우인 Γ가 일관적인 경우에 있어서 두 정의는 같은 것이 된다.

어떠한 임의의 표현 ϕ에 대해서도 ϕ가 Γ에 속하는지 속하지 않는지를 유한번의 단계를 통해 결정할 수 있는 단계적 절차가 있을 때에 문장 집합 Γ는 **결정가능하다**(decidable)고 말하기로 하자. 이 절차가 실제로 알려지거나 실행될 수 있어야 한다는 것을 요구하지 않는다는 것에 주의하라. Γ가 오직 유한 개수의 문장들만을 가지고 있다면—비록 그 개수가 매우 크다고 할지라도—Γ는 결정가능하다. 왜냐하면 이 경우 그 절차는 ϕ와 같은 Γ 속의 원소가 있는지를 차례로 찾아보는 것으로 충분하기 때문이다. 그러나 Γ가 무한하다면 그것은 결정가능할 수도 있고 결정가능하지 않을 수도 있다. $\mathfrak{L}$의 모든 문장들의 집합은 무한하지만 결정가능하다; 반면 $\mathfrak{L}$의 모든 타당한 문장들의 집합은 결정가능하지 않은 무한집합이다. 한 이론은, 그 이론의 논제들의 집합이 결정가능할 때에 결정 가능하다고 말해진다.

주어진 이론 T의 주장들 중에서 다른 모든 것들이 그것의 귀결인 그러한 결정가능한 부분집합이 존재한다면, 그 이론 T는 **공리화가능**(axiomatizable)하다. 그런 경우에 문제의 그 부분집합은 T의 **공리집합**

(set of axioms)이라 불린다. 그리고 T는 **공리화된 이론** 혹은 **공리적 이론**
(axiomatized or axiomatic theory)이라고 불린다.

역사적으로 자연언어에서 공리적 이론에 해당하는 것들이 수학에서
매우 중요한 역할을 했고 또한 물리학의 어떤 부분에서조차 꽤 중요한 역
할을 했기 때문에, 공리적 이론은 특별한 관심의 대상이 되어 왔다. 요즘
에도 모든 학생이 공리적으로 발전된 유클리드 기하학에 어느 정도는 익
숙하다. 그가 증명들과 정리들, 심지어는 공리들까지 얼마 안 되어 잊어
버리리라는 것은 의심의 여지가 없다. 그러나 그는 '일반적 아이디어(the
general idea)'라고 불리는 것까지 완전히 잊어버리지는 않는다. 그 '일반적
아이디어'란 특정한 기하학적 원리들이 증명 없이 가정되었고 기하학적
문제는 그러한 원리들에 기초해 다른 기하학적 주장들을 증명하는 것이
었다는 점이다. 고등학교 이후까지 수학교육을 받는 학생들은 곧 다른 수
많은 공리체계들—정수체계, 실수체계, 군(群)체계, 환(環)체계, 체(體)체
계, 그 밖의 여러 수학적 구조들—을 접하게 된다. 학생들은 물리학에서
역학의 여러 부분들도 많건 적건간에 엄격하게 공리화 되어 있다는 사실
을 발견하게 된다. 사실 공리적 이론은—최소한 어떤 면에서는—우리가
어떤 주제에 관한 학문적 지식을 조직하기 위해 추구해야 할 이상적인 형
태로 여겨진다. 이러한 견해가 아무리 회의를 불러일으킨다고 하더라도
공리적 방법이 수학적 지식을 발달시키고 그 지식을 학생들에게 전달하
는 데 이미 상당한 유용성이 있었음은 의심할 여지가 없다.

공리적 이론은 헤르메스(Hermes)와 마르크발트(Markwald)[2]에 의해

---

2 Hermers, H, and W. Markwald, 'Grundlagen der Mathematik', in *Grundzuge der Mathematik*, ed. H. Behnke, K. Fladt, and W. Suss, Band I, Göttingen, 1958.

유용하게 구분되었듯이 두 가지 다른 방식으로 나타난다. 어떤 때엔 유클리드 기하학의 경우에서와 같이 거의 확실히, 공리들을 찾는 문제가 대두되기 전에 이론의 주장들이 어느 정도 적절하게 미리 특정한 형태를 갖춘다. 그다음에 공리 집합들이 제안되고 그 집합으로부터 결과하는 정리들이 이론의 주장들(혹은 '참들')과 일치하는지 일치하지 않는지에 근거해서 그 공리집합의 적절성이 판단된다. 헤르메스와 마르크발트는 이런 종류의 공리체계를 **타율적**(heteronomous) 체계라고 부른다. 그러나 어떤 때에는 공리들이 먼저 정해지고 이론의 논제들은 그 공리들로부터 따라 나오는 문장들이라고 **정의된다.** 이 경우에 공리체계는 **자율적**(autonomous)이라 불린다. 공리체계를 자율적 체계와 타율적 체계로 구분하는 것은 물론 엄밀하게 논리적인 것이라기보다는 발견의 순서에 관한 것이다. 왜냐하면 논리학의 입장에서 볼 때에는, 공리체계가 주장들이 먼저 성격지워진 후에 발견된 것이든 또는 주장들을 성격지우기 위해 사용된 것이든 간에, 공리체계는 공리체계이기 때문이다. 또한 앞에 인용된 저자들이 강조하듯이 이 구분 자체는 어느 정도의 이상화를 포함하고 있다. 왜냐하면 실제적인 상황에서는 주어진 공리체계가 두 방식 중 어느 것에 속하는 것으로 분류해야 할지 결정하기가 어려운 경우가 많기 때문이다. 자율적 공리체계는 자주 타율적 체계의 하나 혹은 그 이상의 공리를 삭제하거나 바꿈으로써 생겨난다. 이런 방식에 의해 비유클리드 기하학의 체계들이 유클리드 이론으로부터 얻어졌다.

공리체계들은 여러 사항들이 고려됨으로써 평가되는 것이 관례적이다. 일관성, 완전성, 독립성, 정언성(categoricity)이 그러한 것이다. 일관성은 의미론적으로도(모든 공리가 참이 되는 해석을 줌으로써) 구문론적으로도 (해석과 상관없이, ϕ와 $-\phi$ 양자 모두가 공리들로부터 도출되는 문장 ϕ가 존재하지 않는다는 것을 보여 줌으로써) 입증될 수 있다. 일관성이 중요하다는 것은 의심할 여지없이 명백하다. 공리들의 비일관적 집합으로부터는 모든 문장들이 따라 나온다. 그리하여 하나의 주어진 문장이 그러한 공리집합으로부터 따라 나온다는 것을 입증하는 일에 있어서 그 문장은 어떠한 흥미 있는 방식으로도 다른 문장과 구별되지 않으며 심지어 그 문장 자신의 부정과도 구별되지 않는다.

일관성은 공리체계들에 관해 제기되는 어떤 유사-철학적 논의와 관련해서도 또한 중요하다. '점'이 의미하는 것은 무엇인가?', '직선'이 의미하는 것은 무엇인가?', '집합이란 무엇인가?'와 같은 물음에 대답하는 흔한 방식은 점, 선, 집합이란 어떠어떠한 공리들을 만족시키는 바로 그것이라고 이야기하는 것이다. 분명히 이런 유형의 대답의 의의는 본질적으로, 그 공리들이 일관적인가 일관적이지 않은가에 달려 있다. '비교적 많은 양의 수학적 내용'이라고 개략적으로 기술될 수 있는 바를 가진 대부분의 이론들—이를테면 공리적 집합론의 체계—에 있어서 일관성을 입증하는 문제는 매우 뿌리깊은 어려움들을 가지고 있는 것으로 판명되었다.

하나의 주어진 이론에 대한 공리체계는 그 이론 자체가 완전한 경우에 오직 그 경우에만 완전하다고 말해진다. 자율적 공리체계들은—그것들이 생겨나는 방식으로부터 예견될 수 있듯이—흔히 불완전하다. 타율적 체계들의 경우에 완전성을 발견하는 일이 더 많다. 왜냐하면 그런 체계에 대해서는(의도된 해석하에서) 대개 참이지만 도출되지는 않는 문장이 발견되면 공리체계를 강화함으로써 이를 치유하려는 시도가 행해지기 때문이다.

공리집합의 독립성 증명에는, 각각의 공리에 대해 그 공리가 거짓이면서 나머지 공리들이 참인 해석을 주는 방식, 즉 의미론적 증명 방식이 가장 자주 쓰인다. 독립적이지 않은 공리집합은 흔히 우아하지 않은 것으로

느껴진다. 도출가능한 공리는 비록 그것의 존재가 정리들의 실제적 연역을 크게 용이하게 만든다고 하더라도 명백히 꼭 필요한 것이 아닌 여분의 것이기 때문이다. 공리들이 독립적이라는 것을 증명하려는 노력은 역사적으로 매우 결실이 있었다. 이 점에 있어서 가장 좋은 예는 유클리드의 평행선 공리를 도출해내려는 기나긴 투쟁이었는데, 바로 이것이 종국에는 비유클리드 기하학의 창조를 이끌었다. 일반적으로, 한 공리체계가 독립적일 때 우리는 각각의 개별 공리가 기여하는 바를 더욱 쉽게 알 수 있다는 것을 최소한 이야기할 수 있다.

하나의 공리체계는 그것의 모형들(models) 전부가 동형적(isomorphic) —그 의미를 이제 설명할 것이다— 일 때에 **정언적**(categorical)이다. 앞에서 언급되었다시피 우리가 공리집합들에 의해 한 개념을 특징지우려 할 때 공리들은 일관적이어야 한다는 것, 즉 최소한 하나의 모형이 존재해야 한다는 것은 당연히 본질적이다. 그렇지 않다면 우리는 이를테면 어떠어떠한 공리들에 대해, **아무것도 그 공리들을 만족시키는 것이 없음**에도 불구하고, 점이란 그런 공리들을 만족시키는 것이라고 말하고 있는 셈이 될 수 있다. 한편 공리들이 일관적일지라도 우리는 또 다른 문제에 봉착한다. 너무 많은 모형들이 생길 수 있다는 것이 그 문제이다. 하나의 개념 또는 그 이상의 개념들을 특징지우려는 노력은 충분히 제한적이지 않았기 때문에 실패할 수도 있다.

공리체계로서 정확히 하나의 모형만을 가진 것은 존재하지 않는다. 그러므로 공리들을 제시함으로써 한 모형만을 고유하게 특징지우려는 시도는 성공할 수 없다. 어떠한 일관적인 공리체계도 무한히 많은 모형들을 가질 것이다. 그러므로 우리가 기대할 수 있는 최상의 것은 공리체계의 모형들이 수없이 많더라도 그것들이 동형적이라는 것, 즉 같은 구조를 가진다는 것이다. $\mathcal{L}'$의 문장집합 Γ에 대하여 우리는 다음의 조건들이 만족될 경우에 오직 그 경우에만 해석 $\Im_1$과 $\Im_2$가 $\varGamma$의 **동형적 모형들**(isomorphic models)이라고 말한다. 그 조건들이란:

(i) $\Im_1$과 $\Im_2$가 $\varGamma$의 모형들이다.

(ii) $\Im_1$과 $\Im_2$의 논의 영역 사이에 $\Im_1$의 논의 영역의 각 원소 e를 $\Im_2$의 논의 영역의 한 원소 $\bar{e}$와 연결시키는 일대일 관계가 존재한다.

(iii) $\varGamma$에 나타나는 모든 문장문자 ϕ에 대해, $\Im_1(\phi) = \Im_2(\phi)$이다. 즉 $\Im_1$이 ϕ에 부여하는 값은 $\Im_2$가 ϕ에 부여하는 값과 똑같다.

(iv) $\varGamma$에 나타나는 모든 개체상항 β에 대해 $\Im_2(\beta) = \overline{\Im_1(\beta)}$ 이다

(v) $\varGamma$에 나타나는 모든 n항 술어 θ에 대해, 순서 n중체 $\langle \xi_1, \xi_2, ..., \xi_n \rangle \in \Im_1(\theta)$일 경우에 오직 그 경우에만 $\langle \bar{\xi_1}, \bar{\xi_2}, \cdots, \bar{\xi_n} \rangle \in \Im_2(\theta)$이다. 단, $\xi_1, \xi_2, ..., \xi_n$은 $\Im_1$의 논의 영역의 원소임.

(vi) $\varGamma$에 나타나는 모든 n항 연산기호 θ에 대해, 순서 n + 1 중체 $\langle \xi_1, \xi_2, ..., \xi_n, \mathfrak{Y} \rangle \in \Im_1(\theta)$일 경우에 오직 그 경우에만 $\langle \bar{\xi_1}, \bar{\xi_2}, \cdots, \bar{\xi_n}, \bar{\mathfrak{Y}} \rangle \in \Im_2(\theta)$이다. 단 $\xi_1, \xi_2, \cdots, \xi_n, \mathfrak{Y}$는 $\Im_1$의 논의 영역의 원소임.

일차 언어 $\mathfrak{L}'$에 대해 정의된 것으로서의 정언성은 상대적으로 사소한 개념이다. 보통의 공리적으로 정식화된 수학이론 중 어떠한 것도 정언적이지 않다. 왜냐하면 무한한 모형을 가진 $\mathfrak{L}'$의 어떠한 문장집합도 서로 다른 개수의 원소를 가진—따라서 동형적이지 않은—모형들을 가질 것이기 때문이다. 그러나 이것들 중 어떤 경우에는 소위 재현정리(representation theorem)를, 즉 비록 모든 모형들이 서로 동형적이지는 않지만 각각이 어떤 특수한 속성을 가진 모형과는 동형적이라는 것을, 입증할 수 있다. 예를 들어 군(群)이론(4절 참조)의 모든 모형들이 서로 동형적이지는 않지만 모든 모형이 변환들의 군에 대해서는 동형적이다.

2. 아리스토텔레스의 삼단논법

일차 술어논리(동일성은 부가되지 않은)에서 정식화된 공리이론의 예로서, 다음의 이론 T_1을 살펴보겠다. T_1의 비논리어휘는 4개의 이항 술어 'A^2', 'E^2', 'I^2', 'O^2'로 이루어져 있고, T_1의 주장들은 다음의 7가지 공리들의 귀결인 문장들이다.

1. $(x)(y)(z)((Ayz \& Axy) \rightarrow Axz)$ Barbara
2. $(x)(y)(z)((Eyz \& Axy) \rightarrow Exz)$ Celarent
3. $(x)(y)(Ixy \rightarrow Iyx)$ 'I'의 환위
4. $(x)(y)(Exy \rightarrow Eyx)$ 'E'의 환위
5. $(x)(y)(Axy \rightarrow Iyx)$ 'A'의 환위
6. $(x)(y)(Exy \leftrightarrow -Ixy)$ 'E'의 환위
7. $(x)(y)(Oxy \leftrightarrow -Axy)$ 'O'의 환위

이 이론은 아리스토텔레스의 삼단논증 이론이 형식화된 형태의 것이다. 논의 영역이 공집합이 아닌어떤 집합 $\mathfrak{m}$의 공집합이 아닌 모든 부분집합들의 집합이고 네 개의 술어에

$$A : ① \subset ②$$
$$E : ① \cap ② = \Lambda$$
$$I : ① \cap ② \neq \Lambda$$
$$O : ① \not\subset ②$$

와 같은 관계를 할당하는 어떠한 해석 $\mathfrak{I}$ 하에서도 공리 1~7이 모두 참

이라는 사실로부터 이 공리체계가 일관적이라는 사실이 따라 나온다. 한편, T_1은 완전하지 않다. 왜냐하면 문장 '$(\exists x)Axx$'도 그리고 그것의 부정도 T_1의 주장이 아니기 때문이다. 그 이유를 살펴보기 위해, $\mathfrak{I}'$가 {아리스토텔레스}를 논의 영역으로 취하고 술어들에 다음과 같은 관계를 할당하는 해석이라 하자:

$A : ① \neq ②$

$E : ① = ②$

$I : ① \neq ②$

$O : ① = ②$

그러면 공리들 모두가 $\mathfrak{I}'$하에서 참이지만 '$(\exists x)Axx$'는 거짓이다. 그리고 또한 앞의 해석 $\mathfrak{I}$하에서는 공리들 모두가 참이지만 '$-(\exists x)Axx$'는 거짓이다. 따라서 '$(\exists x)Axx$'도 그리고 그것의 부정도 공리들의 귀결이 아니다. 그러므로 T_1은 완전하지 않다.

공리들은 독립적이지도 않다. 명백히 공리 3은 4와 6으로부터 도출될 수 있기 때문이다. 공리들은 정언적이지도 않다(여기서 T_1은 $\mathfrak{L}'$에서 형식화된 것으로 생각하자). 왜냐하면 논의 영역의 원소 수가 서로 다른 여러 모형들이 존재하기 때문이다. 게다가 주어진 같은 수의 원소들에 대해서도 비동형적 모형들이 존재한다. 예를 들어 $\mathfrak{I}_1$과 $\mathfrak{I}_2$는 논의 영역으로 집합 {0, 1}을 취하는 해석이라 하자. $\mathfrak{I}_1$은 다음의 할당을 한다:

$A : \{\langle 0, 0 \rangle, \langle 1, 1 \rangle, \langle 0, 1 \rangle\}$

$E : \Lambda$

$I : \{\langle 0, 0 \rangle, \langle 1, 1 \rangle, \langle 0, 1 \rangle, \langle 1, 0 \rangle\}$

$$O : \{\langle 1, 0 \rangle\}$$

$\mathfrak{I}_2$는 다음의 할당을 한다:

$$A : \{\langle 0, 0 \rangle, \langle 1, 1 \rangle\}$$
$$E : \Lambda$$
$$I : \{\langle 0, 0 \rangle, \langle 1, 1 \rangle, \langle 0, 1 \rangle, \langle 1, 0 \rangle\}$$
$$O : \{\langle 0, 1 \rangle, \langle 1, 0 \rangle\}$$

만약 $\mathfrak{I}_1$과 $\mathfrak{I}_2$가 동형적이면, $\langle 0, 1 \rangle \in \mathfrak{I}_1('A')$일 경우에 오직 그 경우에만 $\langle \overline{0}, \overline{1} \rangle \in \mathfrak{I}_2('A')$일 것이다. 그러나 $= \overline{0}$과 $\overline{1}$은 서로 달라야 한다. 왜냐하면 두 해석의 동형성으로 인해 논의 영역들 사이의 대응은 일대일이기 때문이다. 그러나 서로 다른 항들의 어떠한 짝도 $\mathfrak{I}_2('A')$에 속하지 않는다.

T_1의 의도된 해석은 공리들이 일관적이라는 것을 보이기 위해 기술했던 바로 그것이다. 예를 들어 $\mathfrak{m}$이 모든 살아 있는 것의 집합이라 가정하자. 'α', 'β', 'γ'는 $\mathfrak{m}$의 공집합이 아닌 부분집합을 값으로 취하는(메타언어적) 변항들이다. 그러면 우리는 공리 1~7이 각각 다음을 표현함을 알게 될 것이다.

1'. 모든 α, β, γ에 대해: 모든 β가 γ이고 모든 α가 β이면, 모든 α는 γ이다.
2'. 모든 α, β, γ에 대해: 어떠한 β도 γ가 아니고 모든 α가 β이면, 어떠한 α도 γ가 아니다.
3'. 모든 α, β에 대해: 어떤 α가 β이면, 어떤 β는 α이다.
4'. 모든 α, β에 대해: 어떠한 α도 β가 아니면, 어떠한 β도 α가 아니다.

5′. 모든 α, β에 대해: 모든 α가 β이면, 어떤 β는 α이다.

6′. 모든 α, β에 대해: 어떠한 α도 β가 아닐 경우에 오직 그 경우에만 어떤 α가 β인 것은 아니다.

7′. 모든 α, β에 대해: 어떤 α가 β가 아닐 경우에 오직 그 경우에만 모든 α가 β인 것은 아니다.

위에 나오는 것들은 약간의 단서를 붙인다면 모두 아리스토텔레스 논리학의 원리들이다. (12장 1절을 참조하라.) 진술 1′와 2′는 'Barbara'와 'Celarent'라 불리는 삼단논법의 식(mood)이다. 3′, 4′, 5′는 환위 (conversion) 규칙이라 불리는 것이다. 6′과 7′은 아리스토텔레스의 대당사각형(the Aristotelian Square of Opposition)을 구성하는 정보의 일부분이다. Barbara와 Celarent로부터 나머지 타당한 삼단논법 식들을 도출해내는 데에 아리스토텔레스가 앞의 모두를 사용한다. 우리의 자연적 연역체계(natural deduction system)에서 아리스토텔레스의 도출들에 해당하는 것을 다시 해내는 일이 가능하다.

그러나 간결한 증명을 위한 약간의 관례들을 먼저 도입하도록 하자. 'US''는 'US의 반복 적용에 의해'를 의미하고 다른 규칙들에 대해서도 마찬가지이다. 또한 다음 규칙도 상당한 도움이 될 것이다.

TH (정리도입) 공리 또는 앞에서 증명된 정리의 어떠한 사례[3]도 공집합을 전제번호 집합으로 해서 어떤 행에건 들어올 수 있다. 더

---

3   이것과 연관하여, ϕ가 US의 반복 적용에 의해 ψ로부터 얻어질 수 있는 경우 오직 그 경우에만 ϕ를 ψ의 **사례**라고 부르기로 하자.

욱 일반적으로 말해, $\phi_1, ..., \phi_n$이 앞 행들에 나타나고 ψ가 $\{\phi_1, ..., \phi_n\}$과 공리 또는 앞에서 증명된 정리의 사례의 동어반복적 귀결이면 ψ는 그 뒤의 어떤 행에건 들어올 수 있다. 그리고 그 새로운 행의 전제번호들로서 $\phi_1, ..., \phi_n$의 전제번호들을 모두 취한다.

전제번호들에 관한 한 이 규칙이 공리들 또는 앞서 증명된 정리들의 사례들에 대한 언급을 하지 않아도 된다는 점에 주의하자. 따라서 다음의 도출들에 있어서 행들이 명시적으로 쓰인 전제들에 뿐만 아니라 공리 1~7에도 의존할 수 있다. T_1의 모든 공리들이 또한 T_1의 정리들이기도 하므로, 우리는 '8'부터 번호를 붙여나가도록 하겠다.

8. $(x)(y)(z)((Ezy \,\&\, Axy) \rightarrow Exz)$ Cesare

  $\{1\}$ (1) $Ecb \,\&\, Aab$ P

  $\{1\}$ (2) $Ebc \,\&\, Aab$ (1), 4, TH

  $\{1\}$ (3) Eac (2), 2, TH

  Λ (4) $(Ecb \,\&\, Aab) \rightarrow Ea$ (1), (3), C

  Λ (5) $(x)(y)(z)((Ezy \,\&\, Axy) \rightarrow Exz)$ (4), UG′

9. $(x)(y)(z)((Azy \,\&\, Exy) \rightarrow Exz)$ Camestres

  $\{1\}$ (1) $Acb \,\&\, Eab$ P

  $\{1\}$ (2) $Eba \,\&\, Acb$ (1), 4, TH

  $\{1\}$ (3) Eca (2), 2, TH

  $\{1\}$ (4) Eac (3), 4, TH

  Λ (5) $(Acb \,\&\, Eab) \rightarrow Eac$ (1), (4), C

  Λ (6) $(x)(y)(z)((Azy \,\&\, Exy) \rightarrow Exz)$ (5), UG′

10. $(x)(y)(z)((Ayz \,\&\, Ixy) \rightarrow Ixz)$ Darii

{1}	(1) Abc & Iab	P
{2}	(2) $-Iac$	P
{1, 2}	(3) Abc & Eac	(1), (2), 6, TH
{1, 2}	(4) Eab	(3), 9, TH
{1}	(5) $-Iac \rightarrow Eab$	(2), (4), C
{1}	(6) Iac	(1), (5), 6, TH
Λ	(7) $(Abc$ & $Iab) \rightarrow Iac$	(1), (6), C
Λ	(8) $(x)(y)(z)((Ayz$ & $Ixy) \rightarrow Ixz)$	(7), UG′

11. $(x)(y)(z)((Eyz$ & $Ixy) \rightarrow Oxz)$ Ferio

(증명은 7, 8 그리고 6이 사용된다는 점을 제외하고는 정리 10의 증명과 유사함.)

12. $(x)(y)(z)((Ezy$ & $Ixy) \rightarrow Oxz)$ Festino

(증명은 4와 11이 사용된다는 점을 제외하고는 정리 8의 증명과 유사함.)

13. $(x)(y)(z)((Azy$ & $Oxy) \rightarrow Oxz)$ Baroco

(증명은 7와 1이 사용된다는 점을 제외하고는 정리 10의 증명과 유사함.)

14. $(x)(y)(z)((Ayz$ & $Ayx) \rightarrow Ixz)$ Darapti 5, 10

15. $(x)(y)(z)((Eyz$ & $Ayx) \rightarrow Oxz)$ Felapton 5, 11

16. $(x)(y)(z)((Iyz$ & $Ayx) \rightarrow Ixz)$ Disamis 3, 10

17. $(x)(y)(z)((Ayz$ & $Iyx) \rightarrow Ixz)$ Datisi 3, 10

18. $(x)(y)(z)((Oyz$ & $Ayx) \rightarrow Oxz)$ Bocardo

(증명은 7와 1이 사용된다는 점을 제외하고는 정리 10의 증명과 유사함.)

19. $(x)(y)(z)((Ezy$ & $Iyx) \rightarrow Oxz)$ Ferison 3, 11

앞의 증명들을 12장 1절에 인용된 아리스토텔레스의 진술들과 비교한다면 재미있을 것이다.

3. 사이에 있음(betweenness)의 이론

다음에는 동일성을 포함한 (그러나 연산기호는 부가되지 않은) 일차 술어논리에서 형식화된 공리적 이론의 예를 살펴보도록 하자. 이 이론은 'T_2'라 부르도록 하겠다. T_2의 비논리어휘는 단 하나의 술어 'B^3'으로 이루어져 있다. 따라서 T_2의 언어들은 'B^3' 이외의 어떠한 비논리상항도 나타나지 않는 $\mathfrak{L}_1$의 문장들이다. (언어 $\mathfrak{L}_1$에서 동일성에 대한 술어 'I_1^2'은 논리상항으로 분류되었음을 기억하라.) T_2의 주장들은 다음의 두 조건을 만족시키는 모든 해석 $\mathfrak{I}$하에서 참인 문장들로 정의될 수 있다:

(i) $\mathfrak{I}$의 논의 영역은 어떤 (유클리드 공간의) 직선 위에 있는 모든 점들의 집합이다.

(ii) $\mathfrak{I}$는 'B^3'에 이 직선 위의 점들 간에 성립하는 사이에 있음의 관계 ('②는 ①과 ③ 사이에 있다'라는 술어에 의해 주어지는 것으로서)를 할당한다. '사이에 있음'은 통상적인 의미를 가지되, 다만 각 점을 자기 자신과 다른 점 사이에 있는 것으로 보거나 자기 자신과 자기 자신 사이에 있는 것으로 보는 점만은 예외이다.

앞서 말했듯이, T_2의 주장들은 주장들의 모든 귀결들이 다시 주장들이라는 조건을 만족한다. 왜냐하면 한 집합의 귀결들은 그 집합의 모든 원소들이 참인 모든 해석들하에서 참이기 때문이다. 또한 어떠한 문장에 있어서도, 그 문장과 그 문장의 부정을 동시에 참이게끔 하는 해석은 존재하지 않기 때문에, 이론 T_2는 일관적이다. 사실, T_2의 한 문장이 위에서 기술된 종류의 해석하에서 참이면 그것은 그러한 모든 해석들하에서 참이다. 그러므로 T_2의 모든 문장에 대해, 그 문장 또는 그것의 부정이 T_2에 의해 주장된다. 따라서 T_2는 또한 완전하다.

T_2는 다음의 일곱 공리에 의해 공리화될 수 있다는 것이 판명되었다;

1. $(x)(y)(Bxyx \rightarrow x=y)$
2. $(x)(y)(z)(u)((Bxyu \ \& \ Byzu) \rightarrow Bxyz)$
3. $(x)(y)(z)(u)(((Bxyz \ \& \ Byzu) \ \& \ y \neq z) \rightarrow Bxyu)$
4. $(x)(y)(z)((Bxyz \lor Bxzy) \lor Bzxy)$
5. $(\exists x)(\exists y)x \neq y$
6. $(x)(y)(x \neq y \rightarrow (\exists z)(Bxyz \ \& \ y \neq z))$
7. $(x)(y)(x \neq y \rightarrow (\exists z)(Bxzy \ \& \ (z \neq x \ \& \ z \neq y)))$

도출 과정을 작성하면서 우리는 T_1과 관련해 도입한 줄여 쓰는 관례들을 그대로 사용하겠다. 그러나 언어 $\mathfrak{L}_1$에 대해서는, '의 동어반복적 귀결'이란 구절 바로 뒤에 '또는 그것들로부터 규칙 I의 적용에 의해 이끌어낼 수 있는 것'이란 구절을 삽입함으로써 규칙 TH(409~410쪽 참조)를 강화하는 것이 편리할 것이다.

8. $(x)(y)(Bxxy \ \& \ Bxyy)$

Λ	(1) $(Baba \lor Baab) \lor Baab$	TH, 4
{2}	(2) $Baba$	P
{2}	(3) $a=b$	(2), TH, 1
{2}	(4) $Baab$	(2), (3), I
Λ	(5) $Baba \rightarrow Baab$	

Λ	(6) $Baab$	
Λ	(7) $(Babb \lor Babb) \lor Bbab$	TH, 4
{8}	(8) $Bbab$	P
{8}	(9) $b = a$	(8), TH, 1
{8}	(10) $Babb$	(8), (9), 1
Λ	(11) $Bbab \rightarrow Babb$	
Λ	(12) $Babb$	
Λ	(13) $Baab \,\&\, Babb$	
Λ	(14) $(x)(y)(Bxxy \,\&\, Bxyy)$	(13), UG$'$

위의 도출 과정에 나오는 많은 문장들이 이론 T_2의 문장이 아니라는 것을 관찰할 수 있을 것이다. 이것은 일견 우리가 '이론'을 정의했던 방식 또는 우리가 술어논리를 위한 추론규칙들을 세웠던 방식의 바람직하지 않은 귀결로 보일지도 모르겠다. 그러나 조금만 숙고해 보면 일상 이론—예를 들어, 유클리드 기하학—에서 증명들을 구성하는 데 있어서도 우리는 엄밀히 기하학적 주장들이 아닌 것들, 또는 기하학적 이론을 '옆에서 보조하는' 것으로 생각할 만한 것들을 주장한다. 예를 들어, 우리는 'a와 b가 두 개의 교차하는 직선들이라고 하자'라고 말한다. 기하학이 이 문장도, 이 문장의 부정도 포함하지 않는다고 해서 우리는 기하학이 불완전한 것이라고 느끼지는 않는다.

9. $(x)(y)(z)(Bxyz \,\&\, Bzyx)$

{1}	(1) $a = b$	P
{2}	(2) $b = c$	P
Λ	(3) $Bcbb$	TH, 8

{1}   (4) $Bcba$ TH, (1), (3)

Λ   (5) $Bcca$ TH, 8

{2}   (6) $Bcba$ TH, (2), (5)

Λ   (7) $(a=b \lor b=c) \to Bcba$ C′

Λ   (8) $((Babc \ \& \ Bbca) \ \& \ b \neq c) \to Baba$ 3, US′

Λ   (9) $(Babc \ \& \ Bbac) \to Baba$ 2, US′

Λ   (10) $(Bbac \lor Bbca) \lor Bcba$ 4, US′

Λ   (11) $Babc \to Bcba$ 1, (7)~(10), TH

Λ   (12) $(x)(y)(z)(Bxyz \to Bzyx)$ UG′, (11)

10. $(x)(y)(z)(Bxyz \ \& \ Byzx) \to y=z)$

Λ   (1) $Babc \to Bcba$ 9, TH

Λ   (2) $(Bbca \ \& \ Bcba) \to Bbcb$ 2, US′

Λ   (3) $(Babc \ \& \ Bbca) \to b=c$ 1, (1), (2), TH

Λ   (4) $(x)(y)(z)((Bxyz \ \& \ Byzx) \to y=z)$ (3), UG′

11. $(x)(y)(z)(u)(((Bxyz \ \& \ Byzu) \to y \neq z) \to Bxzu)$ 3, 9

12. $(x)(y)(z)(u)((Bxyu \ \& \ Byzu) \to Bxzu)$ 2, 11

13. $(x)(y)(z)(u)((Bxyu \ \& \ Byzu) \to (Bxyz \ \& \ Bxzu))$

2, 9, 12

14. $(x)(y)(z)(u)((Bxyu \ \& \ Bxzu) \to$
$((Bxyz \ \& \ Byzu) \lor (Bxzy \ \& \ Bzyu))$ 3, 4, 8, 9, 10, 13

15. $(x)(y)(z)(u)(((Bxyz \ \& \ Bxyu) \ \& \ x \neq y \to$
$((Bxzu \ \& \ Byzu) \lor (Bxuz \ \& \ Byuz))$ 9, 10, 13

16. $(\exists x)(\exists y)(\exists z)((x \neq y \ \& \ x \neq z) \ \& \ y \neq z)$

17. $(\exists x)(\exists y)(\exists z)(\exists u)(((x \neq y \& x \neq z) \&$
$(x \neq u \& y \neq z)) \& (y \neq u \& z \neq u))$

18. $(x)(y)(z)(u)(Bxyz \rightarrow (Bxyu \lor Buyz))$ 2, 3, 4, 9
19. $(x)(y)(z)(u)(v)(((Bxzy \ \& \ Bxuy) \ \& \ Bzvu) \rightarrow Bxvy)$
20. $(x)(y)(z)(u)(((Bxyz \ \& \ Byzu) \ \& \ Bzux) \rightarrow (y=z \lor z=u))$

우리는 앞에서 이미 이론 T_2가 일관적이라는 것을 보았다. 이제 문제는 우리의 공리체계가 독립적인가에 관해 제기된다. 이를 보여 주기 위해 우리는 각 공리에 대해 그 공리가 거짓이고 나머지 여섯 공리가 참인 해석을 찾아야 한다. 예를 들어 우리는 다음과 같이 해석 ℑ를 줌으로써 공리 1이 공리 2~7로부터 도출될 수 없음을 입증할 수 있다:

ℑ : 직선 $\mathfrak{l}$ 위의 모든 점들의 집합
B^3 : ①은 $\mathfrak{l}$ 위의 점이고 ②는 $\mathfrak{l}$ 위의 점이고 ③은 $\mathfrak{l}$의 점이다.

이런 종류의 해석하에서 공리 1은 거짓이지만 공리 2~7은 참이다. 그러므로 공리 1은 공리 2~7의 귀결이 아니다. 또 하나의 예로서 다음과 같이 기술되는 해석 ℑ′를 살펴볼 수 있다.

ℑ : 평면 $\mathfrak{p}$ 속의 모든 점들의 집합
B^3 : ①, ②, ③은 $\mathfrak{p}$ 속의 한 직선 위에 있는 점들이고 ②는 ①과 ③ 사이에 있다.

이런 종류의 해석하에서 공리 4는 거짓이지만 나머지 공리들은 참이다. 그러므로 공리 4는 나머지 공리들의 귀결이 아니다. 우리는 이 공리체계가 독립적이라는 것을 보이기 위한 다섯 개의 다른 해석들을 찾는 일은 독자들의 몫으로 남겨 두겠다.

4. 군(群); 부울대수

우리가 동일성 기호뿐만 아니라 연산기호들까지도 가질 수 있다면 알기 쉬운 방법으로 매우 다양한 이론들을 형식화하는 일이 가능해진다. 예를 들어 언어 $\mathcal{Q}'$에서 형식화된 이론 T_3 즉, **군(群)이론**(the theory of groups)을 살펴보자. T_3의 비논리어휘는 이항 연산기호 'f^2'(군의 덧셈), 일항 연산기호 'f^1'(군의 역원 함수), 개체상항 'e'(항등원)로 이루어져 있다. 따라서 T_3의 문장들은 방금 언급된 셋 이외에 어떠한 비논리어휘도 지니고 있지 않은 $\mathcal{Q}'$의 모든 문장들이다. 주장들은 특정한 공리들의 모든 귀결들로 규정된다. 이 공리들은 다음의 두 가지 관례를 이용하면 더 알아보기 쉬울 것이다: T_3의 문장들에서

$f^2\tau\tau'$ 대신 $(\tau+\tau')$을
$f^1\tau$ 대신 $\bar{\tau}$

을 쓸 수 있다. 단 여기서 τ, τ'는 항들이거나 이 관례들을 적용한 결과들이다. 항에서 가장 바깥쪽 괄호는 애매성의 위험이 없을 경우 생략될 수 있다. T_3의 공리들은 다음의 세 가지이다.

1. $(x)(y)(z)x+(y+z)=(x+y)+z$
2. $(x)x+e=x$
3. $(x)x+\bar{x}=e$

명백히 이 이론은 일관적이다. 왜냐하면 논의 영역으로 정수들(양수, 음수, 0)을 취하고 이론의 비논리어휘에 다음 할당을 하는 해석 $\mathfrak{I}$ 하에서

세 공리 모두가 참이기 때문이다;

$f^2 : ① + ②$ (통상적인 의미의 '+')
$f^1 : 0 - ①$ (통상적인 의미의 '−')
$e : 0$

이 이론은 완전하지 않다. 왜냐하면 적절한 해석을 구성함으로써 쉽게 확인할 수 있듯이 문장 '$(x)x=e$'도 그것의 부정도 공리들의 귀결이 아니기 때문이다. 같은 방식으로 공리들이 독립적이라는 것도 쉽게 보여 줄 수 있다. 공리들은 물론 정언적이지 않다. 왜냐하면 그것들은 다른 개수의 원소들을 가진 논의 영역의 모형들을 소유하기 때문이다.

정리들을 이끌어내는 데 있어 우리는 두 번째와 세 번째 공리에 나타난 개체상항 'e', 그리고 이에 따라 규칙 TH의 적용을 통해서, 주어진 행의 전제가 명시적으로 나타나 있지 않다고 하더라도 그 전제에 나타날 수 있는 개체상항 'e'를 양화하지 않도록 주의해야 한다. 정리들에는 다음과 같은 것들이 있다.

4. $(x)(y)(z)(x+z=y+z \rightarrow x=y)$

{1}	(1) $a+c=b+c$	P
{1}	(2) $(a+c)+\bar{c}=(b+c)+\bar{c}$	(1), TH
{1}	(3) $a+(c+\bar{c}=b+(c+\bar{c})$	(2), TH, 1
{1}	(4) $a+e=b+e$	(3), TH, 3
{1}	(5) $a=b$	(4), TH, 2
Λ	(6) $a+c=b+c \rightarrow a=b$	(1), (5), C
Λ	(7) $(x)(y)(z)(x+z=y+z \rightarrow x=y)$	(6), UG′

5. $(x)\ x+e=e+x$

   Λ (1) $e+(a+\overline{a})=(e+a)+\overline{a}$ TH, 1

   Λ (2) $e+e=(e+a)+\overline{a}$ (1), TH, 3

   Λ (3) $e=(e+a)+\overline{a}$ (2), TH, 2

   Λ (4) $a+\overline{a}=(e+a)+\overline{a}$ (3), TH, 3

   Λ (5) $a=e+a$ (4), TH, 4

   Λ (6) $a+e=a$ TH, 2

   Λ (7) $a+e=e+a$ (5), (6), I

   Λ (8) $(x)\ x+e=e+x$ (7), UG

6. $(y)((x)x+y=x \rightarrow y=e)$

   {1}   (1) $(x)x+a=x$ P

   {1}   (2) $e+a=e$ (1), US

   {1}   (3) $a+e=e$ (2), TH, 5

   {1}   (4) $a=e$ (3), TH, 2

   Λ (5) $(x)\ x+a=x \rightarrow a=e$ (1), (4), C

   Λ (6) $(y)((x)\ x+y=x \rightarrow y=e)$ (5), UG′

7. $(x)\ x+\overline{x}=\overline{x}+x$

   Λ (1) $\overline{a}+(a+\overline{a})=(\overline{a}+a)+\overline{a}$ TH, 1

   Λ (2) $\overline{a}+e=(\overline{a}+a)+\overline{a}$ (1), TH, 3

   Λ (3) $e+\overline{a}=(\overline{a}+a)+\overline{a}$ (2), TH, 5

   Λ (4) $e=\overline{a}+a$ (3), TH, 4

   Λ (5) $a+\overline{a}=\overline{a}+a$ (4), TH, 3

   Λ (6) $(x)\ x+\overline{x}=\overline{x}+x$ (1), UG

8. $(x)(y)(z)(z+x=z+y \rightarrow x=y)$

   {1}   (1) $c+a=c+b$ P

{1}	(2) $\overline{c} + (c+a) = \overline{c}(c+b)$	(1), TH
{1}	(3) $(\overline{c}+c)+a = (\overline{c}+c)+b$	(2), TH, 1
{1}	(4) $(c+\overline{c})+a = (c+\overline{c})+b$	(3), TH, 7
{1}	(5) $e+a = e+b$	(4), TH, 3
{1}	(6) $a+e = b+e$	(5), TH, 5
{1}	(7) $a = b$	(6), TH, 2
Λ	(8) $c+a = c+b \rightarrow a = b$	(1), (7), C
Λ	(9) $(x)(y)(z)(z+x = z+y \rightarrow x = y)$	8, UG$'$

9. $(x)(y)(x+y = e \rightarrow y = \overline{x})$

10. $(x)\overline{\overline{x}} = x$

11. $(x)(y)(\exists z)(x = y+z \ \& \ (w)(x = y+w \rightarrow w = z))$

12. $(x)(z)(\exists y)(x = y+z \ \& \ (w)(x = w+z \rightarrow w = y))$

형식 이론의 마지막 예로 T_4, 즉 부울대수의 이론(the theory of Boolean algebras)을 살펴보겠다. 이 이론은 동일성과 연산기호를 포함한 일차 술어논리에서 형식화될 수 있다. 비논리어휘로 다섯 부호 'f^1', 'f^2', 'g^2', 'n', 'e'를 사용한다. 우리는

$f^2\tau\tau'$ 대신 $(\tau \cup \tau')$을

$g^2\tau\tau'$ 대신 $(\tau \cap \tau')$을

$f^1\tau$ 대신 $\overline{\tau}$을

'n' 대신 '0'을

'e' 대신 '1'을

쓴다. 단, 여기서 τ와 τ'는 항들이거나 이 관례들을 적용한 결과들이다. 그

리고 애매성의 위험이 없을 때엔 바깥쪽 괄호를 생략할 수 있다. 이때에 우리의 공리들은 다음과 같다.

1. $(x)(y)x \cap y = y \cap x$
2. $(x)(y)x \cup y = y \cup x$ } (교환법칙)

3. $(x)(y)(z)x \cap (y \cap z) = (x \cap y) \cap z$
4. $(x)(y)(z)x \cup (y \cup z) = (x \cup y) \cup z$ } (결합법칙)

5. $(x)(y)x \cap (x \cup y) = x$
6. $(x)(y)x \cup (x \cap y) = x$ } (흡수법칙)

7. $(x)(y)(z)x \cap (y \cup z) = (x \cap y) \cup (x \cap z)$
8. $(x)(y)(z)x \cup (y \cap z) = (x \cup y) \cap (x \cup z)$ } (분배법칙)

9. $(x)x \cap \overline{x} = 0$

10. $(x)x \cup \overline{x} = 1$

11. $0 \neq 1$

해석 $\mathfrak{I}$ 는 그 논의 영역이 어떤 비공집합 $\mathfrak{m}$ 의 부분집합들의 비공집합 $\mathfrak{F}$ 이고, 'f^2', 'g^2', 'f^1' 'n', 'e'에 각각 합집합, 교집합, 여집합($\mathfrak{m}$에 대해), 공집합, $\mathfrak{m}$을 할당할 경우 의도된 해석이라 할 수 있다. 다만 여기에서 당연히 $\mathfrak{F}$는 $\mathfrak{F}$속의 집합들 중 어떠한 두 집합 간의 합집합과 교집합도 모두 $\mathfrak{F}$ 안에 있어야 한다는 부가조건을 만족시켜야 하고, $\mathfrak{m}$에 대한 여집합에 대해서도 마찬가지 부가조건을 만족시켜야 한다. T_4의 논제들은 모든 의도된 해석들하에서 참인 T_4의 문장들이다. T_4는 일관적이지만 완전하지는 않다. T_4는 다양한 방식으로 공리화 될 수 있다. 앞의 열한 개 공리들의 집합은 얻을 수 있는 가장 단순한 집합이 아니라 상대적으로 정리를 이끌어내는 일을 쉽게 할 수 있도록 고안된 것이다. 정리들은 물론 이미 2장에서부터 친숙해진 것들이다.

12. $(x) \, x \cap x = x$

13. $(x) \, x \cup x = x$

14. $(x) \, x \cap 0 = 0$

15. $(x) \, x \cup 1 = 1$

16. $(x) \, x \cup 0 = x$

17. $(x) \, x \cap 1 = x$

18. $(x)(y)(x \cup y = y \rightarrow x \cap y = x)$

19. $(x)(y)(x \cap y = y \rightarrow x \cup y = x)$

20. $\overline{0} = 1$

21. $\overline{1} = 0$

22. $(x)(y) \, \overline{x \cup y} = \overline{x} \cap \overline{y}$

23. $(x)(y) \, \overline{x \cap y} = \overline{x} \cup \overline{y}$

24. $(x)(y)(x \cap y) \cup (\overline{x} \cap \overline{y}) = (x \cup \overline{y}) \cap (\overline{x} \cup y)$

25. $(x)(y)(x \cup y) \cap (\overline{x} \cup \overline{y}) = (x \cap \overline{y}) \cup (\overline{x} \cap y)$

26. $(x)\overline{\overline{x}} = x$

27. $(x)\overline{x} \neq x$

28. $(x)(y)x = \overline{y} \leftrightarrow y = \overline{x}$

우리는 '$\cap$'와 '$\cup$'을 치환함으로써, 그리고 '0'과 '1'을 치환함으로써 T_4의 한 문장에 대해 그 문장의 **대응쌍**(dual)을 얻을 수 있다. 따라서 공리 2, 4, 6, 8, 10은 각각 공리 1, 3, 5, 7, 9의 대응쌍이다. 공리 11은 자기 자신의 대응쌍 '1≠0'과 동치이다. 어떤 정리의 도출을 통틀어 우리가 위와 같은 치환을 한다면 그 결과는 그 정리의 대응쌍의 도출이 될 것이다. 따라서 어떠한 정리의 대응쌍도 또한 정리이다.

5. 정의들

형식 이론을 제시하면서 우리는 이론의 어휘에는 속하지 않으면서 식들을 읽기 쉽게 만들고 식들의 내용을 더 명료하게 해 주는 표기법을 도입하기 위해 대개 정의들을 사용한다. 그러한 정의는 다음 두 가지 형식 중 어느 하나로 나타난다: (a) 주어진 대상언어의 기호가 어떤 다른 대상언어 표현과 같은 의미라는 것(다른 대상언어 표현을 줄여 쓴 말이라는 것, 또는 다른 대상언어 표현으로 항상 치환될 수 있다는 것)을 주장하는 메타언어적 문장으로서, 또는 (b) 어떤 형식(대개 동일성이나 쌍조건문, 또는 양화된 동일성이나 양화된 쌍조건문으로서 그 문장의 좌변에 새로운 기호가 홀로 나타나는 형식)의 대상언어적 문장으로서. 따라서 다음 표현들 각각은 수학적 기호 '2'의 정의로 여겨질 수 있을 것이다:

'2'는 '1 + 1'을 줄여 쓴 말이다.

또는

$$2 = 1 + 1$$

정의된 기호가 술어나 연산기호의 본성을 가질 때 그 정의는 흔히 변항들의 도움으로 형식화된다. 예를 들어, 임의의 항 α, β에 대해

$\alpha = \beta$는 $I_1^2 \alpha\beta$를 나타낸다.

또는

$$(x)(y)(x=y \leftrightarrow I_1^2 xy)$$

일반적으로, 유형 (a)의 정의는 정의되는 기호의 이름을 포함하고, 그 안에 나타나는 변항이 있다면 그 변항은 메타언어적 변항일 것이다. 반면에 유형 (b)의 정의는 정의되는 기호 자체를 포함하고, 그것과 함께 다른 대상언어의 표현들을 포함한다.

우리는 이 책에서 두 종류의 정의 모두를 사용했다. 그러나 주제를 명시적으로 살펴보는 데 있어서는 유형 (b)의 정의에 초점을 맞추는 편이 지혜로울 것이다. 왜냐하면, 이러한 접근은 여러 어려움과 위험들을 더욱 명백하게 만들고 그것들을 피하기 위한 비교적 쉬운 규칙들을 정식화하도록 허락하기 때문이다.

정의들이 위험할 수 있다는 것이 초보자에게는 놀랍게 여겨질지도 모르겠다. 특히 그가 정의들을 형식 (a)로 기술된 것으로 생각하는 데 익숙해져 있다면 더욱 그렇다. 그는 『이상한 나라의 앨리스』에 나오는 험프티 덤프티의 태도('내가 단어를 사용할 때 그 단어는 오직 내가 의미하기를 바라는 것을 의미하며 그 이상도 이하도 아니다')를 공유하고 있을지도 모른다. 그리고 이 관점 때문에 그는 어떻게 해서 단지 어떤 새로운 기호가 다른 어떤 낡은 기호들의 나열을 대신한다는 취지의 새로운 관례를 도입하는 것으로부터 어려움이 야기되는지 이해하기 어렵다고 느낄지도 모른다. 그러나 그러한 믿음이 잘못된 것이라는 점을 보여 주는 것은 어렵지 않다. 표준적인 예를 사용하여, 정수들에 대해, 나눗셈을 다음과 같이 곱셈에 의해 정의하도록 제안되었다고 가정하자:

$$(x)(y)(z)(\frac{x}{y}=z \leftrightarrow x=yz)$$

이것으로부터 우리는 '$\frac{0}{0}=1$'과 '$\frac{0}{0}=2$'라는 구절을 동시에 얻고 따라서 '$1=2$' 역시 얻게 되는데 이 귀결은 정수들의 산술에 있어서 받아들여지는 논제와 극명하게 모순된다. 따라서 이 정의는 모순으로 이끈다. 덧셈에 의해 유사하게 구성된 뺄셈의 정의는 그러한 문제를 야기하지 않는다:

$$(x)(y)(z)(x-y=z \leftrightarrow x=y+z)$$

그러므로 어려움은 이들 정의의 형식으로부터만 야기되는 것이 아니라 이들 정의가 부가되는 이론의 내용에도 의존한다.

어떤 정의가 모순으로 이끌 때, 선행하는 일관적 이론에 그 정의를 부가하는 것은 물론 논제들의 수를 매우 증가시키는 결과를 낳는다. 이것은 정의에 대한 우리의 직관적인 요구에 반하는 것이다. 정의에 대한 우리 직관적 요구는 정의가 논제들의 집합의 어떠한 본질적 증가도 낳지 **않아야** 한다는 것을 포함한다. 즉, 정의로부터 생겨나는 새로운 논제들은 새로 도입된 기호를 지녀야 한다는 것이다. 때때로 어떤 정의는 그 정의를 이론에 부가하는 것이 전혀 우리를 모순으로 이끌지 않을지라도 이 요구를 만족시키지 못할 수 있다. 예를 들어, 군이론에 우리가 이항 연산기호 'g'의 정의로서 문장

$$(x)(y)(z)(gxy=z \leftrightarrow x=y)$$

을 덧붙였다고 하자. 이 문장으로부터 우리는 'g'가 나타나지 않은 여러 가지 새로운 정리들을 얻을 수 있다. 예를 들어 문장 '$(x)(y)x=y$와 같은

것이 그것이다. 따라서, 비록 이론이 아직 일관적이라 하더라도 그 내용에 있어서 근본적인 변화가 발생한 것이다. 이제 이 이론의 모형들로는 오직 그 논의 영역 속에 꼭 하나의 원소만을 가진 것들만이 허락되기 때문이다. 그러나 비슷한 정의

$$(x)(y)(z)(hx = y \leftrightarrow x + y = e)$$

는 군이론에서 아무런 어려움을 낳지 않는다. 정의된 기호가 나타나지 않는 새로운 정리들을 생겨나게 하는 정의는 **창조적**(creative)이라고 불린다. 창조적이지 않은 만족스러운 정의가 요구되는 것은 당연해 보인다.

정의들에 대한 또 하나의 직관적 요구는 정의들을 사용하여 정의된 기호들이 **제거가능**(eliminable)해야 한다는 것이다. 정의된 기호의 도움으로 기술될 수 있는 것은 무엇이든지 그 기호 없이도—단지 그 기호가 나타나는 모든 경우에 대해 그 기호를 그 기호가 축약하고 있는 표현으로 대치함으로써—기술될 수 있어야 한다. 이 요구의 배후에는 '순환적' 정의에 대한 거부가 자리잡고 있다; 정의되는 기호가 정의의 좌변에만 나타나지 않고 우변에도 나타난다면, (최소한 통상적인 방식에 의한) 제거가능성(eliminability)은 좌절된다. 정의에 있어서 다른 구조적 결함이 같은 결과로 이끌기도 한다. 예를 들어 사항 술어 'R'에 대한 다음의 정의를 살펴보자:

$$(x)(y)(z)(Rxyzx \leftrightarrow x + yz > z)$$

이러한 정의는 'R'의 첫째 항과 넷째 항이 동일할 경우에만 'R'을 제거할 수 있도록 허락한다. '$Rabcd$' 같은 식에 대해 그것은 전혀 적용될 수

가 없다.

　형식적으로 올바른 정의들을 구성하기 위한 엄밀한 규칙들을 추출해 내기 위해 우리는 우리의 두 기준을 좀 더 예리하게 기술할 필요가 있다. 이를 하기 위해 예비적으로, 형식 이론과 관련하여 정의가 고려되는 두 가지 방식이 있음을 주목하자. 이론을 전개하다가 우리는 어떤 시점에서 새로운 기호를 도입하기를 바랄 수 있다. 그 동기는 단지 지면을 절약하려는 것일 수도 있고 어떤 다른 방식으로 읽기 쉽게 하려는 것일 수도 있으며, 또는 더 친근하거나 어떤 다른 학습상의 이점을 가진 표기법을 도입하는 일과 관련될 수도 있다. 예를 들어

$$(x)(y)(x > y \leftrightarrow -(x = y \lor x < y))$$

를 ' $<$ '에 의해 적절히 형식화된 이론에 대해 정의로서 덧붙이는 경우가 있다. 다른 한편, 주어진 이론 내에서 우리는 어떤 상항이 나머지 상항들에 의해 정의될 수 있는지의 문제, 즉 그 상항의 형식적으로 올바른 정의가 이 이론의 논제들 사이에 포함될 수 있는지의 문제에 관심을 가질 수 있다. 이 두 경우 모두 하나는 크고 하나는 작은 두 이론이 관여함을 쉽게 알 수 있다. 둘 중 큰 이론의 어휘는 작은 이론의 어휘에 정의된 기호를 더한 것이다. 큰 이론의 논제들은 작은 이론의 논제들에 정의뿐 아니라 큰 이론의 어휘로 정식화될 수 있는 논제들의 모든 귀결들을 더한 것이다.

　T를 비논리어휘 집합 Δ와 논제 집합 Γ를 가진 하나의 이론이라고 하자. 그것에 덧붙여 θ는 Δ에 속하지 않는 어떤 비논리상항이라 하고 ϕ는 θ를 지니고 있고 그 점만을 제외하면 Δ의 어휘만으로 정식화된, $\mathfrak{L}'$의 한 문장이라고 하자. 우리가 ϕ를 T의 논제들에 덧붙인다면 우리는 새로운

이론 T'를 얻게 되는데, 그 T'의 비논리어휘 집합은 $\Delta \cup \{\theta\}$일 것이고 T'의 논제들은 $\Gamma \cup \{\theta\}$의 귀결들인 T'의 모든 문장들일 것이다. T'의 모든 식 ψ에 대해, $\psi \leftrightarrow x$의 모든 폐쇄식들이 T'의 논제들이고 x가 θ를 지니지 않는그러한 T의 식 x가 존재할 경우에 오직 그 경우에만, T와 관련하여 θ의 정의로 간주된 ϕ가 제거가능성의 기준을 만족시킨다고 우리는 말할 것이다. 또한 θ를 지니지 않는 T'의 모든 논제가 T의 논제일 경우에 오직 그 경우에만, T와 관련하여 θ의 정의로 간주된 ϕ가 비(非)창조성의 기준을 만족시킨다고 우리는 말할 것이다.

요구되는 속성들을 가진 특정한 유형의 식을 명시하는 일이 가능하다. 먼저 언어 $\mathfrak{L}_1$에 대해 이것을 해 보도록 하자. θ가 n항 술어라고 하면 형식

$$(\alpha_1)...(\alpha_n)(\theta \alpha_1 \cdots \alpha_n \leftrightarrow \omega)$$

의 모든 문장 ϕ는—단 $\alpha_1, ..., \alpha_n$이 서로 다른 변항들이고, ω는 자유변항들 $\alpha_1, ..., \alpha_n$을 가지며 그 이외의 다른 변항을 가지지 않는 T의 식일 때에—위의 두 기준을 만족시킨다. 그러한 문장 ϕ는 제거가능성 기준을 만족시킨다. 왜냐하면 ψ가 T'의 식이면, $\psi \leftrightarrow \psi$의 폐쇄식들(물론 T'의 논제들인)의 우변에 있는 ψ 속의 θ를 ϕ를 이용하여 치환함으로써, χ에 어떠한 θ도 들어 있지 않는 식 $\psi \leftrightarrow \chi$의 모든 폐쇄식들을 얻을 수 있기 때문이다. 또한 ϕ는 비창조성의 기준도 만족시킨다. 그 논증은 다음과 같다. 문장 μ가 θ가 들어 있지 않은 T'의 논제라고 가정하자. 그러면 μ는 $\Gamma \cup \{\phi\}$의 귀결이다. 그리고 완전성 정리에 의해 그것은 Γ의 어떤 유한 부분집합 Γ'에 대해 $\Gamma' \cup \{\phi\}$의 귀결이다. ν가 Γ'의 원소들의 연언이라고 하자. 연역정리에 의해

$$\phi \rightarrow (\nu \rightarrow \mu)$$

는 논리학의 정리이다. 이 정리에 유일하게 나타난 θ는 ϕ 속에 들어 있다. θ에 대한 적절한 대입에 의해 우리는 또 하나의 논리학 정리

$$\phi' \rightarrow (\nu \rightarrow \mu)$$

를 얻을 수 있다. 단, 여기에서 ϕ'은 $\omega \leftrightarrow \omega$의 폐쇄식이고 따라서 그 자체로 논리학의 정리이다. 그러므로

$$\nu \rightarrow \mu$$

도 역시 논리학의 정리이다. 그리고 μ는 T의 문장이고 T의 논제 ν로부터 따라 나오므로, μ는 T의 논제이다.

θ가 문장문자일 경우, $\mathfrak{L}_1$의 문장

$$\theta \leftrightarrow \omega$$

는—단, ω가 T의 문장일 때에—모두 두 기준을 만족시킨다. 그 논증은 θ가 n항 술어일 경우에 대해서와 똑같다.

θ가 개체상항일 경우, 형식

$$(\alpha)(\alpha = \theta \leftrightarrow \omega)$$

의 $\mathfrak{L}_1$의 모든 문장은—단, ω는 오직 α만을 자유변항으로 가지는 T의 식

임—만일 문장

$$(\exists\beta)(\alpha)(\alpha=\beta \leftrightarrow \omega)$$

가—단, β는 α와 다른 변항임; 그리고 이 문장은 ω를 만족시키는 정확히 하나의 대상이 논의 영역 속에 있다는 것을 말하고 있음—T의 논제이라면, 우리의 두 기준을 만족시킨다. 이러한 정의가 제거가능성의 기준을 만족시킨다는 것을 보기 위해, θ가 T'의 어떤 식 ψ에 나타난다고 가정하자. 그리고 α가 ψ에 나타나지 않는 변항이라고 해 보자. 또한 ψ'와 ψ가 모든 점에서 같으면서 다만 ψ가 θ를 가지는 곳에 ψ'가 α를 가지는 점만이 다르다고 하자. 그러면

$$\psi \leftrightarrow (\exists\alpha)(\alpha=\theta \ \& \ \psi')$$

의 모든 폐쇄식은 논리학의 정리이고 따라서 T'의 논제다. 우리 정의는 이 폐쇄식들의 우변 속에 있는 $\alpha=\theta$를 치환하기 위해 사용될 수 있다. 그리하여 χ가 θ를 지니지 않고 $\psi \leftrightarrow \chi$의 모든 폐쇄식들이 T'의 논제인 그러한 T의 식 χ가 존재하게 한다. 다음에는 비창조성을 보여 주기 위해 μ가 θ를 지니지 않는 T'의 논제라고 가정하자. 술어들의 경우에서와 같이, 우리는 역시

$$(\alpha)(\alpha=\theta \leftrightarrow \omega) \rightarrow (\nu \rightarrow \mu)$$

가—단, ν는 T의 논제들의 연언일 때(따라서 그 자신 T의 논제일 때)—논리학의 정리라는 귀결을 얻는다. 따라서, β가 α와 다른 변항일 경우,

$$(\beta)((\alpha)(\alpha=\beta\leftrightarrow\omega)\rightarrow(\nu\rightarrow\mu))$$

는 논리학의 정리이다. 그리하여

$$(\exists\beta)(\alpha)(\alpha=\beta\leftrightarrow\omega)\rightarrow(\nu\rightarrow\mu)$$

도 역시 정리이다. 그런데 $(\exists\beta)(\alpha)(\alpha=\beta\leftrightarrow\omega)$와 ν는 T의 논제들이다. 그러므로 μ도 역시 T의 논제이다.

　우리는 지금까지 언어 $\mathfrak{L}_1$에서 나타나는 여러 종류의 비논리상항의 만족스러운 정의를 주는 방법을 보였다. 언어 $\mathfrak{L}'$에서는 같은 조건하에서 같은 종류의 문장들이 n항 술어, 문장문자, 개체상항의 정의로서 기능한다. 거기에 덧붙여 등급이 0보다 큰 연산기호들이 있다. 우리의 이론이 $\mathfrak{L}_1$ 대신 $\mathfrak{L}'$에서 형식화된 것으로 간주하는 것을 제외하고는 전과 같은 용어법을 사용하여,

$$(\alpha)(\alpha=\theta\gamma_1,...,\gamma_n\leftrightarrow\omega))$$

의 모든 폐쇄식은—단, θ는 ω 안에 나타나지 않는 n항 연산기호이고 α, $\gamma_1,...,\gamma_n$은 서로 다른 변항들로서 ω 안에 자유롭게 나타나는 변항들 전부임—문장

$$(\gamma_1)...(\gamma_n)(\exists\beta)(\alpha)(\alpha=\beta\leftrightarrow\omega)$$

가—단, β는 α, $\gamma_1,\cdots,\gamma_n$과 다른 변항임—T의 논제일 경우, 두 기준을 만족시킨다.

이상의 내용은 **형식적으로 올바른 정의들**(formally correct definitions)의 구성을 위한 다음 규칙들로 요약될 수 있다. T가 $\mathfrak{L}'$에서 형식화된 이론이라 하자. 그리고 θ가 T에는 나타나지 않지만 T와 관련하여 형식적으로 올바른 정의를 주고자 하는 비논리상항이라고 가정하자.

1. 상항 θ가 n항 술어이면, 그 정의를 형식

$$(\alpha_1)...(\alpha_2)(\theta\alpha_1...\alpha_n \leftrightarrow \omega)$$

의 문장―단, ω는 T의 식이고 α_1, ..., α_n은 서로 다르고 ω 속에서 자유롭게 나타나는 변항들 전부임―이 되게 하라.

2. 상항 θ가 문장문자이면, 그 정의를 문장

$$\theta \leftrightarrow \omega$$

가 되게 하라. 단, 여기서 ω는 T의 문장이다.

3. 상항 θ가 개체상항이면, 그 정의를 문장

$$(\alpha)(\alpha = \theta \leftrightarrow \omega)$$

가 되게 하라. 단, 여기서 ω는 T의 식이고 α를 그 유일한 자유변항으로 가진다. 그리고, 대응하는 문장

$$(\exists\beta)(\alpha)(\alpha = \beta \leftrightarrow \omega)$$

가―단, β는 α와 다른 변항임―T의 논제라는 것도 위의 정의를 위한 조건이다.

4. 마지막으로, 상항 θ가 n항 연산기호(n > 0)이면, 그 정의는 형식

$$(\gamma_1)...(\gamma_n)(\alpha)(\alpha = \theta\gamma_1...\gamma_n \leftrightarrow \omega)$$

의 문장이 되게 하라. 단, 여기서 $\alpha, \gamma_1, ..., \gamma_n$은 서로 다르고 ω 속에서 자유롭게 나타나는 변항들 전부이다. 또한 θ는 ω 속에 들어 있지 않다. 그리고, 대응하는 유일성 조건(uniqueness condition)

$$(\gamma_1)...(\gamma_n)(\exists\beta)(\alpha)(\alpha = \beta \leftrightarrow \omega)$$

이—단, β는 $\alpha, \gamma_1, ..., \gamma_n$과 다름—$T$의 논제들이라는 것도 필요하다.

우리의 논의는 이론 T에 하나의 정의를 덧붙이는 문제에만 관계해 왔다. 그러나 어떻게 우리의 진술들을 일련의 전체 정의들을 덧붙이는 더 전형적인 문제로까지 확장시키는지는 꽤 명백하여 쉽게 알 수 있을 것이다. 이것은 대응하는 일련의 이론들을 만들어내는 것에 해당한다. 첫번째 정의를 T에 덧붙임으로써 우리는 더 큰 이론 T_1을 만들어낸다. 그리고 T_1에 두 번째 정의를 덧붙임으로써 우리는 더욱더 포괄적인 이론 T_2를 만들어낸다. 그리고 계속 이와 같이 나아간다. 제거가능성과 비창조성을 보장하기 위해 우리는 각각의 정의가 그 정의가 덧붙여지는 이론과 관련하여 형식적으로 올바른 정의가 되도록 주의하기만 하면 된다.

마지막으로 **정의가능성**(definability) 개념에 대해 몇 마디 하겠다. 이론 T의 비논리어휘로부터 상항 θ를 제거한다면, 그리고 T의 논제들로부터 θ가 들어 있는 모든 논제들을 제거한다면, 제거되고 남아 있는 어휘가 아직 등급≥1의 술어를 최소한 하나 가지고 있을 경우, 그 결과는 다시 하나의 이론이 될 것이다. 이 이론을, $T - \theta$라고 부르자. $T - \theta$의 어휘는 T

의 어휘에서 θ만 빠진 것이다. $T-\theta$의 논제들은 θ가 들어 있지 않은 T의 모든 논제들이다. 우리는 이론, $T-\theta$와 관련하여 θ의 형식적으로 올바른 정의가 이론 T의 논제들 중에 있을 경우에 오직 그 경우에만 비논리상항 θ가 이론 T에서 **정의가능하다**(definable)고 말한다. 따라서 비논리상항 θ가 이론 T에서 정의가능하다면, T의 본질적 내용은 환원된 이론 $T-\theta$에서도 제시될 수 있다. 그리고 T의 표기상의 이점은, 만일 그러한 이점이 있다면, θ의 적절한 정의를 덧붙임으로써 회복될 수 있다.

이런 종류의 정의가능성과 관련해 매우 유용한 원리가 바로 **파도아의 원리**(Padoa's principle)이다: 비논리상항 θ가 이론 T에서 정의가능하지 않다는 것을 보여 주기 위해, θ에 할당하는 것만이 다르고 다른 점에서는 모두 똑같은 (T의) 두 모형을 제시하면 된다. 그러한 두 모형이 주어질 수 있다면 $T-\theta$와 관련하여 θ의 어떠한 형식적으로 올바른 정의도 T의 논제일 수가 없다는 것을 증명하는 수고를 하지는 않겠다. 그러나 그것은 우리가 명시했던 네 유형의 문장을 살펴본 사람 누구에게도 직관적으로 자명할 것이다.

•연습문제•

1. '일관적'과 '완전한'에 대한 다음 정의들이 본문에서 주어진 것과 동치라는 것을 보이시오: 한 이론 T는 T에 의해 주장되지 않는 T의 문장이 존재할 경우에 오직 그 경우에만 일관적이다; 한 이론 T는 T의 주장들에다가 어떠한 주장되지 않은 문장을 부가하더라도 T가 비일관적으로 될 경우에 오직 그 경우에만 완전하다.

2. (a) Λ가 독립적인 문장집합임을 보이시오.
   (b) $\{\phi\}$가 독립적이지 않은, 문장 ϕ의 예를 제시하시오.

3. 399쪽 셋째 단락의 마지막 문장으로 쓰인 주장을 증명하시오.

4. (a) Λ가 공리들의 집합인 이론 T를 기술하시오.
   (b) 이론 T가 비일관적이면, 공리화가 가능하다는 것을 보이시오.

5. 다음을 증명하시오:

   (a) T_1의 정리 11~19
   (b) T_2의 정리 11 - 20
   (c) T_3의 정리 9~12
   (d) T_4의 정리 12~28

6. T_0가 비논리어휘로 세 술어 'A^2', 'E^2', 'I^2'를 가지고 있고, 논제들로는 이 어휘들로 정식화되었으며 아울러 T_1의 공리들 1~6의 귀결들

인 모든 문장들을 가지고 있는, T_1의 부분이론이라고 하자.

(a) T_1의 공리 7이 T_0와 관련하여 'O^2'의 형식적으로 올바른 정의라는 것을 보이시오.

(b) 427~431쪽에서 주어진 일반적 논증들에서 하듯이 이 개별적인 경우에 제거가능성의 기준과 비창조성의 기준이 만족된다는 것을 보이시오($\phi=$ 공리 7, $\psi=$ 정리 11, $\mu=$ 정리 8로 놓으시오).

7. T_{-1}이 비논리어휘로 두 술어 'A^2'와 'I^2'를 가지고 있고, 논제들로는 이 어휘들로 정식화되었으며 아울러 T_1의 공리 1, 3, 5와 문장

$$(x)(y)(z)((-Iyz \ \& \ Axy) \ \rightarrow \ -Ixz)$$

의 귀결들인 모든 문장들을 가지고 있는, T_1의 부분이론이라고 하자. 한 쌍의 형식적으로 올바른 정의들을 부가함으로써 어떻게 T_1이 T_{-1}로부터 만들어지는지 보이시오.

8. 정의

$$(x)(y)(w)(w=g^2xy \leftrightarrow x=y+w)$$

가 이론 T_3와 관련하여 이항 연산기호 'g^2'에 대한 형식적으로 올바른 정의임을 보이시오.

9. 이론 T_4와 관련하여 집합—이론적 차와 집합—이론적 포함에 대한 형식적으로 올바른 정의를 부여하시오.

10. 언어 $\mathfrak{L}_1$에서 형식화되는 다음 여섯 이론을 살펴보시오. (3절의 이론 T_2를 비교하시오.) 처음 두 경우에 있어서 비논리어휘는 단 하나의 술어 'A^2'로 이루어져 있다. 세 번째와 네 번째의 경우에 있어 비논리어휘는 'B^3'으로 이루어져 있다. 나머지 두 경우에 있어 비논리어휘는 술어 'A^2'와 'B^3'로 이루어져 있다. 여섯 경우 모두에 있어서 논제들은 주어진 공리들의 귀결인 이론의 모든 문장들이다.

T_A 공리들:　(i) $(x)Axx$

　　　　　　(ii) $(x)(y)((Axy \,\&\, Ayx) \rightarrow x=y)$

　　　　　　(iii) $(x)\,(y)(z)((Axy \,\&\, Ayz) \rightarrow Axz)$

$T_A{}^*$공리들:　(i), (ii), (iii) 그리고

　　　　　　(iv) $(x)(y)(Axy \lor Ayx)$

T_B 공리들:　(1) $(x)(y)(Bxyx \rightarrow x=y)$

　　　　　　(2) $(x)(y)(z)(u)((Bxyu \,\&\, Byzu) \rightarrow Bxyz)$

　　　　　　(3) $(x)(y)(z)(u)(((Bxyu \,\&\, Byuz) \,\&$
　　　　　　$y \neq u) \rightarrow Bxyz)$

$T_B{}^*$ 공리들:　(1), (2), (3) 그리고

　　　　　　(4) $(x)(y)(z)((Bxyz \lor Bxzy) \lor Bzxy)$

$T_{AB}{}^*$ 공리들:(i), (ii), (iii) 그리고 정의적 공리

　　　　　　(v) $(x)(y)(z)(Bxyz \leftrightarrow ((Axy \,\&\, Ayz) \lor (Azy \,\&$
　　　　　　$Ayx)))$

$T_{AB}{}^*$ 공리들:(i), (ii), (iii), (iv) 그리고 (v)

　이론 T'의 비논리어휘가 이론 T의 비논리어휘를 포함하고 T'의 논제들의 집합은 T의 논제들의 집합을 포함할 경우에 오직 그 경우에만 T'은 T의 **확장**(extension)이라고 하자. 이론 T'이 이론 T의 확장이고 T의

문장인 T'의 각 논제가 모두 T의 논제일 경우에 오직 그 경우에만 T'은 T의 **보존적 확장**(conservative extension) 이라고 하자.

이제 다음을 보이시오:

(a) T_{AB}는 T_A의 보존적 확장이다. 그리고 $T_{AB}{}^+$는 $T_A{}^+$의 보존적 확장이다.

(b) T_B의 각 공리는 T_{AB}의 논제이다. 그리고 T_{AB}는 T_B의 확장이고 $T_{AB}{}^+$ 는 $T_B{}^+$의 확장이다.

12
논리학사의 개관

논리학의 역사를 살펴봄에 있어 우리는 '논리학'이란 단어와 그 동족어들이 우리가 현재 논의하고 있는 영역 이외의 다른 많은 주제들에 적용되었고, 역으로 우리가 현재 논의하고 있는 영역은 '논리학' 이외의 다른 많은 단어들에 의해 지칭되었음을 명심해야 한다. 비록 우리의 능력이 허락한다고 하더라도, '논리학'이란 제목하에서 논의된 적이 있는, 인식론, 형이상학, 심리학, 사회학, 철학의 모든 화제들을 다루는 것은 적절치 않을 것 같다. 여기서의 목표는 다만 우리가 '논리학'이라 부르는 것—거칠게 규정해, 귀결관계의 일반 이론—의 역사를 서술하는 것이다. 이 주제가 과거 또는 현재 다른 저자들에게 어떤 이름으로 알려졌건 간에 우리는 이 주제에만 관심을 가질 것이다.

명료성을 위해, 논리학자의 고유한 작업은 무엇으로부터 무엇이 따라 나오는가에 대한 일반적 원리를 탐구하고 정식화하는 것이라는 점을 명심해야 한다. 논리학자 자신이 전개한 추리의 특정한 예가 타당한지 타당하지 않은지는 본질적으로 여기에서 무관하다. 같은 근거에서 올바른 추리는—그것이 아무리 칭찬할 만한 것이라 할지라도—그 자체만으로는 저절로 논리학에 기여하는 구성요소가 아니다. 누군가가 지렛대의 원리를 정식화하기 오래전에도 돌들이 의심할 여지없이 지레를 이용하여 올려졌던 것과 꼭 마찬가지로 논리학 같은 것이 존재하기 훨씬 이전에 이미 사람들은 타당한 논증을 구사하고 있었다.

1. 고대 논리학

이와 같은 점들을 염두에 두면서 우리 학문의 기원을 살펴본다면 우리는 논리학의 역사가 그리스 철학자 아리스토텔레스(Aristotle, 384~322 B. C.)로부터 시작된다고 단정적으로 말할 수 있다. 위대한 지적 발전이 결코 오직 한 사람만의 업적일 수 없다는 것은 역사가들 사이에서 거의 상식에 가깝지만(가령, 기하학을 건설함에 있어 유클리드는 에우독소스를 비롯해 다른 사람들의 업적을 이용했다. 역학의 경우 뉴턴은 데카르트, 갈릴레오, 케플러 등의 어깨를 딛고 서 있다 등등), 참고할 수 있는 모든 자료들에 따르면 아리스토텔레스는 논리학이란 학문을 완전히 무에서부터(ex nihilo) 창조했다. 그는 「소피스트적 반박(*Sophistical Refutations*)」의 끝부분에서 이 사실을 스스로 분명하게 이야기했으며, 우리는 그의 이런 진술의 정확성을 의심할 아무런 이유가 없다. 많은 학자들은 선험적 근거에 따라 그러한 창조의 행위가 불가능하다고 확실히 믿어 왔다. 따라서 그들은 아리스토텔레스 논리학의 싹을 찾아서, 아리스토텔레스의 선배들의 저작, 특히 플라톤의 저작을 샅샅이 더듬었다. 이 탐구는 거의 아무런 결실이 없었다. 그러나 우리가 앞의 두 단락에서 논의했던 점에 대한 혼란 때문에 이 사실은 항상 그렇게 인정되지는 못했다.

아리스토텔레스의 논리학 저작들은 나중에 『오르가논(*Organon*)』이라는 한 묶음으로 알려지게 된 일단의 논저들 속에 들어 있다. 그것들은 다음의 여섯 편이다: 「범주론(Categories)」, 「명제론(De Interpretatione)」, 「분석론 전서(Prior Analytics)」, 「분석론 후서(Posterior Analytics)」, 「변증론(Topics)」, 「소피스트적 반박」(이 제목들은 아마 아리스토텔레스에 의해 붙여진 것은 아닐 것이다. 또한 내용에 대해서도 그다지 이야기해주는 바가 없다). 그 논문들은 인쇄된 형태로 수백 쪽에 달한다. 그러나, 삼단논법 혹은 삼단논증 이론—아리스토텔레스 논리학의 진짜 핵심—은 「분석론 전서」 앞부분의 몇 쪽에서만 개진될 뿐이다. 『오르가논』의 나머지 대부분은 논리학의 논의 영역 바깥에 놓인 주제들에 관한 것이다. 비록 어떤 문장들이 우연히 삼단논법에서 사용되는 용어법에 빛을 던져 주거나 다른 유용한 배경 정보를 제공하는 일이 있기는 하지만 말이다.

더 나아가기 전에 곁들이는 이야기로서, 아리스토텔레스를 읽을 때 아리스토텔레스 저작이 지난 2,300년 동안 겪어 온 환난을 늘 참작해야 한다는 점을 언급하겠다. 문장들은 마음대로 고쳐졌고, 주석가들이 여백에 적은 주석이 텍스트 안으로 삽입되었고, 권과 장의 순서가 뒤섞였고, 절 전체가 없어지기도 했고, 가짜 저작이 첨가되기도 했다. 그리고 이 모든 것이 베껴 쓰는 사람의 누락, 동일한 내용의 중복 필사, 다른 내용의 필사와 같은 흔한 실수들과 결합되었다. 아리스토텔레스의 저작을 읽는 논리학자는 저자가 사용 – 언급 구분을 잘 하지 않았다는 점 또한 염두에 두어야 한다. 예를 들어 '모든 A는 B이다'와 'A는 B에 포함된다' 형식의 표현들이 'B는 모든 A에 술어로 귀속된다'와 'B는 모든 A에 속한다' 형식의 대응되는 표현과 교환 가능하게 사용된다. 사실, 어떤 곳에서 저자는 '하나의 것이 전체로서 또 하나의 것에 포함되는 것과, 후자가 전자 모두에 술어로 귀속된다는 것은, 서로 같다'고 분명히 말한다. 그리하여 「범주론」

에서 우리는 다음과 같은 문장을 볼 수 있다.

하나의 것이 주어인 다른 것에 술어로 귀속될 때마다 그 술어로 귀속된 것에 다시 술어로 귀속된 것은 그 주어에 또한 술어로 귀속된다: 예를 들어 사람은 특정한 사람에 술어로 귀속되고 동물은 사람에 술어로 귀속된다. 따라서 동물은 특정한 사람에 대해서도 술어로 귀속된다.

아리스토텔레스가 여기서 단어에 대해 이야기하는지, 사물에 대해 이야기하는지, 또는 양쪽 다인지 하는 물음을 제기한다면, 우리는 아마 대답할 수 없는 물음을 제기한 것일 테다. 이것은 물론 그가 말하는 바가 아무런 내용도 없다는 것을 함축하지는 않는다.

아리스토텔레스에 따르면 삼단논증은 어떤 것들이 가정되었을 때 어떤 다른 것이 그것들이 그러하다는 것으로부터 필연적으로 따라 나오는 담론의 한 부분이다. 이 정의는 우리로 하여금, 아리스토텔레스가 '삼단논증'이란 말을 '타당한 논증'에 근사한 의미로 사용한다고 생각하게끔 한다. 그러나 사실 그의 용례는 훨씬 더 제한되어 있다. 「분석론 전서」의 앞부분에서 그는 삼단논증의 구성요소가 되는 문장의 종류들을 나열한다. 그에 의하면, 모든 전제나 결론은 어떤 것에 대해 어떤 것을 긍정하느냐 부정하느냐에 따라, 긍정문장이거나 부정문장이다. 그것들 각각은 또한 전칭문장이거나 특칭문장이거나 부정(不定, indefinite)문장이다. 전칭문장은 어떤 것이 그 밖의 다른 어떤 것의 모두에 속하거나 어떠한 것에도 속하지 않는다고 진술한다. 특칭문장은 어떤 것이 그 밖의 다른 어떤 것에 속하거나 속하지 않거나 혹은 어떤 것의 모두에 속하지는 않는다고 진술한다. 반면에 부정문장은 전칭도 특칭도 아니고 단지 무언가가 다른 무언가에 속한다거나 속하지 않는다고 진술한다. 이를테면 '쾌락은 선이 아니다'와 같은 것이다. 실제로 부정문장은 아리스토텔레스에 의해 거부된다. 주석가들에 따르면 그 이유는 부정문장이 대응되는 특칭문장과 '동치'이기 때문이다. 어떠한 경우에도 아리스토텔레스 삼단논증의 구성요소들은 항상 전칭문장이거나 특칭문장이고 또한 긍정문장이거나 부정문장이다: 즉, 아리스토텔레스 자신의 예를 써서 그것들은 '모든 사람은 하얗다', '어떠한 사람도 하얗지 않다', '어떤 사람은 하얗다', 그리고 '모든 사람이 하얗지는 않다'와 같은 문장들이다. 이것들은 나중에 각각 A, E, I, O 형식의 문장들로 알려진다. '사람', '하얗다'와 같은 표현들은 '개념'이라 불린다. 삼단논증 이론은 '소크라테스는 하얗다'와 같은 단칭문장들에 대한 조항이 없다. 이런 유형의 문장들이 이른바 전통논리학에서 중요한 역할을 했음에도 불구하고 말이다.

A, E, I, O 문장들로 구성된 모든 논증이 삼단논증인 것은 아니다. 정확히 두 전제와 하나의 결론을 가졌으며 많아야 세 개념을 지닌 논증만이 삼단논증이다. 따라서 두 전제는 항상 최소한 하나의 개념을 공통으로 가진다. 그러한 개념을 **매개념**(middle term)이라 부른다. 결론의 술어는 **대개념**(major term)이고 결론의 주어는 **소개념**(minor term)이다.

「명제론」에서 아리스토텔레스는 같은 주어개념과 술어개념을 가진 A, E, I, O 문장들 사이에 성립하는 논리적 관계들 중 어떤 것을 언급한다. A와 O는 서로에 대해 **모순**(contradictory)이다. E와 I도 서로 모순이다. 모순들의 모든 쌍에 있어 정확히 (많지도 적지도 않게) 그중 하나가 참이다. A와 E는 **반대**(contrary)라고 불린다. 반대는 둘 다 참일 수는 없지만 둘 다 거짓일 수는 있다. 이러한 관계들이 나중에 대당사각형(the Square of Opposition)에 의해 체계적으로 표현되었다. 이 도형은 거의 모든 전통논리학 교과서에 들어 있는데, 「명제론」에 대한 마다우로스의 아플레이우스(Apuleius of Madauros, 2세기 A. D.)의 주석에서 처음 나타났다.

아리스토텔레스는 이른바 환위법(laws of conversion)이라는 이론에 대한 연역적 설명으로 그의 작업을 시작한다. 이 이론을 그는 나중에 한 종류의 삼단논증을 다른 종류의 삼단논증으로 '환원'하는 데 이용한다. 전칭부정문장은 전칭부정문장으로 환위된다고 그는 말한다. 예를 들어 어떠한 쾌락도 선이 아니라면, 어떠한 선도 쾌락이 아닐 것이다. 전칭긍정문장과 특칭긍정문장은 특칭긍정문장으로 환위된다. 예를 들어 모든 쾌락이 선이면, 또는 어떤 쾌락이 선이면, 어떤 선은 쾌락이다. 특칭부정문장은 환위되지 않는다. 어떤 동물이 사람이 아니라고 해서, 어떤 사람이 동물이 아닌 것은 아니다. 아리스토텔레스는 이 법칙들을 변항의 도움으로 정식화한다:

> A가 어떠한 B에도 속하지 않는다면, B는 어떠한 A에도 속하지 않을 것이다.
> A가 모든 B에 속한다면, B는 어떤 A에 속할 것이다.
> A가 어떤 B에 속한다면, B는 어떤 A에 속할 것이다.

이것은 학문의 역사에서 변항을 분명하게 사용한 첫 번째 예이다.

이 이론의 설명은 삼단논증의 타당한 유형들(혹은 '식들(moods)')을 나열하는 것으로 전개된다. 그리고 어떻게 해서 이것들 중 어떤 것이 다른 것들로부터 도출(다른 것들로 '환원')되는가를 보여 준다. 또한 반례에 근거해 타당하지 않은 식들을 반증한다. 타당한 식들에 대한 아리스토텔레스 자신의 문장들은, 문자 그대로 번역하여, 다음과 같은 모습이다. 아리스토텔레스 특유의 농축된 문장들에 나타나지 않는, 그렇지만 문법과 의미에 비추어 요구되는 듯한 중요한 말은 대괄호로 묶어 놓았다. 식의 이름들은 중세에 덧붙인 것이다. 표준에 따라 인용은 베를린 판본의 쪽(page), 단(column), 행에 따랐다.

Barbara. A가 모든 B에 [술어로] 귀속되고, B가 모든 C에 [술어로] 귀속된다면, 필연적으로 A가 모든 C에 술어로 귀속된다. (25 b 37)

Celarent. 마찬가지로 A가 어떠한 B에도 [술어로] 귀속되지 않지만 B는 모든 C에 [술어로] 귀속된다면, [필연적으로] A는 어떠한 C에도 속하지 않을 것이다. (25 b 40)

Darii. A가 모든 B에 속한다고 하고, B가 어떤 C에 속한다고 하자. 그러면 '모든 것에 술어로 귀속된다'가 처음에 말했던 것을 의미할 경우, 필연적으로 A가 어떤 C에 속한다. (26 a 23)

Ferio. 그리고 A가 어떠한 B에도 속하지 않지만 B는 어떤 C에 속한다면, 필연적으로 A는 어떤 C에 속하지 않는다. (26 a 25)

Cesare. M이 어떠한 N에도 술어로 귀속되지 않지만 모든 O에는 술어로 귀속된다고 하자. 그러면 부정문을 환위하여, N은 어떠한 M에도 속하지 않는다. 그런데 M은 모든 O에 속한다고 가정되었다. 그러므로 N은 어떠한 O에도 속하지 않을 것이다. 이것은 이미 증명된 바 있다. (27 a 5)

Camestres. M은 모든 N에 [속하지만] 어떠한 O에도 [속하지] 않는다면, N 또한 어떠한 O에도 속하지 않을 것이다. 그 이유는 다음과 같다: M이 어떠한 O에도 [속하지] 않는다면, O는 어떠한 M에도 [속하지] 않을 것이다. 그런데 M은 모든 N에 속한다. 그러므로 O는 어떠한 N에도 속하지 않을 것이다. 이로써 첫 번째 격(figure)이 산출되었다. 위의 부정문을 환위하면, N은 어떠한 O에도 속하지 않을 것이다. (27 a 9)

Festino. M이 어떠한 N에도 속하지 않지만 어떤 O에는 속한다면 필연적으로 N은 어떤 O에는 속하지 않을 것이다. 그 이유는 다음과 같다: 위의 부정문을 환위하면 N은 어떠한 M에도 속하지 않는다. 그런데 M은 어떤 O에는 속한다고 가정되었으므로 N은 어떤 O에는 속하지 않는다. 이로써 첫 번째 격의 삼단논증이 얻어졌다. (27 a 32)

Baroco. 한편 M이 모든 N에 속하지만 어떤 O에는 속하지 않는 경우에 필연적으로 N은 어떤 O에는 속하지 않는다. 그 이유는 다음과 같다: N이 모든 O에 속한다면, 그리고 M이 모든 N에 술어로 귀속된다면, 필연적으로 M은 모든 O에 속할 것이다. 그런데 M이 어떤 O에는 속하지 않는다는 것이 이미 전제되었다. (27 a 36)

Darapti. P와 R이 모든 S에 속할 때마다 P는 필연적으로 어떤 R에 속한다는 것[은 참이다]. 그 이유는 다음과 같다: 긍정문을 환위하면 S는 어떤 R에 속할 것이다. 따라서 P는 모든 S에 [속하고] S가 어떤 R에 [속하므로] 필연적으로 P는 어떤 R에 속한다. 이로써 첫 번째 격의 삼단논증이 산출되었다. 이는 per impossibile(불가능에로의 환원)나 ekthesis(치외법)에 의해 증명하는 것도 가능하다.[1] P와 R이 모든 S에 속한다면 S들 중의 하나—예를 들어 N—가 취해질 경우 P와 R은 이것에 속할 것이다. 그러므로 P는 어떤 R에 속한다. (28 a 17)

Felapton. 그리고 R이 모든 S에 속하지만 P는 어떠한 S에도 속하지 않는다면, 필연적으로 P는 어떤 R에는 속하지 않는다는 삼단논증이 존재할 것이다. 같은 종류의 증명이 RS전제를 환위함으로써 [성립한다.]

---

1   (옮긴이 주) 'per impossible'은 451~452쪽에 나오는 간접환원 방법을 말한다. 위의 Baroco의 증명이 바로 'per impossible'을 이용한 것이다. 그리고 'ekthesis'는 새로운 개념을 도입해 증명하는 방식이다. 본문에서 바로 뒤에 나오는 Darapi의 증명이 바로 'ekthesis'를 이용한 것이다. 이 증명에서 새로운 개념은 바로 "N"이다. 그리고 Bocardo의 설명에서 간접환원 방법을 쓰지 않고 하는 증명이 바로 이 'ekthesis'를 말하는 것이다.

이것은 또한 앞의 경우들에서와 같이 per impossibile(불가능에로의 환원)로도 보일 수 있다. (28 a 26)

Disamis. R이 모든 S에 [속하고] P가 어떤 S에 [속하면], 필연적으로 P는 어떤 R에 속한다. 그 이유는 다음과 같다: 뒷 긍정문을 환위하면, S는 어떤 P에 속할 것이다. 따라서 R이 모든 S에 [속하고] S는 어떤 P에 [속하므로], R은 어떤 P에 속할 것이다. 그러므로 P는 어떤 R에 [속할] 것이다. (28 b 7)

Datisi. 한편 R이 어떤 S에 속하고, P가 모든 S에 속하면, 필연적으로 P는 어떤 R에 속한다. 같은 방법의 증명[이 성립할 것이다.] 그리고 또한 이것을 앞 경우에서처럼 per impossibile(불가능에로의 환원)나 ekthesis(치외법)에 의해 증명하는 것도 가능하다. (28 b 11)

Bocardo. R이 모든 S에 [속하나], P가 어떤 S에 속하지 않는다면, 필연적으로 P는 어떤 R에 속하지 않을 것이다. 그 이유는 다음과 같다: P가 모든 R에 [속하고] R이 모든 S에 [속하면], P도 또한 모든 S에 속할 것이다. 그러나 P는 어떤 S에는 속하지 않는다. 이것은 또한 간접환원 (reduction) 방법을 안 쓰고도 증명될 수 있다. 즉, P가 속하지 않는 S들 중의 하나를 취해보자. (28 b 17)

Ferison. P가 어떠한 S에도 [속하지] 않으나, R은 어떤 S에 속한다면, P는 어떤 R에 속하지 않는다. RS전제가 환위되면 다시 첫 번째 격이 산출될 것이다. (28 b 33)

Fesapo와 Fresison. ... A가 모든 B에 [속하거나] 어떤 B에 [속할] 때, 그러나 B는 어떠한 C에도 속하지 않을 경우, 전제들이 환위되면 필연적으로 C는 어떤 A에 속하지 않을 것이다. 다른 격들에 있어서도 마찬가지이다: 삼단논증은 항상 전제들의 환위로부터 결과한다. (29 a 23)

아리스토텔레스는 삼단논증의 식들을 세 종류의 이른바 격으로 나누었다. A는 B에 속하거나 속하지 않는다는 것을 삼단논증에 의해 증명하기 위해, 그의 말에 의하면, 양쪽에 공통적으로 관련된 어떤 것을 필수적으로 취해야 한다. 그리고 이것을 수행하는 방법은 세 가지가 있을 수 있다: 즉, A가 C에 술어로 귀속되고 C가 B에 술어로 귀속되거나, 혹은 C가 양쪽에 술어로 귀속되거나, 혹은 양쪽이 C에 술어로 귀속되거나이다. '이것들이 앞에서 언급된 격들이다. 그리고 모든 삼단논증이 필연적으로 이 격들 중의 하나의 형태라는 것은 분명하다.' 따라서 타당한 식인 Barbara, Celarent, Darii, Ferio가 첫 번째 격에 속한다. Cesare, Camestres, Festino, Baroco는 두 번째 격에 속한다. 그리고 Darapti, Felapton, Disamis, Datisi, Bocardo, Ferison은 세 번째 격에 속한다. 나중에 네 번째 격이 첨가되었는데 이 격은 C가 A에 귀속되고 B가 C에 귀속될 때 A가 B에 귀속된다는 것을 증명할 수 있다는 가능성에 대응하는 것이다. 아리스토텔레스가 이 가능성을 어떤 이론적 고찰의 결과로 빼 버렸는지 아니면 단순히 간과해서 빼 버렸는지는 아무도 모른다.

삼단논증의 이론에서 현대 논리학자에게 가장 흥미로운 특색은 그 공리체계로서의 전개이다. 아리스토텔레스는 하나 이상의 방식으로 이 체계가 꾸며질 수 있음을 알고 있었다. 처음에 그는 첫 번째 격의 타당한 식들을 공리들로 선택했다. 그러고 나서 다른 식들은 그 공리들에 환원함으로써 증명했다. 그의 환원은 직접적이거나 간접적이다. 직접환원은 증명하려는 삼단논증의 하나 또는 그 이상의 전제들을 환위함으로써, 혹은 필요하다면 전제들의 순서를 뒤바꿈으로써, 그러고 나서 환원이 성취된 삼단논증을 써서 요구되는 결론을 이끌어냄으로써 이루어진다. 위에 주어진 번역문에서 보았듯이, 아리스토텔레스는 Cesare와 Camestres를 Celarent에로, Festino, Felapton, Ferison을 Ferio에로, Darapti, Disamis,

Datisi를 Darii에로 환원하는 데 이 방법을 사용한다. Baroco와 Bocardo를 Barbara에로 환원하는 방법은 반면에 간접적이다. 간접적 방법에 의하면, 주어진 삼단논증의 결론이 그 전제들로부터 따라 나온다는 것은 전제들 중의 하나를 가정하고 그리고 결론의 모순을 가정함으로써, 그다음에 이미 환원이 성취된 삼단논증을 써서 다른 전제와의 모순을 이끌어냄으로써 이루어진다.[2] 따라서 이 논증은 정리

$$((P \& Q) \rightarrow R) \rightarrow ((P \& -R) \rightarrow -Q)$$

에 따른 것이다. 비록 아리스토텔레스는 어떠한 원리도 명시적으로 정식화하지 않았지만 말이다.

모든 타당한 식들이 첫 번째 격의 타당한 식들로 어떻게 환원되는가를 보이고 나서 아리스토텔레스는 Barbara와 Celarent 만으로도 이론의 공리로서 충분하다고 말한다. 그는 Darii와 Ferio를 두 번째 격의 식들로 환원하고 나서 두 번째 격의 모든 식들이 첫 번째 격의 Barbara와 Celarent로 환원된다는 것을 보임으로써 증명한다. (Cesare, Camestres, Baroco는 이미 그렇게 환원되었었다. 아리스토텔레스는 Festino가 Ferio에로 직접적으로 환원될 뿐 아니라 Celarent에로 간접적으로 환원된다는 것을 설명한다.)

---

2   (옮긴이 주) 앞서 말했듯이, 이 간접환원 방법이 바로 'per impossibile'이다. 이 간접환원 방법과 우리가 일상적으로 '귀류법'이라고 번역하는 'reductio ad absurdum'과의 차이는 전자가 후자의 특수한 경우라는 것이다. 전자가 모순을 이끌어냄으로써만 증명을 성취함에 반해, 후자는 논리적 모순뿐만 아니라 경험적으로 거짓인 귀결을(즉, 논리적 오류뿐만 아니라 경험적 오류인 귀결을) 이끌어냄으로써도 증명을 성취한다. 따라서 귀류법이 훨씬 더 포괄적인 증명 방식이다.

이 작업을 마무리하면서, 그는 올바르게도 사실 세 격들 중 어떠한 격의 타당한 식들도 공리로서 똑같은 역할을 할 수 있다는 것을 관찰한다. 그가 큰 어려움 없이 증명했듯이 Barbara는 Baroco나 Bocardo에로 간접적으로 환원되고 Celarent는 Festino나 Disamis에로 간접적으로 환원된다. 결국 아리스토텔레스는 변항들을 도입하여 수많은 형식적으로 타당한 논리법칙들을 정식화하는 데에 변항들을 처음으로 사용했을 뿐 아니라 역사상 최초의 공리체계를 통해 논리법칙들 사이의 몇 가지 상호관계들을 증명하는 데 성공했다. 또한 특별히 주목할 가치가 있는 것은 그가 어느 정도 공리의 선택이 임의적이라는 사실에 대해 암묵적으로 깨닫고 있었다는 점이다. 즉, 주어진 이론에 대한 어떤 정식화에서는 공리인 것이 다른 정식화에서는 이끌어내어진 정리일 수 있다는 것이다.

14개의 타당한 식들은 반례를 써서 다른 모든 가능성들을 배제함으로써 얻게 되었다. 이런 배제에 대한 설명을 포함하는 문맥은 매우 수수께끼 같으므로, 전형적인 예를 설명하는 것이 더 가치 있을 것이다.

> 그러나 M이 모든 N과 O에 술어로서 귀속된다면, 삼단논증이 있을 수 없다. 결론이 긍정관계인 경우의 개념들의 예는 실체, 동물, 사람이다. 결론이 부정관계인 경우의 개념들의 예는 실체, 동물, 수이다.

이것이 아리스토텔레스가 두 번째 격에 있어서 'M이 모든 N과 O에 술어로서 귀속된다면…'으로 시작하는 네 식 중 어느 것도 타당하지 않다는 것을 보이는 방식이다. 더 확장한다면 이 논증은 다음과 같이 전개될 것이다. 주어진 전제들과 부정 결론을 지닌 타당한 식이 있다면 전제들을 참이게끔 만드는 변항들에 대한 모든 개념 할당들이 또한 이 결론을 참이게끔 만들 것이고, 따라서 식 'N은 모든 O에 술어로서 귀속된다'를 거짓으로 만들 것이다. (전칭긍정문장은 전칭부정문장과도 특칭부정문장과도 양립가능하지 않으므로.) 그러나 실체, 동물, 사람이라는 개념들을 'M', 'N', 'O'에 각각 할당하는 것은 전제들을 참이게끔 하고 위의 전칭긍정식을 참이게끔 한다. 그러므로 주어진 전제들과 부정 결론을 지닌 타당한 식은 존재하지 않는다. 마찬가지로 주어진 전제들과 긍정 결론을 지닌 타당한 식이 존재한다면, 전제들을 참이게끔 만드는 어떠한 할당도 이 결론을 참이게끔 할 것이다. 그리고 결과적으로 전칭부정식 'N은 어떠한 O에도 술어로서 귀속되지 않는다'를 거짓이게끔 할 것이다. 그러나 실체, 동물, 수를 'M', 'N', 'O'에 할당하는 것은 전제들과 이 식을 참이게끔 한다. 그러므로 주어진 전제들과 긍정 결론을 지닌 타당한 식은 존재하지 않는다. 우리는 아리스토텔레스가 여기서 '귀결'에 대한 우리의 정의(152쪽)에 담긴 것과 같은 아이디어를 사용하고 있다는 것을 알 수 있다. 하나의 식이 타당하지 않다는 것을 보이기 위해 그는 그 해석하에서 전제들이 참이고 결론이 거짓인 해석을 만든다. 개념들을 정교하게 할당함으로써 그는 단일한 해석으로 여덟 개의 식들을 제거해내기도 한다.

지면의 제약 때문에 양상논리학—즉, 양상기호 '필연적으로'와 '가능적으로'에 대한 이론—에 있어서의 아리스토텔레스의 공헌을 살펴볼 수가 없다. 그는 이 주제에 관해 많은 것을 말했으나 그중 대부분은 멋대로 고쳐졌고 혼란스럽다. 불행스럽게도 독자는 항상 이런 난점의 얼마만큼이 이 주제 탓이고 또한 얼마만큼이 텍스트의 손상 탓이고 또한 얼마만큼이 독자 자신의 우둔함 탓인지를 아는 데 실패하고 만다.

아리스토텔레스 이후의 소요학파(Peripatetic school)의 논리학의 역사에 관해 우리는 매우 조금만을 알고 있다. 테오프라스투스(Theophrastus, ca. 372~288 B. C.)는 이 학파의 후계 지도자였는데, 그는 그의 스승의 발견들을 발전시키고 수정하는 데 거의 완전히 스스로를 헌신했던 것 같다. 그는 삼단논증의 첫 번째 격에 다섯 개의 타당한 식들을 첨가했다고 한다. 그러나 이것은 아리스토텔레스의 분석에 있어서의 결함을 드러내는 것이 아니라 단지 '첫 번째 격'이란 말의 애매함을 드러내는 것이다. 아리스토텔레스의 제1격 식들로 예시되는 것들은 모두 유형 AB-BC-AC 를 가진 반면, 이 다섯 개의 새로운 식들은 유형 AB-BC-CA를 가지고 있다. 예를 들어

> A가 모든 B에 귀속되고 B가 모든 C에 귀속된다면, 필연적으로 C는 어떤 A에 귀속된다.

와 같은 것이다. 따라서 전제들을 뒤집으면 이 식들은 단지 네 번째 격의 다섯 개의 타당한 식들일 뿐이다. 테오프라스투스는 또한 아리스토텔레스의 양상논리학에 있어서의 어떤 명료화에 공헌했으며 소위 가언적 삼단논증에 관한 연구를 했다 한다. 후자는

> A이면 B이고 B이면 C이다. 그러므로, A이면 C이다.

또는

> A이면 B이다. A가 아니면 C이다. 그러므로 C가 아니면 B이다.

와 같은 형식의 논증이다.

소요학파가 아리스토텔레스로부터의 유산을 보존하는 데 열중했던 반면, 또 다른 철학자 그룹인 스토아학파와 메가라학파는 형식논리학에 대

해 전혀 다른 기여를 했다. 그들은 실질적으로 문장논리를 발명했다. 불행하게도, 논리학에 대한 이들 저자들의 저작은 모두 없어졌다. 따라서 우리는 여러 세기 후에 저자들의 작업에서 발견되는 단편들로부터 그들의 학설들을 재구성해야 한다. 명백한 이유로 해서, 그렇게 구성된 그림이 완전히 만족스러우리라고는 기대할 수 없다. 그럼에도 불구하고 그렇게 재구성한 내용이 그래도 일관적이라는 사실이 오히려 놀랍다.

메가라학파(The Megarian school)는 소크라테스의 제자 유클리드(Euclid, 기하학자와 혼동하지 말 것)에 의해 창건되었다. 그의 학생들 중엔 거짓말쟁이 역설로 유명한 에우불리데스(Eubulides), 스틸폰(Stilpo)의 스승이었던 코린트의 트라시마쿠스(Thrasimachus of Corinth)가 있었다. 스틸폰은 스토아주의의 창시자인 제논(Zeno, ca. 336~264 B. C.)의 스승이었다. 이들에 대해서는 매우 조금 알려져 있다. 그러나 사실의 공백 속에서 전설은 시작된다. 예를 들어 제논에 관해 우리는 그가 그리스인이 아니라 키프로스에 태어났으며 나중에 아테네로 와서 그리스어를 배우기도 전에 그리스어를 개혁할 것을 제안해 지역적 분노를 불러일으켰고, 오랜 철학적 경력을 쌓은 후 98세에 스스로 숨을 멈추어서 죽었다는 이야기를 듣는다. 이후 스토아학파를 맡은 그의 후계자는 클레안테스(Cleanthes, 아테네에 와서 제논의 학파에 들어갔으며 학파의 지도자가 되어 제논의 학설을 전달했고 결국에는 99세의 나이에 굶어 죽은 가난한 직업적 격투사였다고 전해진다)와 크리시푸스(Chrysippus, ca. 280~205 B. C.)였다. 아리스토텔레스 다음으로 크리시푸스는 고대에 가장 생산적인 논리학자였다. 어떤 옛날 속담에 따르면 '천상에 어떤 논리학이 있다면 그것은 크리시푸스의 논리학이다', '크리시푸스가 없었다면 스토아는 존재하지 않았을 것이다'. 그리고 크리시푸스 자신이 클레안테스에게 말한 내용이라고 인용되는 것으로, '내게 정리들을 다오, 나는 스스로 증명들을 찾으리라'는 문장이 있다. 메가라학파의 또 하나의 중요한 분파에는 두 논리학자 디오도루스 크로누스(Diodorus Cronus, d. 307 B. C.)와 그의 제자 필론(Philo)이 있다. 디오도루스는 '항상 참이다'와 '때때로 참이다'의 개념을 써서 필연성과 가능성을 정의하는 데 기여했다. 필론은 우리가 아는 한 실질적 함축(material implication)의 창시자이다.

아리스토텔레스와 달리, 스토아학파 사람들은 사용과 언급에 대해 꽤 명료했다. 그들은 기호와 그 의미와 그리고 그 지시체 사이의 구분에 관한 프레게의 이론과 어느 정도 비슷한 의미론적 이론을 가지고 있었다. 의미는 '그리스어가 말해질 때 그리스인은 파악하지만 야만인들은 파악하지 못하는 것'이다. 서술적 문장의 의미는 명제이다. 오직 명제만이 참이거나 거짓일 수 있다. 그러므로 명제들은 논리학의 주제 내용을 이룬다. 연결사 '만약 …이면, 그러면', '그리고', '또는'의 의미에 대해 스토아학파와 메가라학파 사람들은 많은 주의를 기울였다. 특히 조건문의 적절한 해석에 대한 논쟁에 너무나 열심이어서, 칼리마쿠스(Callimachus)의 오래된 단편에 따르면, '심지어 지붕 꼭대기의 까마귀들조차 어떤 조건문이 참인지의 문제에 대해 울고 있다'. 스토아 논리학에 대한 우리의 주요 자료 제공원인 섹스투스 엠피리쿠스(Sextus Empiricus, 3세기)는 매우 재미있는 어느 구절에서, 조건문에 대한 네 가지 중요한 해석들을 기술한다. 그는 그 해석들을 약한 것에서부터 강한 것까지 나열하고서, 각 경우에 대해 앞의 모든 의미에서는 성립하지만 그다음 의미에서는 성립하지 않는 예를 제시한다. (번호들은 다른 관점들 간의 구분이 더 분명해지도록 삽입되었다.)

(1) 필론은 참인 조건문이 참인 전건과 거짓인 후건을 가지지 않는 조건문이라고 말한다. 예를 들어 낮이고 내가 대화하고 있을 때

에 '낮이면, 나는 대화하고 있다'. (2) 그러나 디오도루스는 참인 조건문을 참인 전건과 거짓인 후건을 가질 수 없고 또 과거에 가질 수도 없었던 조건문으로 정의한다. 그에 따르면 방금 언급된 조건문은 거짓일 것이다. 왜냐하면 낮이고 내가 침묵하게 되었다면 그 조건문은 참인 전건과 거짓인 후건을 가질 것이기 때문이다. 그러나 다음 조건문은 참일 것이다: '사물들의 원자적 원소들이 존재하지 않는다면, 사물들의 원자적 원소들은 존재한다'. 왜냐하면 이 조건문은 항상 거짓인 전건 '사물들의 원자적 원소들은 존재하지 않는다'와 참인 후건 '사물들의 원자적 원소들은 존재한다'를 가질 것이기 때문이다. (3) 그리고 '연관' 또는 '정합'을 도입하는 사람들은 후건의 부정이 전건과 양립불가능할 때에 조건문이 성립한다고 말한다. 따라서 그들에 따르면 위에 언급한 조건문들은 성립하지 않는다. 그러나 다음은 참이다: '낮이면 낮이다'. (4) '함의'에 의거해 판단하는 사람들은 후건이 사실상 전건에 포함되어 있을 경우에 조건문이 참이라고 선언한다. 그들에 따르면 '낮이면 낮이다'와 모든 반복적 조건문이 개연적으로 거짓일 것이다. 왜냐하면 한 사물이 자기 자신 안에 포함되는 것은 불가능하기 때문이다.

　(섹스투스 엠피리쿠스, 『피론주의의 개요(*Outlines of Pyrrhonism*)』, II, 110)

　실질적 함축에 대한 필론의 정의는 진리표 분석을 암시하는 형식으로 자주 단편들 속에서 나타난다:

　　조건문의 부분들의 가능한 조합이 네 가지 있으므로—참인 전건과 참인 후건, 거짓인 전건과 거짓인 후건, 거짓인 전건과 참인 후건,

반대로 참인 전건과 거짓인 후건—그들은 첫 세 경우에 조건문이 참이라고 말한다. (즉, 전건이 참이고 후건이 참이면 조건문이 참이다; 전건이 거짓이고 후건이 거짓이면 조건문이 또한 참이다. 전건이 거짓이고 후건이 참인 경우도 마찬 가지이다.) 그러나 오직 한 경우에 조건문은 거짓이다. 즉, 전건이 참이고 후건이 거짓일 때이다.

(섹스투스 엠피리쿠스,『수학자들에 대한 반론
(Against the Mathmaticians)』, VIII, 247)

연결사 '그리고'와 '또는'에도 역시 진리함수적 해석과 양상적 해석이 주어졌다. 그리고 '또는'의 경우 포괄적 의미와 배타적 의미가 구별되었다. 우리가 진리함수적 의미를 고수한다면 연결사 '만약 …이면, 그러면'은 '아니다'와 '그리고'를 써서 정의될 수 있다는 것을, 그리고 '또는'은 '만약 …이면, 그러면'과 '아니다'를 써서 정의될 수 있다는 것을 깨닫게 된다. 실제로 크리시푸스는 명료성을 위해 실질적 조건문 '누군가가 개 별자리 밑에서 태어나면, 그는 바다에 빠져 죽지 않는다'를 부정연언문 '어떤 사람이 개 별자리 밑에서 태어나고 바다에 빠져 죽는 일 양쪽이 다 일어나지는 않는다'로 표현할 것을 권고했다. (그러나 이 문장들은 분자문장이 아닌 양화문장이라는 점에 주의해야 할 것이다.)

스토아학파에 따르면 논증은 '전제들과 한 결론으로 구성된 체계'이다. 표준적 예는 전건긍정법의 사례이다.

낮이면 밝다.
낮이다.
그러므로, 밝다.

논증은 그 상응조건문이 참일 경우 타당하다고 정의된다: 조건문에 대한 보다 강한 해석들 중의 하나가 명백히 여기서 사용되었다. '타당하다'는 말은

> 첫 번째이면 두 번째다.
>
> 첫 번째다.
>
> 그러므로, 두 번째다.

와 같은 논증틀에도 또한 적용되었다. 논증틀은 그것의 모든 사례들이 타당할 경우에 타당하다. 스토아학파 사람들은 명백히 '첫 번째', '두 번째' 등을 문장이 대입되는 변항으로 사용하고 있었다. 이것은 '사람'이나 '동물'과 같은 일반명사가 대입되는 아리스토텔레스 변항과 날카롭게 대조된다.

아리스토텔레스처럼 스토아학파 사람들도 모든 타당한 논증들을 일종의 연역체계 속에 나열하는 시도를 했다. 그들은 오직 문장논리의 의미에서 형식적으로 타당한 논증들만을 고려했던 것으로 보인다. 다섯 유형의 논증들이 기본적인 것으로 간주되었고, 다른 나머지는 이것들의 연쇄로 환원가능하다고 규정되었다. 다섯 기본 유형은 다음 틀의 사례들이다.

> I. 첫 번째이면 두 번째다;
>
> 첫 번째다;
>
> 그러므로, 두 번째다.
>
> II. 첫 번째이면 두 번째다;
>
> 두 번째가 아니다;
>
> 그러므로, 첫 번째가 아니다.
>
> III. 첫 번째와 두 번째 둘 다는 아니다;

첫 번째다;

그러므로, 두 번째가 아니다.

IV. 첫 번째이거나 두 번째다;

첫 번째다;

그러므로, 두 번째가 아니다.

V. 첫 번째거나 두 번째다;

첫 번째가 아니다;

그러므로, 두 번째다.

이 체계에서의 증명들은 네 가지 규칙들을 사용하여 도식적으로(즉, 논증틀을 써서) 이루어졌다. 불운하게도 이 규칙들과 적용들에 대해 우리가 아는 바는 불완전하다. 그러나 섹스투스에 의해 주어진 몇몇 예들에 기초해 그럴 듯한 추측이 만들어졌다. 다음 논증틀을 살펴보라고 그는 말한다.

(1) 첫 번째이고 두 번째이면 세 번째이다;

(2) 세 번째가 아니다;

(3) 첫 번째이다;

그러므로, 두 번째가 아니다.

이런 유형의 논증은 유형 II와 III의 기본 논증들을 복합한 것이다. (1)과 (2)로부터, II에 의해

(4) 첫 번째와 두 번째 둘 다는 아니다.

를 얻는다. 소위 '변증법적 규칙'에 따라 이것은 전제에 첨가될 수 있다. 그러면 (3)과 (4)로부터, III에 의해 우리는 결론을 얻는다. 변증법적 규칙이란 '우리가 어떤 결론을 산출하는 전제들을 가진다면 그 결론이 명시적으로 진술되지 않았을지라도 우리는 그 결론 역시 사실상 전제들 중의 하나로 가진다'는 것이다. 따라서 스토아학파 사람들이 정확히 명시된 절차에 따라 주어진 전제들로부터 동어반복적 귀결들을 이끌어낼 수 있는 다루기 좋은 추론규칙들의 집합을 찾으려 했다는 것은 분명하다. 키케로(Cicero)에 의해 인용된 구절로 보아, 그들은 자신들의 다섯 기본 규칙이 충분하다고 믿은 것 같다. 세부적인 것들에 대해 우리는 불완전하게 알고 있으므로 이 주장을 평가할 수는 없다.

그 단편들에는 증명가능하다고 진술된 좀 더 많은 논증틀들이 있다.

> 첫 번째이거나 두 번째이거나 세 번째이다.
> 첫 번째가 아니다.
> 두 번째가 아니다.
> 그러므로, 세 번째이다.

크리시푸스는 심지어 개들조차도 이 유형의 논증을 이용하는 것 같다고 말한다. 그는 개가 짐승을 쫓다가 길이 세 갈래로 나뉜 지점에 이르렀을 때에 짐승이 가지 않은 두 길을 냄새 맡아 보고 나서는 나머지 길을 냄새 맡아 보지도 않고서 돌진해 가는 것을 관찰했다고 주장했다. 크리시푸스에 따르면 사실상 개는 다음과 같이 논증한다.

> 그 짐승은 이 길로 갔거나 저 길로 갔거나 나머지 길로 갔다.
> 그 짐승은 이 길로 가지 않았다.

그 짐승은 저 길로 가지 않았다.

그러므로, 그 짐승은 나머지 길로 갔다.

이 논증은 틀 V의 반복 적용을 포함하고 있다고 말해진다.

스토아 논증에서의 또 하나의 재미있는 예는 오리게네스(Origen)에 의한 것이다.

네가 죽었다는 것을 네가 안다면, 너는 죽은 것이다.

네가 죽었다는 것을 네가 안다면, 너는 죽지 않은 것이다.

그러므로, 네가 죽었다는 것을 너는 알지 못한다.

(그리고 물론 전제들이 분석적이므로, 결론도 분석적이다.) 오리게네스는 또한 그 틀을 제공한다.

첫 번째이면 두 번째이다.

첫 번째이면 두 번째가 아니다.

그러므로, 첫 번째가 아니다.

그러나 그는 이것이 어떻게 다섯 기본 유형으로 분석될 수 있는지는 보여 주지 않는다.

마지막으로, 우리는 역설과 이율배반에 대한 스토아학파의 관심을 언급해야겠다. 이것들 중 가장 유명한 것은 거짓말쟁이 역설이다. 그 한 형태는 다음과 같다: '나는 거짓말하고 있다'고 말하는 사람은 거짓말하면서 동시에 진실을 말하는 것이다. 이 중요한 이율배반은 중세나 현대에서뿐 아니라 고대에도 심각하게 다루어졌다. 크리시푸스는 자신의 책들 전체에 걸쳐 그것에 관해서만 썼고, 심지어는 논리학자 코스의 필레타스(Philetas of Cos)의 다음과 같은 묘비명도 있다(성 조지 스톡에 의한 번역):

> 나는 코스의 필레타스,
> 나를 죽게 만든 것은 거짓말쟁이 역설,
> 그리고 그것으로 인해 사악한 밤이 도래하였네.

크리시푸스 이후 천 년 이상이나 우리가 아는 한, 논리학에 독창적인 기여를 한 사람이 없다. 언급할 가치가 있는 저자들은 오직 고대의 학설을 보존하고 그것을 중세에 (그리고 결국 우리에게) 전달한 기여 때문에 중요할 뿐이다. 위대한 웅변가 키케로(106~43 B. C.)는 스토아 논리학에 관해 몇 편의 정보들을 제공하고 많은 그리스어 논리학 용어를 라틴어로 번역하였다. A. D. 2세기 이후에 우리는 두 '논리학 입문서'를 가지게 된다. 하나는 앞에서 대당사각형과 관련해 언급했던 마다우로스의 아풀레이우스에 의해 쓰였고, 또 하나는 그리스 내과의사 갈렌(Galen, 131~201)에 의해 쓰여졌다. 이 책들과 이와 비슷한 다른 책들은 고대의 발견들이 손상 혹은 소멸되는 것을 막는 데 핵심적인 역할을 했다. 그러나 그것들은 또한 2세기 중엽에 있어서 스토아학파적 요소들과 아리스토텔레스적 요소들 사이의 혼동이 이미 꽤 진전되었다는 것을 보여 준다. 3세기 초 아리스토텔레스의 주석가 알렉산더(Alexander)는 스토아학파에 대한 얼마만큼의 정보를 섞어서 아리스토텔레스의 논리적 저작들에 대한 매우 유용한 해설을 썼다. 나중에 우리는 스토아 논리학에 대한 가장 좋은 자료 제공원인 섹스투스 엠피리쿠스와 디오게네스 라에르티우스(Diogenes Laertius)를 가지게 된다. 전자의 『피론주의의 개요』는 그 라틴어 번역본이 12세기에 이용 가능했고 따라서 중세 논리학의 발전에 중요한 역할을 했다. 5세기 초에 우리는 보에티우스(Boethius, 470~524)와 마르티아누스 카펠라(Martianus Capella)를 발견한다. 이 두 사람은 그들의 시대에 존재했던 대로의 논리학 전통의 모습을 형상화하는 데에 기여했다. 보에티우스는 아리스토텔레스의 「범주론」과 「명제론」을 라틴어로 번역했고 이 저작들과 그리스 주석가 포르피리오스(Porphyryus)가 3세기에 쓴 (아리스토텔레스의 「범주론」에 대한) 「서설」에 대한 주석서들을 썼다. 그것에 덧붙여 그는 정언적 삼단논증과 선언적 삼단논증에 대해 논저들을 썼다. 그의 작업은 대충 그가 무엇에 관해 알고 있었는지를 보여준다. 12세기 중엽에 이르기까지 그것은 고대 논리학에 대한 정보의 중요한 원천이었다. 그러나 그것이 그의 업적에 대해 말해질 수 있는 최대한의 것이다. 논리학자로서 마르티아누스 카펠라는 덜 인상적이다. 그러나 전통의 전달자로서의 그의 역할 때문에 그를 언급하는 것은 가치가 있다.

2. 중세 논리학

I. M. 보헨스키가 지적했듯이, 논리학의 역사는 아리스토텔레스로부터 현대까지의 점진적 발전들로 이루어져 있지 않다. 대신, 세 차례의 황금기들이 있는데 이 기간들은 비교적 짧게 지속했으며 각각 긴 쇠퇴기에 의해 단절되어 있다. 이 절정들 중 첫 번째는 B. C. 3, 4세기에 나타났고, 두 번째는 12~14세기에 나타났으며, 세 번째는 19세기 말에 시작해, 낙관주의자에 따르면, 현재까지 한참 진행 중이다. 이것은 물론 개략적인 일반화이고 이 세 기간 중 어디에도 해당되지 않는 몇몇의 주요한 논리학자들—라이프니츠가 가장 좋은 예이다—이 있다. 그러나 대체적으로 이것은 참이다.

논리학에 대한 중세의 공헌은 순수한 논리학에 있다기보다는 우리가 오늘날 '논리철학'이라 부르는 영역에 있다. 물론 우리는 이것을 완전히 자신 있게 말할 수는 없다. 현재 중세 논리학은 고대 논리학보다도 덜 알려져 있기 때문이다. 많은 수의 필사본들이 전문적 역사가들에 의해 편집되기는커녕 읽혀지지도 못했는데, 그것들에 중요한 혁신적 내용들이 포함되어 있을지도 모른다. 그러나 어쨌든, 지금까지 알려져 있는 한에서는, 중세는 어떠한 새 공리체계도 낳지 못했고 크리시푸스나 아리스토텔레스와 비교해 엄밀성에서 아무런 진전도 없었으며 일급의 고대인들에 의해 성취된 수준에서 연속적으로 아무런 진보도 이루지 못했다. 중세가 기여한 것은 의미론과 라틴어의 논리 탐구였다. 그리고 이 주제(논리학)의 형식적 발전의 근저에 놓인 수많은 직관적 논점들을 영리하게 철학화했다. 이에 대한 한 예로서, 우리는 모순으로부터 모든 문장들이 따라 나오는가의 문제에 대한 철저한 논의를 언급할 수 있다. 이 약간 이상한 결과를 제거하기 위해 전혀 문제없는 여러 추론 유형들을 같이 포기해야 한다는 유용한 사실을 여러 저자들이 지적했다. (1장 연습문제 2번을 참조할 것.)

중세 논리학의 개별적 저자들을 살펴보기 전에 각각의 역사적 시기에 있어 스콜라 논리학의 본성을 결정짓는 가장 중요한 단일 요인은 고대로부터 물려받은 자료의 이용 가능성이라는 점이 강조되어야 한다. 12세기 중엽에 이르기까지 일반적 접근이 가능한 유일한 저작들은 아리스토텔레스의 「범주론」과 「명제론」, 포르피리오스의 「서설」, 아풀레이우스, 보에티우스, 마르티아누스 카펠라의 여러 파생적 저작들이었다. 이 시대는 전통을 매우 강조하는 분위기였으므로, 이러한 자료의 부족은 그것에 대응하여 논의의 범위와 깊이의 제한으로 반영되었다. 그러나 12세기의 후반부에는 학문적인 경쟁으로 해서 학자들이 아리스토텔레스의 『오르가

논』의 나머지를 포함해 고대 유산의 많은 것들을 찾아 나섰다. 이 시기 이후로 학자들의 기여는 더욱더 다양해지고 정교해진다.

중세 논리학의 역사에서 최초의 중요한 인물은 피터 아벨라르(Peter Abelard, 1079~1142)이다. 8세기 말까지 요크에서 가르쳤고 나중에 샤를마뉴에 의해 세워진 학교의 지도자가 된 알쿠인(Alcuin)이『변증학(*Dialectica*)』이란 제목의 저작을 쓴 것은 사실이다. 그러나 이 책은 아리스토텔레스의 범주들에 대한 논의 외엔 별다른 내용을 담고 있지 않다. 그리고 9세기와 10세기에도 최소한 몇 권의 그런 다른 책들이 있었을 것으로 추측된다. 그러나 아벨라르와 그의 학파에 이르기까지는 논리학에 관련된 수많은 논점들에 대해 완벽하고 비교적 명료한 논의를 찾을 수가 없다. 모든 중세 논리학에 걸쳐 나타나는 주제들과 방법들 중 놀라울 정도로 엄청난 몫이 아벨라르의 저작들에서 출발한다. 비록 그가 보편자의 존재에 대한 대논쟁을 시작하지는 않았지만, 그는 그 논쟁에 처음으로 강하게 박차를 가했다. 그의 관점은 실재론(플라톤주의)과 유명론 사이의 어딘가에 위치했다. 그는 이렇게 말했다. "개별적 인간들은 서로 구별되지만, 그들은 인간이라는 점(즉, 인간임)에 있어서 일치한다. 그러나 나는 **인간에 있어서**(in man, in homine)라고 말하지 않는다. 어떠한 것도 그것이 개별자이지 않는 한, 하나의 인간(a man, sit homo)일 수 없기 때문이다. **대신 인간이라는 점**(즉, **인간임**)에 있어서(in being a man)라고 말한다. 인간임은 인간이 아니며(non est homo) 그 밖의 어떠한 것도 아니기 때문이다". 그의 저작『긍정과 부정(*Sic et Non*)』은 물음들(quaestiones)을 먼저 던진 후 모든 철학적 논의를 전개하는 중세식의 철학적 논의 방식의 시발점이었다: 즉, 하나의 물음(quaestio)이 제기된 후 찬반 논증이 체계적으로 전개되고 다음에 해답(solutio)이 주어진 다음 앞서 진술된 논증들에 적용된다. 이 방법은 유연성이 적고 유형화된 것이지만 저자가 말해야 할

바의 구조를 명료하게 만드는 경향이 있다. 아벨라르의 혁신들 중 또 하나는 형식에 의해(ex complexione) 참인 조건문(consequentiae)과 사실에 의해(ex rerum natura) 참인 조건문 사이의 구별이었다. 후자 종류의 참인 조건문들과 그것들에 대응되는 논증들을 그는 어느 정도 불완전한 것으로 여겼다. 그가 말하기를, 완전한 조건문에서는 후건의 의미가 전건의 의미에 포함되어 있어야 한다.

아벨라르는 동사[3] '이다'에 많은 주의를 기울이면서, 어떠한 정언적 문장의 내용도 'A는 B이다(A est B)' 형식의 문장으로 표현될 수 있다는 것을 주장했다. 그에 따르면 '소크라테스는 존재한다(Socrates est)'까지도 '소크라테스는 존재하는 것이다(Socrates est ens)'로 재표현될 수 있다. 아마 이것은 한 언어에서의 술어들의 수를 하나—즉, 집합론의 '$\in$'—로 환원하는 가능성과 존재를 전체 집합의 원소로서 재표현할 수 있는 가능성으로의 길을 보여 준다. 아벨라르는 또한 많은 지면을 양상성에 대해 다루면서, 오늘날에도 여전히 논의되는 문제들을 제기했다.

아벨라르의 저작에서, 우리는 그가 「범주론」과 「명제론」 이외의 다른 아리스토텔레스 저작들을 직접 접한 흔적을 찾아볼 수가 없다. 삼단논법에 대한 그의 빈약한 설명은 틀림없이 보에티우스로부터 빌려 온 것이다. 아리스토텔레스의 『오르가논』의 나머지가 일반적으로 이용가능하게 된 후 수많은 논리학 요약서들(summulae)이 나타났다. 이것들 중 인쇄된 가장 오래된 것은 시레스우드의 윌리엄(William of Shyreswood d. 1249)의 저작이다. 이 책은 다른 흥미로운 항목들 중에 여기에 인용할 만한 가치가 있는 두 편의 암기용 '시'를 담고 있다. 첫 번째는 다음의 유명한 시

---

3   (옮긴이 주) 우리말에서는 동사가 아니라 조사(토씨)로 분류되어 있음.

이다.

Barbara Celarent Darii Ferio Baralipton
Celantes Dabitis Fapesmo Frisesomorum;
Cesare Campestres Festino Baroco; Darapti
Felapton Disamis Datisi Bocardo Ferison.

이 시들은 세 격의 타당한 식들을 나열하고 있다. (테오프라스투스가 첨가한 다섯 식은 첫 격에 덧붙여졌다.) 식들의 이름에서 대부분의 문자들이 의미가 있다. 처음의 세 모음은 삼단논증의 요소문장들을 규정짓는다. 즉, Barbara는 첫 격의 유형에 따라 놓여진 개념들을 지니고 세 A-문장으로 이루어진다. 자음들은 주어진 식을 첫 세 식으로 환원하는 일에 대한 정보를 제공한다. 맨 첫 자음은 환원이 되는 식을 가르쳐 준다. (즉, Baralipton, Baroco, Bocardo는 Barbara에로 환원된다.) 's'가 나타나는 것은 그 앞 모음이 지칭하는 문장이 단순히 환위되어짐을 의미한다. 'p'가 나타나는 것도 그 환위가 단순하지 않다는 점만을 제외하고는 마찬가지이다. 'm'이 나타나는 것은 전제들이 뒤바뀜을 가르쳐 준다. 'c'는 간접적 환원을 사용할 것을 알려 준다. 이것들이 알려 주는 바대로인지 여러분들 스스로 해 보기 바란다.

나머지 또 하나의 '시'는 우리 규칙 Q의 내용을 보여 준다:

'All'과 'none - not'와 'not - some - not'는 동등하네,
'none'과 'not - some'과 'all - not'이 그러하듯이;
'some'과 'not - none'과 'not - all - not'는 함께 가고,
'some - not'와 'not - none - not'와 'not - all'도 그러하다네.

이것은 우리의 양화사 '모든(all)'과 '어떤(some)'이 '어떠한 것도 아닌 (none)'의 의미를 지닌 양화사에 의해서도 정의될 수 있음을 알 수 있게 해 준다.

스페인의 피터(Peter of Spain, ca. 1210~1277)는 시레스우드의 윌리엄이 파리에서 가르치고 있었을 때 그 밑에서 수학한 듯하다. 나중에 교황 요한 21세가 된 그는 현대판으로 구해 볼 수 있는 유일하게 다른 요약서를 저술했다. 이 시기에 이미 이 책은 고전으로 여겨졌고 17세기까지 여전히 사용되었다. 책의 내용은 윌리엄의 것과 유사했는데 다만 더 많고 더 좋은 암기용 시들이 들어 있다. 이것은 저자의 높은 지위와 결합해 이 책이 더 인기 있었던 이유를 설명해 준다. 이 책은 명제들, 포르피리오스의 다섯 술어 귀속가능어들(정의, 유, 종, 속성, 우연적 성질), 범주들, 삼단논증, 논증의 변증적 규칙들, 오류들에 대한 절들을 담고 있었고 거기에 덧붙여 「항의 속성들에 대하여(On the Properties of Terms)」라는 일군의 소논문들도 들어 있었다.

항의 속성들에 대한 학설은 후기 중세 논리학 전체에 걸쳐 나타나며 그것은 자주 중세 논리학의 가장 독창적인 공헌으로 여겨진다. 그러나 불운하게도 저자들마다 다른 설명을 하고 있고 우리는 그것들 중 어느 것에 대해서도 분명한 해설을 할 수가 없다. 가장 흔히 언급되는 속성들은 significatio(의미), suppositio(지칭), copulatio(결합), appellatio(통칭)이다. 그것들은 실제로 사용되는 라틴어 문장들에서 항들의 기능의 다양한 측면들을 특징짓는 것이라고 말해진다. 이와 관련해 '항(term)'이란 말은 일반명사(예를 들어 '사람'), 동사(예를 들어 '이다'나 '달린다'), 형용사(예를 들어 '하얀')를 모두 포괄한다. 모든 항은 significatio(의미)를 가지는데, 그것은 그 항의 '사전적 의미'라 불리는 것인 듯하며, 실재론자들에 따르면 형상(form)이다. 그러나 문장 속에서 사용될 때 항은 그 항의 significatum(의미대상)을 지시하지 않을 수도 있다. 항이 suppositio materialis(질료적 지칭)를 가진다면 ('사람은 2음절이다(Homo est disyllabum)'에서의 항 '사람(Homo)'처럼) 항은 자기 자신을 지시한다. 그렇지 않다면 항은 suppositio formalis(형상적 지칭)를 가진다. 이 후자의 항은 그 significatum(의미대상)을 지시하는 경우 ('사람은 종(種)이다 (Homo est species)'에서처럼) simplex(단순)하고 significatum(의미대상) 인 형상에 속하는 하나 또는 그 이상의 개별자를 지시하는 경우 ('사람이 달린다(Homo currit)'나 '모든 사람은 동물이다(Omnis homo est animal)' 에서처럼) personalis(위격적)이다. Suppositio(지칭)의 유형 구분은 재미있긴 하지만 설명하기 어려운 구분들에 기초해 더 많이 심화되었다. copulatio(결합)는 아벨라르의 원래 설명에 의하면 정언적 문장을 형성하도록 동사가 주어와 술어를 결합할 수 있는 기능이다. 다른 저자들은 그것을 아주 다르게 정의한다. 항의 appellatio(통칭)는 현재 존재하는 사물들에 대한 항의 지시라고 말해진다. 일반적으로 이 주제에 관해 더 많은 것이 알려질 때까지 우리는 항의 속성들이—올바르게 이해될 경우—자연언어의 사용에서 제기되는 여러 논리적 난점들(예를 들어, 왜 '소크라테스는 소년이었던 적이 있다'는 '어떤 소년은 소크라테스였던 적이 있다'는 것과 동등하지 않은가)을 설명하기 위한 여러 유용한 의미론적 개념들을 모아 놓은 것일 것이라 추측할 수 있다.

14세기의 중요한 논리학자는 오캄의 윌리엄(William of Ockham, ca. 1295~1349), 장 뷔리당(Jean Buridan, d. 1358 직후), 색스니의 알베르트 (Albert of Saxony, ca. 1316~1390), 위(僞) 스코투스(Pseudo Scotus, 그의 저작이 오랫동안 둔스 스코투스의 것으로 잘못 알려져서 그러한 이름이 붙여짐)라 불리는 이름 미상의 저자이다. 오캄의 면도날('존재자는 필요 이상으로 늘려서는 안 된다'는 명제)과 뷔리당의 나귀(똑같은 거리에 있는 두 건초더미 사이에서 선택할 수 없어 굶어 죽은 불운한 당나귀)는 철학사에 익숙한 독자들에게 잘 알려져 있다. 그러나 논리학의 역사에 있어, 오캄과 뷔리당과 다른 두 사람의 중요성은 주로 귀결문(consequentia)의 이론의 발전에 대한 공헌에 있다.

위 스코투스에 의해 정의되었듯이 '귀결문'은 '조건문 연결사에 의해 전건과 후건이 결합해 이루어진 가언적 문장'을 의미한다. 그리고 그가 '조건문 연결사'라는 말을 '만약 ...이면, 그러면'뿐 아니라 '그러므로'까지 가리키는 데 사용했다는 것은 분명하다. 따라서 귀결문의 예들은

> 모든 사람은 동물이다; 그러므로 모든 동물은 사람이다.
>
> 소크라테스는 존재하고 소크라테스는 존재하지 않는다; 그러므로 소크라테스는 존재하지 않는다.

를 포함한다. 귀결문의 타당성을 위해 다음과 같은 조건이 흔히 주어진다: 귀결문은 전건이 참이고 후건이 거짓인 것이 가능하지 않을 때 오직 그때에만 타당하다. 이 진술된 조건이 야기하는 듯한 어떤 역설들을 막기 위해 때때로 약간의 수정이 가해지긴 하지만 위의 내용이 지배적인 아이디어이다. 그러나 이 타당성 개념이 일반적임에도 불구하고 실제로는 형식적으로 타당한 귀결문만이 고려되었다. 또한 그중에서도 현대에 와서 문장논리의 부분으로 간주되는 것들만이 고려되었다. (때때로 '필연적으로'나 '가능적으로'와 같은 양상기호를 보충해.)

타당한 귀결문들을 고찰하면서, 중세 저자들은 변항을 지닌 논증틀 대신 메타언어적 기술들을 사용했다. 따라서

> *P*; 그러므로, *P* 또는 *Q*

Q; 그러므로, P 또는 Q

와

P 그리고 Q; 그러므로, P
P 그리고 Q; 그러므로, Q

같은 식 대신에

한 긍정선언의 각 부분으로부터 그 긍정선언으로의 타당한 귀결문이 존재한다.

와

한 연언으로부터 그 연언의 각 부분이 따라 나온다.

를 우리는 보게 된다.

E. A. 무디는 주로 위에서 언급한 네 명의 저자의 저작들 속에서 많은 수의 그러한 서술들을 모았고, 현대 표기법으로 된 식들을 써서 체계적으로 그것들을 나열했다. 같은 목적을 위해 우리는 우리 형식언어 Ջ의 SC 식들을 사용할 수도 있다. 이것들은 오직 대응되는 메타이론적 문장들이 존재한다는 것을 나타내기 위해 마련되었다는 것을 염두에 두면서 말이다. 위에 인용된 두 문장에 대해서는 6장의 SC 정리 25, 26, 47, 48이 대응된다.

유사한 방식으로 대응되는 타당한 귀결문들의 기술들이 존재하는 다른 SC 정리들은 번호 1, 2, 3, 11, 12, 15, 42, 43, 45, 46, 49, 50, 66, 73인데
이것들에 덧붙여 번호 1, 9, 15에 수입 원리를 적용해 귀결되는 정리들도
있다. 우리는 또한 다음에 대응되는 것들도 보게 된다:

$$(P \rightarrow Q) \rightarrow (-(P \rightarrow R) \rightarrow -(Q \rightarrow R))$$
$$(Q \rightarrow R) \rightarrow (-(P \rightarrow R) \rightarrow -(P \rightarrow Q))$$
$$(P \& -Q) \rightarrow -(P \rightarrow Q)$$
$$P \rightarrow (Q \vee -Q)$$
$$(P \vee (Q \& -Q)) \rightarrow P$$
$$-P \rightarrow -(P \& Q)$$
$$-Q \rightarrow -(P \& Q)$$
$$(P \& ((P \rightarrow Q) \& (Q \rightarrow R))) \rightarrow R$$
$$(P \rightarrow Q) \rightarrow ((Q \rightarrow -R) \rightarrow (P \rightarrow -R))$$
$$(P \rightarrow Q) \rightarrow ((P \& R) \rightarrow (Q \& R))$$
$$(P \rightarrow Q) \rightarrow (((P \& Q) \rightarrow R) \rightarrow (P \rightarrow R))$$
$$(P \rightarrow Q) \rightarrow (((Q \& R) \rightarrow S) \rightarrow ((P \& R) \rightarrow S))$$
$$((P \& Q) \rightarrow R) \rightarrow ((P \& -R) \rightarrow -Q)$$
$$((P \& Q) \rightarrow R) \rightarrow ((Q \& -R) \rightarrow -P)$$
$$((P \& Q) \rightarrow R) \rightarrow (-R \rightarrow (-P \vee -Q))$$

이것들 모두에 덧붙여, 양상기호를 지닌 타당한 귀결문들이 언급되었
다. 예를 하나만 들도록 하자:

한 선언의 각 부분 중 어느 한 부분의 가능성은 그 선언의 가능성
을 위해 충분하다.

중세기를 떠나기 전에, 타당한 귀결문을 전건이 참이면서 후건이 거짓이 되는 것은 불가능한 것으로 특징지우는 표준적 방식에 대해 위 스코투스가 제기한 반대를 주목해 봐야겠다. 이 표준적 방식에 의하면 필연적 후건을 지닌 어떠한 귀결문도 타당한 것이 된다는 것을 지적하면서 그는 전건과 후건이 필연적이면서도 타당하지 않은 귀결문의 예를 만들어낸다. 그것은

신은 존재한다; 그러므로, 이 귀결문은 타당하지 않다.

이다. 그의 말에 의하면, 이 귀결문은 확실히 타당하지 않다. 그렇지 않다면 이것은 참인 전건과 거짓인 후건을 가진 타당한 귀결문일 것이기 때문이다. 그리고 우리는 이것이 타당치 않음을 오직 신이 존재한다는 필연적 진리만을 써서 입증했으므로 이것의 타당치 않음은 필연적이다. 따라서 이 귀결문은 비록 타당치 않음에도 불구하고 필연적 귀결을 가진다. 여기서 전제 '신이 존재한다'는 '2＋2＝4'나 다른 필연적 진리로 대치될 수 있다는 것을 지적하면서 이 논증을 여러분이 스스로 천착해 보도록 남겨 놓겠다.

3. 근현대 논리학

중세 스콜라주의에 대한 반동인 르네상스는 논리학의 역사에 있어서 상대적으로 긴 침체기의 시작이기도 하다. 그리스와 라틴의 고전문학의 아름다움을 재발견한 인문주의자들에게 논리학자들의 저작들은 그 내용이 지루하고 하찮을 뿐 아니라 문체에 있어서도 야만스러운 것이었다. 이

느낌은 과학적 성향의 사람들에게도 공유됐는데, 그들은 여기에 더해 자기들이 사용하기에 아리스토텔레스 삼단논법과 그 부속물들이 실제로 쓸모없는 것보다도 못함을 깨달았다. 그런 상황에서 논리학이 더 이상 재능 있는 지성인들의 매력을 끌지 못했고 그 결과 점차 등한시되는 상태로 빠져든 것은 놀라운 일이 아니다. 이런 퇴보의 결과로부터 회복되어 논리학의 르네상스가 찾아온 것은 400년이나 지난 후에 부울, 드모르간, 프레게가 등장하고 나서이다. 라이프니츠만을 예외로 하고, 이 시기의 나머지 논리학자들은 대가로 분류될 수 없다.

이들 중 첫 번째 인물은 피터 라무스(Peter Ramus, 1515~1572)인데, 그는 논리학에 관해 많은 논문들을 썼고 반(反)아리스토텔레스주의로 주로 알려져 있었다. 그의 저작의 큰 인기와 영향력은 그다지 정당화되지 않는다. 아마도 그것은 그가 성 바르톨로메오 축일의 학살 때 살해되었고 그 후 개신교도들에 의해 순교자로 여겨진 사실에 기인하는 것 같다. 어떻든, 그는 아리스토텔레스가 '옥타비우스는 카이사르의 계승자이다. 나는 옥타비우스이다. 그러므로 나는 카이사르의 계승자이다'와 같은 삼단논증을 무시했는지의 여부를 문제 삼았다. 아리스토텔레스의 옹호자들은 이런 종류의 삼단논증은 '옥타비우스인 것은 무엇이든 카이사르의 계승자이다. 나인 것은 무엇이든 옥타비우스이다. 그러므로, 나인 것은 무엇이든 카이사르의 계승자이다'로 재구성되어야 한다고 주장해야만 하는 필사적인 상태에 빠져들게 되었다.

철학자 토마스 홉스(Thamas Hobbes, 1588~1679)는 필연적 참은 단순히 문장 구성요소들이 사용되는 방식에 의해서 참이라는 견해를 피력한 그의 독창적이고 강조적인 진술 때문에 짧게 언급할 가치가 있다. 그는 "인간은 살아 있는 피조물이다'는 참이다'라고 말한다. 그에 따르면, '그러나 이 문장이 참인 이유는 같은 것 위에 이 두 이름 모두를 부과하는 것이 사람들을 즐겁게 한다는 것이다'. 논리적 참은 언어적 규약에 기인하는 것이지 자연 속에 있는 필연적 연관의 존재에 기인하는 것이 아니라는 이 논제는, '언어적 규약'과 '자연 속에 있는 필연적 연관'이란 말을 둘러싼 널리 알려진 모호함에도 불구하고, 논리학의 발전에 의심할 여지없이 상당한 기여를 했다.

16세기에는 주목할 만한 가치가 있는 여러 영향력 있는 교과서들이 출현한다. 이들 중 하나가 『함부르크 논리학(*Logica Hamburgensis*)』으로서, 이 책은 1638년에 요아힘 융게(Joachim Junge, 1587~1657)에 의해 출판되었다. 융게의 저작은 라이프니츠에 의해 호의적으로 자주 언급되었는데, 그것은 소위 a recto ad obliquum(수직에서 경사로) 추론들과 연관해서였다. 이 추론들의 예는 다음과 같다.

> 원은 도형이다; 그러므로, 원을 그리는 이는 누구나 도형을 그린다.
> 파충류는 동물이다; 그러므로, 모든 동물을 창조한 이는 모든 파충류를 창조했다.

그러나 이런 유형의 관계 추론들은 융게의 발견이 아니었다. 본질적으로 유사한 사례들이 이미 오캄에 의해 고려되었기 때문이다: 예를 들어,

> 모든 사람은 동물이다; 소크라테스는 사람을 본다; 그러므로, 소크라테스는 동물을 본다.

또 하나의 그런 교과서가 1662년에 아르놀트 횔링크스(Arnold Geulincx)에 의해 '이전에 붕괴했던 기초로 되돌아간 논리학(Logic

Restored to the Fundament from Which It Previously Collapsed)'이란 제목으로 출판되었다. 이 책은 suppositio(지칭) 이론, '모든'과 '어떤'의 '아니다'와의 조합, 드모르간의 법칙, 정언적 삼단논증을 포함해 많은 표준적 주제들에 대한 비교적 분명한 설명을 담고 있다. 거기에 덧붙여 소위 반(反) 삼단논증에 대한 논의가 있다. 그 예는 다음과 같다.

> 피터는 동물이 아니다; 그러므로, 피터가 사람인 것과 모든 사람이 동물인 것 둘 다는 아니다.

그러나 이 시기의 가장 유명하고 영향력 있는 교과서는 1662년 앙투안 아르노(Antoine Arnauld)와 피에르 니콜(Pierre Nicole)에 의해 출판된 『논리학 혹은 사유의 기술(La logique ou l'art de penser)』이었다(『포르루아얄 논리학(Port Royal Logic)』으로 더 잘 알려졌다). 논리학을 '올바른 추론의 기술'로 보는 견해를 가진 이 책은 '바로 생각하는 법' 장르의 두드러진 초기 사례이다. 이것은 이 책이 나쁜 책이라는 것이 아니라 그 내용의 대부분이 오늘날 '논리학'이라 부르는 영역 내에 있는 것이 아니라는 것이다. 이 책을 널리 알려지게 한 특징은 일반명사의 내포와 외연 사이의 구분이다. 일반명사의 내포는 개념을 파괴하지 않고서는 제거될 수 없는 모든 속성들의 집합이다. 외연은 그 개념에 포섭되는 모든 대상들로 이루어진다. 일반명사 '삼각형'의 경우에 이 책의 저자들은 내포가 연장성을 지님, 모양을 지님, 세 변을 지님, 세 각을 지님, 세 각이 2직각과 같음 등을 포함한다고 말한다. 외연은 아마도 모든 개별적 삼각형들로 이루어져 있을 것이다. 이 책의 저자들은 이 점을 분명히 언급하지 않았지만 말이다. 이 구분이, 스토아학파에 의해 처음 시작되어 나중에 프레게에 의해 더 만족스럽게 재진술된 뜻 – 지시체 간의 구분과 관련되어 있다는 것은 명백하다.

　위대한 철학자이자 박학다식했던 고트프리트 빌헬름 폰 라이프니츠
는 논리학에 깊이 관심을 가졌고 2세기 후의 발전들을 예견하는 수많은
생각들을 제기했다. 그의 가장 중요한 작업은 그러나 출판되지 않은 채
로 남아 있다. 그리고 이런 결과와 다른 요인들로 인해서 논리학사에서
의 그의 영향력은 당연히 그랬어야 할 만큼에 미치지 못한다. 라이프니츠
는 그 구조에 있어서 사유의 구조를 그대로 반영하는 인공언어인 lingua
philosophica(철학 언어) 혹은 characteristica universalis(보편 기호법)를 구
성하는 계획을 제안했다. 그는 일상언어가 그 애매성, 모호성, 어색함, 피
상성 때문에 의사소통과 사유에 적당한 수단이 아니라고 확신했다. 인공
언어에 대한 생각은 본질적으로 새로운 것은 아니다. 그러나 라이프니츠
는 단순한 축약 표기법 체계 이상의 것을 제안했다. 그의 제안의 핵심은
언어의 영역에서와 같이 사유의 영역에도 복합적인 것과 단순한 것이 있
다는 생각, 그리고 복합적 사유의 기호들이 항상 단일한 방식으로 그 부
분들에 대한 기호들로부터 구성될 수 있는 그런 방식으로 사유의 요소들
에 단순 기호들을 할당하는 것이 원리적으로 가능하다는 생각이었다. 그
런 언어에 있어 언어적 표현들은 그것들이 재현하는 사유들에 대한 그림
들일 것이다. 라이프니츠는 이것이 사유와 의사소통을 크게 용이하게 만
들 것이고, 일관성이나 귀결의 모든 문제를 결정하는 기계적 규칙들의 발
전을 허용할 것이라고 믿었다. 말할 것도 없이, 라이프니츠는 형식적인
논리를 구성하려는 몇몇 시도들을 했음에도 불구하고, 자신의 인공언어
를 구성하려는 프로그램을 끝내 만들 수가 없었다. 이 시도들 중의 하나
에서 그는 라이프니츠의 법칙('사물들은 진리치의 변화 없이 모든 곳에
서로 대입될 수 있을 경우 동일하다')에 기초해, 그리고 우리가 9장 1절의
형식체계에서 따랐던 것과 같은 증명 패턴들을 사용해 동일성 이론의 일

부를 발전시키기도 했다. 그가 같은 방향으로 더 나아가지 않은 것은 유감스러운 일이다.

이탈리아 수학자 지롤라모 사케리(Gerolamo Saccheri, 1667~1733)는 비유클리드 기하학을 예견한 것으로 잘 알려져 있는데, 여기서는 클라비우스의 원리(232쪽 참조)에 대한 논의와, 그리고 증명에 있어서의 이 법칙의 명민한 사용 때문에 언급하게 되었다. 그의 작은 논리학 책『증명 논리학(*Logica Demonstrativa*)』(1697)은 어떤 주목할 만한 논증을 담고 있다. 주어진 삼단논증 식이 타당하지 않다는 것을 증명하기 위해 그는 참인 전제들과 그 주어진 식이 타당치 않다고 말하는 결론을 지닌, 그 식의 형태를 띤 삼단논증을 구성한다. 그다음에 그는 다음과 같은 논증을 한다. 그 식이 타당하다면 이 삼단논증의 결론은 참이고 따라서 그 식은 타당하지 않다. 그러므로 그 식은 타당하지 않다. 사케리는 또한 정의를 비교적 주의 깊게 사용했기 때문에 주목할 가치가 있다. 그는 한 대상을 지칭하는 명사를 도입하기 전에 그 대상의 존재와 단일성을 증명해야 할 필요를 알았다.

100년도 넘은 후에 우리는 베르나르트 볼차노(Bernard Bolzano, 1781~1848)에 이른다. 그는『과학적 지식의 이론(학문론, *Wissenschaftslehre*)』이란 제목의 대작을 썼다. 여러 권으로 나누어진 그 저작은 최근에야 그것이 마땅히 받아야 할 주목을 받게 된 여러 독창적인 업적들로 이루어져 있다. 그중 한 권은 처음으로 해석의 개념을 써서 분석성과 귀결을 정의하려는 비교적 날카로운 시도를 담고 있다. 불운하게도 볼차노의 정의들은, 문장들과 대비해 명제들을 이야기하는 내용 속에 파묻혀 있어 간과되어 왔다. 그는 한 명제로부터 그 명제의 구성요소들을 대치해서 다른 명제를 얻는 것에 대해 이야기한다. 그러나 '대치'가 비공간적이고 무시간적인 것이라 알려진 존재자들에 적용될 때 무엇을 의미하는지는 거의 분명하지 않다. 결국, 그의 기본적인 생각은 좋은 것이었지만 그것이 엄격한 방식으로 사용되기 전에 어떤 실질적 명료화가 이루어져야 했다.

볼차노는 분석성을 좁은 의미에서와 넓은 의미에서 정의한다. 한 명제는 한 주어진 구성요소 혹은 구성요소들에 대해 그 구성요소들을 다른 항들로 대치한 모든 결과가 참일 경우 그 주어진 구성요소 혹은 구성요소들에 대해 보편적으로 타당하다. 그러한 모든 결과가 거짓인 경우 그 명제는 그 주어진 구성요소 혹은 구성요소들에 대해 보편적으로 부당하다. 따라서 명제 '그 남자 카이우스는 죽을 것이다'는 구성요소 카이우스에 대해 보편적으로 타당하다고 말해진다. 한 명제가 보편적으로 타당하거나 보편적으로 부당한 경우 그 명제는 주어진 구성요소에 대해 (넓은 의미에서) 분석적이다. 그렇지 않은 경우 그 명제는 종합적이다. 만약 한 명제가 그 명제의 논리적 구성요소 외의 모든 구성요소에 대해 분석적이라면 그 명제는 좁은 의미에서 분석적이다. 이것은 우리에게 가치 있어 보이는 생각이다. 그러나, 논리적 구성요소와 그렇지 않은 구성요소 간의 분명한 구분을 하는 어려움 때문에 볼차노는 그것에 많은 투자를 하지 않았다. 그는 계속해서 본질적으로 다음과 같이 일관성을 정의한다: 일군의 명제들은 그 명제들의 비논리적 구성요소들에 대한 어떤 치환이 그 명제들 모두를 참이게끔 하는 경우에 일관적이다. 그리고 만일 일군의 명제들 모두를 참인 것으로 만드는, 구성요소들에 대한 모든 치환에 의해 한 주어진 명제가 참인 것으로 될 경우에 그 주어진 명제는 그 일군의 명제들의 귀결이다. 이 생각들과 우리가 4장에서 사용했던 방법들 사이의 밀접한 관계는 명백하다.

논리학의 현대적 발전은 조지 부울(George Boole, 1815~1864)과 오거스터스 드모르간(Augustus De Morgan, 1806~1871)의 작업과 함께 본격적으로 시작한다. 이 사람들은 거의, 동시에 집합대수(부울대수)와 이항 관계대수로 이루어진 논리대수라 불리는 것의 기초를 발전시켰다. 부울과 드모르간은 둘 다 논리학의 어떤 법칙들과 그것들에 상응하는 일상의 산술적 대수의 식들 사이의 명백한 구조적 유사성을 언급했다. 그러나 자신들의 논리체계들을 안출하면서 그들은 그 체계들을 완전하게 특징지우려 하지 않고 단지 일상대수와의 차이점만을 지적하는 데 그쳤다. 논리대수에 대한 더 만족스러운 정식화는 나중에 성취되었다. 앞 장에서 우리는 집합대수에 대한 그런 정식화 하나를 보였다. 잘 알려지고 더 우아한 공리집합은 그 본질에 있어 미국 수학자 E. V. 헌팅턴(E. V. Huntington, 1874~1952)에 의한 것인데, 그것은 공리 3~6을 정리 16과 17로 대치함으로써 우리 집합에서 얻어질 수 있다. 드모르간과 찰스 샌더스 퍼스(Charles Sanders Peirce, 1839~1914)에 의해 비롯된 이항 관계대수는 세 개의 연산기호들 대신 (합집합, 교집합, 여집합, 관계합, 관계곱, 임의의 이항 관계의 역을 지칭하는 것으로 해석되는) 여섯 개의 연산기호들을 가진다는 것만을 제외하고는 집합대수와 유사하다. 관계대수의 공리들은 타르스키에 의해 제시되었다.

집합대수는 일반 집합론과 혼동되어서는 안 된다. 전자는 후자의 오직 작은 부분일 뿐이다. 후자는 원소 관계의 일반 이론이라고도 불리는데, 수학자 게오르크 칸토르(Georg Cantor, 1845~1918)에 의해 창조되었다. 칸토르의 이론은 기수, 서수, 무한, 그 밖에 현대 수학에서 중요한 다른 많은 개념들의 분석을 포함하고 있다. 특히 그는 최초로 무한 기수 이론을 발전시켰고, 유한하든 무한하든 어떠한 집합 m에 대해서도 그 부분집합들의 집합의 기수는 m의 기수보다 크다는 증명을 해냈다. 칸토르의 이론은 가장 단순한 형식에 있어서도 러셀의 역설의 도출을 허용한다는 것이 판명되었고 결국 엄청난 양의 노력이 칸토르 이론의 내용을 가능한 한 많이 보존하면서 일관적인 부분이론들을 찾아내는 시도에 기울여졌다.

우리는 이제 프레게에 이르렀다. 근래의 모든 논리학사가들이 동의하는 바가 하나 있다면, 그것은 논리학의 발전에 공헌한 사람들 중에서 고틀로프 프레게가 차지하는 탁월한 위치에 대해서이다. 알론조 처치는 프레게가 '명백히 현대의 가장 위대한 논리학자'라고 단언한다. I. M. 보헨스키는 프레게를 '의심할 여지없이 수리논리학 분야의 가장 뛰어난 사상가'라고 부르고 프레게의 『개념기호법』은 논리학의 전 역사에 있어서 오직 한 권의 다른 책, 즉 아리스토텔레스의 「분석론 전서」하고만 중요성에 있어 비견될 수 있다고 말한다. 윌리엄 니일과 마사 니일은 '그가 공들여 만든 연역체계 혹은 논리체계가 이 주제의 역사에 있어서 가장 위대한 단일 업적'이라고 말한다.

프레게의 업적은 한마디로 말해서 그가 현대적 형식의 논리학을 고안해냈다는 것이다. 그의 작은 책 『개념기호법』에서 처음으로 일관적이고 완전성 있는 문장논리의 완벽히 정식화된 공리체계가 나타난다. 이 체계는 부정과 진리함수적 함축을 원초적 연결사로 쓰고, 우리 체계에서 6장의 정리들 4, 5, 7, 10, 11, 15였던 것을 여섯 공리로 사용하면서, 전건긍정법과 대입을 유일한 추론규칙으로 사용한다. 더 중요한 것은 프레게가 형식체계에 양화사를 도입한 것이다. 그는 부가적 공리들과 규칙들을 포함시켜 그는 그 체계를 일차 술어논리의 완전성 있는 체계로 확장했다. 그 제시된 전체 체계는 만족스럽게 정식화된 이론에 대한 그 자신의 엄격한 기준과 일치한다: 그러한 이론은 인공적이고 형식화된 언어로 짜여져야 하고, 그 언어에 있어 (정)식의 개념은 관여된 표현들의 모양만을 참조함으로써 설명될 수 있어야 한다. 또 원초적 기호들은 명시적으로 나열되어야 하며, 다른 모든 기호들은 그 기호들을 통해 정의된다. 증명 없이 진술되는 모든 식들은 공리로서 나열되어야 하며, 진술되는 다른 식들은 이 공리들로부터 형식적 추론규칙들의 적용에 의해 도출되어야 한다. 이 추론규칙들은 미리 나열되어야 한다. 이 규칙들과 공리들, 원초기호들의 수는 가능한 한 최소한으로 한다. 프레게의 관점에서 무엇보다 중요한 것은 '도출들 속에 비약이 없어야 한다'는 것이다. 이것은 그가 생각하기에 추론규칙들이 가능한 한 적고 단순하다면 쉽게 성취될 수 있는 것이었다.

'[공리들로부터] 새로운 진술로의 도출에 있어 우리는 오늘날까지 수학자들이 습관적으로 그래 왔듯 명백히 옳아 보이는 것에 만족해서는 안되고, 그 도출을 그것을 구성하는 단순한 논리적 단계들로 분석해야 한다. 그리고 자주 그 단계들은 상당히 많아야 할 것이다.' 이와 같은 진술은 프레게로 하여금 동료 수학자의 사랑을 받지 못하게 했다. 그러나 그는 그가 고치고자 한 바로 그 결함 때문에 수학적 추리가 실제로 바른길을 잃어버리는 예들을 보일 준비가 항상 되어 있었고 또 보일 수 있었다.

논리학에 대한 프레게의 다른 중요한 공헌은 술어(혹은 집합)변항에 대한 양화를 포함하는 것으로 일차 술어논리를 넘어서 있는 것이다. 이것은 산술과 수학의 다른 많은 부분들이 논리학(비록 일차 술어논리에로는 아니지만)에로 환원될 수 있다는 주목할 만한 발견이었다. 이 환원은 산술의 기본 개념들을 순수 논리적 개념들로 정의함으로써 성취된다. 그 본질적 부분에 있어 프레게의 방법은 다음과 같다. 그는 어떠한 두 집합에 대해서도 그것들 사이에 일대일 대응이 존재하는 경우, 그 두 집합이 개수에 있어 같다고 정의한다. 그다음에 그는 집합 α의 기수를 α와 개수에 있어 같은 모든 집합들의 집합으로 정의한다. 즉, 정수 1은 조건

$$(\exists x)(y)(y)(y \in \alpha \leftrightarrow y = x)$$

를 만족하는 모든 집합 α의 집합이다. 정수 2는 조건

$$(\exists x)(\exists y)(x \neq y \;\&\; (z)(z \in \alpha \leftrightarrow (z = x \vee z = y)))$$

를 만족하는 모든 집합 α의 집합이다. 3 이상도 마찬가지이다. 두 정수, p 와 q의 합 $p+q$는 조건

$$(\exists \alpha)(\exists \beta)(\alpha \in p \;\&\; \beta \in q \;\&\; \alpha \cup \beta = \gamma \;\&\; \alpha \cap \beta = \Lambda)$$

를 만족하는 모든 집합 γ의 집합이다. 그러면 양의 정수들의 집합은 조건

$$1 \in \alpha \;\&\; (n)(n \in \alpha \rightarrow n+1 \in \alpha)$$

를 만족하는 모든 집합 α의 교집합으로 정의될 수 있다. 따라서 산술의 기본개념들은 오직 논리적 개념들만으로 정의된다. 따라서 산술의 법칙들은 논리학의 법칙들로 환원된다. 『산술의 근본법칙들(*Grundgesetze der Arithmetik*)』(1903)의 첫 권에서 프레게는 논리학으로부터 산술의 이러한 도출을 완성했다. 비록 그의 체계가 러셀의 역설로부터 벗어나지 못한 것이긴 했지만 그 역설은 여러 방식으로 극복될 수 있는 것이었고 그의 기본적 생각의 타당함은 도전받지 않은 채로 남아 있다.

언어철학에 있어 프레게는 뜻과 지시체의 구분(69~72쪽 참조)으로 중요하다. 이 영역에서의 그의 작업은 그가 손을 대었던 다른 모든 영역에서처럼 후대 연구자들에게 비범한 자극을 주었다.

프레게의 통찰들 중 많은 것이 또한 미국의 논리학자 찰스 샌더스 퍼스의 저작들 속에서 덜 체계적으로 발견된다. 프레게와 완전히 독립적으로, 퍼스는 모든 논리학에 적절한 기호법을 창안했고, 양화 이론(양화사 머리 표준형식까지 포함해서)의 몇 부분들을 이끌어내는 작업을 했으며

관계 이론에서의 중요한 결과들을 증명했다.

논리학의 역사에서 그다음으로 위대한 인물은 버트런드 러셀이다. 그는 앨프리드 노스 화이트헤드(Alfred North Whitehead, 1861~1947)와 함께 기념비적 저작 『수학원리(*Principia Mathematica*)』를 썼다. 프레게 체계의 비일관성을 피하기 위해 마련된 장치인 소위 유형 이론을 써서 이세 권의 논저는 논리학으로부터 수학을 이끌어내는 프레게의 프로그램을 꽤 많이 성취시켰다. 어떤 점에서, 특히 사용-언급 구분에 관한 한 이책은 프레게에 의한 높은 수준의 엄격성의 표준에 비하면 만족스럽지 못하다. 그럼에도 불구하고 이 책은 의심할 여지없는 고전적 저작이고 많은 부분에 있어 이 주제의 이후 발전을 결정짓는다.

마지막으로 쿠르트 괴델과 알프레드 타르스키의 작업은 간단히 언급하도록 하겠다. 괴델은 최초로 기초논리학(일차 술어논리학)의 완전성을 증명했다. 그리고 고차 논리학의 불완전성 정리에 대한 인상적인 증명을 했다. 후자의 정리를 증명하면서 그는 자연수의 기초산술에 대해 완전성 있고 일관적인 공리체계는 존재할 수 없다는 것을 보여 주었다. (이 이론은 동일성과 연산기호들을 포함하는 일차 술어논리에서 정식화된다. 비논리어휘는 두 개의 이항 연산기호들로 이루어져 있다. 주장들은, 변항들의 값으로 자연수들이 주어지고 연산기호들이 덧셈과 곱셈으로 해석될 때 그 해석하에서 참인, 이 이론의 모든 문장들이다.) 괴델의 불완전성 정리는 수학적 참이 어떠한 특정한 공리집합들로부터의 도출가능성과도 동일시될 수 없음을 분명하게 보임으로써 수리철학에 깊은 영향을 미쳤다.

알프레드 타르스키의 작업은 가장 철학적 측면에서부터 가장 수학적 측면에 이르기까지 논리학의 전 영역에 걸쳐 있다. 의미론의 영역에서 그는 전에 철학적 혼란 속에 빠져 있던 많은 개념들—특히 진리개념—에 대해 완전히 정밀한 정의를 부여하는 데 성공했다. 사실 그는 학문적 의미에 있어서의 의미론을 창시했다고 적절히 말해질 수 있다. 그는 또한 집합론에도 지대한 공헌을 했다. 메타수학의 영역에서는 여러 수학적 이론들의 결정 가능성에 관해 수많은 중요한 결과들을 성취했다. 타르스키는, 그의 많은 제자들 및 동료들과 함께, 오늘날 논리학을 앞으로 진전시킨 가장 위대한 연구를 추진한 학자 중 하나로 여겨져야 할 것이다.

참고문헌

교재들

· Beth, E. W. *Formal Methods. Dordrecht*, 1962.

· Bocheński, I. M. *A Précis of Mathematical Logic*. Dordrecht, 1959.

· Carnap, R. *Introduction to Symbolic Logic and Its Applications*. New York, 1958.

· Church, A. *Introduction to Mathematical Logic*, Vol. I. Princeton, 1956.

· Copi, I. *Symbolic Logic*. New York, 1954.

· Curry, H. B. *Foundations of Mathematical Logic*. New York, 1963.

· Fitch, F. B. *Symbolic Logic*. New York, 1952.

· Hermes, H. *Einführung in die mathematische Logik*. Stuttgart, 1963.

· Hilbert, D., and W. Ackermann. *Grundzüge der theoretischen Logik*, 4th edition. Berlin, 1959.

· Hilbert, D., and P. Bernays. *Grundlagen der Mathematik*, 2 vols. Berlin, 1934 and 1939.

· Kalish, D., and R. Montague. *Logic: Techniques of Formal Reasoning*. New York, 1964.

· Kleene, S. C. *Introduction to Metamathematics*. New York, 1952.

· Prior, A. N. *Formal Logic*. Oxford, 1955.

· Quine, W. V. *Mathematical Logic*. New York, 1940.

· Quine, W. V. *Methods of Logic*. New York, 1950.

· Rescher, N. *Introduction to Logic*. New York, 1964.

· Rosenbloom, P. C. *The Elements of Mathematical Logic*. New York, 1950.

· Rosser, J. B. *Logic for Mathematicians*. New York, 1953.

· Scholz, H., and G. Hasenjaeger. *Grundzüge der mathematischen Logik*. Berlin, 1961.

· Suppes, P. *Introduction to Logic*. New York, 1957.

· Tarski, A. *Introduction to Logic*. New York, 1941.

논리학사 서적들

· Bocheński, I. M. *A History of Formal Logic*. Notre Dame, 1961.

· Boehner, P. *Medieval Logic*. Manchester, 1952.

· Church, A., and others. 'Logic, History of', in the *Encyclopcedia Britannica*, 1956.

· Kneale, W., and M. Kneale. *The Development of Logic*. Oxford, 1962.

· Lukasiewicz, J. *Aristotle's Syllogistic*. Oxford, 1951.

· Moody, E. *Truth and Gonsequcnce in Medieval Logic*. Amsterdam, 1953.

찾아보기

옮긴이

故 김영정

서울대학교 철학과를 졸업하고 브라운대학교에서 철학 석사 및 박사 학위를 받았다. 서울대학교 철학과 교수 및 인지과학 협동과정 겸임교수로 재직했다. 미국 스탠퍼드대학교 CSLI연구소 방문학자, 한국논리학회 회장과 한국인지과학회 회장을 역임했으며 한국철학회 열암학술상을 수상했다. 지은 책으로『심리철학과 인지과학』(1996),『언어, 논리, 존재』(1997),『사회철학대계 4: 기술시대와 사회철학』(2005),『선제논리를 향하여』(2010) 등이 있으며, 옮긴 책으로『계산가능성과 논리』(1996),『개인의 동일성과 불멸성에 관한 대화』(2000) 등이 있다.

선우환

서울대학교 철학과 학부와 대학원을 졸업하고, 프린스턴대학교에서 철학 박사 학위를 받았다. 서울시립대학교 철학과 교수, 런던대학교 철학과 방문학자, 한국철학회 및 철학연구회 편집위원과 한국논리학회 연구위원장을 역임했으며 현재 연세대학교 철학과 교수로 재직하고 있다. 우수연구업적교수상 및 우수강의교수상을 수상했다. 지은 책으로『김재권과 물리주의』(공저, 2008),『때문에』(2020)가 있다. 논문으로「물리주의와 지식 논변」(2004),「통세계적 동일성의 문제와 양상 인식론」(2004),「술어에 대한 새로운 프레게적 이론」(2005),「진리에 대한 최소 이론의 설명력」(2006),「회의주의 문제와 지식의 정당화 조건」(2011),「밸러궈의 수학적 플라톤주의와 인식론적 문제」(2015),「선결 문제 요구의 오류는 왜 오류인가?」(2016),「두 종류의 인식적 요행과 지식 개념 분석」(2019) 외 다수가 있다.

기호논리학

초판　1쇄 발행　1995년　3월 20일
개정판1쇄 발행　2022년 12월 30일
개정판2쇄 발행　2023년 10월 10일

지은이　벤슨 메이츠 | 옮긴이　김영정 선우환
펴낸곳　(주)문예출판사 | 펴낸이　전준배
출판등록　2004. 02. 12. 제 2013-000360호 (1966. 12. 2. 제 1-134호)
주 소　04001 서울시 마포구 월드컵북로 21
전 화　393-5681 | 팩스　393-5685
홈페이지 www.moonye.com | 블로그 blog.naver.com/imoonye
페이스북 www.facebook.com/moonyepublishing | 이메일 info@moonye.com

ISBN　978-89-310-2296-4 03170

• 잘못 만든 책은 구입하신 서점에서 바꿔드립니다.

♣문예출판사 상표등록 제 40-0833187호, 제 41-0200044호